천지인 사주학

공학박사 이승평(李勝平) 著

祥元文化社

추천
사

사주의 기본이론을 천문학에서 찾은 견해에 적극적으로 동의합니다. 지구의 자전과 공전, 달의 공전 등을 먼저 설명하고 그 속에서 살아가고 있는 인간의 삶이 그 영향에서 벗어나지 못함을 설명한 사주의 원리를 천문학에 기반을 두고 발달한 학문이라는 점을 분명히 함으로써 이번에 펴낸 이승평 교수님의 『천지인 사주학』은 지금껏 과학적인 대답을 받지 못한 채 일종의 통계학이나 잡학으로 취급 받아 오던 사주 명리학을 천문학에 바탕을 둔 고차원적인 학문으로 끌어 올렸다는 극찬을 받을 만 합니다.

3부의 12운성 내용과 4부의 육신과 십신, 5부의 합과 충, 6부의 운과 용신에서 제시한 수많은 도표와 그림은 저자의 피땀 어린 각고의 노력을 쏟아 부은 결과물임을 볼 수 있습니다. 또 사주를 분석함에 있어서 가장 중요한 6부의 용신 설명도 새로운 지평을 연 이론입니다. 용신을 찾아 통변하는 일은 가장 중요하고도 어려운 작업이기 때문입니다.

3부의 천간과 지지가 차지하는 비율과 강도를 수치로 칫수화하여 분석하였듯이 6부의 용신을 찾는 방법을 오행도를 비롯하여 사주의 구성 비율을 숫자로 점수화하는 방법을 창안하였고 또 사주와 운에서도 그 영향을 점수로 환산하여 설명하고 있는 점이 이채롭습니다. 수학적이고 과학적인 접근이라는 점을 다시 한 번 증명해 주는 대목이었습니다. 7부의 《인생곡선》에 대한 내용도 일목요연하게 알기 쉽게 정리하였다는 점에서 높이 평가받아야 할 내용입니다.

8부 개운법에서 오행의 기운과 자율신경과의 관계, 갑자기 성격이 변하는 것은 해당 장부에 이상이 생긴 징조라든지, 장부에 마음이 있다는 사주의학 이론은 독자들에게 독특하고 신선한 충격을 던져 줄 것입니다.

　　저자 이승평 교수님이 10여 년이 훨씬 넘는 기간 동안 열의를 쏟아 이번에 펴낸 『천지인 사주학』은 초심자에게 좋은 입문서가 될 것이며 일반 사주 연구가들에게도 큰 반향을 불러올 것임을 확신하는 바입니다.

4357(2024). 1

훈민정음 연구소장, 태극원리 연구소장

국학박사 교수 **반재원**

시작하며

사주의 생명은 '적중률'이다. 이론이 아무리 훌륭하다고 해도 잘 맞지 않으면 아무 소용이 없다. 필자의 경험으로는 평균 '60~70%' 정도는 맞출 수 있다고 생각된다. 남들은 '족집게'라고 하면서 100% 맞출 수 있는 것처럼 떠들어대는데, 고작 '60~70%'라고 실망하는 사람들도 많을 것이다. 그러나 필자는 이 정도도 대단한 일이라고 생각된다. 사주팔자 8글자로 복잡한 인간의 삶을 이 정도 알 수 있다는 것은 정말 믿을 수 없는 일이라고 생각된다.

사주팔자 8글자 속에는 사람들이 이해할 수 없는 비밀들이 많이 꼭꼭 감추어져 있는 것처럼 생각된다. 그러므로 사주를 공부하여 깨우치는 일은 매우 어렵고 힘든 일이다. 마치 기적이 일어나는 일처럼 생각되었다. 훌륭한 선생의 가르침이 없이는 도저히 불가능한 일이라고 한다.

필자는 이렇게 어려운 일을 책에만 의지하며 혼자 독학으로 시작하였다. 시작부터 잘못하였다. 혼자 공부하는 동안 혼란과 고생이 매우 심하였다. 이렇게 거의 한평생을 보내고 난 후, 가까스로 사주 감정하는 일이 눈에 보이기 시작하였다.

필자는 사주 공부를 처음 시작하는 사람들의 고충을 잘 알 수 있다고 생각한다. 이러한 필자의 경험을 바탕으로 어려운 고비들을 하나하나 해결하는 방법들을 이 책에 썼다. 초보자들이 큰 고생없이 사주를 공부할 수 있도록 도움이 되었으면 좋겠다. 그러므로 이 책은 초보자들을 위한 안내서이다.

가장 힘들었던 부분은 '사주팔자의 여덟 글자의 힘을 계산하는 일'과 '천지인 사상으로 사주를 다시 해석하는 일'이었다. 이 부분은 아직까지 불완전한 점도 많지만, 처음으로 시작하였다는 자부심 하나에 보람을 느낀다. 앞으로 많은 분들이 함께 동참하여 부족한 부분을 연구하여 주시기를 간절히 바란다.

사주를 공부할수록 오묘하고 신비한 맛에 점점 몰입되어 간다. 사주만 생각하면서 사주를 생활화하려고 노력하고 있다. 하면 할수록 마음이 편안해지면서 행복해진다.

4357(2024). 1
이승평

차례...

제**1**부

사주는 천문학이다

天地人 四柱學

천지인 사주학

사주!

대부분의 사람들이 좋아하는 말이 아니다. 사주를 본 적이 있느냐고 물으면 펄쩍 뛰면서 사람을 어떻게 보고 그런 말을 하느냐고 신경질을 낸다. 그러면서 한마디씩 한다. 사주는 엉터리이고 미신이라고⋯⋯, 이론적인 토대도 없고 논리적이지 않은 단순한 '통계학' 일 뿐이라고 한다.

그러나 사주는 태어난 연(年)·월(月)·일(日)·시(時), 즉 태양과 달과 지구의 움직임을 기초로 성립된 학문이다. 다시 말하면 사주는 지구와 달이 자전하면서 태양을 공전할 때 일어나는 현상이다. 그러므로 사주의 뿌리는 '천문학'이다. 사주는 통계학도 아니고 미신도 아니라는 말이다.

사주의 뿌리가 천문학이라는 사실이 사람들에게 왜 중요한가?

사주에서 설명하는 내용들은 모두 태양과 지구와 달의 움직임 때문에 일어나는 현상들이기 때문이다. 뿐만 아니라 사람들은 지구와 한몸이 되어서 스스로 돌면서 태양을 돈다. 그러므로 사람들은 지구와 달과 태양이 하나가 되어서 같은 원리로 움직이고 있다.

태양과 달과 지구가 움직이는 원리를 알면 사람들이 사는 원리도 알 수 있다. 이 원리가 사주이다. 사주를 알면 세상이 변하는 원리를 알 수 있을 뿐만 아니라 미래도 알 수 있다.

현재 사람들이 어떻게 살면 좋을지 몰라서 심하게 방황하며 고생하고 있다. 이런 때 사주가 인생 문제를 해결할 수 있는 기준이 될 수 있다. 사주에 의지하여 인생을 설계하고 많은 고비들을 원활하게 넘어갈 수 있다.

이처럼 사주는 '철학', '과학'이면서 '점술학'이다. 사람들을 보다 행복하게 해주는 지침서이고 안내서이다. 그렇지만 현대 사람들에게 사주는 심하게 왜곡되어 있다.

1

동양철학과 사주학의 뿌리는 천문학이다

  사주의 원리는 태양－지구－달이 태양계 내에서 돌기 때문에 생기는 현상이다. 많은 사람들은 태양－지구 이외에도 목성, 토성, 화성, 금성도 삶에 큰 영향을 미친다고 한다. 또 달은 목성이나 토성에 비하면 크기가 수천 분의 1이나 작기 때문에 제외되어야 한다고 주장하는 사람들도 많다.

  그러나 필자는 이런 주장들이 이해되지 않으며, 태양－달－지구의 영향만 중요하다고 생각한다. 그 이유는 행성 사이에서 작용하는 힘은 '크기〔질량〕'보다 '거리'가 훨씬 더 크게 작용하기 때문이다. 다시 말하면 목성은 달보다 대략 2~3만배 더 무겁지만, 달의 영향보다 약 100분의 1 정도밖에 안 된다. 그러므로 지구 위에 살고 있는 인간〔생물〕들은 주로 태양－지구－달의 영향을 받으면서 살고 있다.

사주학의 사주(四柱, 년주·월주·일주·시주)는 오로지 태양−지구−달이 움직이는 현상만으로 설명한다. 태양−지구−달의 움직임을 현대 천문학의 이론으로 사주학의 원리를 간단히 설명하여 보자.

① 우주의 법칙 ; 돌고 돈다 _순환한다_

지구뿐만 아니라 수성·금성·화성·목성·토성·천왕성·해왕성 등 8개의 행성들도 태양을 중심으로 무리를 지어서 회전[공전]하고 있다. 이 무리를 '태양계' 라고 한다.

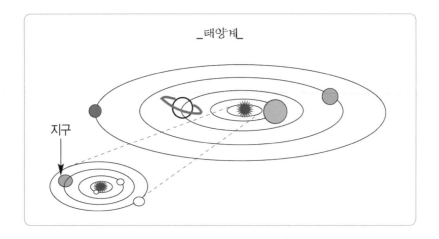

이 태양계도 '우리은하' 의 변두리에서 '우리은하' 의 중심을 향하여 돌고 있다. 또 '우리은하' 도 은하계의 중심을 향하여 돌고 있고, 은하계도 더 큰 은하단을 중심으로 돌고 있다. 뿐만 아니라 이 은하단도 또 다른 더 큰 우주의 중심을 돌고 있다. 이와 같이 우주에 있는 모든 별들은 무리를 지어서 훨씬 큰 집단의 중심을 계속 돌고 돈다.

태양계뿐만 아니라 우주에 있는 모든 것들은 잠시도 멈춰 있지 않고 항상 돌고 돈다. 아무렇게나 도는 것이 아니라 '중심을 향하여 규칙적으로 돈다'. 그러므로 '도는(순환) 현상'은 태양계뿐만 아니라 우주 전체에서 일어나는 공통적인 현상이다.

이와 같이 모든 것들은 잠시도 멈춰 있지 않고 쉬지 않고 돌고 돌기 때문에 '변화'가 일어난다. 다시 말하면 모든 변화는 돌고 돌기(순환) 때문에 일어난다. 그러므로 이 현상은 '우주의 진리'이며, 이 때문에 태양과 지구와 달도 도는 것이다.

초침이 돌아서 1분이 되고
분침이 돌아서 1시간이 되고
시침이 돌아서 하루가 된다.
이처럼 모든 것은 돌고 돌면서 순환한다.

사주뿐만 아니라 동양 철학에서 설명하는 모든 것들은 '돌고 돌면서(순환한다) 변한다'는 '우주의 진리'에 기초하여 생긴 현상들이다.

이와 같이 '돌고 돌면서(순환한다) 변한다'는 현상을 가장 간단하고 정확하게 표현한 것이 삼태극(三太極)과 이태극(二太極)이다. 태극 속에 있는 빨갛고 파랗고 노란 문양의 끝은 직선이 아니라 둥근 모양을 하고서 어느 방향을 향하여 계속 돌고 있는 모양을 나타내고 있다. 마치 바람이 불면 바람개비가 돌듯이 도는 모양(회전하고 있는)

을 하고 있다. 동양에서는 쉬지 않고 회전하는 '우주의 진리'를 이태극과 삼태극으로 표현하고 있다. 얼마나 간단하고 정확한 문양인가!

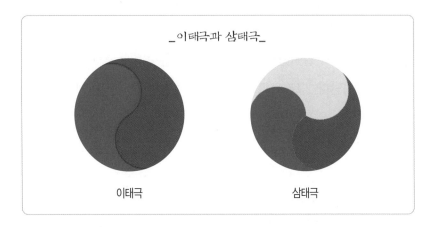

이태극과 삼태극

이태극   삼태극

② 사주팔자(四柱八字)란?

사주팔자는 태어난 해(年), 태어난 달(月), 태어난 날(日), 태어난 시간(時), 즉 生年月日時를 사주학적인 용어로 바꾸어 놓고 사람들의 삶을 설명하는 학문이다.

이와 같은 사주팔자로 인생을 알 수 있다는 말은 아무리 생각하고 생각해 보아도 믿어지지 않는다. 生年月日時와 운명은 아무 관계도 없는 것 같은데, 어떻게 사주만으로 운명을 알 수 있단 말인가? 상식적으로 말도 안 되는 소리이다.

많은 사람들은 사주는 중국의 수많은 사람들이 수많은 세월 동안 살면서 경험적으로 안 사실들을 정리한 '통계학'이라고도 말한다. 다시 말하면 사주 속에는 기본적인 이론도 없고 논리적인 체계도 없으며 단순히 옛날부터 전해 내려오는 허무맹랑한 '통계학'일 뿐이다. 그러므로 사주는 믿을 수 없으며, 엉터리이거나 교묘한 사기라고 한다. 지금처럼 과학 문명이 발달한 현대 사회에서는 하루 빨리 없어져야 할 구시대의 '쓰레기'라고도 한다.

정말 그럴까? 그렇다면 이런 쓰레기 같은 사주가 없어지지 않고 지금까지 내려오는 이유는 무엇일까? 혹시 사주 속에는 현대 과학과 문명이 아직 밝혀 내지 못한 보물들이 있고, 사람들의 삶에 획기적인 변화를 줄 수 있는 신비한 비밀이 숨겨져 있을지도 모른다. 버리자니 아깝고, 살리자니 믿겨지지 않는다. 앞으로 사주학을 공부하다 보면 이런 현상이 자주 나온다.

사주의 세계로 들어가 보자.

사주는 태어난 해〔年〕, 달〔月〕, 날〔日〕, 시간〔時〕으로 정해진다.

1917년, 9월 30일(양력), 오전 04시에 태어난 남자를 생각해 보자.

이 사람의 生年月日時를 사주학〔명리학〕의 용어로 바꾸어 놓으면, **정사(丁巳)년, 신해(辛亥)월, 경신(庚申)일, 무인(戊寅)시**로 표시할 수 있다. 이 내용을 간단히 정리하면 다음과 같이 년·월·일·시 4개의 칸에 8글자의 표로 정리할 수 있다.

時	日	月	年
戊寅	庚申	辛亥	丁巳
시주	일주	월주	년주

4개의 칸을 4개의 기둥, 즉 사주(四柱)라 하고, 연(年)의 기둥을 연주(年柱), 월(月)의 기둥을 월주(月柱), 일(날짜)의 기둥을 일주(日柱), 시간의 기둥을 시주(時柱)라고 부른다. 이처럼 연주·월주·일주·시주의 사주(四柱, 기둥)와 8개의 글자인 팔자(八字)를 합쳐서 '사주팔자(四柱八字)'라고 한다.

사주팔자는 위의 표처럼 오른쪽에서 왼쪽으로 쓰는 것이 옛날부터 내려온 습관이다. 표에서 알 수 있듯이 사주는 연주·월주·일주·시주이므로 태양 – 지구 – 달이 움직이는 현상과 연관이 있다. 좀 더 자세히 설명하면 다음과 같다.

- 연주(年柱)는 사람들이 매년마다 바뀌는 정사년(丁巳年), 경자년(庚子年) 등 '한 해의 이름'이다.
- 월주(月柱)는 1월, 2월, 3월 …… 등 '한 달의 이름'이다. 지구가 태양의 주위를 한 바퀴 돌 때(공전)마다 걸리는 시간을 12등분하여 붙인 이름이다.
- 일주(日柱)는 달이 지구를 한 달에 한 번 돌기(공전) 때문에 생기는 현상이다.
- 시주(時柱)는 지구가 스스로 한 바퀴 도는 시간을 12등분한 것이다.

이와 같이 사주는 태양 – 지구 – 달이 '돌기(순환)' 때문에 생기는 현상들이다.

사주의 세계

사주는 네 개의 기둥(四柱), 즉 연주·월주·일주·시주 위에 세워져 있다. 즉, 사주는 네 개의 주춧돌 위에 세워진 건물이다. 사주를 알려면 네 개의 기둥에 대하여 잘 알아야 한다. 그러므로 먼저 '연주·월주·일주·시주'에 대하여 설명하고, 그다음에 연주·월주·일주·시주를 종합한 사주의 '원국'에 대하여 설명하겠다.

① 연주(年柱)

옛날에는 사주를 태어난 년월일시(年月日時)가 아니고, 태월일시(胎月日時)라고 하였다고 한다. 태어난 해가 아니고 난자와 정자가 처음으로 만나서 결합하여 잉태하는 해를 말하였다. 즉, 어머니의 뱃속에서 난자와 정자가 만나서 결합한 후에 사람의 모양으로 10달 동안 점점 자라는 해를 연주(年柱)라고 했다고 한다.

일리 있는 말이다. 아마 난자와 정자가 만나는 순간에 외부의 기운이 작용하였기 때문이라고 한다. 또 어머니 뱃속에서 자라는 동안 난자와 정자의 영향뿐만 아니라 '외부의 영향'도 크게 작용하였을 것이다. 그래서 사주에서 연주의 영향력도 많기 때문에 네 개의 기둥 중 하나로 정하고 있다.

우리나라에서는 세상에 태어나기 이전에도 대략 일년 동안 살았다는 의미로 태어나면서 '한 살'이라고 한다. 그러나 서양 사람들은 태어난 후부터 눈에 보이는 사람[생명]으로 인정하는 것 같다. 그러나 어머니 뱃속에 있는 생명도 살아 있으므로 분명히 '사람'이라고 하여야 옳은 생각이다.

연주(年柱)는 2014년은 갑오(甲午)년, 2015년은 을미(乙未)년 하는 '해의 이름'을 말한다. 서양 사람들은 해를 단순히 숫자로만 표시하고 한 번 지나간 해는 다시 돌아오지 않는다고 생각한다. 동양에서는 해마다 이름이 있으며 60년을 주기로 되풀이된다. 다시 말하면 서양에서는 2015년이 지나면 2015년은 과거가 되어 지나가 버리고 다시 2015년이라는 해가 없다. 그러나 동양에서는 갑오년(2015년)은 60년 후에 다시 갑오년이 돌아오므로 연주는 60년마다 반복 순환된다. 그러나 지금의 갑오년과 60년 후의 갑오년은 이름은 똑같지만 모든 것이 똑같지는 않다. 태양계도 우리은하의 중심을 계속 돌기 때문이다.

사람들은 매년 바뀌는 해의 이름에 따라 '말의 해', '양의 해' ……라고 부르면서 그 해의 특징을 말하고 있으나 잘 맞지 않는 것 같다. 특히 남녀가 결혼할 때 궁합이 잘 맞는 '띠'가 있는 것처럼 말하는 풍습이 있지만, 단지 이야기꺼리일 뿐이다.

동양에서는 해의 '이름' 뿐만 아니라 해를 상징하는 '동물' 도 있다. 인간의 상상력을 풍부하고 재미있게 할 뿐만 아니라 해의 '의미'를 여러 가지로 해석하기도 한다. 서양에서는 아무 의미도 상상력도 없고 오직 딱딱한 숫자만 있을 뿐이다. 그러나 동양의 세계는 사람들의 삶을 이렇게 아름답고 풍부하게 꾸미고 있다.

② 월주(月柱)

① 월주는 지구의 공전 주기이다

월주는 1월, 2월, 3월 …… 하는 달의 이름을 사주학적 용어로 바꾸어 부르는 이름이다. 일년은 12개월이며, 지구가 태양의 주위를 한 바퀴 도는 데 필요한 시간이다. 이 시간을 12등분하여 12개의 월(月)을 만들었다. 먼저 다음 그림처럼 지구가 태양을 한 바퀴 도는 현상, 즉 '공전'을 생각해 보자.

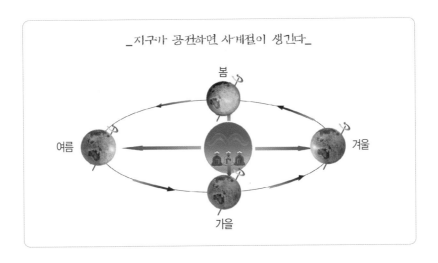

지구가 공전하면 사계절이 생긴다

봄

여름

겨울

가을

지구가 태양을 한 바퀴 도는 것도 중요하지만 그보다 더 중요한 사실이 있다. 봄-여름-가을-겨울의 사계절이 생겨서, 이 사계절이 인간이나 모든 생명체에 큰 영향을 미친다는 점이다. 그러나 이렇게 중요한 사계절이 왜 생기는지 정확하게 모르는 사람들도 많다. 원리를 알아야 다양한 변화에 적응할 수 있고 또 새로운 창조도 할 수 있다. 이는 사주에서 매우 중요한 부분이다.

② 지구는 삐딱하게 기울어진 상태로 공전한다 _사계절이 생긴다

지구가 공전할 때 일어나는 가장 중요한 점은 '지구는 지축이 똑바로 서서 도는 것이 아니라 23.5도 기울어져서 삐딱하게 돌고 있다'는 것이다. 삐딱하게 기울어져서 돌고 있다고 하면, 무엇인가 잘못된 것이 아닌가 하는 이상하고 불안하게 생각되기도 한다.

그래서 똑바로 서 있는 것만이 옳은 것이므로 좋다고 하고, 지구가 삐딱하게 기울어져서 돌고 있기 때문에 세상일들도 삐딱하게 생긴다고 걱정하는 사람들도 있다. 그러나 지축이 똑바로 서서 돌게 되면

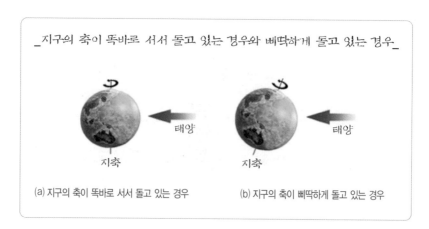

지구의 축이 똑바로 서서 돌고 있는 경우와 삐딱하게 돌고 있는 경우

(a) 지구의 축이 똑바로 서서 돌고 있는 경우   (b) 지구의 축이 삐딱하게 돌고 있는 경우

사계절이 생기지 않아서 지구 위에 살고 있는 많은 생물들은 제대로 잘 살 수 없게 된다. 지구는 삐딱해져서 사람들이 행복해지는 이상한 세계이다.

지구가 삐딱하게 기울어져서 돌기 때문에 생기는 좋은 점을 생각해 보자.

▣ 지구가 23.5도 기울어진 상태로 돌기 때문에 지구가 골고루 가열된다

만약 지구가 똑바로 서서 태양을 돈다면 태양으로부터 빛을 조금 받는 극지방은 열을 조금만 받게 되므로 항상 춥다. 그러나 지구 중심부[적도 부근]는 햇볕을 많이 받아서 언제나 덥게 된다. 즉, 앞의 그림 (a)처럼 태양에서 오는 빛과 열은 지구의 모든 부분을 골고루 덥히는 것이 아니다. 적도 부근만 집중적으로 가열하므로 적도 부근은 너무 많은 열을 받게 되고, 북극과 남극지방은 열을 조금 밖에 못 받아서 항상 춥게 된다. 그러므로 지구의 모든 지역은 봄－여름－가을－겨울의 사계절의 구별이 뚜렷하게 생기지 않게 되므로 추운 곳은 일년 내내 항상 춥고 더운 곳은 항상 덥게 된다.

이렇게 되면 추운 지역에서 살고 있는 식물들은 너무 추워서 잘 살지 못하게 되고, 더운 지방에서의 식물들도 너무 뜨거워서 제대로 살지 못한다. 열매도 열리지 않고 씨앗도 생기지 않는다. 이런 식물들을 먹고 사는 곤충이나 동물들도 잘 살지 못하는 것은 당연하다. 뿐만 아니라 기후나 해류의 이동 등도 원활하지 않게 되어서 비와 바람 등이 지금처럼 내리지 않게 된다.

이런 지구에서는 식물·동물·사람들도 모두 지금과 매우 다른 형

태로 살아갈 수밖에 없다. 즉, 어렵고 기형적으로 살 수밖에 없으며 지금처럼 원만하고 행복하게 살지 못할 것이다.

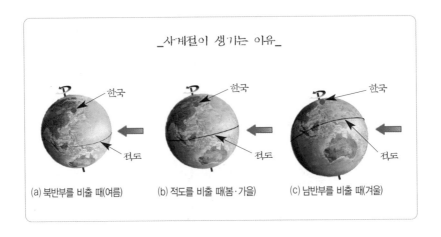

사계절이 생기는 이유

(a) 북반부를 비출 때(여름)   (b) 적도를 비출 때(봄·가을)   (c) 남반부를 비출 때(겨울)

그러나 지구는 23.5도로 삐딱하게 기울어진 채 태양을 돌고 있기 때문에 위의 그림처럼 지구 전체를 열이 골고루 덮혀 주고 있다. 그러므로 지구의 넓은 영역에서 봄-여름-가을-겨울의 4계절이 생기면서 많은 종류의 생물들이 다양한 방법으로 살 수 있다. 또 바람도 불고 해류도 지금처럼 이동하므로 살기 좋은 세상이 된다. 이처럼 지구가 23.5도 기울어져서 태양을 돌고 있다는 사실이 매우 고맙고 중요하다. 이 세상은 삐딱한 것이 정상인 모양이다.

② 사계절, 12달이 생긴다
지구가 23.5도 기울어져서 공전하였을 때 지구에서 일어나는 현상을 좀 더 자세히 생각해 보자.

앞의 그림 (a)처럼 태양이 북반부를 비추고 있을 때 북반부는 기온이 높아져서 여름이 되지만, 남반부는 반대로 열을 조금만 받게 되어 추운 겨울이 된다. 여름이 되면 낮이 밤보다 길게 되며, 여름 중에서도 낮의 길이가 일년 중에서 가장 길고 밤의 길이가 짧은 날을 '하지(6월 22일 경)'라고 한다.

앞의 그림 (b)처럼 태양이 적도 부근을 비출 때는 적도 부근은 매우 높은 온도가 되지만, 북반부와 남반부는 열을 적당히 받아서 따뜻한 봄과 가을의 계절이 된다. 봄은 3월·4월·5월이며, 이런 봄날 중에서 낮의 길이와 밤의 길이가 같은 날을 '춘분'이라고 한다. 가을은 9월·10월·11월이며, 가을 중에서 낮과 밤의 길이가 같게 되는 날을 '추분(9월 22일 경)'이라고 한다.

이와 같이 지구가 23.5도 기울어진 상태로 공전하기 때문에 사계절이 생기고 12달이 생긴다. 다시 말하면 지구가 일정한 속도로, 그리고 규칙적으로 태양의 주위를 돌면서 뜨거워지고 차가워진다. 지구에서도 봄-여름-가을-겨울의 순서로 4계절 12개월이 규칙적으로 생기면서 순환한다.

3 절기력

사주는 음력으로 본다고 생각하는 사람들이 있다. 음력이나 양력이나 다 괜찮지만 사주는 원래 '절기력'으로 본다. 절기력은 옛날에는 많이 사용하였으나 요즘은 거의 사용하지 않고 있다. 절기력은 양력처럼 태양을 중심으로 하는 태양력이다. 옛날에는 일년을 24등분하여 사용하였으나 지금은 주로 12등분하여 가끔 사용하고 있다.

절기력에서 일년의 시작은 1월 1일이 아니라 '입춘'으로 한다. 절기력은 다음과 같다. 절기력은 사주에서 많이 사용하였으나 지금은 컴퓨터가 대부분의 계산을 하기 때문에 실제로 사용하지 않는 것처럼 느낀다.

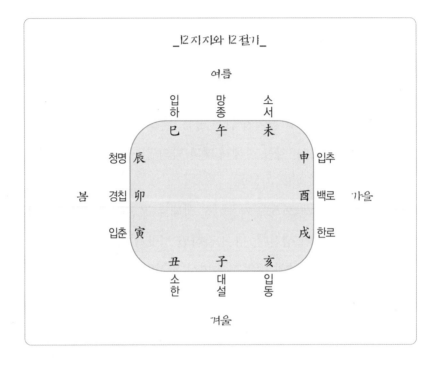

12지지와 12절기

④ 사계절의 리듬이 생긴다 _율려 운동_

사계절이 규칙적으로 반복됨에 따라 지구 위에서는 사계절의 리듬이 생겼다. 지구 위의 모든 것들은 이 리듬에 따라 변하고 있으므로 생물들은 물론 사람들도 리듬에 따라 살고 있고 또 살아야 한다. 서양에서는 이 리듬을 '진동'으로 표현하지만, 동양에서는 '율려(律呂)' 운동으로 설명한다.

봄	寅(1월)	**입춘**	2월 4일경
		우수	2월 19일경
	卯(2월)	**경칩**	3월 6일경
		춘분	3월 21일경
	辰(3월)	**청명**	4월 6일경
		곡우	4월 20일경
여름	巳(4월)	**입하**	5월 5일경
		소만	5월 21일경
	午(5월)	**망종**	6월 6일경
		하지	6월 21일경
	未(6월)	**소서**	7월 7일경
		대서	7월 23일경
가을	申(7월)	**입추**	8월 8일경
		처서	8월 23일경
	酉(8월)	**백로**	9월 8일경
		추분	9월 23일경
	戌(9월)	**한로**	10월 8일경
		상강	10월 23일경
겨울	亥(10월)	**입동**	11월 7일경
		소설	11월 22일경
	子(11월)	**대설**	12월 7일경
		동지	12월 22일경
	丑(12월)	**소한**	1월 6일경
		대한	1월 21일경

서양 사람들은 봄－여름－가을－겨울이 되면서 기온이 올라가고 내려가는 현상을 '진동'으로 표현한다. 그래프로 나타내면 다음 그림의 (a)와 같다. 진동이란 '평면에서 온도가 높아졌다 낮아졌다' 하는 움직임을 나타낸 것이다.

그러나 동양에서는 옛날부터 '파동'이 아니라 '율려(律呂)' 운동을 하면서 순환 운동을 한다고 한다. 율려 운동이란 다음 그림 (b)처럼 '입체적으로 부피가 확대되었다가 축소하는 운동'을 말한다.

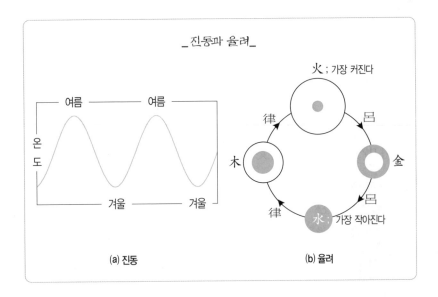

진동과 율려

(a) 진동

(b) 율려

이와 같이 계절이 변함에 따라 사람을 비롯하여 모든 생물들은 체적이 커졌다 작아졌다 하면서 변한다. 이렇게 '율려 운동'을 하는 것을 보면 생명체가 꿈틀꿈틀하면서 움직이는 모습이 쉽게 연상된다. 식물들이 계절에 따라 커졌다 작아졌다 하는 모습을 오랜 시간 동안 촬영하였다가 다시 돌려 보면 식물이 계절에 따라 춤을 추는 것처럼 보이기도 하고, 벌레〔생명체〕가 꿈틀꿈틀하면서 움직이는 것처럼 보이기도 한다. 모두 생명체가 움직이는 모습들이다.

5 사람들은 태양이 하라는 대로 살아야 한다

지구가 태양의 주위를 돌면서 태양으로부터 엄청나게 많은 양의 빛과 열을 받는다. 또 지구는 엄청나게 빠른 속도로 자전하고 공전한다. 이렇게 지구가 빠른 속도로 움직여도 사람들은 지구의 표면에 딱 붙어서 떨어지지 않는다. 다시 말하면 지구와 사람〔생물〕들은 고속도로 돌면서 태양의 엄청난 빛과 열을 받고 있다. 즉, 사람〔생물〕들은 이런 지구와 한 몸처럼 움직인다.

그러므로 태양이 떠서 밝아지면 사람들은 일어나서 일하기 시작하여 태양이 강하게 비치는 낮에는 열심히 일한다. 태양이 지기 시작하면 일을 정리하고, 밤이 되어 어두워지면 사람들도 다시 태양이 뜰 때까지 잠을 잔다. 한마디로 사람들은 태양이 만드는 리듬에 따라서 살아가는 것이다. 다시 말하면 사람들은 사계절의 리듬에 맞추어서 살고 있고 또 살아야 한다. 마치 음악회에서 지휘자의 지휘봉에 따라 음악이 연주되는 것과 같이, 사람뿐만 아니라 지구 위의 모든 생물들은 태양에 의지하여 태양이 하라는 대로 하면서 살아가고 있다.

사주는 거의 태양의 힘〔작용〕이 주도하고 있다고 해도 지나친 말은 아니다. 과학에서나 사주에서나 인간은 태양의 힘〔에너지〕과 사랑으로 살고 있다는 점에서는 동일하다. 그래서 옛날부터 세계의 각 나라에서 왕은 알에서 태어났다고도 하고 또 태양을 왕이라고 칭하기도 한다.

지금도 새해가 되면 해맞이를 하려고 추운 겨울에 동쪽으로 고생하면서 달려 간다. 조금이라도 가까이 보려고 추운 겨울 날씨에도 기를 쓰고 산 정상을 향해 올라간다. 단순히 구경하면서 놀려고 가는 것이 아니라 마음 속에 간절한 소원을 가지고 햇님께 정성으로 빌러 가는 것이다. 뿐만 아니라 새벽에 해가 뜨는 광경을 보아도 자기도 모르게 기도하게 된다.

옛날 건물들을 보면 현판에 영일문(迎日門), 영일전(迎日殿)과 같은 글을 볼 수 있다. 이런 건물들은 즐겁게 노는 유흥만을 위한 장소는 아닐 것이다. 태양을 받아들이고 기원을 하는 의미도 있는 장소일 것이다. 아마 우리들의 DNA 속에는 햇님을 반갑게 맞아들이고 햇님께 기원하는 마음이 새겨 있다. 아마도 태양이 이 세상의 모든 것들의 중심(주인)이라는 사실을 알고 있는 모양이다. 아름답고 의미심장한 모습이다!

사주에서도 태어난 달(출생한 달, 月)을 월주(月柱)라고 부르며, 달이나 지구의 영향보다도 가장 중요하게 다루고 있다. 월주의 영향은 사람에 따라 조금씩은 다르지만 일주·시주·연주보다 월주가 차지하는 비중이 월등히 크다. 보통은 월주의 비율이 대략 40%~50%이지만, 어떤 사람은 약 70% 정도로 강하게 작용하고 있다고 한다. 필자는 월주의 영향을 60% 정도라고 생각한다.

③ 일주(日柱)

① 일주가 이상하다

사주의 네 기둥 가운데 일주(日柱)를 이해하는 것이 가장 어려웠다. 일주에 대하여 이해되지 않았던 점은 다음과 같다.

첫째, 일주의 천간인 일간(日干)을 사주의 주인공인 '나〔본인〕'라고 정한 이유를 모르겠다. 그리고 사주 전체를 일간(日干)을 중심으로 해석하는 이유도 알 수 없었다. 다시 말하면 팔자(八字) 가운데 일간(日干)이 주인공이고, 나머지 일곱 글자들은 일간을 보좌하는 조연(助演)들이라고 생각하는 이유를 모르겠다. 많은 사주학〔명리학〕 책을 찾아 보아도 일간(日干)이 사주의 주인공인 '나'라는 이유를 명백하게 설명한 책을 찾을 수 없었다. 이런 점이 항상 궁금하였다.

둘째, 일주는 30일〔삭망에서 다음 삭망까지는 29.5일〕이므로 달이 지구를 도는 공전 주기와 같다. 그러므로 일주는 달의 영향이라는 것은 쉽게 알 수 있다. 그러나 달은 태양에 비하면 크기도 엄청나게 작고 달빛도 태양의 햇빛에 비하면 무시할 정도로 약하다. 이렇게 약한 달의 영향을 사주의 네 기둥 중에 하나로 정하는 것이 이해가 되지 않았다.

셋째, 사람들은 지구 위에서 살고 있으므로 지구의 영향을 대단히 많이 받고 살고 있다. 그럼에도 불구하고 많은 명리학 책에서 일주의 작용력〔힘〕을 지구의 영향력인 시주(時柱)보다 강하게 생각하는 것 같다. 달의 영향이 지구의 영향〔時柱〕과 같다고 하여도 이해되지 않는데, 하물며 지구의 영향보다 중요하게 작용한다는 것은 말도 안 되는 소리 같았다. 이 점도 이상하였다.

② 달에 대해서 조사해 보자

Ⅰ 달은 물을 컨트롤한다

우리나라에서는 옛날부터 절기력〔양력〕과 함께 음력도 사용하였다. 농사를 지을 때는 음력이 더 편하다고 하고, 또 바닷가에서는 바닷물의 간만(干滿)의 차이는 달의 모양을 보고 알 수 있다고 한다. 이런 간만의 차이는 왜 생겼을까?

지구의 표면은 움직이기 쉬운 바닷물이 감싸고 있다. 태양과 달이 지구를 잡아당기면 유동하기 쉬운 바닷물이 끌려 간다. 강하게 잡아당기면 바닷물이 지구에서 멀리 끌려 나가서 바닷물의 높이가 낮아진다〔썰물〕. 힘이 약해지면 멀리 끌려 나갔던 바닷물이 육지 쪽으로 밀려 들어와 바닷물의 높이가 높아진다〔밀물〕. 이와 같이 밀물과 썰물이 생겨서 바닷물의 높이가 차이 나는 것을 '간만의 차이'라고 한다.

이런 '간만의 차이'는 태양의 인력 때문에 생기는 것이라고 생각하기 쉽다. 태양이 달보다 월등하게 크기 때문에 당연히 태양의 힘이 달의 힘보다 더 클 것이라고 생각되기 때문이다. 그런데 이상하게도 바닷물의 간만의 차이는 태양이 아니라 달의 모양을 보고 알 수 있다고 한다.

그렇다면 이런 현상은 왜 일어날까?

다음 그림을 보자. 태양과 달이 일직선 위에 있으면 태양과 달의 힘이 합해져 지구 표면의 물은 세게 잡아당긴다. 그러면 지구의 바닷물은 '한사리〔대주, 밀물이 가장 높을 때〕'가 된다. 그러나 태양과 달이 직각으로 있으면 태양과 달이 바닷물을 잡아당기는 힘이 분산되기 때문에 약해진다. 그러면 '조금〔소조, 해면이 하강하는 현상, 썰물〕'이 된다. 이와 같이 지구에 있는 물은 달의 위치에 따라 세게 잡아당겼다 느슨하게 잡아당겼다 한다.

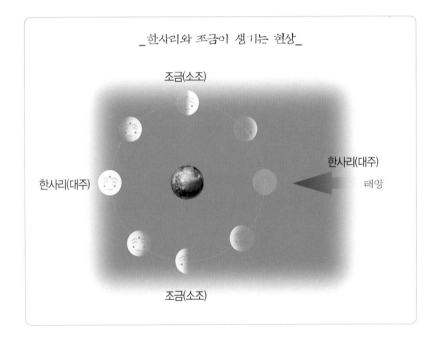

한사리와 조금이 생기는 현상

조금(소조)

한사리(대주)

한사리(대주)
태양

조금(소조)

밀물과 썰물일 때 바닷물의 차이는 태양의 영향〔인력〕도 크지만, 달의 영향〔인력〕은 태양의 영향〔힘〕보다 두 배 정도 더 크다고 한다. 태양은 달보다 2,700만 배〔질량〕크지만, 바닷물에 작용하는 힘은 오히려 달이 더 강하다. 그 이유는 달은 태양에 비하여 지구에 매우 가까이 있기 때문이다. 그러므로 달이 지구의 물을 주로 컨트롤(control)한다. 매우 놀랄 만한 일이다.

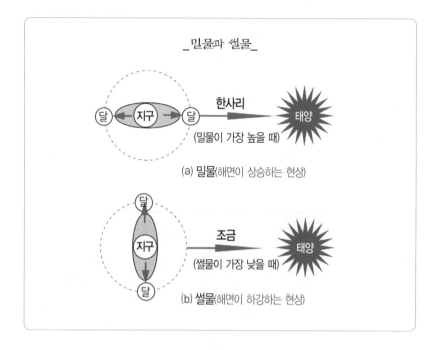

밀물과 썰물

한사리

(밀물이 가장 높을 때)

(a) 밀물(해면이 상승하는 현상)

조금

(썰물이 가장 낮을 때)

(b) 썰물(해면이 하강하는 현상)

② 지구는 물의 행성이다

지구 표면의 70%가 바다이다. 이처럼 지구에는 물이 많기 때문에 '물의 행성'이라고 한다. 지구 이외의 화성이나 달에는 물이 없고, '액체 상태의 물'은 태양계에서는 지구에만 풍부하게 존재한다.

우리의 몸도 70%가 수분이다. 이와 같이 지구나 우리 몸에는 물이 매우 많으며, 이 물을 컨트롤하는 것이 달이다. 예를 들어 보자.

앞의 그림처럼 태양과 달과 지구가 일직선에 있을 때〔한사리〕는 보름달과 그믐〔신월〕이 되고, 태양과 달이 직각으로 있으면〔조금〕 상현달이나 하현달의 반달이 된다. 그러므로 한사리〔대주〕와 조금〔소조〕은 한 달에 두 번 생긴다.

이와 같이 달의 모양〔크기〕에 따라 바닷물은 '간만의 차이'가 생기게 된다. 이런 현상이 우리 몸에서도 일어날 것이다. 다시 말하면 사람 몸에 있는 70% 정도의 물도 달의 위치에 따라 움직이게 된다. 사람의 몸에서 물은 혈액이나 림프액에 해당하고, 이 혈액이나 림프액에 영양분이나 분비물이 용해되어 몸의 구석구석에 전달한다.

달의 모양이 커지고 작아짐에 따라 혈액이나 분비물의 이동 속도나 양이 변할 것이다. 이처럼 몸 속의 물은 달의 위치에 따라 주기적으로 움직이고 있다. 한마디로 달이 몸 속의 물을 밀물-썰물처럼 잡아당겼다 놓았다 하면서 물을 이동시킨다. 즉, 영양분 주고 쓰레기를 치우는 역할을 한다. 이와 같이 물은 사람이 사는 데 아주 중요한 역할을 한다. 여자들이 생리하는 현상도 달의 주기와 일치한다.

사람을 비롯한 모든 생명체는 달의 모양에 따라 변화가 생긴다. 옛날에 한가위나 정월 대보름처럼 보름달이 밝은 때에는 부녀자들이 달을 먹는 풍습이 있었다. 달빛을 온 몸에 가득 받으며 입으로는 달을 먹는 것처럼 벌렸다 오므렸다 하였다. 그러면 여자에게는 음기(陰氣)가 충만해져서 더욱 건강하고 행운이 들어온다고 하였다. 특히 임신한 임산부나 임신하려고 하는 여자에게는 더욱 필요하다고 하였다. 이런 '달맞이' 풍습은 낭만적으로만 생각할 것이 아니라 건강과 운명에 영향이 크다고 한다. 현재의 사람들은 무시하지만, 옛 사람들은 다 알고 있었다.

서양의 일화 중에도 보름달에 얽힌 이야기들이 많이 있으며, 이 외에도 달에 연유된 이야기들이 동서양에 많이 있다.

③ 액체 상태의 물이 중요하다

현대의 천문학에서는 지구 이외의 행성이나 위성에서 생명체를 찾는 일을 열심히 하고 있다. 생명체를 찾는 첫 번째 일이 '물'이 존재하는가를 찾는 일이다. 다른 액체가 아닌 물이 있으면 그곳에는 생명체가 살 가능성이 많기 때문이다. 물이 있으면 생명체가 있고, 생명체가 있으려면 물이 있어야 한다. 이와 같이 물과 생명체와는 절대로 분리될 수 없다. 그래서 액체 상태의 물은 찾는 것은 곧 생명체를 찾는 일이다.

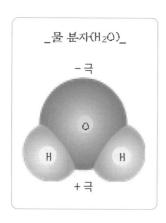

_물 분자(H_2O)_

－극

O

H   H

＋극

물이 생명체에 중요한 이유는 여러 가지이다. 이 세상의 모든 액체 중에서 물이 생명체에게 필요한 여러 종류의 물질들을 녹일 수 있다. 이런 물이 영양분을 몸의 각 부분에 공급하기도 하고 또 나쁜 분비물들을 몸 밖으로 날라다 버린다. 그러므로 액체 상태의 물이 있어야 생물이 살 수 있다. 고체 상태의 얼음보다는 꼭 '액체 상태'의 물이 필요하다.

지구의 역사를 보면 지구가 땅 위나 속에 '액체 상태의 물'이 있게 하기 위하여 지구 자체가 얼마나 애쓰고 있는지 모른다. 신기하고 신비하다. 예를 들면 해류가 이동한다든지 수증기 덩어리인 구름을 만들어 대기를 형성하기도 하고, 지구 곳곳에 비를 내리게 하여 동식물을 자라게 하는 등 지구가 액체의 물을 위하여 하는 일은 엄청나다.

액체 상태의 물이 작용할 수 있는 지구의 환경〔온도〕을 조성하려고 지구는 먼 옛날부터 무한히 노력하였다. 물이 없으면 생명체가 살 수 없기 때문이다. 사주에서 태양의 영향을 가장 중요하게 생각하지만, 물의 영향도 대단히 중요하게 생각하고 있는 이유도 이 때문이다. 사주를 공부해 보면 곳곳에 물과 관련되거나 암시하는 부분들도 아주 많다. 물의 영향을 모를 때에는 무심하게 스쳐 지나쳤던 부분들이 다시 보게 되고 새로운 의미가 덧붙여진다. 물이 있기 때문에 생명체가 살 수 있고 생명체〔인간〕가 활동할 수 있다.

이렇게 중요한 물의 이동을 달이 주관한다. 지구가 인간〔생물〕들이 살 수 있도록 아주 먼 옛날부터 엄청나게 많은 일을 하였다. 사람들이 모르고 지나쳤을 뿐이다.

③ 일간(人)의 의미

① 인간은 새로운 생명체를 만들 수 없다

지구에서 살고 있는 수많은 생명체의 '생명'에 대하여 현대 과학에서 많은 연구가 행해지고 있다. 지구에는 인간을 비롯하여 1000만 종의 생물〔생명〕이 살고 있다고 한다. 이 생명〔생물〕들은 RNA와 DNA를 매개로 하여 유전하면서 수십 억 년을 계속 살아 왔다.

현대 과학에서는 이 RNA와 DNA를 분석하고 조정하면서 RNA와 DNA의 비밀을 알려고 많은 노력을 하였으며, RNA와 DNA의 내용〔게놈〕과 기능의 비밀이 조금씩 밝혀지고 있다. 많은 병을 치료하는 새로운 물질을 만드는 성과도 있었으나 지금까지 없던 새로운 RNA와 DNA, 즉 새로운 생물〔생명〕의 최초의 유전자〔조상〕를 만들 수는 없다고 한다〔생명이란 무엇인가? Newton highlight 15〕.

현대 과학을 총동원하여 RNA와 DNA와 비슷한 유기물이나 단백질을 만들어 고온 고압의 분위기에서 합성을 하여도, 전혀 새로운 RNA와 DNA는 창조할 수 없다고 한다. 그러므로 최초로 존재하는 최초의 조상〔생명〕은 지금까지 만들 수 없다고 한다. 이것이 현대 과학의 결론이다. 그러므로 인간의 최초의 조상인 생명체도 만들 수 없다.

최초의 생명은 어디서 왔을까? 현대 과학의 숙제이다. 깊은 바닷물 속에서 분출하는 분출공 부근에서 생겼을 것이라고 하기도 하고, 혜성이 먼 우주를 달려오면서 얼음 속에 묻혀서 날라 주었다고도 한다. 즉, 생명은 우주의 어느 별에서 만들어졌다고 한다.

어디서 왔는지, 어떻게 창조되었는지도 모르는 수많은 생명〔생물〕들이 지구의 대류권에만 수억 년 동안 존재하고 있다. 대류권에서 살고 있는 생명〔생물〕들은 참 신비하고 특이한 존재이다.

② 생명은 하늘〔天〕과 땅〔地〕이 창조한 것이 아니다

동양철학에서는 하늘과 땅 사이에 있는 모든 것은 하늘과 땅이 창조하고 길러서 살고 있는 것이라고 한다. 다시 말하면 사람〔人〕도 하늘과 땅의 조화로 태어났으며, 하늘과 땅 사이에서 동식물[영양분]을 먹으며 숨도 쉬면서 살고 있다고 한다. 사람뿐만 아니라 동물과 식물과 같은 모든 생명체들도 인간과 마찬가지로 하늘과 땅의 조화로 창조되었다는 말이다.

그런데 현대 과학에서는 하늘과 땅은 생명체를 새로 만들 수 없다고 한다. 예를 들면 하늘과 땅만 있는 달이나 화성에는 생명체가 없고 지구에만 생명체[인간]가 있다. 다시 말하면 지구에는 天[하늘]과 地[땅], 그리고 사람[人, 생명체]이 있다.

앞에서도 설명한 것처럼 최초의 생명체[RNA와 DNA]는 인간이 새로 창조할 수 없다. 그러나 지구에는 하늘[天]과 땅[地]과 함께 생명[人]도 있다. 즉, 이 세상에는 天과 地와 人이 원래부터 함께 존재하고 있는 것이라고 생각한다. 人은 어디에서 왔는가?

중국에서 발달한 동양철학에서는 이 세상에는 天과 地만 있고, 人은 天과 地의 조화로 만들어진 것이라고 한다. 그러므로 동양철학에는 독립적으로 홀로 존재하는 人[생명]은 없다. 오로지 '天[하늘]과 地[땅]가 있고 天과 地가 결합하여 생긴 자식[子, 人]이 있을 뿐이다.' 라고 한다.

동양철학인 주역에도 天地人과 비슷한 삼재(三才)가 있다. 三才란 이 세상을 떠받치고 있는 세 개의 기둥[三才]이라는 뜻이다. 누구나 다 알고 있는 것처럼 하늘[天]과 땅[地]과 인간[人]이 있는 것은 당연하다고 하면서 더 이상의 설명은 없다. 다시 말하면 원래부터 天과 地가 있었고 이 天과 地가 결합하여 人[天+地]이 되었다는 말이다. 그러므로 말은 三才라고 하면서 실제는 天과 地의 둘뿐이다.

이런 생각이 동양철학의 오랜 세월 동안 전승되어 왔으며, 오늘날에도 의심할 수 없는 정설로 굳어져 있다.

③ 일간(日干)의 뜻

지금까지 설명한 것처럼 현대 과학에서도 하늘[天]과 땅[地]은 생명[人]을 도저히 만들 수 없다고 하였다. 즉, 생명체는 창조할 수 없다는 말이다. 다시 말하면 생명체는 하늘[天]과 땅[地]이 존재하기 시작할 때부터 天과 地와 함께 존재하였다. 그러므로 天과 地와 人은 항상 함께 어울려서 조화를 이루고 있다. 만약 天과 地만 있고 人이 없으면 달이나 화성의 표면처럼 죽어 있는 황량한 세상이다.

그러나 지구에는 天과 地와 함께 처음부터 人[생명체]이 살고 있다. 다시 말하면 지구에는 인간을 비롯하여 동·식물과 같은 여러 생물체가 함께 아울리면서 살고 있다. 그러므로 天地人의 세상은 생명이 있는 천국이 된 것이다. 우리나라 최고의 경전인 『천부경(天符經)』에서는 "하나에서 天과 地와 사람[人]이 생겼다_一析三極(일석삼극)"고 한다. 이런 말은 다른 책에서는 찾아 볼 수 없었고 유일하게 『천부경』에서만 말하고 있다.

이런 세상에서 인간이 주인공이 되어 살고 있고, 인간 중에 '내'가 살고 있다. 다시 말하면 '나'는 하늘과 땅의 도움을 받아서 살고 있다. '내'가 이 세상에 태어나서 어떻게 살고 있는가? 또는 살아가야 하는가?

사주는 '나[인간]'를 중심으로 나머지 일곱 글자의 움직임을 조사하여 행복과 불행을 설명하는 학문이다. 그러므로 사주는 철저히

'나'를 중심으로 한 '인간 중심'의 철학이다. 그러므로 사주에서 가장 중요한 곳이 바로 일주이다. 일간이 '나'이면 일지는 나와 한몸인 나의 배우자가 된 것은 당연하다.

사주를 감정할 때 맨 먼저 일주부터 조사하고 나머지 월주, 시주, 연주의 순서로 감정한다. 그 이유는 일간이 사주의 핵심인 생명〔인간〕을 주관하기 때문이다.

이와 같은 이유 때문에 사주의 네 기둥 가운데 '내'가 있는 일간을 중심으로 사주 전체를 설명한다. 월주가 가장 강력한 힘을 가지고 있으므로 월주를 중심으로 사주를 설명해야 한다고 생각할 수도 있으나, 월주는 나에게 가장 큰 영향을 미치는 힘이 강한 것일 뿐 사주의 중심이 될 수는 없다.

자동차의 예를 들면, 월주는 엔진이고 차체는 시주이며 핸들은 일주이다. 핸들을 붙잡고 있는 사람이 일간이다. 차의 주인은 사람〔人〕이다. 그러므로 주인〔人〕을 중심으로 사주를 설명하는 것은 당연하다.

송나라 이전에는 연주를 중심으로 사주를 설명하였는데, 송나라 때 서자평이라는 분이 일간을 중심으로 사주를 설명하기 시작하였다고 한다. 일간이 왜 '나'인지 그 이유에 대해서는 밝혀진 바가 없다. 그래도 서자평의 혜안에 존경하지 않을 수 없다.

④ 시주(時柱)

지구가 자전하면 낮과 밤이 생기고, 24시간이 생긴다. 이와 같이 시주(時柱)는 지구에서 일어나는 현상을 나타내므로, 시주는 지구의 영향이라는 것은 확실하다.

1 음(陰)과 양(陽)의 뜻

지구가 스스로 규칙적으로 돌기 때문에 사람들의 삶에 큰 영향을 준다. 자정이 지나고 새벽이 되면 어둠이 물러나고 밝아오기 시작하며, 햇볕과 햇빛(햇살)이 점점 많아져서 정오에 도달한다. 새벽부터 정오까지 일어나는 현상을 햇빛과 햇볕(햇살)이 퍼져 나가는 현상이고, 햇빛과 햇볕(햇살)이 퍼져 나감에 따라 사람을 비롯한 모든 생명체는 일을 시작하여 정오까지 가장 많은 일을 왕성하게 한다. 이와 같은 모든 현상들을 한마디로 간단히 표현한 단어가 〈양(陽, +)〉이다. 양(陽)이라고 하면 '기운(에너지)이 퍼져나가는 현상'을 의미한다.

정오가 지나면 햇빛과 볕은 점점 감소하기 시작하여 오후가 되고 저녁이 된다. 생명체들은 일을 정리하기 시작하여 저녁때가 되면 일을 마친다. 이와 같은 현상은 저녁을 지나서 한밤중의 자정까지 계속된다. 이와 같이 '기운(에너지)이 수렴하는 현상'을 한마디로 간단히 표현한 말을 〈음(陰, -)〉이라고 한다.

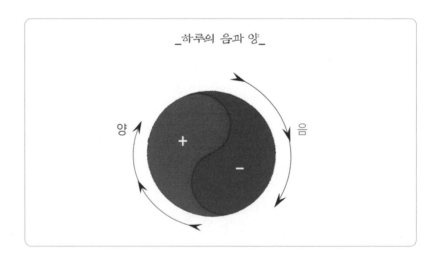

하루의 음과 양

양   음

+   -

종합해 보면 하루는 양(陽)과 음(陰)으로 이루어졌다. 하루뿐만 아니라 일년도 봄→여름→가을→겨울로 사계절이 생기면서 기운(에너지)이 퍼져 나가는 양(陽)의 과정과 기운(에너지)이 움츠러드는 음(陰)의 과정이 교대로 일어난다. 하루가 변하는 현상과 일년이 변하는 현상은 모두 비슷하며 음과 양으로 이루어졌다. 이와 같이 음과 양이 교대로 일어나면서 변하는 현상을 〈태극(太極)〉이라고 한다(66쪽 참조).

사주 원국(原局)

지금까지 사주팔자의 원국(原局)을 구성하고 있는 년주·월주·일주·시주에 대하여 설명하였다. 원국은 사주를 감정하기 위한 기초자료이며, 이 기초자료는 태어난 년월일시(年月日時)에서 직접 만들었으므로 원국은 변할 수 없다. 그러므로 원국은 '선천적인 운명'을 나타낸다.

원국(原局)이란 사주에서만 사용되는 전문용어이다. 그러므로 이해하기 쉽지 않을 것이다. 자동차의 경우를 생각해 보자. 자동차의 종류는 태어날 때 승용차나 버스, 화물차 등으로 태어난다. 이와 같이 자동차는 태어날 때 이미 정해진 것이므로 '선천적인 운명'이라고 한 것이다. 승용차든 버스든 태어날 때 이미 해야 할 일[사명]이 정해진 것이므로 원국은 사람의 힘으로 바꿀 수 없다.

1 원국의 작성법

사주 표기법

시	일	월	년
戊寅	庚申	辛亥	丁巳
시주	일주	월주	년주

(a) 전통적인 표기법

년	丁巳	년주
월	辛亥	월주
일	庚申	일주
시	戊寅	시주

(b) 이 책에서 사용하는 표기법

위에 있는 사주는 27쪽에서 예로 든 사주이다.

(a)는 옛날부터 전통적인 사주 표기법이며, 년·월·일·시를 오른쪽에서 왼쪽으로 가로로 기입하였다. 대부분의 사주책에서는 원국을 (a) 방법을 사용하지만 이런 표기법은 원국의 복잡한 내용을 설명하기가 불편하다. 이 책에서는 (b)처럼 세로로 기입하여 표현하였다. 여러 가지 복잡한 내용을 간단히 설명할 수 있으므로 원국을 이해하기 쉽기 때문이다. 같은 사주이지만 표현하는 방법이 다르다.

2 사주는 음양과 천지인(天地人)의 조화

연주와 월주는 태양의 열이 우주 공간(하늘)을 통하여 지구에 도달하므로 '천기(天氣)'라 하였고, 시주는 지구가 밤과 낮으로 변하면서 생기는 땅(地)의 기운이므로 '지기(地氣)'라고 하였다 이 천기(天氣)

와 지기(地氣)가 사람[생명체]을 먹여 살리고 보호 육성한다고 생각하였다.

사주는 천지인의 작용이다

년	丁巳	년주	하늘의 영향	天
월	辛亥	월주		
일	庚申	일주	생명체(인간)	人
시	戊寅	시주	땅의 영향	地

위의 표를 보면, 일주인 사람[생명체]을 위와 아래에서 하늘[天]과 땅[地]이 감싸고 있으면서 보호하고 있는 모습이다. 다시 말하면 태양과 지구와 달이 인간[생명체]을 품고 있는 것처럼 보인다. 그러나 생명체[인간]는 어디서 온 것이 아니라 세상 자체가 살아 있는 '생명[인간]'이다. 즉, 하늘과 땅과 사람[생명]이 항상 어울려서 자연을 이루고 있으므로 자연은 곧 생명체이다.

이처럼 태양과 지구와 달이 생명체인 인간을 도와주며 키워주고 있기 때문에 인간은 생명 활동을 하면서 활발하게 살 수 있다. 즉, 이 세상은 살아 있는 하나의 '생명체'가 된 것이다. 만약 인간을 비롯한 모든 생명체가 없다면 이 세상은 달이나 화성처럼 죽어 있는 세상이 되었을 것이다.

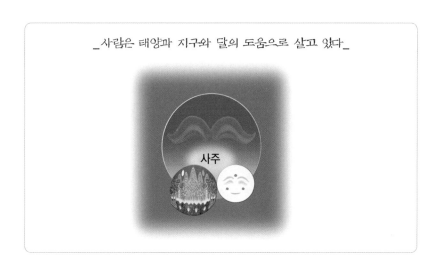

사람은 태양과 지구와 달의 도움으로 살고 있다

사주

③ 겉으로는 음양으로 보이지만, 속에는 천지인이 작용한다

56쪽의 표를 보면 연주·월주·일주·시주의 사주(四柱)는 4개로 보이지만, 내부는 하늘과 땅 그리고 인간이 활동하고 있다. 그러므로 사주 원국은 겉으로 보기에는 네 기둥이지만, 내부는 天·地·人이 작용하고 있다. 즉, 겉으로는 이원론이지만 내부는 삼원론으로 작용하고 있다는 말이다. 이 세상의 모든 것은 이와 같은 원리로 이루어져 있을 것으로 생각된다. 예를 들어 보자.

❶ 먼저 남자와 여자가 만나서 결혼한 부부를 생각해 보자

이 부부의 겉모습은 남자와 여자 두 부분으로 보인다. 그러나 실제로 부부로 살려면 사랑[정]하는 '마음'이 있어야 두 사람이 하나의 팀이 되어서 살 수 있게 된다. 즉 남자-마음-여자가 작용하여야 한다. 겉으로 보기에는 남자와 여자가 사는 것으로 보이지만, 부부로 살려면 남편과 부인 사이에 '마음'이 합해져야 부부로서 원만한 가정을 꾸미게 된다. 두 사람 사이에 사랑하고 믿고 의지하는 마음〔情〕이 없으면 원만한 부부로 살 수 없다. 즉, 부부는 둘이면서 하나이다.

❷ 움직이고 있는 자동차를 생각해 보자

자동차는 외부에서 보면 몸체〔자동차〕가 기름〔연료〕을 사용해 'go, stop'을 반복하지만, 자동차 내부에서 운전수가 조정하여 자동차가 움직인다. 즉, 내부는 자동차–기름–운전수의 天–地–人이 함께 작동하여 자동차가 자동차답게 움직이는 것이다.

❸ 또 컴퓨터의 경우에도 컴퓨터 본체와 전기가 작용하는 것처럼 보이지만, 사실은 내부에서 컴퓨터–전기–사람이 함께 작업하고 있다.

우리 주위에 이런 예는 수없이 많지만 모두 외부로는 2요소로 보이고, 내부는 3요소로 작동하고 있다. 그러므로 이 말은 세상만사의 진리라고 생각된다.

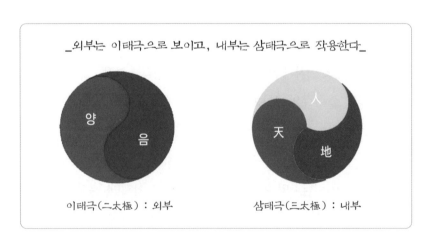

외부는 이태극으로 보이고, 내부는 삼태극으로 작용한다

이태극(二太極) : 외부   삼태극(三太極) : 내부

④ 모든 것의 주인공은 '人(생명)'이다

자동차를 움직이고 컴퓨터를 작동하는 것은 사람[人]이다. 사주학에서 모든 현상은 '人'이 주인공이다. 人이 있어야 자동차나 컴퓨터가 '살아 있는 것'처럼 작용한다. 그러므로 人은 생명이고 주인공이다.

人이 주인공이 되어 작동하는 사주학은 생명[人]이 있는 '생명체'를 다루는 학문이다. 만약 人이 없고 天[陽]과 地[陰]로만 구성된 세상이라면 생명이 없는 달이나 화성과 같은 죽은 세상이 된다. 天地人 속에는 생명을 가지고 있는 '人'이 있기 때문에 사주학에서 말하는 모든 것들은 모두 '살아 있는 생명체'가 된다.

사람이 하는 일도 '생명'을 가진 살아 있는 생물이다. 정치, 경제, 사업, 교육, 인간관계 등 사람이 하는 모든 무형의 일들도 생명이 있으므로 '생물'들이다. 눈에 보이는 실체가 없다고 해서 존재하지 않는 것은 아니다. 유형이든 무형이든 존재하는 모든 것은 생명이 있는 '생명체'이다. 다시 말하면 이 세상에 존재하는 모든 것들은 天-人-地로 되어 있고 살아 있으므로 생명체들이다. 사주학은 '인간[생명체]'을 다루는 학문이다.

⑤ 사주팔자는 한가족(공동체)이다

원국(原局)에 있는 네 개의 기둥과 여덟 개의 글자들은 따로따로 떨어져서 독립적으로 움직이는 것이 아니라 한가족을 이루면서 서로 긴밀하게 연관되어 있다. 즉, 사주에서는 모든 부분[8개의 부분]이 따로따로 독립하여 있으면서 내면으로는 하나로 연결되어 있다. 그러므로 사주에서는 하나하나의 개별적인 부분도 중요하지만 전체적인 상호 관계가 더 중요하다. 이런 현상은 사주에서 뿐만 아니라 우리 몸이나 사회 현상을 설명할 때도 마찬가지이다.

원국(原局)은 하나의 공동체(가족)이다. 태양과 지구와 달이 하나의 공동체를 이루고 있듯이 사주에서도 원국이 공동체를 이루고 있다. 다시 말하면 사주에서도 연주－월주－일주－시주가 한가족(공동체)를 이루면서 가족처럼 서로 소통하고 상부상조하면서 살고 있다. 사주팔자의 원국은 믿겨지지 않을 정도로 긴밀하게 연결되어 있는 '하나(한몸)'이다.

옛날부터 사주를 한 그루의 나무로 비유하여 설명하고 있다. 다음 그림처럼 연주는 뿌리, 월주는 줄기, 일주는 꽃, 시주는 열매와 같은 작용을 하면서 사주 전체가 하나의 나무를 이루고 있다. 이 중에서 일주를 '나와 나의 배우자'라고 하며 사주의 주인공이 된다. 나머지는 내 주위에서 나와 함께 살고 있는 가족으로 생각한다. 즉, 연주를 조상(할아버지와 할머니), 월주는 어머니와 아버지, 시주는 자식들이라고 한다.

_연주·월주·일주·시주_

_사주 나무_

가정	사주	회사
자식	시주(열매)	아랫사람
나와 배우자	일주(꽃)	본인과 동료
아버지와 어머니	월주(기둥)	사장 윗사람
할아버지와 할머니	연주(뿌리)	회장

또는 사주를 하나의 회사라고 생각하면 연주를 회장, 월주를 사장이나 윗사람, 일주는 나와 동료, 시주는 아랫사람으로 생각하기도 한다. 이처럼 사주는 하나의 회사도 되고 가족, 나라도 된다. 이 이외에도 모든 공동체를 설명할 때에 동일한 방법으로 설명한다.

⑥ 사주 원국은 왜 공동체(한가족)를 이루고 있나?

원국에 있는 사주와 팔자들이 가족과 같은 공동체를 이루고 있는 이유를 찾아보자. 사주는 태양–지구–달과 같은 태양계의 움직임이므로 공동체를 이루고 있는 이유도 태양계에서 찾을 수 있다.

왜 태양계에서 행성들이 태양을 중심으로 무리를 지어서 집단적으로 돌고 있을까? 따로따로 떨어져서 자유롭게 마음 내키는 대로 우주 속을 떠돌아다니는 것이 더 좋지 않을까? 태양계뿐만 아니라 우리은하도 마찬가지이고, 우주에 있는 모든 별들도 같다.

그 이유는 무리를 이루고 사는 것이 '더 편하고 안정되기 때문'이라고 한다. 가장 무겁고 힘이 강한 태양을 중심으로 8개의 행성들이 공동체를 이루면서 뭉쳐서 사는 것이 여러 모로 더 좋기 때문이다. 이와 같은 현상은 태양계 뿐만 아니라 모든 별들 사이에서도 공통적으로 일어나고 있다.

이와 같은 현상이 사주팔자들 사이에서도 일어난다. 팔자들이 독립적으로 따로따로 작용하지 않고 '나'를 중심으로 뭉쳐서 가족을 이루고 있다. 서로 상생과 상극을 하면서 사는 것이 '더 편하고 즐겁고 안전'하기 때문이다. 사주와 팔자들이 서로 긴밀하게 '가족(공동체)'을 이루고 있는 이유이다.

7 여덟 글자들은 거리에 따라 영향력이 다르다

원국에서 여덟 글자는 모두 나에게 영향을 미치는 구성원들이다. 전체는 한 덩어리처럼 움직이는 공동체이다. 그러나 글자 사이의 영향력은 거리에 따라 차이가 크다. 원국에서 나와 부모 또는 나와 자식은 가까이 붙어 있으므로 영향력이 강하지만, 나와 할아버지 할머니 같은 조상들은 한 칸 멀리 떨어져 있으므로 영향력이 부모[자식] 보다 적어진다.

이처럼 거리에 따라 생기는 차이를 말로 표현하면 그 의미가 애매 모호해져서 그 정도를 알기 어렵다. 좀 더 쉽고 확실하게 표현하는 방법을 찾아 보자. 모든 것들을 가능한 한 숫자로 표현하는 방법을 생각하였다.

일간(日干)을 중심으로 거리가 멀수록 작용하는 힘이 약해진다. 즉, 일주의 부부처럼 같은 칸[0칸]이면 거리가 없으므로 '×1'로 하였다. 1칸 떨어져 있으면 '×0.8', 2칸 떨어져 있으면 '×0.5', 3칸 떨어져 있으면 가장 적게 작용하므로 '×0.2' 정도의 숫자를 정하였다.

거리와 힘의 관계

구분	천간	지지
연주	연간의 힘×0.5	연지의 힘×0.2
월주	월간의 힘×0.8	월지의 힘×0.8
일주	일간(나) : 중심	일지의 힘 × 1
시주	시간의 힘×0.8	시지의 힘×0.8

이와 같이 거리에 따라 강도의 차이를 숫자로 표현하면 말로 표현하는 것보다 명료하고 쉽게 이해된다. 앞으로 배울 일간뿐만 아니라 연간·월간·시간 등도 말로 표현하는 대신에 숫자로 '정도'를 표현하는 방법을 자주 사용한다.

이제부터 사주를 감정할 때 '나〔일간〕'에게 미치는 팔자 하나하나의 영향을 따지면서 여러 가지 복잡한 계산을 많이 하여야 한다. 이런 때에 꼭 필요한 이론이므로 이번 기회에 '거리의 영향'을 확실히 이해하기 바란다.

이 원리를 무시하고 감정하는 사람들도 많이 있다. 팔자가 연지에 있던 시지에 있던 일간에게 작용하는 힘은 같다고 생각하고 감정한다. 그만큼 감정이 부정확하게 된다. 잘못이다.

현대인들은 에너지(energy)라는 말을 많이 사용하고 있으므로 더 이상 설명할 필요는 없다. 기(氣)라는 말도 '기분이 좋다', '기가 너무 쎄다', '기가 막힌다'는 말로 아직도 많이 사용하고 있다. 기(氣)는 순수한 우리 말로 '기운' 또는 '힘'이라고 부르기도 한다. 동양철학 계통을 하다 보면 에너지란 말 대신에 '기(氣)'라는 말을 자주 사용하므로 많은 사람들이 기(氣)와 에너지가 같은 뜻인지 궁금해 한다. 〈에너지와 기(氣)의 차이〉를 확실히 구별하여 설명해 보자.

에너지는 단순히 '일 할 수 있는 능력'을 말하지만, 기(氣)는 에너지보다 더 넓고 다양한 뜻을 가지고 있다. 즉, 에너지와 기(氣)는 모여서 굳으면 물질이 된다는 점은 같다. 그러나 기(氣)는 에너지가 작용하는 원리와 정보, 소통 등을 더 가지고 있다. 다시 말하면 냄비 속에 물을 넣고 가열하면 물은 온도에 따라 뜨거워지면 올라가고, 차가와지면 내려가면서 빙빙 돈다.

이처럼 기(氣)도 상승과 하강하면서 순환한다. 또 상승하는 기(氣)와 하강하는 기(氣)가 서로 만나서 정보도 교환하고 상생과 상극 작용을 하기도 한다. 이외에도 기(氣)가 하는 일은 에너지보다 훨씬 더 많으므로 마치 '살아 있는 것'처럼 행동한다. 그러나 에너지는 이런 오행 작용을 하지 않으므로 이 점이 기(氣)와 에너지가 크게 다른 점이다.

공기도 기(氣)이고 대기도 기(氣)이다. 이처럼 이 세상에는 기(氣)가 꽉 차 있다. 뿐만 아니라 현대에는 전기와 자기도 기(氣)이고 전파도 기(氣)이다. 전파는 전자의 움직임이므로 전자가 움직이는 TV나 핸드폰 등 전자가 작용하지 않는 분야가 없을 정도이다. 기(氣)의 세상이다.

기(氣)가 서로 상호 작용도 하고 인간과도 영향을 주고 받으면서 여러 가지 작용을 한다. 그러므로 기존의 에너지라는 개념보다는 기(氣)라는 개념이 우리 생활에 더 가까우므로 앞으로는 에너지란 말보다는 기(氣)라는 말이 더 현실감 있게 사용될 것으로 생각된다.

이렇게 여러 가지 좋은 뜻을 가지고 있는 '氣'라고 하는 단어를 살려서 계속 사용하였으면 좋겠다. 동양의 세계에서 사용하는 氣는 에너지보다 훨씬 넓고 많은 작용을 하기 때문이다. 앞으로는 에너지 대신에 기(氣)가 대세인 세상이 될 것이다.

그러나 현재는 기(氣)는 점점 사라지는 말이고, 대신에 '에너지'라는 서양 말이 습관적으로 널리 사용되고 있다. 어찌된 일인가!

동양철학에서 태극이란 천문학의 빅뱅 이론에서 말하는 특이점(特異點)을 태극이라고 하는 것 같다. 즉, 특이점은 이 세상〔우주〕이 시작하는 최초의 순간이어야 하므로 태극도 이 세상〔우주〕이 시작하는 최초의 순간이어야 한다. 다시 말하면 빅뱅의 특이점과 동양의 태극은 이 세상〔우주〕이 시작되는 한 점이므로 특이점과 태극은 한 번만 일어났어야 한다. 서양의 사고방식에서 이 세상은 특이점에서 시작하여 지금까지 계속 팽창하고 있다고 한다. 그러므로 지금까지 특이점은 한 번만 일어났다고 생각한다.

그러나 동양의 세계에서는 이 세상의 모든 것은 생겼다 없어지고 또 생겼다 없어지는 순환론이므로 새로 생길 때마다 태극이 생겨야 한다. 다시 말하면 서양의 특이점은 지금까지 한 번만 일어났지만, 동양의 태극은 무수히 많다는 말이다. 예를 들면 동양의 세계에서는 남자〔양〕와 여자〔음〕가 만나는 순간 태극이 되어 한 가정을 이루기 시작하는 것처럼 이 세상에는 많은 태극이 존재한다. 시작하는 모든 것의 시작점은 모두 태극이 되어 생긴 것이고 태극 속에서 음양이 작용하면서 존재하기 때문에 태극이 매우 많아지는 것이다. 부부와 회사도 동양철학적으로 보면 모두 태극이다. 우리나라에서 큰 일이 생길 때마다 태극기를 들고 나오는 것은 개인이 아니라 한 가정의 대표라는 뜻이라고 생각된다.

제2부
음양오행론

天地人 四柱學

천지인 사주학

동양철학이나 사주학이 매우 어렵다고 한다. 왜 어려울까?

우리들은 지금까지 직접 보고 만질 수 없는 것은 없는 것으로 취급하였다. 오로지 눈에 보이고 형체가 있는 물질만 믿을 수 있고 과학적으로 존재한다고 교육받아 왔다.

이런 사람들에게 눈에 보이지 않고 만질 수도 없는 것들은 이해하기 매우 어렵다. 예를 들면 공기가 있다는 것은 모든 사람들은 다 안다. 그러나 공기의 움직이는 현상을 말로 설명하고 이해하기란 쉽지 않다. 더구나 공기가 움직이는 복잡한 법칙들을 설명하고 이해하기는 얼마나 어렵겠는가?

그러나 동양의 세계에서는 공기처럼 보이지도 않고 만질 수도 없는 기(氣)가 움직이는 현상에 대해서 주로 설명한다. 물질만 실제로 존재한다고 생각하는 사람들에게 氣(기운, 에너지)의 세계를 설명한다는 것은 매우 어렵다. 보이지 않고 만질 수 없는 것들은 모두 믿을 수 없는 비과학적이라고 하면서 마음의 문을 열지 않기 때문이다.

동양철학이나 사주학의 세계는 지금까지 사람들이 알고 있던 세상과는 다른 사유체계이다. 서양의 지식들로 꽉 차 있으면 새로운 것을 담을 수 없다. 그러므로 모든 것을 버리고 새롭게 시작해야 한다. 그래야만 사주학의 세계가 보이기 시작할 것이다.

그러나 많은 사람들은 서양의 물질주의적 사고 방식으로 기(氣)의 세계(사주학)를 이해하려고 한다. 그러므로 현대의 사람들이 사주학을 이해하기는 참으로 어렵다. 사주학을 이해하려면 지금까지 알고 있던 것들을 버리고 기(氣)의 세계로 들어와야 한다. 그러나 이것은 얼마나 어려운 일인가?! 그래서 사주학(동양철학)이 어렵다고 한다.

사주 속에 새로운 세계가 감추어져 있다는 것을 모르고 산다.

애석하고 가슴 아픈 일이다!

1
사람은 하늘과 땅 사이에 살고 있다

인간〔人〕은 하늘과 땅 사이에서 살고 있다. 그 속에서 하늘의 기운〔天氣〕과 땅의 기운〔地氣〕의 도움을 받고 있다. 만약 하늘의 기운과 땅의 기운을 받지 못하면 사람은 살 수 없다. 그러므로 사주는 결국 인간〔人〕과 천기(天氣)+지기(地氣)의 관계를 조사하는 학문이다. 그러므로 인간〔人〕이 잘 살려면 천기와 지기에 대해서 잘 알아야 한다.

① 천기(天氣)란 무엇인가?

동양철학〔사주학〕에서 天(천, 하늘)이란 말이 많이 나온다. 우리들 머리 위에 있는 파란 하늘을 天(천)이라고 하며, 이 天은 계속 높아져서 우주까지 도달할 것이다. 이렇게 높고 넓은 하늘에서 내려오는 기운, 즉 천기(天氣)는 이 세상에 없는 오묘하고 신비한 기운일 것이라고 생각한다. 많은 사주학 책에도 천기라고 하면 애매모호한 이상한 말로 설명하거나 또는 과학적으로 설명한다고 우주선이니 전자파니 하는 더 이상한 말로 설명한다. 아무리 들어도 실감이 나지 않고 계속 멍해진다. 지기(地氣)도 마찬가지이다. 천기와 지기를 현대인들이 공감하도록 설명해 보자.

하늘에서 내려오는 기운〔천기〕 중에서 사람들에게 가장 강한 영향을 주는 기운은 태양에서 내려오는 햇볕과 햇빛이다. 그러므로 태양부터 조사하여 보자.

태양은 지구보다 약 33만〔질량〕배〔부피는 130만배〕나 크고, 지구로부터 멀리 떨어져 있는 거리〔1억 5000만km〕에서 불타면서 막대한 양의 빛과 열은 뿜어내고 있다. 이 태양에서 방출된 빛과 열량의 22억분의 1정도만 지구에 도달하지만, 이 빛과 열도 너무 뜨겁고 강렬해서 지구에 있는 생물들은 도저히 살 수 없다.

다행히 지구와 태양 사이의 공간에는 이 태양의 빛과 열을 감소시킬 수 있는 보호막이 몇 겹으로 지구를 둘러싸서 보호하고 있다. 이중에서 지구 가까이에 있는 '대기권'이라고 하는 보호막이 있으며, 이 대기권도 여러 층으로 나뉘어져 있다. 이 중에서 지구와 가장 가까이 있는 대기권을 '대류권'이라고 하는 보호막이고, 이 대류권이 우리들이 숨쉬고 있는 공기층이다. 공기층〔대류권〕은 대략 11km 두께밖에 안 되지만, 우리들은 그 속에서 살고 있으므로 우리들에게 공기층〔대류권〕은 가장 중요하다. 그러므로 공기층〔대류권〕에 대해서 생각해 보자.

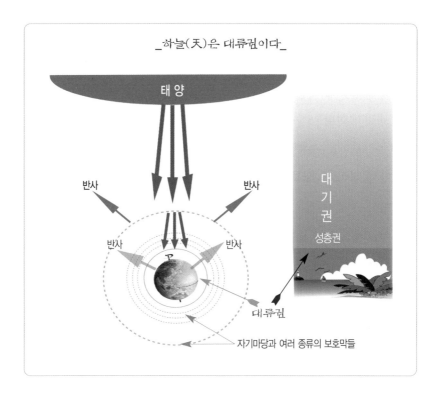

하늘(天)은 대류권이다

태양

반사

반사

반사

반사

대
기
권
성층권

대류권

자기마당과 여러 종류의 보호막들

❶ 공기층〔대류권〕하면 제일 먼저 떠오르는 생각은 '공기'가 있다는 점이다. 공기〔대기〕속에는 인간에게 가장 중요한 산소와 질소, 수증기가 무진장 존재한다. 동물들은 공기 중에 있는 산소를 마시고, 질소는 식물들이 탄소동화작용을 해서 식량을 만들어낸다. 대류권 이상의 성층권으로 높이 올라가면 이런 공기가 희박하여 사람을 포함하여 생물들이 살 수 없다.

❷ 파란 하늘을 쳐다 보면 하늘에는 밝고 따뜻한 기운〔온도〕이 있다. 이런 기운은 태양에서 오는 햇빛과 햇볕이라는 것을 누구나 다 안다. 이 태양의 빛과 볕을 받아서 체온도 유지하고 식물들은 광합성 작용을 하여 생물들의 식량을 만든다.

뿐만 아니라 빛이 있으면 밝으므로 밖에 나가서 일을 할 수 있다. 또 대류권에서 형성되는 기온[온도]에 의하여 날씨가 변하며, 날씨가 변함에 따라 기압의 차이가 생긴다. 즉, 바람이 불고 구름이 모였다가 비를 내리게 한다.

❸ 무엇보다도 대류권의 공기 속에는 많은 양의 '수증기'가 함유되어 있다는 점이다. 대류권은 바다에서 증발한 수증기가 위로 올라가서 모여서 구름이 되는 공간이다. 그러므로 '대부분'의 수증기는 주로 대류권의 대기에 포함되어 떠다니다가 비가 되어 지상으로 떨어진다. 대류권보다 높이 올라가면 거의 구름이 형성되지 않기 때문에 모든 수증기가 지구 밖으로 흩어져 버린다.

대류권에 있는 공기[대기]는 지구가 자전함에 따라 지구에 바짝 붙어서 지구와 함께 돈다. 공기 속에 있는 수증기는 이 공기[대기]를 따라 세계 곳곳을 이동하면서 비를 뿌린다. 한마디로 대류권에서만 '날씨'의 변화가 일어나서 비가 내리기 때문에 인간을 비롯하여 동물과 식물들이 살 수 있다. 그러므로 대류권에서만 〈액체 상태의 물〉이 존재할 수 있다. 이 액체 상태의 물 때문에 생물들이 살 수 있다.

❹ 요즈음은 수많은 인공위성에서 쏟아내는 수많은 전파들도 대류권을 통하여 우리들에게 각종 기적(핸드폰이나 TV 등)을 일으키고 있으므로 전파도 '하늘(天)'에 포함될 수도 있을 것이다. 인간들은 전파의 혜택을 누리면서 살고 있다.

❺ 또 오묘하고 신비한 힘이다.

천기가 사람들에게 베푸는 것은 많겠지만 이 중에서 지금까지 설명한

5가지만으로도 사람〔생물〕들이 살기 위해서는 반드시 필요하다. 지구에서 11km밖에 안 되는 대류권이 인간〔생물〕에게 베푸는 축복들이다.

② 지기(地氣)란 무엇인가?

지기(地氣)는 땅〔지구〕의 기운을 말한다. 지기도 천기처럼 현대인들이 공감할 수 있도록 설명하여 보자. 지기의 특징은 다음과 같다.

❶ 지구에서는 무엇보다도 모든 것을 잡아당기려고 하는 '중력'의 힘이 강력하게 작용한다. 즉, 모든 것을 멀리 도망가지 못하게 내부로 감싸 안고 포용하며 저장하려고 하는 힘이다. 사람들뿐만 아니라 모든 것들도 이 중력이 잡아당기고 있기 때문에 지구 표면에 꼭 붙어서 떨어지지 못한다.

그러므로 지구 위의 모든 것들은 지구와 함께 꼭 붙어서 움직이므로 자전과 공전을 할 수밖에 없다. 그 결과 밤낮이 생기고 사계절이 생기기 때문에 모든 생물들이 지금처럼 살고 있다. 이 모든 것들은 중력의 덕분이다.

❷ 지구 내부의 철과 니켈 같은 금속이 녹아 있는 용암 때문에 '전자력'이 발생한다. 전자력(電磁力)은 자석처럼 같은 극〔+와 +, −와 −〕이면 밀어서 분리하려 하고, 다른 극〔+와 −〕이면 잡아당겨서 결합하려고 한다. 이 자력이 지구 곳곳

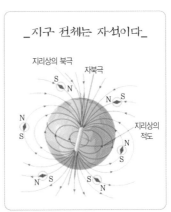

지구 천체는 자석이다

지리상의 북극　자북극

지리상의 적도

에서 작용하므로 자력이 작용하지 않는 곳은 없다.

동양철학의 기(氣)도 음(陰)과 양(陽)으로 나뉘어지며, 음과 양의 작용도 자석의 작용과 비슷하다. 그러므로 기(氣)의 음양(陰陽) 성질도 지구의 +극과 −극에 연유된 것으로 생각된다.

지구에서 발생하는 이와 같은 '힘〔중력〕'과 '전자기력'을 합쳐서 〈지기(地氣)〉라고 한다. 이 지기도 천기와 마찬가지로 말로 설명할 수 없는 신비한 힘이 작용하고 있다.

이와 같이 하늘과 땅에서 天氣와 地氣는 지구가 자전과 공전하면서 발생하는 기운들이다. 앞에서도 다루었듯이 이 기운은 엄청나게 막강하며, 인간을 비롯하여 모든 생물들은 이 기운의 영향 속에서 벗어날 수 없다. 이 기운들은 눈에 보이지 않고 만질 수도 없지만, 정말 과학적으로 증명된 막강한 기운〔氣, 에너지〕들이다.

지금까지 동양의 세계에서 말하는 천기와 지기를 서양 과학적으로 설명하여 보았다. 모두 비슷한 내용을 다른 말로 표현하고 있다. 그러나 동양의 세계에서는 서양 과학과는 매우 다른 현상들도 함유하고 있다. 서양의 세계에서는 상상하지도 못한 하늘〔天〕과 땅〔地〕의 세계를 생각하고 있다.

다음은 동양에서 말하는 세계를 조사하여 보자.

2
사람들은 천기와 지기 속에서 살고 있다

사람들은 천기와 지기 속에서 살고 있다. 지구가 고속으로 자전하면서 공전하면 천기와 지기도 지구와 함께 자전과 공전을 한다. 이런 환경에서 천기와 지기도 변하며, 사람에게 큰 영향을 미친다. 어떤 작용을 할까?

① 하늘에서도 돌고 땅에서도 돈다

아침이 되어 햇볕을 먼저 받는 공기는 따뜻해지며 가벼워진다. 가벼워진 공기[대기]는 위로 올라가고, 햇볕을 늦게 받은 공기는 상대적으로 무거워져서 따뜻한 공기의 아래로 움직이게 된다.

이와 같이 햇볕을 빨리 받은 공기와 늦게 받은 공기가 위-아래로 흐르면서 공기가 돌기 시작한다. 즉, '대류 현상[순환 운동]'이 일어난다. 다시 말하면 하늘[대류권]에 있는 공기가 열을 받아서 아래 위로 뒤섞이는 대류현상이 생긴다. 대기 속에 있던 수증기도 공기와 함께 대류가 일어난다.

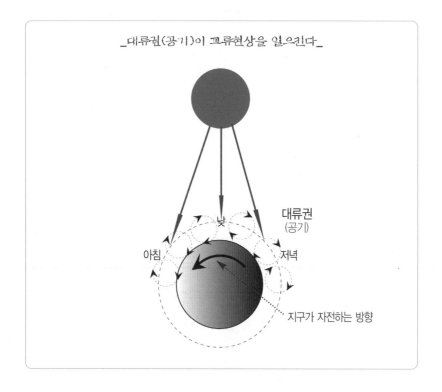

대류권(공기)이 교류현상을 일으킨다

햇볕이 대류권(하늘)을 통과하여 땅(地)에 도달하면, 하늘에서 일어났던 변화(오행의 순환)가 그대로 땅에서도 일어난다. 즉, 지구가 자전함에 따라 지구를 덮고 있던 바닷물도 돈다.

하늘(대류권)에서 공기(대기)가 햇볕을 받아서 돌(회전)듯이 바닷물도 햇볕의 양에 따라 대류하면서 돌고 돈다. 다시 말하면 하늘(대류권)에서 공기가 돌듯이 지구(땅)에서도 바닷물이 돈다. 이처럼 하늘에서 일어나는 현상과 비슷하게 땅에서도 일어난다.

② 하늘(대류권)과 땅의 기운이 교류하면서 하나가 된다

이런 변화가 하늘과 땅에서 계속 일어난다. 물을 생각해 보자. 하늘〔대류권〕의 수증기와 땅의 수증기〔물〕가 순환한다. 다시 말하면 하늘〔대류권〕에 있던 수증기가 비가 되어 땅에 떨어지고, 이 물을 생물들이 마시면서 산다. 이 물이 다시 수증기가 되어 하늘〔대류권〕로 올라가서 구름이 되었다가 비가 되어서 땅에 골고루 떨어지고……

인간을 비롯한 모든 생물들은 이 물을 사용하면서 살고 있다. 즉, 하늘과 땅은 서로 분리되어 있는 것이 아니고 '하나' 처럼 작용한다. 그러므로 하늘에서 일어나는 일이 땅에서도 그대로 일어난다. 이와 같이 하늘과 땅이 분리되어 있는 것이 아니라 하늘과 땅이 서로 교류하면서 하나가 된다.

하늘에서 기운이 먼저 대류하면 그 후에 지구〔땅〕에서도 그대로 일어난다. 즉, 하늘의 기운과 땅의 기운은 분리되어 있는 것이 아니라 '하나' 처럼 소통하면서 영향을 주고 받는다.

하늘(대기권)의 수증기와 땅 위의 물이 대류한다

③ 보이지 않는 기(氣)를 말로 설명할 수 없다

사주에서는 모든 것을 보이지 않는 기운인 기(氣)로 설명한다. 그러나 氣[기운, 에너지]는 보이지 않기 때문에 말로 설명하기가 매우 어렵다. 이럴 때 눈에 잘 보이는 물질이 변하는 현상으로 비유하여 대신 설명할 때가 자주 있다.

예를 들면 하늘에서 공기가 움직이면 바람이 불고 있다는 것을 분명히 알고 있다. 그러나 사람들의 눈에는 공기의 움직임이 직접 보이지 않는다. 이런 경우에 어떻게 하면 바람이 불고 있다는 것을 설명할 수 있을까?

사주에서는 이와 같이 보이지 않는 氣[기운, 에너지]가 변하는 현상을 눈에 잘 보이는 초목[물질]이 변하는 현상으로 대신 설명하는 때가 많다. 예를 들면 하늘에서 氣[기운, 에너지]가 퍼져 나가는 현상을 씨앗에서 싹이 터서 자라고 있은 것처럼 설명한다. 이런 경우에 하늘에서도 씨앗이 자라고 있는 것으로 혼동하면 안 된다. 설명할 수 없기 때문에 대신 비유하여 설명한다는 사실을 꼭 기억하기 바란다.

3
음양론(陰陽論)과 오행론(五行論)의 세계

앞으로 사주학에서 설명하는 모든 내용들은 음양과 오행으로 설명한다. 이렇게 중요한 음양오행은 어디에서 시작한 것일까?

지구는 자전하면서 공전한다고 하였다. 사람들은 중력이 강하게 잡아당기고 있기 때문에 지구 위에 꼭 붙어서 살고 있다. 그러므로 사람들도 지구와 함께 자전과 공전하면서 살 수밖에 없다. 즉, 하루는 점점 밝아졌다가 어두워지고 일년은 봄-여름-가을-겨울의 4계절이 생긴다. 이런 현상은 동양이나 서양에서 똑같이 일어난다.

① 음양과 오행은 자전과 공전하는 현상에서 생긴다

서양 천문학에서 말하는 자전과 공전하는 현상을 동양에서는 음양과 오행이 일어난다고 한다. 음양과 오행의 현상은 동양철학(사주학)에서만 일어나는 신비한 현상이 아니다. 서양에서는 자전과 공전이라고 불렀고, 동양에서는 음양–오행이라고 불렀다. 이처럼 같은 현상을 동양과 서양이 다르게 불렀다. 자전과 공전을 왜 음양오행이라고 하는가? 차이점은 무엇일까?

② 양(陽)은 氣(에너지)가 퍼져나가는 현상이고, 음(陰)은 氣(에너지)가 움츠러드는 현상이다

음양론(陰陽論)은 지구가 자전하면서 하루가 밝아졌다가 어두워지는 현상[밤과 낮이 변하는 현상]을 생각하면 쉽게 이해할 수 있다.

아래 그림처럼 자정[밤 12시]부터 밝아지기 시작하여 →아침→오전→정오[낮 12시]에서 끝난다. 정오부터 어두워지기 시작하여→오후→저녁→밤[자정]이 되면 끝난다. 이처럼 햇살이 퍼져나가는 현상을 동양에서는 〈양(陽)〉이라고 부른다.

그리고 정오가 지나면서 점점 어두워지기 시작하여 →오후→저녁→밤[자정]에서 끝난다. 이처럼 햇살[에너지]이 수렴하는 과정을 〈음(陰)〉이라고 말한다. 하루는 '양'에서 시작하여 '음'에서 끝난다.

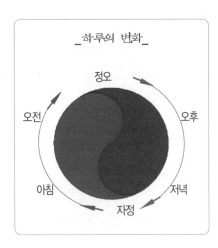

하루의 변화

정오
오전
오후
아침
저녁
자정

이런 현상은 누구나 경험하는 하루의 생활이다. 모두 지구가 자전하기 때문에 일어나는 현상이다. 이렇게 간단한 현상은 동양과 서양에서 동일하게 일어난다. 사주학에서는 〈음(陰)〉과 〈양(陽)〉이라는 말로 간단히 표현한다.

이와 비슷한 현상은 일년 동안 일어나는 변화, 즉 봄-여름-가을-겨울에서도 잘 알 수 있다. 봄-여름 동안은 햇볕이 점점 강하게 퍼져나가다가 가을-겨울에는 햇볕이 점점 감소하여 추워진다. 그러므로 일년도 봄→여름은 기운〔에너지〕이 퍼져나가는〔팽창〕 과정이고, 가을→겨울은 기운〔에너지〕이 수렴하는 과정이다. 일년도 양에서 시작하여 음에서 끝난다.

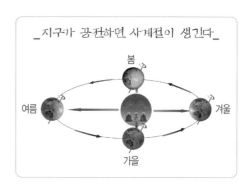

이처럼 하루가 변하는 현상과 일년이 변하는 현상은 다음 그림처럼 비슷하다. 사람들은 살면서 하루는 밤과 낮이 있고, 일년도 4계절로 되어 있다는 사실을 잘 안다. 더 이상 설명할 필요가 없다.

이런 현상들을 간단하게 이름을 붙여주자.

에너지〔氣〕가 퍼져나가기 시작하는 오전과 봄을 木이라 하고, 에너지〔氣〕가 맹렬하게 활약하는 낮과 여름을 火라고 한다. 또 오후와 가을처럼 에너지를 수렴하는 현상을 金

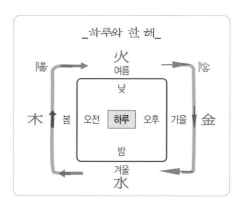

이라 하고 어둡고, 추운 밤과 겨울에 에너지를 압축하는 현상을 水라고 한다. 그러면 하루와 일년은 木→火→金→水의 4행으로 변한다고 간단히 표현할 수 있다.

③ 토(土)의 역할

그러나 오행론에서는 하루와 일년은 4행이 아니라 5행으로 변한다고 한다. 4행에서 5행이 된 이유를 알 수가 없다. 초보자들에게는 매우 이해하기 어려운 부분이다. 4행이 아니라 5행이 될 수밖에 없는 이유를 하루와 일년으로 나누어서 설명하겠다.

① 하루에서 오행이 일어나는 이유

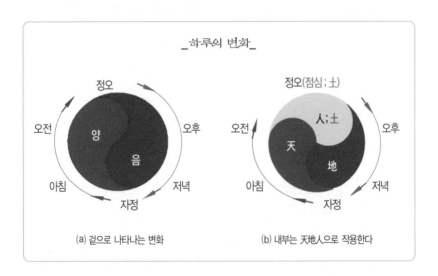

하루의 변화

(a) 겉으로 나타나는 변화

(b) 내부는 天地人으로 작용한다

하루는 위의 그림 (a)처럼 정오에서 양에서 음으로 변한다. 그러나 실제로는 정오에서 양이 음으로 '갑자기' 변하는 이 과정이 대단히 어려운 모양이다. 빠른 속도로 달리는 자동차의 방향을 급하게 바꾸기는 대단히 어려운 것과 같다. 그러므로 맹렬하게 팽창하려고 하는 양의 기운을 '억누르고 정지시키는 작용'을 한 후에 수렴하는 기운으로 바뀌어야 순조롭게 바뀔 수 있기 때문이다.

산에 오르기 시작하여 정상에 오르면 더 이상 오를 수가 없으므로 잠시 쉬었다가 산을 내려가야 된다. 쉬지 않고 곧 내려가려면 피곤하여 내려가기 힘들다.

이 쉬는 과정을 사람들의 일상 생활에 비유하여 다시 설명해보자.

사람들은 오전의 일과를 끝마치자마자 곧 오후의 일을 시작하지 않는다. 정오에 '점심' 식사를 하면서 오전의 피로도 풀고 새로운 에너지도 충전한다. 이처럼 잠시 쉬었다가 오후을 일을 계속한다.

'점심' 식사 시간이 끝나면 편안하고 순조롭게 오후의 일을 계속할 수 있다. 그러므로 하루를 무리없이 잘 지내려면 '점심시간'이 반드시 필요하다. 사람들이 이런 사실을 알고 점심시간을 만든 것은 아니지만, 원만하고 편안하게 살려면 이처럼 자기도 모르게 대자연의 섭리를 따라 하고 있다.

지금까지 설명한 것처럼 하루는 앞의 그림 (b)처럼 음양 대신에 天→人→地의 삼태극으로 표현할 수도 있다. 삼태극으로 표현하면 하루가 변하는 현상을 이태극 (a)보다 더 정확하게 설명할 수 있다.

② 일년에서 오행이 생기는 이유

이와 같은 현상은 하루뿐만 아니라 일년 동안에도 일어난다. 일년 동안 일어나는 현상과 하루 동안 일어나는 현상을 비교하기 위하여 하나의 그림에 하루와 일년에서 일어나는 변화를 함께 그렸다.

그림에서 알 수 있듯이 봄과 오전은 에너지〔氣〕가 퍼지기 시작하는 시기이므로 木, 여름과 낮에는 에너지〔氣〕가 가장 왕성하게 활약하는 시기이므로 火이다. 木과 火는 양의 구역이다. 여름〔낮〕이 지나서 가을〔오후〕이 되면 에너지가 수렴하여 저장하는 시기이므로 金이고, 겨

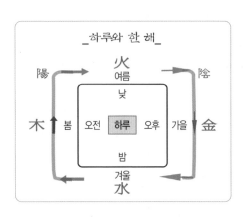

하루와 한 해

울〔밤〕에는 에너지〔氣〕를 견고하게 압축해주는 시기이므로 水이다. 이와 같이 일년과 하루는 비슷한 일이 일어나므로 木→火→金→水의 사행(四行)으로 진행된다.

그러나 모든 사주학 책에서는 火와 金 사이에 土, 또는 장하(長夏)라고 하는 이상한 계절을 하나 더 추가하여 '일 년은 4행으로 움직이는 것이 아니라 5행으로 이루어진다'라고 한다. 아무리 생각해도 일년은 분명히 4계절인데 5계절이라고 하므로 도저히 이해되지 않는다. 장하(長夏)라고 하는 土의 계절이 생기는 이유를 생각해 보자.

[1] 하늘〔天〕에서 장하〔土〕가 생기는 이유

오행이 성립하는 과정 중에서 土의 필요성에 대하여 여러 가지 방법으로 설명할 수 있을 것이다. 간단하고 알기 쉽게 하기 위하여 지

구에 있는 물이 공전하는 과정에서 일어나는 현상을 생각해 보자.

봄이 되어 태양의 에너지가 강해지면 물의 온도도 점점 올라간다. 온도가 올라감에 따라 증발하는 수증기의 양이 많아지기 시작한다. 여름이 되어 태양의 에너지가 더욱 강해지면 증발하는 수증기의 양도 급격히 증가하고 팽창하는 힘도 더욱 강해진다. 그래서 수증기가 더 높이 더 넓게 올라가서 마침내 우주로 흩어져 버리려고 한다.

다시 말하면 여름에서 가을로 넘어가기 전인 늦여름[말복 때]은 기온이 일년 중 가장 높은 시기이다. 이렇게 온도가 높아지면 수증기의 운동이 더욱 활발해져서 더 넓은 공간[우주]으로 퍼져 날아가려고 하는 힘도 강해진다. 우주로 도망간 수증기는 다시 지구로 되돌아오지 않는다. 그러면 지구가 가지고 있던 수증기의 양은 점점 감소하게 될 것이다. 이렇게 되는 것이 자연스러운 현상이다.

그러나 지구에서는 다행히 이런 현상이 일어나지 않고, 수증기가 수렴하여 물이 되어서 다시 지구에 떨어진다. 그렇다면 왜 우주로 흩어지지 않을까?

앞에서도 설명하였듯이 대기권[대류권]이라는 보호막에 막혀서 수증기가 지구의 밖으로 도망가지 못하고 비가 되어 땅으로 다시 떨어지기 때문이다. 그러므로 지구에 있는 수분의 양은 줄지 않고 항상 지구 위에 돌고 돈다. 그 결과 살아 있는 생물[인간]들에게 물을 항상 충분히 공급할 수 있다. 이처럼 대류권이 지구 위의 생물들을 살리고 있는 고마운 생명의 은인이다.

만약 지구의 상공에 대류권이 없다면 어떻게 될까? 화성이나 달처럼 대기권[대류권]이 거의 없다면 모든 수증기가 우주로 흩어져서 도

망가 버린다. 물이 없으면 지구도 화성이나 달처럼 사막이 되어 모든 생명들이 살 수 없게 된다. 다행히 지구에서는 그런 일이 일어나지 않으므로 '기적'이 일어난 것이다. 대기권[대류권]에서 억제하기 때문에 수증기가 우주로 흩어지지 않고 지구로 되돌아 갈 수 있다. 대기권[대류권] 덕분에 우주로 흩어지려고 하는 수증기를 회수되어 [金] 비가 되어[水] 땅에 떨어진다.

이런 대기권[대류권]이 지구에만 있는 이유를 천문학에서는 지구의 크기가 적당하였고 또 지구가 태양으로부터 적당한 거리에 떨어져 있기 때문이라고 한다, 어찌 되었든 화성이나 달에는 없는 기적이 일어난 것이다. 물이 있어야 모든 생명들은 살 수 있다. 지구가 물의 행성 또는 생명이 살아 있는 행성이라고 불리우는 이유이다.

2 금화교역(金火交易)_동양철학자들의 설명

이런 현상을 옛날 역학자(易學者)들은 〈금화교역(金火交易)〉이라는 이론을 만들었다.

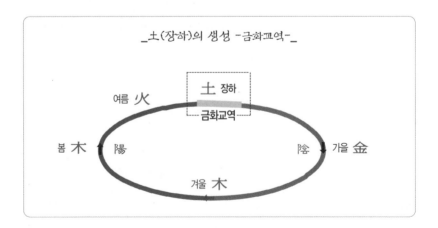

土(장하)의 생성 -금화교역-

금화교역이란 '火가 작용할 때에 金이 대신 작용하여 수렴작용을 한다'는 말이다. 즉, '火가 계속 진행되어 수증기가 우주로 도망가지 못하도록 金이 수렴하여 비가 내리도록 한다'는 말이다. 이런 작용을 금화교역이라고 하며, 말복 더위의 늦여름에 장하(長夏)라고 하는 또 하나의 계절이 생기는 이유이다.

지금까지 일년 동안에 양이 음으로 변할 때 土가 필요한 이유에 대해서 설명하였다. 그러므로 일년은 4행이 아니라 5행으로 진행된다는 사실도 알았다. 결국 일년은 4행이 아니라 木→火→土→金→水의 5행으로 변한다.

③ 三太極(天地人)에서 오행이 생겼다

하루와 일년은 4행이 아니라 5행으로 변한다. 4행이 아니라 5행으로 변하는 현상을 천지인-삼태극으로 설명하면 이해하기 쉽다.

다음 그림처럼 오행은 천지인 삼태극이 변하여 木→火→土→金→水의 오행으로 변한다는 사실을 알 수 있다.

하루는 양에서 음으로 변하는 사이에 기운을 조정[점심시간]하는 과정을 '土'라고 불렀다. 그러면 하루는 실제로 陽→土→陰으로 진행되며, 다음 그림 (a)처럼 天→人→地로 진행된다. 天→人→地에서 天을 木과 火로 나누고 地를 金과 水로 세분해서 하루는 木→火→土[점심]→金→水의 5행으로 진행된다. 즉, 하루는 4행이 아니라 5행으로 된 것이다.

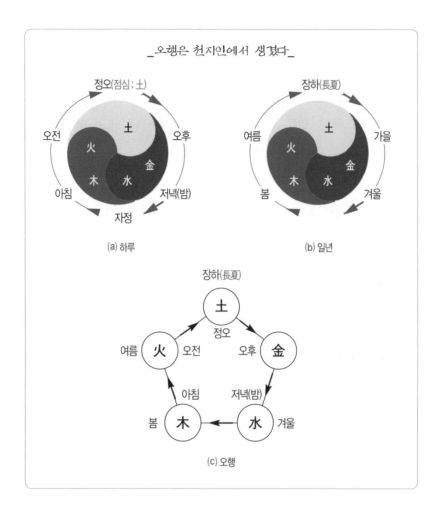

오행은 천지인에서 생겼다

(a) 하루

(b) 일년

(c) 오행

위의 그림을 보면 하루 (a)와 일년 (b)에서 일어나는 변화는 엇비슷하다. (a)와 (b)의 공통점을 간단히 오행으로 정리하면 그림 (c)와 같다. 이 오행은 천지인 삼태극을 좀 더 세부적으로 나눈 것이라는 것을 알 수 있다. 즉, 삼태극의 天·地·人이 木·火·土·金·水의 오행으로 변한 것이다. 그러므로 앞으로 오행이 변하는 것은 (a)나 (b)처럼 그리지 않고 (c)처럼 표현하겠다.

그동안 동양철학과 사주학에서는 음양과 오행이 어디서 유래(由來)하였는지를 몰라서 혼란이 일어났지만, 모두 지구가 자전과 공전하면서 일어나는 현상이라는 것을 알 수 있을 것이다. 또 5행도 천지인 삼태극의 원리에서 생겼다는 사실도 밝혀졌다. 이처럼 이 세상은 天地人 삼태극(三太極)의 세상이다.

④ 음양론에 대한 오해

음양론에 대하여 많은 사람들이 오해하고 있는 사실들이 있다. 다음 세 가지 점을 주의하여야 한다.

❶ 양과 음이라는 것은 항상 '변하고 있는 과정'을 의미하므로 변화가 일어나지 않을 경우, 예를 들면 정오라든가 자정처럼 음과 양이 바뀌는 '순간'을 음이나 양이라고 하지 않는다. 그러므로 정오를 양, 자정을 음이라고 부르는 것은 잘못이라고 생각된다. 하나의 순환고리를 이루기 위하여 '음의 과정'과 '양의 과정'을 간단히 陰과 陽이라고 말해야 한다. 고정되어 있는 한 점을 음(陰)과 양(陽)이라고 하지 않는다는 말이다.

예를 들면 남자를 양, 여자를 음이라고 하는 경우가 많이 있다. 모든 남자가 양이고 모든 여자가 음이라고 하면 잘못이다. 남자와 여자가 부부처럼 한쌍이 되었을 때 남자가 '양의 작용'을 하고, 여자가 '음의 작용'을 하여 한 가정을 이루는 것이다.

이와 같이 순환하면서 변하고 있는 '순환고리〔부부〕' 속에서 '음의 과정'과 '양의 과정'이 있을 뿐이다. 남편은 양의 작용을 하고, 여자는 음의 작용을 하는 사람이란 뜻이다. 남자나 여자 각각을 언제나 항상 양이나 음이라고 하는 것은 잘못이다.

❷ 또 하나 주의할 점은 음과 양은 항상 같이 움직인다는 점이다. 예를 들면 아침에 밝아지면서 양이 점점 증가하게 되면 음〔어둠〕도 점점 줄어드는 현상도 함께 일어난다. 즉, 점점 밝아지면 동시에 어둠이 점점 없어진다는 말이다. 저녁에도 마찬가지로 저녁에 음이 점점 증가하면 양이 점점 적어지는 현상이 동시에 일어난다. 이와 같이 음과 양은 항상 함께 한쌍이 되어 변한다는 사실도 잊지 말기 바란다.

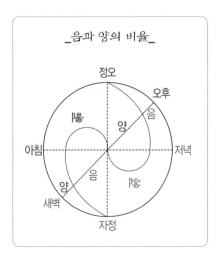

_음과 양의 비율_

왼쪽 그림은 하루 중에서 음과 양의 비율이 변하는 모양을 보여주고 있다. 즉, 자정에서 0이었던 양이 새벽→아침→정오로 변할수록 점점 많아지고 어둠〔음〕은 점점 적어져서 정오가 되면 양이 100이고 음이 0%가 된다. 반대로 정오에서→오후→저녁→자정이 되면 음〔어둠〕이 점점 많아지고 양〔햇빛〕은 적어지다가 자정이 되면 어둠이 100%이고 햇빛은 0%이다. 이와 같이 음과 양은 함께 움직이고, 양이 많아지면 음이 적어지고 음이 많아지면 양이 적어진다.

❸ 음과 양은 반대되는 성질이 있다. 그러나 하나의 순환고리를 완성하기 위해서는 음과 양이 서로 도와 균형과 조화를 이루어야 한다. 음

이 없으면 양도 없어지므로 음과 양은 둘이 아니라 하나처럼 서로 도와주어서 하나의 순환고리를 완성하게 된다. 그러므로 음과 양은 반대이지만, 전체를 위해서 서로 의지하면서 도와주고 있다.

5 오행 각론

오행의 기본 개념은 태양을 공전하면서 일어나는 현상들이다. 오행은 일년 동안 5계절이 변하는 현상을 기호로 표현한 것이다. 원래는 5계절이 변하는 현상을 '에너지[氣]의 변화'로 설명하여야 한다. 그러나 에너지의 변화는 눈에 보이지 않으므로 대신 식물이 변하는 현상으로 오행을 많이 설명한다.

오행의 개념을 더욱 확대하여 사람들의 성격과 사회적인 활동에 대해서도 설명한다. 여러 가지 방법으로 오행을 설명하고 있으나, 오행의 근본은 지구가 자전과 공전할 때 일어나는 '에너지[氣]의 변화'라는 점을 잊지 말기 바란다.

많은 명리학 책에서는 오행의 성격에 대해서 매우 복잡하고 길게 설명한다. 그래서 오행의 본뜻이 희미해지고 가지만 너무 무성해지고 있다. 그러나 오행의 근원은 지구가 자전하면서 공전하는 현상에서 생긴 것이라는 점만 확실히 이해하고 있으면 충분하다. 오행은 다음에 설명하는 내용이 핵심이므로 가장 중요한 부분만 이해하고 있으면 혼란을 피할 수 있을 것이다.

1 木火土金水 - 木

앞의 그림처럼 동지 또는 자정에서 빛과 열을 받기 시작하여 점점 밝고 따뜻해지기 시작한다. 식물의 경우에는 씨앗에서 새싹이 움트기 시작하여 떡잎이 나오고, 잎이 점점 많아지면서 줄기가 자라나는 과정이다. 즉, 뭉쳐 있던 물질에서 에너지〔기운〕가 외부로 퍼져 나가기 시작한다. 이런 현상을 陽이 활동하기 시작하여 점점 더 강해지는 과정이라고 한다. 이런 과정을 木이라 하고 계절적으로는 봄에 해당한다. 따뜻한 봄에 죽어 있는 것 같았던 씨앗에서 싹이 나오기 시작하므로 木을 '생명' 이 탄생하는 시기, 또 '출발' 을 의미하기도 한다.

木은 일을 추진하는 힘이 매우 강하다. 또 모든 일들을 시작하려면 먼저 마음 속에 '사랑'이 있어야 하므로 사랑, 착함〔善〕, 자비 등을 상징하기도 한다.

木이 부족하면 힘이 아직 충분하지 않은 상태이므로 의지력이 약하고 결단성이 부족하다. 너무 잘났다고 목에 힘을 주지만 어려운 일에 부딪치면 정면으로 돌파하지 않고 돌아가려고 한다.

木이 너무 많으면 고집이 세고, 항상 자존심이 강하여 교만하거나 건방지다. 꿈은 크나 매사에 시작만 하고 끝맺음을 잘 하지 못한다. 어진 마음과 자비심이 없다.

2 木火土金水 - 火

木〔봄〕이 지나면 빛과 열의 양은 많아지고 강해진다. 기온이 뜨거워져 잎이 무성해지고 꽃이 활짝 피게 되며 줄기는 쭉쭉 뻗어나가게 된다. 즉, 에너지〔기운〕가 사방으로 폭발하듯이 발산하면서 활발해지고 활동력도 가장 왕성하게 된다. 陽의 활동이 최고도로 강하게 되는 과정이 火이다.

火는 항상 머리의 회전이 빠르고 매사에 분명하고 정확하다. 성격이 급하고 밝고 명랑하고 화끈하다. 아무렇게 말을 하지 않고 예의〔질서〕를 존중한다. 화려하고 다혈질이다.

火가 부족하면 나약하고 힘든 일을 싫어하고 잔꾀로 살아가려고 한다. 만약 이런 火의 상태가 계속되어 너무 강해지면 에너지〔기운〕가 폭발적으로 발산하기만 한다. 나무의 줄기는 멈출 줄 모르고 계속 커지고 잎이 무성해지기만 하고, 자기가 가지고 있던 모든 에너지를 모두 발산하여 소비하면서 마침내 죽게 된다. 융통성 없이 돌파만 하려고 한다. 불같은 급한 성격에 과격하다. 성을 잘 내고 남과 시비를 가리려고 잘 싸운다.

③ 木火土金水 - 土

강력하게 발산하는 火의 기운을 억눌러서 멈추게 하면서 안으로 모이도록 한다. 즉, 외부로 흩어지기만 하던 陽의 기운을 멈추고 점점 내부로 수렴하도록 유도하는 것이다. 다시 말하면 폭발하고 있는 陽의 기운을 중간에서 조정하여 陰의 기운으로 변하게 하도록 중재한다. 이렇게 하면서 전체 순환고리가 완성되도록 관리한다. 이런 과정〔일〕을 土라 하고 계절적으로는 '환절기'라고 한다.

이와 같이 陽의 과정〔여름, 낮〕에서 끝나지 않고 순조롭게 陰의 과정〔가을, 오후〕으로 변하게 하는 土가 있어야 전체 순환고리가 끝나지 않고 계속 돌 수 있다. 그러므로 陽과 陰 사이에는 土가 반드시 존재하여야 한다. 여름과 가을 사이에 土가 다리를 놓아서 火의 기운이 자연스럽게 수렴하는 金의 과정[가을]으로 이어진다.

土의 성격도 이와 같다. 모든 것을 포용하며 신용을 중요시하고 중용을 지킨다. 전체를 관리하려고 하고 중간에서 대립과 다툼에 중재를 잘 한다. 새로운 변화와 창조를 하려고 하고 종교심이 강하다.

土가 부족하면 속마음이 약하고 인색하다. 사리분별이 분명하지 않고 편협하다. 반대로 너무 강하면 고집이 세고 비밀이 많으며, 타협하려고 하지 않는다. 너무 잘 믿기 때문에 돈 거래에 어려움을 겪는 경우가 많다.

④ 木火土金水 - 金

여름에 퍼져 나가려고 하는[발산]하는 기운을 土의 도움으로 억제하여 수렴하는 가을이 된다. 이처럼 어려운 과정을 거쳐서 가을이 되면 에너지[기운]을 안으로 수렴하여 열매를 맺게 되고, 또 열매가 딱딱하게 영글어 간다. 열매 중에서 쓸만 한 것은 알곡으로 보존하고 쭉정이는 가차없이 버리는 작업을 한다. 그러므로 金은 냉정한 판단으로 정의를 위한 결단을 내려야 한다. 그러므로 金은 겉과 속이 다르지 않고 한 번 정한 것은 끝까지 밀고 나간다. 의협심이 강하고 의리가 있다. 결단력이 있고, 단단하고 날카롭다. 모든 자료들을 수집하고 분석하는 일을 잘 한다.

金이 부족하면 계획만 잘 하고 실행하지 못한다. 결단력이 부족하고 우유부단하다. 반대로 너무 강하면 독불장군에 고집불통이다. 칼날이나 송곳같은 말투로 마음 약한 사람에게 상처를 준다. 자신만의 독창적인 생각을 하고 그것을 위해 끈질기게 밀고 나간다. 자신만의 주장을 주위에게 너무 심하게 강요한다.

⑤ 木火土金水 - 水

金의 과정이 지나면 빛과 열도 없어져서 어둡고 추운 겨울이 된다. 가을에 생산한 열매를 따서 저장하고, 다음의 계절에 싹이 나올 수 있도록 강하게 압축하는 과정을 水라고 한다.

水의 과정에서 하루의 일들도 정리하고, 내일 해야 할 일들을 계획하고 잠을 자면서 모든 에너지를 비축한다. 水에서 하나의 순환고리가 끝나고 다음의 순환고리가 생기도록 준비하여야 한다. 수집하여 저장하고 정리 압축하는 일을 잘하므로 모든 지식들을 보관 저장하는 지혜가 많이 생긴다.

水가 부족하면 추진력이나 사교성이 부족하다. 아는 척을 많이 하고, 담력이 약하다. 반대로 너무 강하면 지혜가 많으나 고집이 세어서 실패하는 일이 많다. 성질이 차고 싸늘하다. 생각만 많이 하고 허송세월하는 경향이 있다.

⑥ 오행의 상호 작용

오행들이 원국 내에서 독자적으로 작용하는 것이 아니라 서로 소통하고 도와주며 억제하는 작용을 한다. 전체가 하나가 되어 전체의 목적을 완수하기 위하여 오행들이 서로 상생, 생조, 설기(洩氣), 상극하는 작용을 한다.

다시 말하면, 오행의 뜻만 알아서는 안 되고 오행들이 서로 상부상

조하는 작용도 중요하다는 말이다. 전체를 위하여 오행들이 협력하여
하는 일들을 조사하여 보면 매우 정교하고 아름답다.

① 상생(相生)

지금까지 오행 운동은 지구가 태양을 돌 때 태양에서 받는 빛과 열
에 의해 일어난다고 하였다. 즉, 봄이 가면 여름이 오고, 여름이 가면
가을이 오고, 가을이 가면 겨울이 오고, 겨울이 가면 다음 해의 봄이
오는 현상을 '상생'이라고 한다.

이런 현상을 木이 火를 생(生)하고〔木生火〕, 火가 土를 생(生)하고〔火
生土〕, 土가 金을 생(生)하고〔土生金〕, 金이 水를 생(生)하고〔金生水〕,
水가 木을 생(生)한다〔水生木〕고 한다. 즉, 지구가 자연스럽게 공전하
는 현상을 말한다. 이렇게 5종류의 상생이 있다.

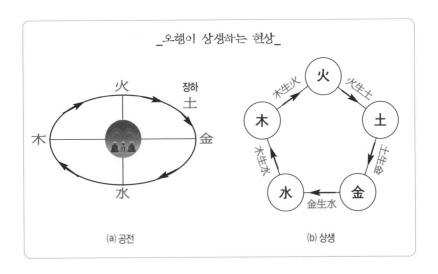

오행이 상생하는 현상

(a) 공전　　　　　　　(b) 상생

이 세상의 모든 변화는 일어나는 방향과 일어나는 순서가 정해져

있다. 그와 반대 방향 또는 순서를 건너뛰어 무질서하게 일어나는 법이 절대로 없다. 그리고 매우 강력하게 일어나는 법칙이므로 인간이 제아무리 강하다고 해도 이 법칙을 막거나 변경할 수 없다. 사주학에서 말하는 모든 일은 지구가 자전하면서 공전하기 때문이다.

사회에서는 상생(相生)이라고 하면 서로 도와주어 모두 좋게 되는 의미로 주로 사용하고 있지만, 사주학에서는 일방적으로 도와주는 현상을 말한다. 마치 부모가 자식을 무조건 도와줄 뿐 부모와 자식이 모두 잘 살자고 도와주는 것이 아니다.

木生火의 경우 木은 일방적으로 火를 도와줄 뿐이고 火가 木을 도와주지 않는다. 木生火하면 하면 할수록 木의 힘은 약해지고 火의 힘만 강해진다. 이처럼 상생작용이란 서로 잘 사는 의미가 아니라 한쪽만 잘 살겠다는 뜻이다(火가 간접적으로 木을 도와주기는 하지만 직접적으로 도와주지는 않는다). 전체가 순조롭게 순환하여서 전체가 잘 살기 위해서이다.

2 생조(生助)와 설기(洩氣)*

생조와 설기는 상생과 함께 사주학에서 자주 사용되는 말이다.

생조(生助)는 '생기도록 도와준다'는 뜻이다. 다시 말하면 봄에서 여름으로 스스로 변하는 것이 아니라 '봄이 여름을 생기도록 도와준다'는 말이다. 여름도 가을이 오도록 도와주고, 가을도 겨울이 오도록 도와주는 현상을 '생조'한다고 한다.

---

*설기(洩氣 또는 泄氣) ; 새다, 틈이나 구멍으로 흘러나오다, 발생하다의 뜻

불[火]을 강하게 하려면 불꽃 자체를 크게 해서 직접 강하게 하는 방법이 있다. 또 하나의 방법은 주위에 불에 잘 타는 나무[木]가 많으면 이 나무를 태워서 불이 강해지도록 도와주는 방법도 있다. 나무와 같은 역할을 하는 현상을 '木이 火를 생조(生助)'한다고 한다. 한마디로 '도와준다'는 말을 사주학에서는 생조(生助)한다고 한다. 상생하는 현상과 비슷하지만, 의미만 조금 다르다.

'설기(洩氣, 泄氣)'라는 말도 생조라는 말과 함께 주로 사주학에서 사용되는 고유 단어로 '기운이 빠지다', '빼낸다'의 뜻으로 쓰인다. 예를 들면 다음 그림 (b)의 木生火처럼 木이 火로 변한다는 말은 木의 기운을 '빼내어[설기] 火를 생조한다'라고 표현한다. 다른 상생하는 현상들도 같은 방법으로 나타낸다.

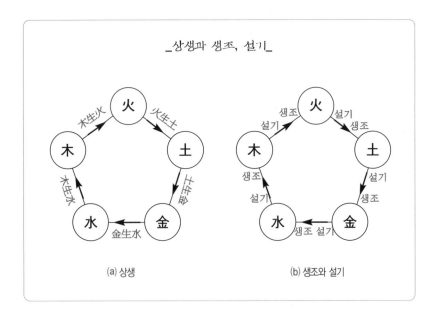

상생과 생조, 설기

(a) 상생   (b) 생조와 설기

3 상극(相剋)

상생(相生)은 서로 도와주어서 생기는 변화이다. 만약 상생만 한다면 변화 속도가 점점 빨라져서 순환고리가 빨리빨리 돌게 된다. 이렇게 되면 어떻게 될까?

예를 들면 자동차에서 엑셀만 밟고 있다면 속도가 점점 빨라져서 마침내 과속으로 사고가 날 수밖에 없을 것이다. 그러므로 속도 조절을 할 수 있는 브레이크가 필요하다. 속도 조절을 마음대로 할 수 있어야 좋은 차다.

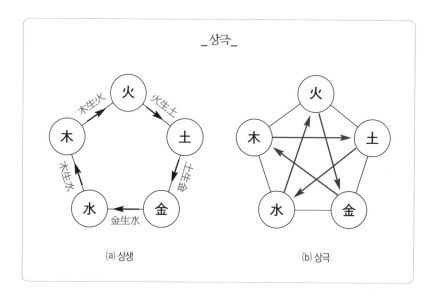

_상극_

(a) 상생　　　　(b) 상극

그러므로 상생(相生)의 반대되는 상극(相剋) 작용도 필요하다. 즉, 상극이란 자동차에서 브레이크처럼 상대방을 '억제하는 작용'을 한다. 木은 土의 작용을 억제하고〔木剋土〕, 火는 金의 작용을 억제하고〔火剋金〕, 土는 水의 작용을 억제하고〔土剋水〕, 水는 火의 작용을 억제한다[水剋火]. 상극도 목극토(木剋土), 토극수(土剋水), 수극화(水剋火), 화극금(火剋金), 금극목(金剋木)의 5종류가 있다.

지금까지의 설명 중에서 '木이 土를 억제한다[木剋土]'는 말은 성장하는 힘[木]이 강해지면 조정하는 힘[土]이 약하게 된다는 말이다. '土가 水를 억제한다[土剋水]'는 말은 조정하는 힘[土] 또는 변환하는 힘[土]이 너무 강해지면 응고, 압축하는 힘[水]이 약해진다는 말이다. '金이 木을 억제한다[金剋木]'는 뜻은 성장하고 있는 나무[木]를 성장하지 못하게 억누르는 것을 말한다. '水가 火의 작용을 억제한다[水剋火]'는 것은 물[水]이 불[火]을 끈다는 말이다.

4 상생과 상극은 함께 일어난다

상생과 상극 작용은 함께 일어난다. 예를 들면 자동차에는 반드시 상생 작용을 하는 엑셀과 상극 작용을 하는 브레이크가 있어야 한다. 엑셀[상생 작용]을 자주 밟으면 속도가 빠르게 되고, 브레이크[상극 작용]를 더 많이 밟으면 속도가 느리게 된다. 운전을 할 때는 엑셀과 브레이크를 적절히 이용하여 속도를 조절하여야 한다. 즉, 상생과 상극 작용이 교대로 일어난다.

사람들이 자동차를 운전한다는 것은 해야 할 일[목적]들이 있기 때문이다. 예를 들어 어떤 목적지를 간다고 하면, 주위 환경이나 때에 따라 적당히 속도를 변경시키면서 운행하여야 한다. 처음에는 천천히 가야 하고, 고속도로라면 엑셀[상생 작용]을 많이 밟아서 빨리 가야 한다. 또 어느 경우는 속도를 줄여야 할 때도 있고 멈출 때는 멈출 수도 있어야 한다. 즉, 엑셀과 브레이크를 적절히 활용하듯이 어떤 일을 하려면 상생과 상극이 적절히 일어나야 한다.

　어떤 일을 할 때 상생 작용은 좋고 상극 작용은 나쁜 것이라고 생각하고, 서로 상극 작용은 하지 말고 상생 작용만 하여 일을 잘해 보자라고 말하는 경우가 많다. 이것은 적절한 말이 아니다. 상생과 상극이 적절하게 이루어져서 오행의 힘을 '조절'하고 오행들이 '조화'를 이루어 전체의 일을 성공하도록 하자라고 해야 옳은 말이다.

▲ 일월오병도

　위의 그림은 조선조 때 반드시 왕이 계신 곳의 뒤에 펼치는 병풍이다. 왕 이외의 다른 사람들은 절대로 사용할 수 없고 왕의 권위를 나타내는 병풍이다. 그러므로 이 병풍의 주인공은 이 병풍 앞에 계시는 '왕'이다.

　이 병풍에 달과 태양이 있고, 다섯 봉우리의 산이 있다. 또 하늘과 물과 나무가 있다. 음양오행론을 그림으로 표현한 병풍이' 라는 것을 쉽게 알 수 있다.

그렇다면 왜 왕의 뒤에 항상 음양오행을 표시한 병풍을 펼쳤을까?

음양오행은 이 세상이 변하는 원리[섭리]이다. 그러므로 왕은 하늘의 원리[명령]를 그대로 실행하시는 분, 즉 '왕은 하느님의 대리자'라는 뜻이다. 왕은 우주를 다스리시는 하느님의 뜻대로 이 세상을 다스리는 분이라는 의미이다.

4
사주학에서의 음양 오행론

사주학은 주로 음양오행론(陰陽五行論)으로 설명하고 있지만, 세상의 모든 변화는 매우 다양하고 복잡하므로 이 이론만으로는 부족하다. 그래서 음양오행론이 보다 세부적으로 나뉘어지고 발전하여 10개의 천간(天干)과 12개의 지지(地支)가 생겼다. 사주학에서는 오행도 사용하지만 10개의 천간과 12개의 지지도 많이 사용한다. 그러므로 10천간과 12지지에 대하여 좀 더 자세히 알아 보자.

① 음양오행은 순환한다

앞에서 눈에 보이는 물질인 물이 증발하여 수증기가 되어 하늘로 올라가서 천간(天干)이 되고, 이 수증기〔천간〕가 비가 되어 지구에 떨어져 지지(地支)가 된다고 하였다. 이와 같이 수증기〔천간〕가 물〔지지〕로 변하고, 다시 물〔지지〕이 수증기〔천간〕로 변하면서 순환한다고 하였다. 세상의 모든 변화는 이와 같이 일어난다. 명리학에서 가장 중요한 개념이다.

우리도 과학 시간에 이 세상의 모든 물질은 기체·액체·고체가 있다고 배웠다. 사주학에서는 눈에 보이지 않는 기체를 '천간', 눈에 보이는 물체〔액체+고체〕를 '지지'라고 생각하면 된다. 그러나 기체와 천간, 지지와 물질이 똑 같은 것이 아니라 다음과 같이 다른 점이 있다. 그러므로 사주학에서는 기체와 물체〔액체+고체〕라고 하지 않고 천간과 지지라고 한다. 다른 점을 조사하여 보자.

수증기는 지지에서 천간으로, 또 천간에서 지지로 순환한다

천간
바다
지지

② 천간의 세계

사주학에서 일어나는 대부분의 현상들은 천간과 지지로 설명한다. 천간과 지지에 대하여 자세히 알아보자.

먼저 10개의 천간이 생기는 과정을 살펴보자.

태양에서 방출하는 태양 에너지[氣]의 일부분이 지구의 대류권에서 도달하여 대류권에 있는 공기를 가열한다. 지구가 자전하므로 대류권에 있는 공기[대기]도 지구의 표면에 꼭 붙어서 따라 함께 돌고 있다.

〈천간이 생기는 이유〉의 그림처럼 햇볕을 받기 시작하는 공기는 온도가 올라가기 시작하므로 가벼워진다. 가벼워진 공기는 상승하기 시작한다[木]. 태양의 빛과 볕의 양을 많이 받을수록 온도가 높아지므로 더 높이 상승한다[火]. 낮이 끝날 즈음 土의 작용[대류권의 억제]으로 더 높이 올라가지 못한다. 오후가 되어서 햇빛과 볕이 다시 약해지면 공기가 무거워져서 하강하기 시작한다[金]. 햇빛과 볕을 거의 받지 못하게 되면[밤] 공기도 냉각되어 더 무거워진다[水]. 이 현상은 공기[대기]에서 하루 동안 일어나는 일이다.

이와 같이 공기가 멈춰 있는 것이 아니라 지구가 자전하기 때문에 햇볕을 받아서 항상 상승과 하강하는 운동, 즉 '대류운동'을 한다. 공기가 대류 운동을 한다는 것은 곧 공기가 오행운동을 한다는 뜻이다.

이처럼 각각의 오행들도 멈춰 있지 않고 계속 돌면서 순환 작용을 한다. 즉, 각 오행의 기운이 상승하는 부분[양]과 하강하는 부분[음]이 있기 때문이다. 예를 들면 〈천간이 생기는 이유〉의 그림 (b)에서의 木도 木의 기운이 상승하는 부분[양]과 하강하는 부분[음]으로 되어 있고, 火도 마찬가지이다. 이처럼 모든 오행은 상승하는 양(陽)의 부분과 하강하는 음(陰)의 두 부분으로 되어 있다.

木이 시작하는 부분을 甲木[양]이라 하고 끝마치는 부분을 乙木[음]이라고 한다. 그러면 木은 甲木[양]과 乙木[음]의 두 부분으로 나누어진다. 木뿐만 아니라 火, 土, 金, 水의 모든 오행도 〈천간이 생기는 이유〉의 그림 (b)처럼 양과 음의 두 부분으로 되어 있다.

이렇게 각 오행이 양과 음의 두 부분으로 세분되어서 10개의 천간(天干)이 생겼다. 10개의 천간을 간단히 '10간(干)' 이라고 부른다.

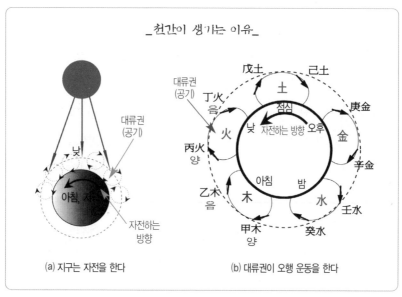

천간이 생기는 이유

(a) 지구는 자전을 한다

(b) 대류권이 오행 운동을 한다

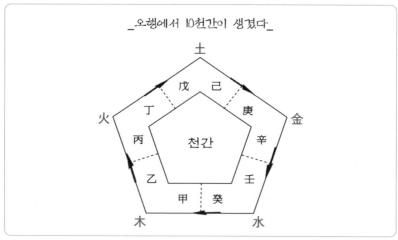

오행에서 10천간이 생겼다

앞의 그림 〈천간이 생기는 이유〉에서 (b)가 너무 복잡하므로 간단히 〈오행에서 10천간이 생겼다〉처럼 그렸다. 그림 〈오행에서 10천간이 생겼다〉는 오행이 음과 양으로 나뉘어져서 10천간이 되었다는 것을 간단히 나타내었다. 이와 같은 방법으로 모든 오행을 양과 음의 두 부분으로 나누어서 10개의 천간이 되었다.

① 천간의 종류

지금까지 설명한 것처럼 木火土金水 5개의 오행은 각각 시작하는 과정[陽]과 끝나는 과정[陰]으로 나눌 수 있다. 다시 말하면 외부로 발산하려는 陽의 기운[에너지]과 끝나는 부분 또는 내부로 수축하려는 陰의 기운[에너지] 두 종류로 나눈다. 즉, 5×2=10이므로 천간은 甲·乙, 丙·丁, 戊·己, 庚·申, 壬·癸의 10종류가 된다.

오행에서 10천간이 생겼다

오행	木		火		土		金		水	
천간	甲(+)	乙(−)	丙(+)	丁(−)	戊(+)	己(−)	庚(+)	辛(−)	壬(+)	癸(−)
	甲木	乙木	丙火	丁火	戊土	己土	庚金	辛金	壬水	癸水

앞으로 천간을 부를 때도 천간과 오행을 함께 붙여서 말하는 것이 좋다. 예를 들면 甲 천간은 오행으로 木이므로 甲木… , 癸 천간은 오행으로는 水이므로 癸水, 이렇게 천간과 오행을 함께 부르는 습관을 가져야 사주 공부하기가 훨씬 수월해진다.

2 천간의 특징

사주학에서 천간을 10가지 유형별로 나누어서 10천간(天干)이라 하며, 각 천간은 천간마다 독특한 작용을 한다. 그러나 10천간의 공통적인 특성은 산소나 질소 분자들처럼 자유롭고 빠르게 움직일 수 있는 기운[힘, 에너지]이다. 그러므로 모든 변화가 빠르고 직접적으로 강하게 일어난다. 뿐만 아니라 작은 곳까지 퍼져서 직접 작용하므로 천간을 '**일꾼**'이라고 하였다.

예를 들면 자동차에서 연료[액체]에 직접 불꽃을 붙여서 폭발하는 것이 아니다. 기름[연료]을 공기와 섞어서 혼합기체로 만든 다음, 여기에 불꽃을 붙여서 폭발하게 하는 것이다. 기름에 직접 불을 붙이면 연소 작업이 조금씩 일어나기 때문에 자동차를 움직일 수 있을 정도의 강한 힘이 발생하지 않는다. 그러나 연료가 천간[기체]의 상태로 되었을 때 불을 붙이면 기체에 불꽃이 확 일어나면서 큰 힘이 강하게 발생한다. 이 힘으로 자동차가 움직인다.

결론적으로 사주에서 10천간은 직접적으로 일하는 '**일꾼**'으로 작용하므로 모든 반응이나 변화하는 일[작용]은 실제로 10천간들이 한다. 그러므로 10개의 천간들이 어떤 특성을 가지고 있으며 어떤 작용을 하는가를 알아야 한다. 10개의 천간에 대하여 거의 외우고 있을 정도로 숙달되어 있어야 실제로 사주를 감정할 때 여러 모로 요긴하게 사용할 수 있다.

③ 각 천간들의 특징

① 木은 甲木과 乙木의 두 종류가 있다

木은 기운(氣, 에너지)이 외부로 퍼져나가기 시작하여, 성장하려고 하는 작용(陽)을 한다. 木은 또 외부로 발산하려고 하는 힘(陽)과 내부로 수렴하려는 힘(陰)이 작용하는 두 종류의 木(甲木·乙木)으로 다시 나뉜다.

甲木과 乙木의 특성을 이해하려면, 甲木과 乙木의 陰과 陽 관계를 생각해 보면 쉽게 알 수 있다. 甲木과 乙木은 木이므로 모두 陽이다. 甲木은 木 중에 陽이므로 두 개의 陽이 이중(陽+陽)으로 작용한다. 그러므로 甲木은 위로 뻗어 나가려고 하는 힘이 매우 강하다.

그러나 乙木은 陽인 木 중의 陰이므로 (陽+陰)이다. 그러므로 甲木보다 위로 뻗어 나가려고 하는 힘이 약하지만, 대신 옆으로 굵어지려고 한다. 다시 말하면 乙木은 위로 뻗어 나가려는 木의 힘은 조금 강하지만, 내부로 수렴하려고 하는 작용(陰)도 한다는 말이다. 나무로 말하면 키가 성장(陽)하지만 줄기도 굵어지면서 (陰) 성장하는 木이라는 뜻이다.

사주학 책에서는 甲木을 큰 기둥과 같이 강한 木이라 하고, 乙木을 덩굴과 같은 작은 나무에 비유해서 설명하고 있다. 이런 표현은 甲木과 乙木의 특징을 알기 쉽게 설명하려고 한 표현이다. 실제로 감명할 때 항상 甲木과 乙木을 기둥과 덩쿨로 설명한다면 오판을 할 가능성이 있을 수 있으므로 주의하여야 한다.

천간에서 일어나는 일들은 눈에 보이지 않는 에너지(氣)의 변화이다. 예를 들면 공기가 움직이는 것은 직접 알 수 없다. 그러므로 나뭇잎이 흔들리고 먼지가 움직이는 것을 보고 공기가 움직이고 있다는 것을 알 수 있다.

보이지 않는 것들이 변화하는 현상을 설명해야 하므로 설명하는 사람이나 설명을 듣는 사람이 모두 매우 어렵다. 그래서 천간을 설명할 때는 각 천간의 특징에 맞게 식물이 변화하는 모양을 대신 빗대어 설명하는 방법을 쓴다. 그래서 사주를 처음으로 공부할 때, 대부분의 사주책에서 木에는 천간에서 甲木과 乙木, 지지에서 寅木과 卯木이 있다고 하면서 모두 나무가 싹이 나서 성장하는 모양으로 설명하였다. 그래서 필자가 초보자일 때 네 종류의 木을 구별하지 못하고 혼동이 생겨서 한동안 고생을 많이 하였다.

寅木과 卯木은 '지지(물질)'이므로 눈에 보이는 나무라고 해도 괜찮다. 그러나 눈에 보이지 않는 에너지 상태인 '천간' 甲木과 乙木은 알기 쉽게 설명할 수가 없다. 그러므로 부득이 눈에 보이는 나무에 비유하여 설명하였다는 사실을 잊지 말기 바란다. 이런 현상은 다른 오행에서도 마찬가지이다.

2 火는 丙火와 丁火의 두 종류가 있다

火는 에너지를 외부로 폭발하듯이 발산하는 陽의 기운(氣, 에너지)
이다. 마치 木에서 나무의 줄기가 성장하였다면, 火에서는 꽃이 피고
잎과 가지가 무성하게 사방으로 퍼져 나가는 형상이다.

火도 또한 외부로 발산하려고 하는 陽의 힘이 더욱 강한 陽 중의
陽인 丙火와 내부로 수렴하려는 陰의 성질을 가진 陽 중의 陰인 丁火
가 있다. 丙火는 陽이 陽 작용을 하기에 힘이 매우 강렬하므로 丙火
를 陽火라 하고, 丁火는 陽(火) 속에 陰(丁)이 있는 火이므로 陰火라
고 한다.

이처럼 강한 丙火를 태양의 빛이라 하고, 丙火보다 약한 丁火를 陰
火라고 하며, 열 또는 전기불, 등불처럼 작은 불을 의미한다. 이런 표
현은 丙火와 丁火의 특성을 태양의 빛이나 전깃불로 비유한 것이지
丙火=태양의 빛이고 丁火=전깃불이라고 한 것은 아니다.

3 土는 戊土와 己土의 두 종류가 있다

土는 말로 설명하기가 매우 복잡하고 어렵다. 土의 역할과 작용이
그만큼 복잡하고 다양하기 때문이다. 그래서 土와 비슷한 작용을 하
는 물질을 선정한 것이 '흙'이다.

많은 명리학 책에서는 土를 흙으로 설명하고 있지만 이 또한 정확
한 표현은 아니다. 나중에 土에 대해서 자세히 다루겠지만, 우선은
土의 두 가지 특징에 대해서 설명하겠다.

❶ 전체를 관리 통솔하는 작업을 한다

즉, 木·火·金·水를 적절히 관리하고 운용하여 전체가 원만히 순환 운동하도록 하는 작용을 한다. 그래서 금화교역을 하여 오행이 중간에서 멈추지 않고 순조롭게 순환하도록 하였다. 한마디로 표현하면 회사의 사장이나 집안의 아버지[가장]처럼 전체를 포용하고 운영하여 전체가 잘 살도록 하는 일을 한다. 구슬이 낱개로 따로따로 떨어져 있으면 단지 구슬일 뿐이지만, 줄로 꿰면 목걸이가 된다. 이처럼 土는 木과 火, 金, 水를 하나로 엮어서 하루가 되든 일년이 되든 하나의 공동체를 형성하고 관리, 통솔한다.

❷ 부분과 부분을 연결하는 다리(교량)와 같은 작업을 한다

예를 들면 계절과 계절의 사이에서 완충 역할을 한다. 봄과 여름의 중간에 있는 장마철이 土이다. 오행으로 사람들의 삶을 설명한다면 土는 사람과 사람 사이에서 소통하고 연결하는 접착제의 구실을 한다. 사람 사이에서 이런 역할은 '마음'이 한다. 서로 '마음'이 통해야 관계가 끊어지지 않으며 '마음'이 잘 통해야 인간 관계가 공고해진다. 이와 같이 土는 사람과 사람을 이어주는 역할을 한다.

이와 같이 土는 크게 나누어서 두 가지 작용을 하며, 두 종류의 土가 있다. 土도 양토(陽土)인 戊土와 음토(陰土)인 己土가 있다.

음과 양의 정의에 따라 戊土는 '시작하고 성장하는 土'이고, 己土는 '수축하고 마무리하는 土'라고 말할 수 있다. 억지로 표현하면 戊土는 '회사를 확대 발전하려는 마음[뜻]'을 가지는 것이고, 己土는 '회사의 내실을 충실히 하려는 마음[뜻]'이라고 표현할 수도 있을 것이다.

일반적으로 戊土는 土 속에 陽[戊]이 있으므로 강한 陽土이고, 己土는 土 속에 陰[己]이 있는 陰土이므로 약하게 작용한다. 그래서 戊土를 큰 산이나 제방처럼 많은 흙을 의미하고, 己土를 마당이나 정원에 있는 작은 흙이라고 비유하여 설명하고 있다.

④ 金은 庚金과 辛金의 두 종류가 있다

金은 기운[氣, 에너지]을 모으고 수렴하는 陰의 작용을 한다. 일년 동안 키운 농작물을 가을에 수확하여 거두어 들이는 모습으로 비유하여 설명한다. 이런 金도 에너지를 발산하려고 하는 陽의 성질을 가지고 있는 庚金[陰+陽]과 에너지를 수렴하려고 하는 陰의 작용을 하는 辛金[陰+陰]이 있다.

庚金은 陰金이지만, 아직까지도 강하게 陽 작용을 하는 金이므로 단단하고 커다란 바위처럼 규모가 큰 金이라고 비유하기도 한다. 그러나 陰[辛] 속에서 陰 작용을 하는 辛金은 陰의 성질이 매우 강하므로 다이아몬드처럼 딱딱한 가공한 보석을 말한다. 庚金을 열매가 영글기 시작하는 정도라면 辛金은 딱딱하게 굳어 있는 열매라고 비유하여 생각하면 될 것이다. 그러나 庚金과 辛金은 모두 천간이므로,

눈에 보이지 않는 에너지[기운] 상태라는 점은 잊지 말기 바란다.

⑤ 水도 壬水와 癸水의 두 종류가 있다

水는 金에서 딱딱하게 한 열매[陰]를 숙성 저장하였다가 다음 해의 봄에 싹이 나올 수 있도록 내부로 강하게 압축하는 陰의 과정[水]이다. 이런 水[陰]에도 陽[壬]의 기운을 함유하고 있는 壬水[陰+陽]와 陰[癸]의 기운을 함유하고 있는 癸水[陰+陰]가 있다. 壬水와 癸水의 차이를 구별하는 것은 쉽지 않다. 그러므로 열매가 씨앗이 되어 싹이 나오는 과정을 빗대어 설명하고자 한다.

壬水는 가을에 영글은 열매를 추운 겨울에 숙성하여 씨앗이 되는 과정을 말한다고 생각된다. 癸水는 숙성된 씨앗을 봄에 싹이 나올 수 있도록 강하게 압축하는 과정이라고 생각된다. 壬水와 癸水는 모두 천간[에너지, 氣]이므로 알기 쉽게 설명할 수 없으므로 식물에 빗대어 설명하였다.

水는 살면서 배운 학식과 경험을 모아 굳어 있는 상태이므로 '지혜'라고 하기도 한다. 그러므로 水가 많은 사람을 지혜가 많은 인격자라고 하기도 한다. 반대로 비밀이 많은 사람 또는 밖으로 잘 표현하지 않으나 내부는 많은 것을 알고 있는 학자나 은둔자라고 하기도 한다. 또 이런 사람을 차갑고 냉정한 사람이라고도 한다.

壬水는 水[陰] 속에 陽의 기운을 가지고 있으므로 바닷물처럼 규모가 큰 물이라고도 한다. 그러나 癸水는 水[陰] 속에 또 陰의 성질을 가지고 있으므로 규모가 작은 水이다. 시냇물, 빗물, 이슬 등을 癸水라고 한다.

10천간도 오행을 설명할 때처럼 상생〔생조〕과 상극 작용을 한다. 천간은 기체이므로 지지에 비하여 모든 반응이 신속하게 일어나며 매우 강력하다. 그러나 쉽게 모여서 결합도 잘하고 흩어지기도 잘한다. 주위의 여건에 민감하게 반응한다. 바람에 날리는 연기나 아지랑이라고 연상할 수도 있다.

오행들은 각 오행들 사이에 서로 정보를 주고 받으면서〔소통〕 상생과 상극을 하여야 한다. 항상 전체의 목적을 위하여 살아 있는 것처럼 쉬지 않고 일하고 있다. 이런 점은 서양의 기체에는 없고 동양의 천간에만 있는 것 같다.

③ 지지의 세계

① 지지의 뜻

공간 속에서 가벼운 기운〔천간〕들은 음과 양의 상태로 제각기 활발하게 움직이고 있다. 그러나 무거운 기운들은 먼지나 티끌같은 물질을 중심으로 모이고 성장하여 '물질〔지지〕'로 변한다. 즉, 天이 地로 변하는 것이다. 마치 공간에 있던 수증기가 모이고 뭉쳐서 작은 물방울이 되어 비나 눈으로 내리는 것과 같다. 이처럼 공간에 떠다니던 눈에 보이지 않는 여러 종류의 기운〔에너지〕들이 모이고 응고하여 물방울처럼 눈에 보이는 물질로 변한 것을 '지지(地支)'라고 한다.

2~3가지의 천간〔기운〕들이 모여서 12종류의 물질, 즉 지지(地支)를 만든다. 모이는 천간의 종류와 양에 따라 지지의 성질도 변하며 여러 가지로 작용한다. 즉, 위로 솟아 오르려고 하는 천간들이 주로

모이면 위로 솟아 오르려고 하는 성질의 물질〔지지〕이 되고, 가운데로 뭉치려고 하는 천간들이 많이 모여서 된 물질들은 뭉치려고 하는 성질의 물질〔지지〕들이 된다.

이와 같이 천간의 종류와 양에 따라서 물질〔지지〕의 종류와 특성이 정해진다. 물질〔지지〕이 모여서 결합되어 있는 2~3종류의 천간을 〈지장간(地藏干)〉이라고 하는데, '지지에 감추어져 있는 천간'이라는 뜻이다.

지금까지 배운 천간과 지지의 종류, 그리고 천지인의 관계를 표로 정리하였다. 참고하기 바란다.

天地人, 오행, 천간, 지지의 관계

天地人	天						人	地					
五行	木			火			土	金			水		
十干	甲	乙		丙	丁		戊, 己	庚	辛		壬	癸	
十二支	寅	卯	辰	巳	午	未		申	酉	戌	亥	子	丑

② 지지는 에너지(氣, 힘)의 저장소(창고)이다

수증기가 모여서 한 방울의 빗방울을 만들려면 얼마나 많은 수증기가 필요할까? 물방울보다 2천~2천 5백 배나 많은 부피의 수증기가 모이고 뭉쳐서 한 방울의 물방울이 된다고 한다.

이와 같이 지지〔물질〕 속에는 엄청난 부피의 천간〔氣, 에너지〕이 저장되어 있다. 예를 들면 동전〔10g〕 하나 속에는 축구장 크기의 물을 끓일 정도의 에너지가 뭉쳐 있다고 한다. 우라늄과 같은 방사성 물질을 사용하면 핵폭탄이나 핵발전을 할 수 있을 정도의 다량의 에너지가 발생한다. 그러므로 '지지는 에너지〔천간〕의 저장소'이다. 천간들이 활동하려면 에너지가 필요하며, 이 에너지는 지지에서 공급받는다. 이처럼 지지는 천간이 사용할 에너지의 저장소〔주유소〕이다.

다른 비유를 들어 보자. 천간이 상품이라면 지지는 직영공장이다. 직영공장을 가지고 있지 않은 상품은 팔아야 할 상품의 수량이 적고, 팔 상품이 없는 직영공장은 쓸 데가 없다. 이처럼 천간 따로 지지 따로 있으면 일을 할 수 없으므로 항상 천간과 지지는 같이 연결되어 있어야 일을 할 수 있다.

2~3개의 천간들이 뭉치고 굳어져서 만들어진 물질〔지지〕들은 어떤 상태일까? 천간들은 자기의 특성이 없어지지 않고 그대로 유지하면서 지지〔물질〕가 된다. 예를 들면 쑥과 쌀가루로 쑥떡을 만들면 쑥과 쌀가루는 잘게 부서지고 서로 혼합되어 형체도 없어진다. 그러나 잡곡밥을 만드는 경우에는 잡곡밥의 재료가 되는 콩이나 팥, 수수 같은 곡식 알갱이는 모양이 없어지지 않고 잡곡밥 속에 그대로 있다. 쑥떡과 같은 물질을 '화합물'이라 하고, 잡곡밥과 같은 물질을 '혼합물'이라고 한다.

2~3개의 천간으로 만들어진 지지는 쑥떡과 같은 화합물이 아니라 잡곡밥과 같은 혼합물이다. 그러므로 지지 속에 뭉쳐 있는 천간〔지장간〕들은 천간의 특성이 없어지지 않고 그대로 결합되어 있으므로 필요하면 언제든지 지지 속의 천간〔지장간〕들을 꺼내서 사용할 수 있다. 만약 쑥떡과 같은 화합물이 되어 있다면 쑥과 밀가루는 이미 없어졌으므로 필요할 때 꺼내 쓸 수 없다.

천간과 지지[지장간 ; 혼합물]는 이런 관계가 있으므로 원국에 함께 있으면서 긴밀하게 작용하고 있다.

③ 천간과 지지의 비교

지금까지 눈에 보이지 않는 기(氣)의 상태, 즉 10개의 천간에 대해 설명하였고, 지지(地支)에 대해서도 설명하였다. 천간과 지지를 비교하면서 천간과 지지의 관계를 알아 보자.

천간의 특징

천간은 공기나 바람처럼 아무 구속도 받지 않고 어디에도 소속되어 있지 않으면서 자기의 특성에 따라 마음대로 행동한다. 예를 들어 설명하여 보자.

향수 냄새를 코로 맡는다는 것은 액체 향수를 맡는 것이 아니라 기체 [천간] 상태의 향을 코로 맡는다. 다시 말하면 기체[천간]로 되어야 직접, 빨리 반응한다. 자동차에서도 액체 상태의 기름이 힘을 내는 것이 아니라 기름이 기체[천간]로 변해야 폭발하면서 강한 힘을 낸다. 그러므로 앞에서 천간은 실제로 일을 하는 **'일꾼'**이라고 하였다. 일을 하려면 에너지가 필요하고, 에너지는 연료[지지] 속에 저장되어 있다.

천간과 지지의 관계를 우리들의 실생활에서 찾아 보자. 우리 생활에서는 '현금'이 천간 역할을 한다. 필요한 물건들은 현금으로만 언제든지 살 수 있지만 은행에 저장되어 있는 돈은 즉시 사용할 수가 없다. 지금은 현금이 없어도 카드를 현금처럼 사용하므로 카드가 천간 역할을 한다. 그러나 카드도 은행에 저장되어 있는 돈이 없으면 무용지물이다. 이와 같이 천간들은 복잡하지 않으므로 쉽게 설명할 수 있다.

지지의 특징

지지는 복잡하다. 천간들은 에너지 상태이기 때문에 활발하게 움직이면서 활동적이지만, 온도가 낮아지면 활동하던 에너지〔氣〕의 활동량이 감소하여 행동이 느려진다. 예를 들어 수증기-물의 경우를 다시 생각해 보자. 온도가 높은 수증기는 에너지를 많이 가지고 있기 때문에 활발하게 움직이고 힘도 강하다. 그러나 온도가 낮아짐에 따라 에너지가 감소하면서 활동량도 줄고 속도도 느려진다. 온도가 더 내려가면 활동량도 더 줄어들고 행동도 느려져서 주위에 있는 다른 수증기와 만나거나 충돌하면 서로 잡아당기면서 결합한다. 온도가 점점 더 내려가면 점점 더 많은 수증기와 결합하면서 덩어리가 커지다가 마침내 눈에 보이는 물방울〔地支〕이 된다. 이와 같이 천간이 모이고 뭉쳐서 지지가 되고, 반대로 지지가 흩어지면 천간이 된다.

또 다른 예를 들어 보자.

자영업을 하는 사람들은 자기 마음대로 활동하므로 자유롭게 돌아다니면서 고객들과 직접 만나 장사를 할 수 있다. 그러므로 장사하는 속도도 빨라져 속전속결할 수 있다. 그러나 회사에 소속되어 있는 사람은 회사의 규칙이나 명령에 따라 움직이고 행동해야 하므로 자유롭지도 못하고 구속되어 있으므로 속도가 빠를 수 없다. 상관이 많을수록 결재하는 시간이 길어지므로 일을 추진하는 속도가 느려진다는 말이다. 자영업을 하는 사람들을 천간이라고 하면 회사에 근무하는 사람들을 지지라고 비유할 수도 있다.

지지라는 물질 속에 묶여 있는 천간[지장간]들은 홀로 있는 천간과는 다르게 자유롭게 활동할 수 없고 반응 속도도 더딜 수밖에 없다. 이와 같이 천간과 지지, 지장간은 서로 다르게 작용한다.

사주에서 천간과 지지의 관계는 대단히 중요하므로 다시 한 번 더 정리하자. 천간은 눈에 보이지 않는 기체[에너지] 상태이고, 지지는 2~3종류의 천간이 모여서 결합되어 있는 액체[고체] 상태이다. 천간은 기체 상태이므로 활발하고 마음대로 돌아다니지만, 지지는 여러 종류의 천간이 묶여서 된 물질이므로 활발하게 활동할 수 없다.

천간이 활동하려면 에너지[기운]가 필요한데, 이 에너지는 물질 속에 저장되어 있다. 그러므로 천간은 물질[지지]이 없으면 아무 일도 할 수 없다. 반대로 지지는 에너지를 풍부하게 가지고 있지만 직접 활동할 수 없다. 천간에 연결되어 있어야 천간을 통하여 일을 할 수 있는 것이다.

천간과 지지는 부부의 관계와 같다. 남편은 주로 밖에서 활동하여 돈을 벌고, 아내는 집 안에서 남편이 벌어다 준 돈으로 저축하거나 살림을 한다. 남편은 아내에게 에너지를 받아야 활동할 수 있고, 아내는 남편을 통하여 외부에 일을 한다. 이처럼 남편과 아내는 하는 일은 다르지만 한 몸처럼 움직이므로 부부로 큰 일을 하면서 잘 살 수 있다. 그러나 아내가 없는 남자는 에너지[기운]가 모자라서 풀이 죽어 있고, 남편이 없는 여자는 활발하게 일을 할 수 없다. 그러므로 남자와 여자는 결합하여 부부로 살아야 한다. 천간과 지지는 이렇게 부부의 관계로도 설명할 수도 있다.

④ 하늘에서 일어나는 일이 땅에서도 일어난다

① 대류권(하늘 천간)에서 일어나는 변화

모든 변화는 태양에서부터 시작된다. 태양열이 대류층에 도달하면 대기를 가열하기도 하고 냉각되기도 한다. 지구가 스스로 돌면서 장소와 시간에 따라 햇볕을 받는 양이 변하기 때문이다. 즉, 지구가 둥글기 때문에 햇볕을 똑같이 받을 수는 없다. 햇볕을 먼저 받는 쪽은 가열되어 대기가 상승하고, 햇볕을 받지 못하는 쪽은 온도가 올라가지 못하므로 대기가 밑으로 가라앉게 된다. 이처럼 대기가 움직여서 오행작용을 한다.

대류층에서 대기〔공기〕가 하는 오행작용을 음과 양으로 나누면 10개의 천간이 생긴다고 하였다.

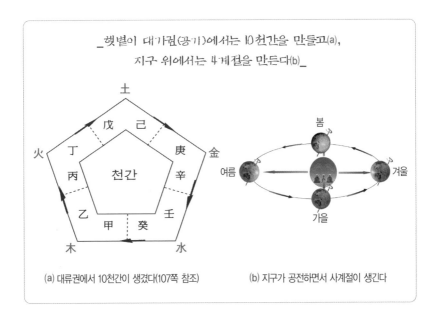

_햇볕이 대기권(공기)에서는 10천간을 만들고(a),
지구 위에서는 4계절을 만든다(b)_

(a) 대류권에서 10천간이 생겼다(107쪽 참조)　　　(b) 지구가 공전하면서 사계절이 생긴다

햇볕이 대기층[대류층]을 통과하면 대기[공기]가 오행작용을 하고, 지구의 땅 위에 도달하면 오행작용이 변형되어 4계절[12개월]을 만든 다고 하였다. 이처럼 하늘[天]과 땅[地]에서 모두 오행작용이 일어나 는 점은 동일하므로, 하늘에서 일어나는 일이 땅에서도 일어난다고 한 것이다.

그러나 하늘에서 일어나는 오행 작용이 땅 위에서는 4계절로 나타 난다. 왜 그럴까?

2 지구(땅)에서 일어나는 변화

지구는 똑바로 서서 태양을 돌지 않고 23.5도 기울어져서 태양을 돈다. 그 결과 지구[땅]에서는 4계절, 12달, 12개의 지지가 생긴다. 매우 중요한 부분이므로 그림으로 설명하여 보자.

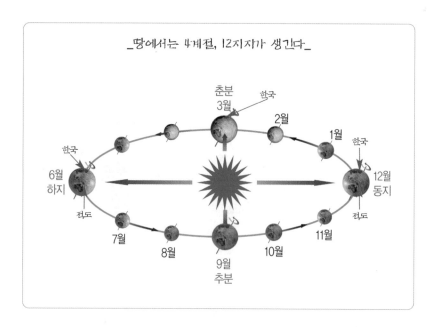

땅에서는 4계절, 12지지가 생긴다

지구가 태양을 정원(丁圓)의 궤도를 돌지 않고 조금 타원형의 궤도를 돈다. 그리고 태양도 원의 한가운데에 있지 않고 조금 오른쪽으로 치우쳐 있다. 그러므로 태양에 가까이 돌 때 열을 많이 받아서 여름이 되고 멀리 떨어져 돌 때는 겨울이라고 생각하기 쉽다. 그러나 반대로 태양을 가까이 돌 때 겨울이 되고 멀리 돌 때 여름이 된다. 그 이유는 지구가 23.5도 기울어져서 돌기 때문이다.

4계절이 생기는 이유를 생각해 보자.

겨울 지구가 23.5도 기울어져 있기 때문에 태양에 가까이 돌 때는 태양이 지구의 남반부를 강하게 가열한다. 그러므로 한국이 속해 있는 북반부는 태양열을 적게 받으므로 겨울이 된다.

봄 지구가 태양의 가까운 거리를 돌아서 겨울이 지나면 점점 멀어지기 시작하여 1월→2월→3월이 된다. 태양이 지구의 적도 근방을 강하게 비추게 되면 적도가 온도가 올라가고, 한국은 빛[볕]을 적당히 받아서 덥지도 춥지도 않은 봄이 된다. 3월 22일 경에는 밤과 낮의 길이가 같아지는 춘분이 있다. 춘분을 지나서 지구가 태양을 점점 멀어짐에 따라 4월→5월→6월이 되어 지구가 태양에서 가장 먼 거리를 돌게 된다.

여름 이때는 태양이 지구의 북반부를 강하게 가열하므로 우리나라는 여름이 된다. 6월 22일 경에는 일년 중에서 낮의 길이가 가장 길고 밤의 길이가 가장 짧은 하지가 된다.

가을 하지를 지나면 낮의 길이는 점점 짧아져서 가을이 된다. 가을은 태양이 지구의 적도 부근을 강하게 가열하므로 봄처럼 덥지도 춥지도 않은 7월→8월→9월이 된다. 9월 22~23일 경에는 밤과 낮의 길이가 같게 되는 추분이 된다.

겨울 추분이 지나서 10월→11월→12월이 되면 태양은 남반부를 집중적으로 가열하므로 남반부는 여름이 되고 북반부는 겨울이 된다.

이와 같이 지구가 23.5도 기울어진 채로 태양을 돌기 때문에 4계절 12달이 생긴다. 지구〔땅〕에서는 봄→여름→가을→겨울의 4계절이 생기면서 온도와 날씨가 변한다. 지구 위에 살고 있는 모든 인간을 비롯하여 모든 생물들은 4계절에 맞추어서 살고 있다. 즉, 모든 생물들은 봄→여름→가을→겨울의 리듬에 맞추어서 살고 있다. 매우 중요한 부분이다.

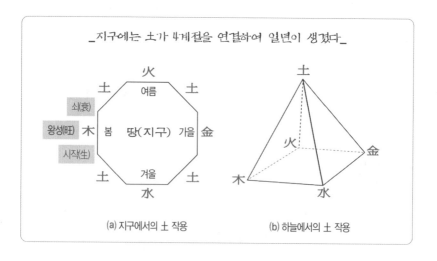

(a) 지구에서의 土 작용   (b) 하늘에서의 土 작용

천간은 대류권에서 물질이 아닌 에너지(기운)이므로 자유롭게 막힘 없이 활동할 수 있다. 그러나 지지는 물질이므로 천간처럼 쉽고 자유스럽게 변할 수 없다. 그러므로 계절의 중간에 징검다리 노릇을 하는 오행이 필요하다. 예를 들면 봄에서 여름으로 갑자기 변하면 식물들이 싹이 나오자마자 줄기가 자라고 잎이 무성해지는 변화가 일어나게 된다. 그러나 중간에 징검다리 역할을 하는 오행이 있기 때문에 이런 변화는 일어나지 않고 부드럽게 변한다.

다시 말하면 계절이 변하는 것은 확실한데 언제 변하는지 잘 알 수 없을 정도로 천천히 순조롭게 변한다. 계절과 계절 사이에는 완충 역할을 하는 토(土)가 있기 때문이다. 봄에서 여름으로 변할 때 꼭 장마철이 있다. 이 장마철이 土이다.

土의 작용

사주에서 다른 오행보다 土의 작용이 심하게 변하기 때문에 감정하기 어려울 때가 많다. 계절과 계절을 넘어갈 때 계절과 계절을 연결하고 '완충 작용'을 하는 오행이 필요하다. 이런 작용을 하는 오행은 土이므로 각 계절 사이에는 土가 필요하다. 마치 구슬과 구슬을 연결하여 하나의 목걸이를 만들듯이 土가 각 계절을 연결하여 한 해(一年)를 만든다. 이처럼 土는 부분과 부분을 소통하고 연결(중개)하면서 전체를 조정, 관리하는 역할을 한다. 土는 앞의 그림처럼 각 계절 사이사이에 있으므로 모두 4개의 土가 있어야 하며, 이 4개의 토(土)가 각 계절을 연결하여 일년이 된다.

다음의 그림에서 각 계절에 대해 생각해 보자.

먼저 봄의 경우, 겨울의 끝에 봄이 시작하여 점점 따뜻해진다[生]. 시간이 지남에 따라 봄의 기운이 점점 강해지다가 가장 왕성한 봄이 된다[旺]. 왕성한 시기가 지나면 봄이 점점 끝나 가고[衰] 여름이 시작된다.

이와 같은 현상을 그림의 (a)처럼 생(生)-왕(旺)-쇠(衰)의 3과정으로 표현하였으며, 그림 (b)에서는 인(寅)-묘(卯)-진(辰)으로 나타내었다. 이처럼 봄은 똑같은 봄이 아니라 달에 따라 특징이 다르다. 즉, 寅月의 봄은 시작하는 달[月]이고, 卯月은 가장 왕성한 달[月], 辰月은 봄이 끝나는 달[月]의 3달[月]로 구성되어 있다. 대개 봄과 여름 사이의 辰月에 장마가 오면서 환절기라는 것을 알려준다. 이와 같은 현상은 봄뿐만 아니라 여름-가을-겨울에도 나타나므로 일년은 4계절, 12지지로 구성되어 있다.

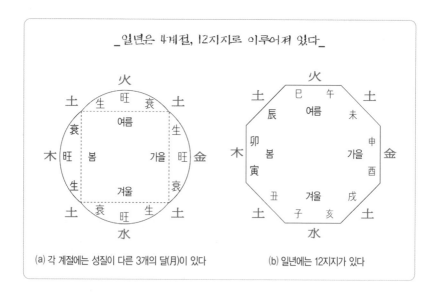

일년은 4계절, 12지지로 이루어져 있다

(a) 각 계절에는 성질이 다른 3개의 달(月)이 있다   (b) 일년에는 12지지가 있다

계절	봄			여름			가을			겨울		
오행	木		土	火		土	金		土	水		土
지지	寅	卯	辰	巳	午	未	申	酉	戌	亥	子	丑
	陽	陰		陽	陰		陽	陰		陽	陰	
	生	旺	衰	生	旺	衰	生	旺	衰	生	旺	衰

지금까지 설명한 내용을 위와 같이 표로 정리하였다. 앞의 그림과 위의 표를 보면 다음과 같은 공통점이 있다.

❶ 4계절의 처음에 있는 지지[계절을 시작하는 지지 : 生 : (a)]

봄에는 寅, 여름은 巳, 가을에는 申, 겨울의 亥는 각 계절을 시작하는 작용을 하는 지지[生]이다. 모두 양(陽, +)의 지지들이다.

❷ 4계절의 중간에 있는 지지[가장 왕성한 힘 : 旺 : (a)]

봄에는 卯, 여름은 午, 가을에는 酉, 겨울의 子는 각 계절 중에서 가장 왕성한 힘을 가진 지지[旺]이다. 모두 음(陰, −)의 기운을 가지고 있다.

❸ 4계절의 마지막에는 계절을 끝마치는 지지[衰 : 기운이 쇠약해진다 (a)]

봄에는 辰, 여름은 未, 가을에는 戌, 겨울은 丑이다. 이 辰, 未, 戌, 丑의 지지들은 모두 土이므로 각 계절을 마무리하면서 다음 계절과 연결시켜주는 역할을 한다.

지금까지 설명한 것처럼 각각의 계절에 속해 있는 지지들의 강도는 모두 똑같지 않고 차이가 크다. 예를 들면 봄에는 寅·卯·辰 3개의 지지가 있다. 寅은 봄을 시작[生]하는 달이고, 卯는 봄의 기운이 가장 강해지는[旺] 달이다. 辰은 봄의 마지막 달이면서 봄의 기운이 쇠약해지며[衰] 여름의 기운으로 바뀌는 징검다리 역할을 하는 달이다. 이처럼 봄이라도 봄의 기운이 강해지고 가장 강하고 쇠약해지는 달이 있다[128쪽 그림 ⓐ 참조].

봄뿐만 아니라 여름·가을·겨울의 계절에서도 동일한 현상이 일어난다[128쪽 그림 ⓐ]. 즉, 4계절이 속해 있는 3개의 달이 모두 성질과 강도가 다른 12개의 달이 생긴다. 12개의 달을 12지지(地支)라고 부르며, 128쪽 그림 (b)와 같다.

지지도 천간의 경우와 마찬가지로 지지와 오행을 함께 사용하면 매우 편리하다. 예를 들면 봄의 시작을 알리는 지지 '寅'은 木오행에 속해 있으므로 寅이라고 쓰지도 부르지도 말고, '寅木'이라고 한다. 巳火, 子水도 모두 같은 방법이다. 사주를 배우기 시작할 때 습관적으로 암기하면 좋다.

지지의 土는 건토(乾土)와 습토(濕土) 두 종류가 있다

지지의 4개의 土(辰土, 未土, 戌土, 丑土)도 음양으로 나누어서 습토(濕土)와 건토(乾土)의 두 종류가 있다. 즉, 辰과 丑의 부호는 '－'이며, 습토(濕土)라고 한다. 습기(수분)를 많이 가지고 있는 土라는 뜻이다. 그러므로 水에 가까운 작용을 하면서 土의 작용도 한다.

또 未와 戌의 부호는 '＋'이며, 건토(乾土)라고 한다. 습기가 없는 火에 가까운 건조한 土라는 뜻이다. 또한 土의 작용도 한다. 건토(乾土)와 습토(濕土)는 앞으로 자주 사용하므로 매우 중요하다.

④ 지장간(地藏干)

지지(地支)의 가장 큰 특징은 지장간이다. 지지 속에는 2~3개의 천간이 모이고 굳어져 있다. 이처럼 지지를 구성하고 있는 천간들을 지지 속에 감추어져 있는 천간이라는 의미로 〈지장간(地藏干)〉이라고 한다. 지장간들은 사주에서 재미있고 신기한 작용을 한다. 이렇게 중요한 지장간들은 지지 속에서 어떤 모양을 하고 있을까?

지장간은 2~3개의 곡식〔예를 들면 쌀·콩·팥〕으로 만든 잡곡밥처럼 '혼합물'을 만든다고 하였다. 즉, 잡곡밥에 섞여 있는 쌀·콩·팥처럼 지지에 혼합되어 있다. 잡곡밥에서 쌀·콩·팥은 각자 자기의 모양과 맛을 그대로 가지고 있지만, 서로 연결되어 하나의 잡곡밥을 만들고 있다. 다시 말하면 뿔뿔이 흩어져 있지 않고 하나의 덩어리〔잡곡밥〕 속에 뭉쳐 있다. 그러므로 지장간들은 천간처럼 자유롭게 돌아다니면서 하고 싶은 일들을 직접하지 못한다.

이런 지장간들은 행동이 자유스럽지 못하고 할 일들도 마음대로 하지 못한다. 그러나 조건만 맞으면 잡곡밥의 잡곡〔천간〕들이 밖으로 나와서 천간처럼 행동할 수도 있다. 지장간에 묶여 있는 천간들은 진짜 천간보다 활발하지 못하지만, 지장간도 천간이다.

① 4계절의 지지와 지장간

4계절의 지지를 조사하여 보자. 지지도 중요하지만, 더욱 중요한 것은 지지 속에 감추어져 있는 천간인 지장간이다. 이 지장간이 천간과 지지 사이에서 온갖 작용을 하면서, 사주를 복잡하고 오묘하게 하는 '요술쟁이'이다.

각 지지의 지장간에는 여기, 중기, 본기가 있으므로 지지를 여기, 중기, 본기로 나누어서 설명하겠다.

① 봄의 지지와 지장간이 가지고 있는 뜻

___寅木(1월) 戊7 丙7 甲16

여기 寅木의 지장간은 처음 7일 동안은 지난 달[丑土, 12월]의 기운[己土]이 아직까지 남아서 이번 달에도 작용하고 있는 土[戊土]이다. 달이 바뀌어서 다음 달이 시작할 때는 명확하게 구별되는 것이 아니라 부드럽고 원만하게 넘어가도록 유도한다. 그래서 지난 달의 마지막 기운이 다음 달의 처음에도 남아서 계속 작용하게 된다. 이런 기운이 여기(餘氣)이며, 寅木의 경우에는 戊土이다.

중기 寅木은 봄의 첫 번째 달이므로 다음 계절[여름]의 양간(陽干)인 丙火가 중기(中氣)이다. 다음 계절인 여름이 寅木에서 벌써 시작되고 있다는 의미이다. 丙火가 씨앗 속에 있는 새싹을 잡아당기고 있으므로, 이 丙火의 기간에 식물은 새싹이 나오기 시작한다.

본기 중기(中氣)는 7일 동안 지속되고, 그후 계속해서 甲木이 16일 동안 들어온다. 이 甲木[陽]은 寅木에서 추진력이 가장 강한 기운이므로 새싹이 성장하기 시작한다. 甲木은 寅木을 대표하는 기운이므로 본기(本氣)라고 한다.

이와 같이 寅木의 지장간은 여기 戊土(7일), 중기 丙火(7일), 본기인 甲木(16일)으로 구성되어 있다. 寅木을 '호랑이'로 상징하기도 한다.

___ 卯木(2월) 甲10 乙20

여기 지난 달[寅木, 1월]의 마지막 기운인 甲木[본기]이 卯월[2월]에
도 처음 10일 동안 작용한다. 이런 甲木을 卯木[2월]의 '여기(餘氣, 남
아 있는 기운)' 라고 한다.

중기 卯木은 중기(中氣)가 없다.

본기 곧 본기인 乙木이 20일 동안 작용한다. 그러므로 卯木의 지장
간은 甲木(10일)과 乙木(20일)이며, 모두 木이므로 木의 기운이 매우
강해진다. 식물의 경우에는 키도 커지고[甲木, 陽], 줄기도 굵어지는
[乙木, 陰] 시기이다. '토끼'로 상징하기도 한다.

___ 辰土(3월) 乙9 癸3 戊18

여기 지나간 달의 본기[乙木]가 이 달[辰月]로 넘어와서 이 달의
'여기'로 9일 동안 작용한다. 처음 9일 동안에는 아직도 乙木이 작용
하고 있으므로 식물의 경우에는 줄기가 더욱 굵어지면서 잎들이 번성
해진다.

辰土는 土이지만, 지장간으로 乙木이 있으므로 木의 성질도 어느 정도
가지고 있다는 점을 잊지 말아야 한다. 다시 말하면 100% 土가 아니라
9/30=30% 정도는 木의 기운을 가지고 있다. 즉, 辰土는 木의 기운도
가지고 있는 土라는 뜻이다.

중기 중기인 癸水의 기운이 지난 계절[겨울]을 마무리한다. 마지막
즉, 무성해지는 식물의 기운을 잠시 동안(3일) 압축한다. 木의 기운이

너무 지나치게 왕성해지는 것을 억제한다.

본기 辰土의 본기인 戊土는 土이므로 土 본래의 작용인 '중재, 관리, 조절' 등의 작용을 하여 木 다음의 계절인 여름의 火로 자연스럽게 흘러가도록 유도한다.

辰土는 여기인 乙木이 9일 동안 작용하고, 중기인 癸水가 3일 동안, 본기인 戊土가 18일 동안 작용한다. 중기에 癸水가 있기 때문에 辰土는 水의 작용도 하는 土이다. 이처럼 辰土의 지장간은 乙, 癸, 戊이다. 辰土의 작용으로 봄에서 여름으로 순조롭게 이어진다. 辰土를 용(龍)으로 상징하기도 한다.

2 여름의 지지와 지장간이 가지고 있는 뜻

___巳火(4월) 戊7 庚7 丙16

여기 지난 달(3월)인 卯木의 본기인 戊土가 巳火에도 계속 남아서 7일 동안 작용한다. 이 시기에는 여름이 시작되도록 준비하는 시기이다.

중기 庚金이 7일 동안 들어와서 다음 계절(가을)을 미리 준비하기도 하지만, 火의 기운이 너무 왕성해지지 않도록 조금 수렴하는 시기이기도 하다(금화교역).

본기 丙火가 16일 동안 활동하므로 火의 기운이 매우 강해진다. 식물은 이 시기에 꽃도 피면서 잎도 활달하게 번창하는 시기이다. 일반적으로 '뱀'으로 상징하기도 한다.

__午火(5월) 丙10 己9 丁11

여기 지난 달〔巳火, 4월〕의 본기인 丙火가 남아서 계속 10일 동안 작용하므로 火의 기운을 가장 강하게 내뿜는다. 식물도 잎이 무성해지고 꽃이 피는 시기이다.

중기 午火에는 중기인 己土가 9일 동안 작용한다. 火의 기운이 왕성해지고 있는 도중에, 陰土인 己土가 나타나서 火의 기운을 수축하는 방향으로 조절하려고 한다. 왜 그럴까?

금화교역(金火交易)이 일어날 수 있도록 불꽃을 조절할 필요가 있기 때문이다. 각 계절의 특성이 가장 왕성해지는 卯木, 午火, 酉金, 子水 중에서 午火에만 중기인 己土가 9일 동안 작용하고 다른 지지에는 중기가 없다.

본기 午火의 마지막 지장간은 丁火이다. 丙火가 己土의 과정을 거쳐서 丁火로 변한 것이며, 16일 동안 丁火가 작용한다. 丁火도 火이지만, 丙火만큼 외부로 퍼지는 火가 아니라 안으로 수렴하는 火이다. 丙火를 햇빛, 丁火를 햇볕이라고 하기도 한다. 丙火를 태양이라고 하면 丁火는 전깃불로 상징한다.

__未土(6월) 丁9 乙3 己18

여기 지난 달〔5월〕의 마지막 기운인 丁火가 이번 달에도 9일 동안 계속 작용한다. 丁火이기 때문에 무더웠던 여름도 한 풀 꺾일 것으로 생각되지만 사실 일년 중에 가장 더운 시기이다. 낮의 길이는 하지 이후로 점점 짧아지며 일조량은 적어진다.

그러므로 기온이 점점 낮아져서 가을이 시작될 것으로 생각되지만, 오히려 더욱 더 더워져서 음력으로 6~7월[양력으로 7~8월]이 가장 덥다. 그 이유는 무엇일까? 巳火[4월] 이후 지구에 내려 쪼이던 여름의 태양열이 지구에 축적되었다가 未月에 발산하기 때문이다.

중기 卯月[2월]에서 처음 생겼던 乙木이 여기에서 마지막 정리를 하면서 여름의 火氣가 더욱 강해지도록 3일 동안 도와준다. 그러므로 여름의 무더위가 최고도로 되는 시기일 것이다.

본기 未土의 본기는 戊土이며 18일 동안 작용한다. 이 시기에 土로서의 본격적으로 중화, 조절하는 작업을 하여 여름에서 가을로 이어지도록 한다. 그러나 여름의 맹렬한 더위와 팽창하려는 힘을 완전히 억제하지 못하고 다음 달인 申金[7월]으로 넘어 간다.

③ 가을의 지지와 지장간이 가지고 있는 뜻

申金부터는 가을이 시작된다. 무더운 여름이 지나고 시원한 바람이 불기 시작한다. 이처럼 기온이 내려가므로 번창했던 여름의 기운이 수렴하는 계절이다.

여름에 만들었던 열매[과일] 중에서 쭉정이 열매[과일]는 따버리고 똘똘한 열매[과일]만 남겨 영글게 하는 가을이다. 즉, 옳고 그름을 선별하여 옳은 것만 저장하고 좋지 않은 것들은 폐기한다. 그러므로 가을을 '의(義 옳을 의)'의 계절이라고 한다.

申金(7월) 戊7 壬7 庚16

여기 지난 달[未月, 6월]의 본기는 戊土이므로 申金의 여기는 당연히 戊土라고 생각되지만 己土이다. 왜 戊土가 己土로 바뀌었을까?

일년 12개월 중에 未土 月까지는 6개월이 지났다. 寅月[1월]에서 시작하여 6개월 동안 봄에서 여름으로 변하면서 에너지가 확대되는 陽적인 일만 하였다. 그러나 申月부터는 에너지를 수렴하는 방향, 즉 陰의 방향으로 진행되어야 한다. 다시 말하면 1~6개월 동안 陽의 세계가 끝나고 申月[7월]부터는 陰의 세계가 열리는 것이다.

이처럼 陽의 세계에서 陰의 세계로 변하므로 戊土도 己土로 바뀌어서 7일 동안 일을 한다. 그러나 戊土나 己土는 모두 土이므로 未月에서의 금화교역 작업이 申月의 여기[戊土]와 중기[壬水]에도 계속된다.

중기 여름의 맹렬한 더위와 팽창하려는 힘을 未土에서 申金의 여기까지 억제하여 더 이상 팽창되지 않도록 한다. 申金의 중기[壬水, 7월]부터는 여름의 강렬하게 팽창하는 힘을 壬水로 압축하여 본기인 庚金에서 기운을 수렴하도록 한다. 다시 말하면 맹렬한 여름의 火氣를 壬水로 水剋火의 상극작용을 하여 火氣의 기세를 우선 확 꺾어 놓고, 다음 庚金의 수렴작용이 순조롭게 이루어지도록 한다. 여기서 여름은 실질적으로 끝나고 본격적인 가을이 시작된다.

본기 壬水 7일에 이어서 庚金의 본기가 17일 동안 계속된다. 이 기간부터 다음 달 여기까지 庚金이 누그러진 火氣를 수렴하여 본격적인 가을이 진행된다. 일반적으로 申金[7월]은 陽의 金이므로 '큰 바위'로 상징한다.

酉金(8월) 庚10 辛20

여기 지난 달〔申金, 7월〕의 본기인 庚金이 이번 달에도 계속 수렴 작용하고 있다. 마치 여름의 강한 에너지를 열매〔과일〕속으로 계속 강하게 수렴 응축하여 과일〔열매〕맛을 들게 하는 것 같다. 이 과정까지는 에너지를 열매〔과일〕속에 모아서 저장하는 작업만 한다.

본기 酉金〔8월〕에는 중기가 없고, 본기도 여기와 같은 金인 辛金이다. 辛金은 陰의 기운이 강한 기운이므로 열매 속에 모아서 저장되어 있는 에너지를 더욱 강하게 수렴하여 딱딱한 열매를 만드는 작업을 한다. 酉金은 여기인 庚金과 본기인 辛金으로 되어 있으므로 모두 金이다. 金은 대단히 강하므로 딱딱한 지지〔열매〕이다. 酉金을 다이아몬드나 보석처럼 인공적으로 가공한 물질이라고 비유하기도 한다.

戌土(9월) 辛9 丁3 戊18

戌月 이전의 달인 酉月에 氣가 딱딱하게 수축되어 열매가 생겼다. 이 딱딱한 열매가 건토(乾土)인 戌月이 되면 습기가 제거된 건조한 열매가 된다는 것은 쉽게 이해되었다. 그리고 가을의 마지막 달인 戌月은 다음 계절인 겨울〔亥月〕로 원활하게 인도하는 징검다리 역할을 하여야 한다.

여기 전번 달〔酉월, 8월〕의 본기인 辛金이 이 달〔戌月〕에도 여기로 9일 동안 계속 작용한다. 이 戌月까지 가을이므로 氣를 수렴하는 일이 계속된다.

중기 지난 계절인 여름의 丁火가 3일 동안 작용하므로 여름의 火의 기운이 여기까지만 작용하고 끝난다. 딱딱하게 굳어 있는 열매(과일)에 소량의 열을 가하여 건조한다. 戊月을 건조한 土라고 하는 이유이다.

본기 戊土의 본기인 戊土가 18일 동안 작용한다. 전번 달인 酉金에서 딱딱해진 열매를 戊土에서 건조하게 말리는 작업을 한다. 그러면서 다가올 겨울의 징검다리 역할을 한다. 戊土는 陽이므로 '외부로 확대하려는 일'을 한다. 단단하고 딱딱하게 굳어 있는 金을 풀어내어 유연성을 부여하는 작업을 하는 것과 같다.

戊土는 가을을 겨울로 연결하는 역할을 하지만 또다른 중요한 일도 한다. 여름에 눈에 보이지 않던 에너지가 가을이 되면서 수렴하여 눈에 보이는 물질(열매)로 변하는 것이다. 마치 공중에 퍼져 있던 수증기가 점점 모이고 커지다가 戊月에 물방울이 생기는 것과 같다. 즉, 에너지가 물질로 변한 것이다. 戊土(9월)를 보통 '개(dog)'로 상징하기도 한다.

④ 겨울의 지지와 지장간이 가지고 있는 뜻

___亥水(10월) 戊7 甲7 壬16

여기 전 달(戊月, 9월)의 본기였던 戊土가 亥水에서는 여기로 계속 작용한다. 戊土는 陽土이므로 딱딱한 열매(金)에 '외부로 확대하는 일'을 7일 동안 한다.

중기 중기는 甲木이 7일 동안 작용하여 다음 계절인 봄을 준비하고 있다. 또 甲木은 새로 시작하려고 분출하려는 성질이 있으므로 새로운 물질이 태어나려고 한다.

본기인 壬水가 16일 동안 작용하여 조금 유연해진 물질[金]을 더욱 압축하여 마침내 새로운 물질이 창출(創出)되어 나온다. 즉, 작고 딱딱해진 열매를 더욱 압축하고 숙성되어 새로운 물질로 변한 것 같이 생각된다. 亥水[10월]를 '돼지'로 비유하기도 한다.

___子水(10월) 壬10 癸20

여기 子水의 여기는 전 달[亥月, 10월]의 본기인 壬水가 이번 달에도 여기로 작용하고 있다. 즉, 작고 딱딱한 열매와 같은 물질 속에서 새로운 물질인 '물'이 생겨나고 있는 과정이라고 생각된다. 이 물은 다음 동지에서 새로운 陽氣가 시생(始生)하여 새로운 생명이 잉태할 수 있도록 준비한다.

11월 중기에 '동지'가 있으므로 밤의 길이가 가장 긴 동지에서 낮의 길이가 점점 길어지기 시작한다. 즉, 동지에 100% 음(陰, 밤)에서 새로운 생명이 태동되어 점점 양육된다. 즉, 낮의 길이가 길어짐에 따라 새로운 생명은 양육되어 점점 크게 자란다.

본기 子水에는 중기가 없고 여기인 壬水와 본기인 癸水만 있다. 모두 水이므로 4계절 중에서 陰의 성질[내부로 움츠러드는 성질]이 가장 강하다. 본기인 癸水는 陰水로 陰의 계절인 水 중에서 또 陰이므로 일년 중에 陰이 가장 강한 시기이다. 여기인 壬水 과정에서 태동한 씨앗[생명]이 본기인 癸水[陰]에서 다시 압축하여 내부로 움츠러들게 된다. 마치 스프링을 압축해 봄에 새싹[甲木]으로 뛰쳐 나오려고 힘을 내부로 모으는 작업처럼 생각된다. 子水[11월]를 '쥐'로 상징하기도 한다.

___丑土(12월) 癸9 辛3 己18

중기 子水(11월)의 본기가 12월에도 남아서 여기로 9일 동안 작용한다. 丑土는 일년 중 가장 추운 때이므로 子水(11월)의 본기인 癸水와 같은 압축하는 작업을 계속하고 있다.

중기 辛金이 3일 동안 작용하면서 지난 가을이 완전히 끝나는 시기이다. 辛金은 陰金이므로 매우 딱딱하고 작게 수렴하는 작업을 한다. 癸水에서 내부로 움츠러들고 차가운 씨앗을 다시 더욱 압축한다. 즉, 다음 계절인 봄에 새로운 새싹으로 분출하려고 에너지를 내부로 잔뜩 응축하는 작업을 하는 것과 같다. 사람들도 넓이뛰기를 할 때 처음에는 몸을 움추리면서 모든 힘을 내부로 모았다가 한 번에 튀어나가려고 하는 작업과 같다고 생각된다.

본기 본기는 己土(18일)로서 역시 내부로 움츠러들어서 다음 계절인 봄을 대비하여 징검다리 역할을 한다. 己土는 다음 계절인 寅木의 여기인 戊土로 변한다. 같은 己土가 아닌 戊土가 되는 것은 未土에서 申金으로 변할 때 未土의 본기인 己土가 申金의 여기인 戊土로 변할 때와 같은 이유이다. 즉, 일년은 陽달인 1, 2, 3, 4, 5, 6월이 지나면 陰의 달인 7, 8, 9, 10, 11, 12로 변한다.

이와 같이 일년은 크게 陽의 달과 陰의 달의 두 부분으로 구별할 수 있는데, 陽의 마지막 달인 未월의 본기인 己土가 陰의 시작 달인 申월의 여기로 변할 때도 己土가 아니고 戊土였다. 지금은 陰의 마지막 달인 丑土의 본기인 己土가 다음 해의 첫 번째 달인 寅月의 여기로 변하면서 己土가 아닌 戊土로 된 것이다. 아울러 새로운 해가 시작되어 '외부로 확대' 된다는 뜻이다. 丑土〔12월〕를 '소'로 상징하기도 한다.

이상으로 12지지와 지장간에 대한 설명을 마친다. 이렇게 길게 설명하는 이유는 사주에서 지장간이 차지하는 비율이 매우 크기 때문이다.

지장간을 음미하면서 지지를 생각해 보면 12지지와 지장간이 함께 어울려서 정교하고 치밀하게 작동하고 있는 기계의 속을 들여다 보는 것 같다. 무수히 많은 톱니바퀴들이 서로 연결되어 자기의 일들을 열심히 하고 있는 시계 같기도 하고, 자동차의 엔진 룸뿐만 아니라 자동차 전체의 부품들이 서로 정교하게 연결되어서 일사불란하게 움직이고 있는 것처럼 보이기도 한다.

神이 만든 정교하고 신비한 완전 작품 세계를 보는 것 같다.

겨울을 水〔물〕라고 하는 이유

봄→여름→가을로 변함에 따라 木→火→金으로 된다는 현상에 대해서는 아무 의심도 없이 이해되었을 것이다. 그러나 가을의 다음 계절인 겨울은 가을과 전혀 관계가 '水〔물〕'가 된다고 하는 점이다. 戌月의 딱딱하고 건조한 열매가 겨울이 가까워짐에 따라 점점 더 추워지므로 겨울에는 더욱 딱딱하게 응고하여야 할 것이다. 이렇게 되어야 정상이다.

그런데 실제로 겨울에는 딱딱한 열매〔金〕와는 아무 관계가 없는 '水〔물〕'의 계절이라고 한다. 다시 말하면 가을의 열매인 戌月 다음의 계절인 겨울에 갑자기 '水〔물〕'가 생긴 것이다. 필자는 이 점이 이해되지 않았다.

물이라고 하면 언뜻 생각나는 것이 있다. 물은 생명과 관계가 깊다고 앞에서 여러 번 설명했다. 겨울에 물〔水〕이 생긴다는 말은 겨울에 생명이 생긴다는 말이다. 겨울을 물이라고 한 이유는 겨울에 새로운 생명이 태동하여 성장한다는 뜻으로 생각된다.

정자와 난자가 양수 속에서 만나 성장하듯 겨울의 딱딱한 열매 속에서 새로운 생명이 생겨서 성장하는 것이다. 이런 사실을 동양철학에서는 동지가 지나면 陰 속에서 陽이 생겨서 자라기 시작한다고 하였다.

가을에 딱딱하게 영글은 열매 속에서 새싹을 잉태하여 씨앗〔생명〕으로 탈바꿈하는 현상을 水〔물〕가 생겼다고 표현한 것으로 생각된다. 중국 사람들의 사고 방식에는 음과 양의 세계〔이태극〕만 있으므로 모든 것을 음과 양으로만 해석하려고 한다. 씨앗이 생겼다는 말은 음과 양 이외에 생명이 있다는 말이므로 좀처럼 이해하기 쉽지 않았을 것이다. 그러므로 물이 있다는 말은 생명이 있다는 말이므로 생명을 간접적으로 표현한 것이라고 생각된다. 천지인 삼태극으로 설명하면 간단했을 것을 이상하게 설명했다고 생각한다.

이 씨앗은 겨울에 날씨가 더욱 추워짐에 따라 더욱 강하게 압축되어 봄에 새싹으로 세상에 나오는 것이다. 만약 따뜻한 겨울이면 압축하는 힘이 약하여 다음 봄에 키만 커지고 가을에 열매를 맺지 못한다고 한다. 대자연의 오묘한 비밀을 엿본 것 같아서 신비롭고 경이롭다!

지장간 정리

 지장간은 매우 중요하므로 지금까지 배운 지장간을 정리해 보자.

 다음의 표는 12개 지지들의 지장간을 표시한 것이고, 그 옆의 그림은 일년 12개월 동안 지장간이 변하는 현상을 연속적으로 표시한 것이다. 4계절-12지지-지장간의 관계는 사주의 핵심인 개념이다.

4계절-12지지-지장간과의 관계

계절	지지	지장간					
		여기		중기		본기	
		천간	날짜(일)	천간	날짜(일)	천간	날짜(일)
봄	寅木	戊	7	丙	7	甲	16
	卯木	甲	10			乙	20
	辰土	乙	9	癸	3	戊	18
여름	巳火	戊	7	庚	7	丙	16
	午火	丙	10	己	9	丁	11
	未土	丁	9	乙	3	己	18
가을	申金	戊	7	壬	7	庚	16
	酉金	庚	10			辛	20
	戌土	辛	9	丁	3	戊	18
겨울	亥水	戊	7	甲	7	壬	16
	子水	壬	10			癸	20
	丑土	癸	9	辛	3	己	18

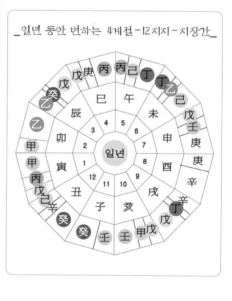

일년 동안 변하는 4계절-12지지-지장간

 위에서 왼쪽 표를 보면 알 수 있듯이 각 지지의 지장간은 여기(餘氣)·중기(中氣)·본기(本氣)의 세 부분으로 이루어져 있고, 나타나는 기간(날짜)도 함께 표시하였다. 한 달은 30일이다.

여기는 지난 달에서 마지막 기운〔본기〕이 이번 달에 남아서 계속 작용한다는 말이다.

중기는 조금 복잡하다. 즉, 각 계절을 시작하는 달들〔寅木, 巳火, 申金, 亥水〕의 중기는 다음 번 달의 양간(陽干)이고, 각 계절의 마지막 달〔辰土, 未土, 戌土, 丑土〕의 중기는 지나간 달의 음간(陰干)이다. 중기는 지난 달과 이번 달, 그리고 다음 달을 연결시켜주는 관계라는 것을 알 수 있다.

본기는 이번 달에서 가장 강한 기운을 말한다.

각 지지들의 지장간을 조사해 보면 4계절 12개월이 지장간들로 서로 연결되어 있다. 이 지장간들이 서로 이끌어주고 밀어준다. 그러면서 일년〔하루〕이라는 순환고리를 형성하며 회전하고 있다.

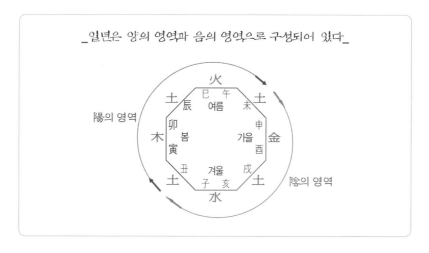

일년은 양의 영역과 음의 영역으로 구성되어 있다

이 표와 그림을 보면, 지장간들은 전체를 위하여 각 구성원들이 얼마나 정교하고 치밀하게 구성되어 있으며, 또 각 구성원들이 얼마나 열심히 일하고 있는가를 알게 된다. 지지의 지장간을 공부하다 보면, 4계절 12개월은 하느님[神]이 설계한 완전한 작품이라는 것을 느끼게 된다. 우리 인간들은 하느님[神]이 준비한 완벽한 환경[계획] 속에서 살고 있다.

⑤ 통근(通根)과 투출(透出)

하늘과 땅의 기운, 즉 천간과 지지 그리고 지장간에 대하여 장시간 공부하였다. 모두 사주팔자의 원국(原局)에 있는 천간과 지지의 힘[에너지]을 알기 위해서 고생한 것이다. 다음은 천간과 지지, 지장간 사이에는 어떤 관계가 있는지 알아 보자. 매우 중요한 부분이다.

천간은 '일꾼'이고, 일꾼이 일하기 위하여 필요한 힘은 지지에 저장되어 있다. 이처럼 천간과 지지는 부부처럼 짝이 되어 움직인다.

자동차를 생각해 보자. 천간과 지지는 엔진과 연료통 속의 기름과 같은 관계이다. 연료통 속에 있는 연료가 엔진 속으로 잘 흘러 들어가야 잘 달릴 수 있다. 그러나 연료가 엔진 속으로 잘 흘러 들어가지 않으면 자동차가 힘이 없어서 고생을 한다.

엔진이 연료통에서 연료를 공급받는 것처럼 천간이 지지의 기운[에너지]을 잘 받으면 〈통근(通根)〉했다고 한다. 천간이 뿌리[연료통, 지지]에 연결되었다는 뜻이다. 반대로 연료통 속의 연료를 엔진에 보내어 엔진이 일을 하게 하는 것을 〈투출(透出)〉이라고 한다. 통근과 투출이 원활하게 이루어져야 엔진이 일을 제대로 할 수 있다. 천간과 지지가 통근과 투출하는 관계를 보고 사주팔자의 힘을 알 수 있다.

통근과 투출의 개념은 매우 중요하므로 확실히 이해하기 위하여 몇 가지 예를 들어 보았다.

❶ 전등과 배터리 경우의 예를 들어 보자.

오른쪽 그림처럼 전등이 배터리의 전기를 받아서 불이 켜지는 것을 전

등이 배터리에 '통근(通根)'하
였다고 하고, 배터리가 전등에
전기를 보내는 것을 배터리 속
에 있는 전기가 전등에 '투출
(透出)'하였다고 한다.

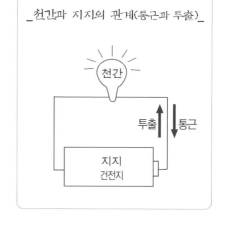

❷ 또 하나의 예를 들어 보자.

천간은 진열대에 놓여 있는
상품이라면, 지지는 직영 생

산 공장이라고도 할 수 있다. 직영 생산 공장을 가지고 있지 못하고
진열대에만 있는 상품은 팔아 보았자 얼마 되지 않지만, 직영 생산
공장과 연결되어 있는 상품은 수량이 대단히 많으므로 크게 돈을
많이 벌 수 있다. 이 현상을 '통근과 투출'의 현상으로 다시 말해
보자. 진열대의 상품은 직영 생산 공장에 '통근'하고 있어야 하고,
직영 생산 공장의 상품은 진열대에 상품을 '투출'하여야 한다.

❸ 주머니에 있는 현금과 은행에 저금되어 있는 돈의 관계로 설명해 보자.

은행에 저축되어 있는 돈이 많으면 현금이 풍부해지므로 여러 가지를
많이 살 수 있다〔통근〕. 은행에 저금되어 있는 돈은 아무 일도 할 수
없다. 이 돈을 현금으로 바꾸어야〔투출〕 비로소 돈의 작용을 한다.

우리 주위에서 일어나는 일을 예로 들면서 통근(通根)과 투출(透出)의 개념을 설명하였다. 확실히 알고 있어야 한다.

⑥ 통근(通根)과 생조(生助)의 차이

통근(147쪽 그림 참조)과 생조의 뜻에 대해서는 이미 앞에서 설명하였다(100쪽 그림 참조). 모두 천간의 힘을 강하게 하는 말이므로 얼핏 보면 비슷한 내용이므로 혼동이 일어나는 경우가 있다. '통근'이란 같은 오행에 뿌리를 내리고 있는 것이고, '생조'란 힘이 강해지도록 도와준다는 말이다.

예를 들면 통근은 천간 甲木의 힘(강도)이 지지인 卯木(지장간은 甲木과 乙木)처럼 같은 오행인 木의 지지에 직접 연결되어 있는 경우이다. 그러므로 지지(卯木)의 힘이 천간으로 강하게 흘러 들어가므로 천간의 힘이 강해진다.

그러나 생조는 천간의 힘을 간접적으로 강하게 하는 현상이다. 예를 들면 통근은 천간이 甲木인 경우, 지지 속의 지장간인 甲木이나 乙木과 직접 연결되는 경우이다. 그러나 생조는 천간 甲木의 힘을 水오행이 水生木의 상생작용으로 甲木의 힘을 간접적으로 강하게 한다.

그러므로 천간 甲木의 힘은 통근하는 경우가 가장 강하게 되고, 생조하는 경우는 그보다 조금 약하게 강하게 한다고 생각된다. 내 생각에는 통근을 100%이라고 하면 생조는 80% 정도 강하게 한다고 생각된다. 즉, 생조는 '통근×0.8' 정도라고 생각된다. 이 정도의 차이로 통근과 생조를 구별하여 사용하고 있다.

⑦ 천간과 지지의 힘

대부분의 명리학자들은 천간보다 지지가 강하다는 점은 일치하였으나, 천간과 지지 사이의 관계에 대해서는 각양각색이다. 몇 가지 예를 소개하면 다음과 같다.

여러 종류의 천간과 지지의 힘

時	日	月	年	
9%	9%	9%	9%	천간
9%	24%	33%	5%	지지

❶『사주공부』, 서민욱 저, 동학사, 203쪽

時	日	月	年	
9%	9%	9%	4%	천간
15%	20%	30%	13%	지지

❶『명리비전 I』, 추일호 저, 청연사, 44쪽

時	日	月	年	
1~1.5	1	1~1.5	1	천간
1~1.5	2~2.5	2.5~4	1	지지

❶『운명학 사전』, 한중수 저, 328쪽

대부분의 명리책에서는 천간 스스로도 어느 정도의 힘을 가지고 있다고 한다. 또 원국에 있는 천간의 힘(강도)은 지지의 1/2~1/3 정도라고 하기도 하고 또 위의 표와 같이 정하기도 한다. 이외에도 많은 방법들이 있으며, 모두 자기의 경험에 의해 정한 것으로 생각된다.

이처럼 천간의 힘은 알기 어렵지만 매우 중요하므로 천간의 힘을 알기 위하여 많은 고생을 하고 있다. 그러나 일부 사람들은 복잡하고 어려운 과정을 생략하고 간단히 천간과 지지의 오행의 '개수'를 세어서 팔자의 힘을 알 수 있다고도 한다. 이 방법은 잘못이라고 생각한다. 이 방법대로 감정하면 간단하기는 하겠으나 적중률이 떨어진다.

필자도 필자 경험을 토대로 천간과 지지의 관계를 다음과 같이 설정해서 감정하고 있다.

① 천간의 힘

필자는 '지지에 통근하지 않은 천간은 아무 힘[작용력]이 없다'고 생각한다. 천간의 힘은 지지에서 나오기 때문이다. 천간이 지지에 강하게 통근할수록 천간의 힘[작용력, 활동력]은 강해지고, 약하게 통근하면 약해진다.

천간 자체는 힘[작용력]이 거의 없다. 배터리(battery)에 연결되어 있지 않거나 힘이 없는 배터리에 연결된 전등은 불빛이 흐릿하거나 아예 켜지지 않는 것과 같다. 다시 말하면 지지에 연결되지 않고 홀로 있는 천간은 아무 힘이 없는 거의 '0(zero)'의 상태이다. 그러므로 원국에서 아무 지지에도 연결되어 있지 않고 천간 홀로 있을 때는 거의 0(zero)의 상태에 있다. 그러므로 필자는 원국에 있는 모든 천간의 힘을 0(zero)라고 생각하였다. 152쪽에 있는 표와 같다.

② 지지의 힘

지지에 저장되어 있는 힘[작용력, 에너지]은 월지가 다른 지지보다 월등히 강하고, 다음이 일지, 그다음이 시지라고 생각한다. 연지는 에너지의 힘이 가장 약하다. 그러므로 지지의 힘의 순서는 '월지》일지〉시지〉년지'라고 생각된다. 이 관계를 숫자〔점수〕로 표현하면 어떻게 될까?

지지 전체를 100%라고 하였을 때 월지가 가지고 있는 힘〔작용력〕은 대략 60% 정도는 될 것으로 생각된다. 사주에서 지구와 달의 영향보다 태양의 영향력이 월등하게 강하고, 지구+달의 힘을 더한 것보다도 강하다고 생각하기 때문이다.

일지와 시지 중에서 어느 것이 더 강한지 알기가 어려웠다. 어떤 사람들은 같다고 하기도 하였지만, 일지가 시지보다 조금이라도 더 강할 것이라고 생각하는 사람들이 가장 많았다.

필자 생각에 일지는 사주의 주인공인 일간과 같은 칸〔주;柱〕에 있으므로 일간과 가장 가까운 사이이며 부부처럼 한몸이다. 그러므로 지구의 영향인 시지보다 일지가 일간에 영향력이 더 강할 것으로 생각된다.

연지는 영향력이 가장 약하므로 약 5% 정도일 것으로 생각한다.

이와 같이 지지 중에서 가장 강한 힘을 가지고 있는 지지는 월지이고 그다음이 일지와 시지이다. 년지가 가장 약하다. 강한 지지에 연결〔통근〕될수록 큰 힘을 갖게 되고, 여러 개의 지지에 연결〔통근〕되면 물론 더 강해진다. 연주, 월주, 일주, 시주에 있는 천간과 지지의 힘을 도표로 정리하였다. 매우 중요한 개념이다.

천간과 지지의 강도

時	日	月	年	
0%	0%	0%	0%	천간
15%	20%	60%	5%	지지

❍사주팔자를 가로로 표현

	천간	지지
年	무시	5%
月	무시	60%
日	무시	20%
時	무시	15%

❍사주팔자를 세로로 표현

③ 천간과 지지의 힘(작용력)은 '거리'에 따라 변한다

이 세상의 모든 것은 멀어질수록 영향이 적어지고 가까이 있을수록 친해진다. 거리의 영향은 사주나 인간 사회에서도 마찬가지로 대단히 크다. 사람 사이에도 '가까운 이웃이 먼 친척보다 낫다'는 속담이 있을 정도이며 자주 만나야 깊은 정이 들고 친해지는 법이다.

천간과 지지 사이의 '거리에 따른 영향'을 말로만 하기보다는 숫자〔점수〕로 표현하면 알기 쉬울 것이라고 생각한다. 천간과 지지의 거리가 가장 가까운 같은 주에 있으면 1배, 한 칸 떨어져 있으면 0.8배, 두 칸 떨어져 있으면 0.5배, 세 칸 떨어져 있으면 0.2배 정도라고 생각하였다. 예를 들면 다음의 표에서와 같이 일간과 일지는 같은 칸에 있으므로 '×1', 일간과 월지·시지와는 한 칸 떨어져 있으므로 '×0.8'배를 곱해 주었다.

월간과 시지는 두 칸 떨어져 있으므로 '×0.5', 연간과 시지는 세 칸 떨어져 있으므로 '×0.2'로 곱하여서 정하였다. 이와 같은 방법으로 천간과 지지 사이의 '거리의 영향'을 조사하였다.

일(日)·년(年)·월(月)·시(時)에 있는 천간이 거리에 미치는 영향을 표로 나타내었다. 앞으로 천간의 강도(힘)을 구할 때 자주 사용될 것이다.

	천간	지지			천간	지지			천간	지지			천간	지지
年		×0.5		年	연간	×1		年		×0.8		年		×0.2
月		×0.8		月		×0.8		月	월간	×1		月		×0.5
日	일간	×1		日		×0.5		日		×0.8		日		×0.8
時		×0.8		時		×0.2		時		×0.5		時	시간	×1

❶일간에 미치는 지지의 영향　❶연간에 미치는 지지의 영향　❶월간에 미치는 지지의 영향　❶시간에 미치는 지지의 영향

통근과 투출을 공부하다 보면, "남자는 여자의 힘으로 출세하고, 여자는 남자를 통하여 세상을 지배한다. 그러나 여자는 직접 세상을 지배하지 못한다."는 말이 생각난다. 현재는 다 그런 것은 아니지만, 남자는 천간이고 여자를 지지라고 하면 일리가 있는 말이라고 생각한다. 여자가 없는 남자는 힘이 없어 보이고 남자가 없는 여자는 활달하지 않는 것처럼 보인다. 사주를 공부하다 보면 인생살이에도 많은 도움이 되고, 새로운 사실에 눈이 밝아지는 것 같은 경우도 많다.

⑧ 60갑자(甲子)

서양에서는 수와 관련된 일들은 아라비아 숫자를 사용하여 표현한다. 예를 들면 2000년, 2001년…, 1월, 2월, 3월… 등 오로지 숫자가 변할 뿐이다. 그러나 사주학(동양의 세계)에서는 매년 해(年)가 바뀔 때마다 새해에는 丁酉年(정유년), 戊戌年(무술년) … 등 천간과 지지가 합쳐진 간지(干支)를 사용한다. 그러면서 닭의 해, 개의 해…, 더 나가서 보통 닭이나 개도 아니고 '붉은 닭', '노란 개'의 해 등 그 해를 상징하는 '이야깃거리(story)'가 붙어 있다. 태어난 해에도 말의 해에 태어나서 성질이 어떻다는 등 새해에는 어떤 해가 될 것이라는 등 숫자를 간지로 표현하면 재미있는 이야깃거리가 많아진다.

이처럼 사주학에서는 모든 일들을 세계가 돌아가는 순환고리의 일부분으로 생각하며, 숫자가 아닌 간지(干支)로 표현한다. 이런 간지들은 60년을 주기로 되풀이 되므로 '60갑자'라고 한다. 서양의 세계에서는 모든 일을 단순히 숫자가 많아지는 방향, 즉 직선적으로 나타내지만, 동양(사주학)에서는 곡선적으로 순환한다고 생각한다.

세상의 모든 일은 돌고 돌면서 존재한다. 지구는 자전하면서 공전하고, 태양도 우리은하를 공전하고 우리은하도 더 큰 중심체를 돈다. 이처럼 우주에 있는 모든 것이 돌고 있으므로 모든 것들은 돌고 있다고 생각하는 것이 정상일 것이다. 이와 같은 동·서양의 차이가 60갑자에서 잘 나타나고 있다.

이제 60갑자가 생기는 방법에 대하여 공부해 보자.

	천간	지지	60갑자
1	甲	子	甲子갑자
2	乙	丑	乙丑을축
3	丙	寅	丙寅병인
4	丁	卯	丁卯정묘
5	戊	辰	戊辰무진
6	己	巳	己巳기사
7	庚	午	庚午경오
8	辛	未	辛未신미
9	壬	申	壬申임신
10	癸	酉	癸酉계유
		戌	空亡공망
		亥	空亡공망

위의 표처럼 10개의 천간과 12개의 지지를 결합하면 甲子 乙丑 丙 寅 … 처럼 60甲子가 생긴다. 이와 같은 방법으로 10개의 천간이 끝 나면 또 천간을 계속해서 반복시키고 이에 지지도 연결하여 결합하 면 60개의 결합, 즉 60갑자가 완성된다.

천간은 10개이지만 지지는 12개이므로 戌과 亥의 지지가 천간과 결합하지 못하고 남게 된다. 이런 지지를 '공망(空亡)'이라고 하며, '공치고 망한다'는 뜻이다. 그러므로 나쁜 것이 공망이면 평범으로 변하고, 좋은 것도 공망이면 평범으로 변한다고 한다.

그러나 공망은 사주를 감정할 때 크게 중요하다고 하는 사람들도 있고, 별로 중요하지 않다고 하는 사람들도 있다. 참고만 해도 괜찮을 정도라고 생각한다.

60갑자는 대단히 중요하므로 모두 외워야 한다. 그렇지만 매우 어려운 일이다.

_60갑자_

	1순		2순		3순		4순		5순		6순
1	甲子	11	甲戌	21	甲申	31	甲午	41	甲辰	51	甲寅
2	乙丑	12	乙亥	22	乙酉	32	乙未	42	乙巳	52	乙辰
3	丙寅	13	丙子	23	丙戌	33	丙申	43	丙午	53	丙寅
4	丁卯	14	丁丑	24	丁亥	34	丁酉	44	丁未	54	丁巳
5	戊辰	15	戊寅	25	戊子	35	戊戌	45	戊申	55	戊午
6	己巳	16	己卯	26	己丑	36	己亥	46	己酉	56	己未
7	庚午	17	庚辰	27	庚寅	37	庚子	47	庚戌	57	庚申
8	辛未	18	辛巳	28	辛卯	38	辛丑	48	辛亥	58	辛酉
9	壬申	19	壬午	29	壬辰	39	壬寅	49	壬子	59	壬戌
10	癸酉	20	癸未	30	癸巳	40	癸卯	50	癸丑	60	癸亥
공망	戌亥		申酉		午未		辰巳		寅卯		子丑

60갑자는 천간 한 글자와 지지 한 글자로 되어 있다.

60갑자의 1번인 **甲子**도 **甲木**이 천간이고 **子水**는 지지이다.

이처럼 천간과 지지가 한 몸처럼 붙어 다니면서 인생 만사를 주도 (主導)한다.

제3부

사주팔자의 강도 계산

天地人 四柱學
천지인 사주학

사주를 처음 배우는 초보자들에게 닥치는 가장 큰 난관은 어려운 이론 때문이 아니다. 사주팔자 하나하나가 가지고 있는 힘〔강도〕을 쉽게 알 수 없다는 점이다. 이것을 모르면 사주팔자의 분포 상태, 상관 관계, 더 나아가 기운의 흐름 등도 한 눈에 들어오지 않는다. 아주 오랜 세월 동안 짙은 안개 속을 헤매면서 고생과 고민을 많이 하게 된다. 더 이상 사주팔자를 감정할 수 없게 되어서 마침내 공부를 포기하게 된다.

그 원인은 사주팔자의 강도를 정확하게 모르기 때문이다. 과거로부터 널리 알려져 있는 방법들도 있었으나, 강도를 말로 설명하므로 애매모호하여 정확하게 알 수 없었다. 그래서 필자 나름대로의 방법들을 고안하게 되었다. 필자 방법의 핵심은 팔자의 강도를 말로 설명하는 대신에 '숫자'로 나타내는 방법이다.

그 방법들을 몇 년 동안 사주 감정을 하면서 검증해 본 결과 어느 정도 만족하였다. 다른 방법들보다 쉽고 빠르게 사주팔자의 강도 [힘]를 알 수 있었다. 뿐만 아니라 사주를 감정할 때 꼭 필요한 여러 가지 사항들, 예를 들면 팔자의 전체 구성이나 분포, 그리고 기운의 흐름 등도 알 수 있으므로 사주 감정에 많은 도움이 되었다.

이 방법의 가장 큰 문제는 처음 배울 때 복잡하다는 점이다. 그러나 조금만 연습하면 쉽고 능숙하게 되어서 사주를 감정할 때의 첫 번째 고비를 비교적 무난하게 넘어가게 된다. 사주 공부를 쉽게 할 수 있을 뿐만 아니라 감정하는 수준이 급속히 향상되는 느낌을 받을 것이다. 아직 부족하여 보완할 점도 많으나 이 방법은 사주 공부에 많은 도움이 될 것으로 생각된다.

1
12운성(運星)

사주팔자 여덟 글자의 힘을 아는 방법으로는 옛날부터 '12운성법'이 널리 알려지고 있으며, 12운성법을 포태법(胞胎法)이라고도 한다. '12운성[포태법]'은 지지의 힘이 4계절-12개월에 따라 변하는 현상을 '인간의 인생'에 비유하여 설명한 것이다.

① 12운성의 뜻

지구가 태양을 규칙적으로 질서 정연하게 공전하므로 지구 위에 살고 있는 인간들도 규칙적으로 변할 수밖에 없다. 지구 위에서 살고 있는 인간들은 모두 4계절-12개월의 '리듬'에 따라서 살고 있다. 인간들이 살아가는 모습을 생각해 보면 12운성의 개념을 쉽게 알 수 있다.

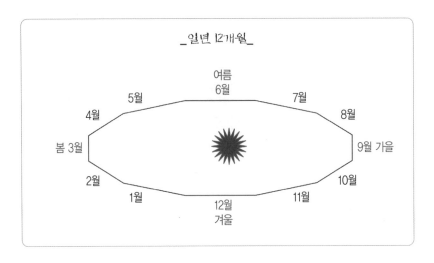

_일년 12개월_

여름
6월
5월   7월
4월   8월
봄 3월   9월 가을
2월   10월
1월   11월
12월
겨울

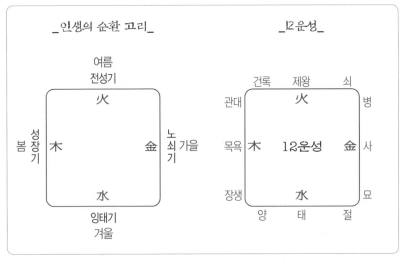

인생의 순환 고리   _12운성_

여름
전성기
火   건록   제왕   쇠
관대   병
성   노   목욕 木 12운성 金 사
장   木   金 쇠
기   기 가을   장생   묘
水   양   태   절
잉태기
겨울

일년 동안 겨울-봄-여름-가을의 4계절이 지나간다. 사람들의
일생도 잉태기(겨울) - 성장기(봄) - 전성기(여름) - 쇠퇴기(가을)의
순서로 변해 간다(인생의 순환 고리 그림 참조). 또 각 부분도 3개씩 세
분하여서 3×4=12, 12개의 작은 과정으로 나눈다(12운성 그림 참조).
일년 동안 일어나는 변화는 인간들이 일생 동안 일어나는 변화와 같다. 즉, 일년이 겨울-봄-여름-가을의 4계절이 있듯이, 사람의 일생도 잉태기-성장기-전성기-쇠퇴기의 과정을 거치면서 살고 있다.

이러한 과정을 좀 더 상세히 설명하면 다음과 같다.

❶ 겨울 : 水　　　(잉태기)　: 절-태-양
❷ 봄　 : 木　　　(성장기)　: 장생-목욕-관대
❸ 여름 : 火, 土 (전성기)　: 건록-제왕-쇠
❹ 가을 : 金　　　(쇠퇴기)　: 병-사-묘

이와 같이 인생도 4계절처럼 水→木→火→金의 변화를 한다. 4계절이 12개월로 세분되듯 인생 살이도 4과정-12부분으로 세분된다. 세분된 12부분을 '12운성'이라고 하며, 각 과정은 절-태-양, 장생-목욕-관대, 건록-제왕-쇠, 병-사-묘의 12운성으로 세분할 수 있다.

4과정-12운성에 대해 좀 더 자세히 알아 보자.

❶ 水(잉태기) : 겨울에 해당

＿절(絕) 사람이 죽어서 육체와 정신이 모두 없어져서 완전히 비어 있는 상태(zero)를 말한다.

＿태(胎) 절(絕)의 상태 속에서 새 생명이 태어나는 시기이다. 즉, 어머니 자궁 속에서 난자와 정자가 결합하여 수정·잉태 되는 시기이다.

＿양(養) 생명이 자궁 속에서 10달 동안 길러지는 시기이다.

❷ 木(성장기) : 봄에 해당

__**장생**(長生) 어머니 몸 속에서 길러진 생명이 이 세상에 태어나서 처음으로 숨을 쉬면서 대기를 호흡하기 시작하는 시기를 말한다. 부모를 비롯한 많은 사람들의 보호와 사랑을 받으면서 강하게 점점 성장한다.

__**목욕**(沐浴) 출생한 아기가 목욕을 하는 과정을 말한다. 아기는 태어나서 점점 자라서 사춘기에 도달하게 된다. 사춘기가 되면 몸과 마음이 성숙되기 시작하면서 이성을 알기 시작하고 부끄러워지고 자존심과 고집이 세진다. 좌충우돌하면서 인생을 배우고 시작하고 공부하는 시기이다.

__**관대**(冠帶) 사람이 성장하면서 사회에 첫 발을 내딛는 시기이다. 회사에 취직하여 자기 스스로 독립하여 살기 시작하는 시기이다.

❸ 火, 土(전성기) : 여름에 해당

__**건록**(建祿) 20~30대 청·장년에 해당한다. 이때가 되면 사회에 진출하여 온 몸의 에너지를 다 쏟으면서 맹활약을 하여 인생의 황금기에 도달하는 시기이다. 외부로 뻗어나가는 기운이 가장 왕성한 시기이다.

__**제 왕**(帝王) 산의 정상에 도달하여 최고의 경지에 도달하는 시기이며, 더 이상 올라갈 수 없다. 12운성 중에 힘이 가장 강하므로 자신만만하여 모든 일을 혼자 다 하며, 타인의 간섭을 싫어 한다.

이와 같이 자신이 가지고 있는 모든 에너지를 다 소진하면서 정상에 올라갔으므로 인생의 황금기에 도달하였다. 그러나 이처럼 외부의 모양은 화려하여도 내부로는 에너지가 감소해지기 시작한다.

__쇠(衰) 정상에서 물러나서 쇠락하기 시작하는 50~60대 시기이다. 옛날보다 힘이 부족해지는 것을 느끼면서 매사에 적극성이 부족해진다. 지금까지 살면서 배우고 느낀 인생살이가 정리되면서 정신적으로 성숙되는 시기이다.

❹ 金(쇠퇴기) : 가을에 해당

__병(病) 육체적으로나 정신적으로 모두 약해져서 병(病)이 생기기도 한다. 조용하고 안정된 삶을 찾으면서 몸과 정신이 모두 약해지지만, 정신적으로 더욱 원숙해지는 시기이기도 하다.

__사(死) 이제 병이 들어 죽음에 도달하는 시기이다. 지나간 과거를 생각하며 인생의 깊은 철학을 정립하여 이 세상이 변하는 원리를 터득한다. 신(神)에게 지나간 세월에 감사드리며 다음 生의 새로운 삶(인생)을 준비한다. 두려움 없이 평온한 마음으로 마지막을정리한다.

__묘(墓) 죽어서 육체가 없어지는 시기이다. 정신은 과거 삶의 업보에 따라 소멸되기도 하지만, 혼(魂)이 되어서 북두칠성의 별나라로 간다고 한다. 잠시 별나라에 있으면서 인연에 따라 다시 인간 세계로 귀환할 준비를 한다고 한다.

12운성은 사주팔자의 강약을 판정할 때 주로 사용한다. 각각의 천간이 4계절-12달의 지지에 따라 힘이 강해지기도 하고 약해지기도 한다. 12운성표에는 각 천간과 지지의 강도의 관계를 나타내었다. 12운성표를 보면 각 천간이 어느 계절(달)에 강해지고 약해지는가를 알 수 있다. 12운성표를 보는 법부터 알아 보자.

12운성표

일간 지지		木		火		土		金		水	
		甲	乙	丙	丁	戊	己	庚	辛	壬	癸
봄	寅	건록	제왕	장생	사	장생	사	절	태	병	목욕
	卯	제왕	건록	목욕	병	목욕	병	태	절	사	장생
	辰	쇠	관대	관대	쇠	관대	쇠	양	묘	묘	양
여름	巳	병	목욕	건록	제왕	건록	제왕	장생	사	절	태
	午	사	장생	제왕	건록	제왕	건록	목욕	병	태	절
	未	묘	양	쇠	관대	쇠	관대	관대	쇠	양	묘
가을	申	절	태	병	목욕	병	목욕	건록	제왕	장생	사
	酉	태	절	사	장생	사	장생	제왕	건록	목욕	병
	戌	양	묘	묘	양	묘	양	쇠	관대	관대	쇠
겨울	亥	장생	사	절	태	절	태	병	목욕	건록	제왕
	子	목욕	병	태	절	태	절	사	장생	제왕	건록
	丑	관대	쇠	양	묘	양	묘	묘	양	쇠	관대

12운성표의 가로축은 일간의 종류(10가지), 세로축은 각 계절과 달(지지)로 구성되어 있다. 그러므로 일간(나, 주인공)이 어느 달에 강해지고 약해지는가를 알 수 있다.

예를 들어 일간이 甲木인 경우를 생각해 보자.

일간은 사주 주인공의 성격(특징)도 나타내므로 일간이 甲木인 사람은 성격이 甲木과 같은 사람이라는 뜻이다. 식물을 예로 설명하면 싹이 나오기 시작하여 막 자라고 있는 상태이고, 사람으로 보면 태어나서 어린이일 때이다. 이런 때는 하려고 하는 의욕과 호기심이 강하고 기획력과 추진력이 강하다. 삶과 인생을 배우려고 매사에 호기심이 강하고 또 하려고 하는 마음이 생기면 물불을 가리지 않고 저돌적으로 추진하려고 고집부린다.

일간이 甲木인 사람은 천성이 이런 성격(특성)을 가지고 있는 사람이다. 그러나 항상 이런 성격이 나타나는 것은 아니고, 주위의 요건(계절이나 달)에 따라 강해지기도 하고 약해지기도 한다. 다시 말하면 태어날 때 이미 생긴 성격이나 능력은 변하지 않고 항상 똑같을 것으로 생각하기 쉽다.

그러나 사주학에서는 계절에 따라 성격과 능력에 차이가 생긴다. 그러므로 사람마다 좋아하는 계절과 싫어하는 계절이 있으며, 좋아하는 계절에는 힘이 나고 일이 잘 되지만 다른 계절에는 슬럼프에 빠진 것처럼 일도 잘 안 되고 고생이 심해진다.

이처럼 사람들은 계절의 영향을 크게 받으며 살고 있다. 현대의 서양 교육을 받고 사는 사람들에게는 잘 이해되지 않는 부분이다. 사람의 능력이나 성격이 계절에 따라 차이가 생긴다는 사실을 잘 느끼지 못하며 살고 있을 뿐이다. 사람의 건강도 계절에 따라 영향을 많이 받고 있다. 이 사실을 실제 생활에 활용하면 많은 도움을 받을 수 있을 것이다.

그렇다면 어느 때 강해지고, 어느 때 약해지는 것일까?

일간은 천간이므로 일간 자체는 힘이 없고 지지에 통근해야 비로소 힘을 얻을 수 있다. 즉, 계절의 도움을 받아야 일을 잘할 수 있다. 일간이 甲木인 사람의 힘은 어느 계절에 강해지고 약해질까?

12운성표를 보면서 생각해 보자.

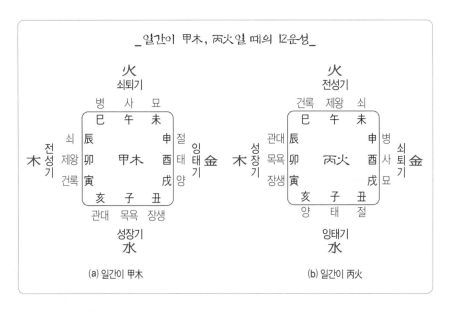

위의 그림 ⓐ에는 일간이 甲木인 사람의 12운성을 표현한 것이다. 그리고 ⓑ에는 일간이 丙火인 사람의 경우이다. 천간〔일간〕의 종류에 따라 잉태기, 성장기, 전성기, 쇠퇴기가 변하고 12운성이 변한다는 사실을 확인하기 바란다.

일간이 12운성에 따라 강도〔힘〕가 변화는 이유는 무엇일까?

일간이 甲木인 경우를 조사하여 보자.

__**봄**(木) 4계절 중에 봄(木)은 에너지가 퍼지기 시작하여 뻗쳐 나가는 기운이 강한 계절이다. 그러므로 甲木인 사람은 이런 계절이 되면 힘이 더욱 뻗쳐 나간다. 이처럼 일간이 甲木인 사람들은 봄의 계절(달, 寅木과 卯木)이 되면 힘이 매우 강해지므로 일을 잘할 수 있다. 12운성표에서 '건록'과 '제왕'이라고 표시되어 있다.

__**여름**(火) 여름의 巳火(병), 午火(사)의 지지와 만나면 甲木의 기운이 설기되므로 甲木의 힘(강도)이 약해진다. 다시 말하면 甲木의 힘(에너지)이 火로 빠져나가기 때문이다.

__**가을**(金) 가을(金)이 되면 모든 기운을 수렴하려고 하는 성질이 강하므로 甲木의 뻗어나가려고 하는 기운은 억제(金剋木)를 당하여 힘을 쓸 수 없다. 그러므로 능률이 오르지 않고 힘이 들고 고생하게 된다. 12운성표에 절(絶), 태(胎)라고 표시되어 있다.

__**겨울**(水) 겨울에 해당하는 亥水(장생), 子水(목욕)와 만나면 이 지지들이 甲木을 水生木으로 생조하므로 甲木의 힘이 강해지기 시작한다.

이와 같이 甲木은 12운성표를 보고 강해지는 지지(달)와 약해지는 지지(달) 그리고 중간 정도의 지지(달)를 알 수 있다.

12운성표를 보면 각 천간이 4계절–12지지와 만났을 때 얼마나 강해지고 약해지는가를 알 수 있다. 그러나 12운성만으로는 천간의 강도를 잘 알 수 없으므로 다음의 표에 각 12운성의 강약을 나타내었다. 12운성표와 아래의 표를 보면 12운성의 강약을 어느 정도 알 수 있다.

어느 천간이든지 잉태기의 12운성인 절·태 상태의 지지와 만나면 가장 약하고, 성장기인 장생·목욕은 조금 강해진다. 그러나 전성기인 건록·제왕 상태의 지지와 만나면 가장 강해지고, 쇠퇴기인 병·사·묘 상태에 있는 지지는 조금 약해진다.

12운성의 강약

	잉태기			성장기			전성기			쇠퇴기		
12	절	태	양	장생	목욕	관대	건록	제왕	쇠	병	사	묘
강약	가장 약함	가장 약함	약함	강함	보통	강함	가장 강함	가장 강함	보통	보통	약함	약함

12운성표와 12운성의 강약 표를 함께 조사해 보면 천간이 강해지고 약해지는 지지〔계절, 달〕를 알 수 있다. 다시 말해 사주 원국에서 각 천간들이 지지에 건록·제왕·장생의 지지가 있는지 없는지를 먼저 찾는다. 만약 있으면 그 천간은 강하다고 한다. 그다음에 절·태 상태의 지지가 있으면 천간의 강도가 매우 약하다고 판정한다. 그 외에는 대개 보통이라고 생각하는 경향이 있다. 이와 같이 간단히 천간과 지지의 강도를 간단히 판정하고 감정한다.

甲木 이외의 乙木, 丙火, 丁火 … 와 같은 천간들의 경우에도 보는 방법은 동일하므로 나머지 천간에 대한 설명은 생략한다.

③ 12운성의 단점(문제점)

사주를 감정하려면 사주를 구성하고 있는 여덟 글자〔팔자〕의 힘〔강도〕을 가능한 정확하게 아는 것이 반드시 필요하다. 사주 전체에서 가장 중요한 부분이라고 생각한다. 12운성에서는 건록·제왕·장생에서는 강해지고, 절·태에서는 약해진다는 사실은 잘 알 수 있다. 그러나 '얼마나 강해지는지' 또는 '얼마나 약해지는지'를 잘 알 수 없고, 또 나머지 12운성들의 강약에 대해서도 마찬가지이다.

이와 같이 12운성으로는 여덟 글자 하나하나의 힘〔氣, 작용력, 에너지〕을 잘 알 수 없으므로 적당히 감(感)으로 대강 처리할 수밖에 없다. 이렇게 하면 사주 전체의 감(感)은 대략 잡을 수 있다. 그러나 이 정도로 사주를 감정하면 엉터리로 감정할 가능성이 커진다.

더욱이 12운성만으로 사주 전체에서 〈힘의 분포와 흐름, 균형, 팔자 사이의 관계〉에 대하여 잘 알 수 없다. 사주 전체가 명확하게 밝혀지는 것이 아니라 안개 낀 것처럼 흐릿하게 보일 뿐이다. 그만큼 사주의 적중률이 떨어지게 된다. 대부분의 사주 책이나 역술가들은 이 방법을 사용하여 감정하고 있다.

그렇다면 이보다 더 좋은 방법은 없을까?

2
사주팔자의 힘을 계산하는 방법

여기에서 사용하는 숫자는 아무 근거도 없는 허무맹랑한 숫자가 아니라 이론적인 뒷받침이 되어 있는 숫자[점수]들이다. 그리고 경험에서 오는 감(感)도 일부 섞어서 계산한 대략적인 추정치[어림값]이다. 말로 설명하면 매우 길어질 내용을 숫자[점수]로 간단하게 표현했다고 생각하면 된다. 숫자들은 단위가 없으며, 오로지 다른 것들과 비교하기 위해 사용하였다.

앞으로 설명할 내용은 매우 복잡하므로 혼동이 심하게 생긴다. 이 책에서 가장 힘들고 중요한 부분이다. 이 고비를 잘 넘겨야 사주를 볼 수 있다.

사주팔자[원국] 중에서 먼저 〈지지의 강도〉를 구한 다음 〈천간의 강도〉를 구하는 순서로 설명하여 보자.

① 지지의 강도를 구하는 방법

이런 혼동을 피하려면 몇 개의 도표를 능숙하게 사용할 줄 알아야 하며, 그렇게 되기 위해서는 다음 도표의 원리와 사용 방법을 알아야 한다. 도표는 두 종류가 있으며 〈부록 1〉〈부록 2〉에 정리되어 있다.

❶ 부록 1 : 천간의 종류에 따라 지지의 강도가 변한다
❷ 부록 2 : 천간의 강도는 지지의 위치(연지·월지·일지·시지)에 따라 변한다

이 도표들을 사용하는 방법을 하나하나 알아 보자.

① 강도는 천간의 종류에 따라 변한다〈부록 1〉

12운성표의 가로축은 천간의 종류이고 세로축은 계절〔달〕이므로, 천간들이 계절〔달〕에 따라 강도〔힘〕가 변하는 현상을 설명한 도표이다. 다시 말하면 12운성은 천간과 지지의 관계를 나타낸 도표라고 할 수 있다. 천간인 甲木의 경우를 생각해 보자.

갑목(甲木)의 성질은 봄에 씨앗에서 새싹이 나와 막 자라기 시작하는 기운이다. 일간이 甲木인 사람은 이런 성격의 사람이므로, 계획하고 추진하는 일을 선천적으로 매우 강하게 잘하는 사람들이다.

봄이 되어 온 세상이 따뜻해져서 모든 초목들이 싹이 나고 잎이 나서 꽃이 핀다. 이렇게 세상이 변하기 시작하면 이런 성질의 사람은 가만히 있지 못하고 어떤 일이든지 계획하고 강하게 추진하려고 한다. 이런 사람은 건록·제왕의 상태에 있다고 표현한다.

그러나 이런 사람[일간이 甲木인 사람]이 가을[申月, 酉月]이 되어 온 세상이 서늘해지면서 움츠러들면 어떻게 되겠는가? 계획하고 추진하려고 하는 힘이 빠져서 일을 못하게 된다. 힘을 내어서 일을 추진하려고 해도 세상의 모든 것이 끝나려고 하므로 자기 혼자 독불장군으로 일을 추진하고 벌릴 수가 없다. 그래도 하려고 하면 일은 잘 되지 않고 고생만 하다가 포기하게 된다. 12운성표에서 절·태의 상태에 있다고 한다.

12운성표를 복습하는 의미로 다시 한 번 정리해 보자.

12운성표

지지 \ 일간	木		火		土		金		水	
	甲	乙	丙	丁	戊	己	庚	辛	壬	癸
봄 寅	건록	제왕	장생	사	장생	사	절	태	병	목욕
봄 卯	제왕	건록	목욕	병	목욕	병	태	절	사	장생
봄 辰	쇠	관대	관대	쇠	관대	쇠	양	묘	묘	양
여름 巳	병	목욕	건록	제왕	건록	제왕	장생	사	절	태
여름 午	사	장생	제왕	건록	제왕	건록	목욕	병	태	절
여름 未	묘	양	쇠	관대	쇠	관대	관대	쇠	양	묘
가을 申	절	태	병	목욕	병	목욕	건록	제왕	장생	사
가을 酉	태	절	사	장생	사	장생	제왕	건록	목욕	병
가을 戌	양	묘	묘	양	묘	양	쇠	관대	관대	쇠
겨울 亥	장생	사	절	태	절	태	병	목욕	건록	제왕
겨울 子	목욕	병	태	절	태	절	사	장생	제왕	건록
겨울 丑	관대	쇠	양	묘	양	묘	묘	양	쇠	관대

일간이 甲木인 사람은 봄이 되면 가만히 있지 못하고 새로운 일을

계획하고 추진하려고 바쁘다. 그러나 가을이 되면 하던 일도 멈추고 정리하려고 한다. 사람은 이렇게 계절의 영향을 많이 받고 산다.

　지금까지 일간이 甲木인 사람이 봄과 가을에는 어떤 상태에 있는지 설명하였다. 그러나 이런 사람이 여름[병·사]이나 겨울[장생·목욕], 또 환절기[辰月, 未月, 戌月, 丑月]에는 어떻게 되겠는가? 명확하게 잘 알 수 없다. 다시 말하면 사주팔자들이 건록이나 제왕 또는 절이나 태의 상태는 잘 알 수 있으나 나머지 건록, 쇠, 병, 사, 묘의 상태에 있으면 어떤 상태에 있는지 잘 알 수 없다[170쪽 표 참조].

　이런 점이 12운성표의 단점이라고 하였다. 이런 단점을 해결하려고 12운성을 〈숫자로 표현하는 새로운 방법〉을 찾게 되었다. 그러나 그 과정은 매우 복잡하고 어려우므로 여기서 설명하는 것은 부적절하므로 생략한다. 지금은 다음 표처럼 일간이 甲木인 경우, 12개월 각 달에 가지는 강도[힘]에 대해서 조사해 보자.

甲木 일간일 때, 지지들이 甲木 일간에 미치는 영향

		봄			여름			가을			겨울		
甲木	지지	寅+	卯-	辰	巳+	午+	未	申+	酉-	戌	亥+	子-	丑
		1월	2월	3월	4월	5월	6월	7월	8월	9월	10월	11월	12월
	지장간	戊7 丙7 甲16	甲10 乙20	乙9 癸3 戊18	戊7 庚7 丙16	丙10 庚7 丁11	丁9 乙9 己18	戊7 壬7 庚16	庚10 辛20	辛9 丁3 戊18	戊7 甲7 壬16	壬10 癸20	癸9 辛3 己18
	六神	비견	겁재	편재	식신	상관	정재	편관	정관	편재	편인	정인	정재
	12운성	건록	제왕	쇠	병	사	묘	절	태	양	장생	목욕	관대
	강도	+20	+100	+60	-70	-70	-120	-60	-70	-40	+30	+80	+90

앞의 표는 일간이 甲木인 경우에 계절에 따라 甲木의 강도가 변하는 현상을 나타낸 것이다. 甲木의 강도〔강약〕를 12운성과 숫자로 함께 나타내었다. '+'는 힘〔강도〕가 강해진다는 뜻이고 '−'는 약해진다는 의미이다.

일간 甲木은 寅月〔1월〕에는 건록의 상태에 있으나 숫자로 표현하면 +20이 된다. 또 卯月〔2월〕에는 제왕의 상태에 있게 되고 +100이 된다. 寅月과 卯月은 같은 봄이지만 숫자로 나타내면 크게 차이가 난다. 즉, 寅月보다 卯月에 훨씬 더 강해진다. 이와 같이 건록이나 제왕이라고 하는 것보다 숫자로 표현하면 훨씬 더 알기 쉽다.

가을인 申月과 酉月이 되면 甲木의 강도〔힘〕는 '절'과 '태'의 상태에 있다고 하지만 숫자로 표시하면 −60과 −70이 된다. 역시 숫자로 표현하면 더 실감나고 쉽게 알 수 있다. 나머지 달에서도 일간 甲木의 힘〔강도〕을 쉽게 알 수 있다. 이런 현상이 일어나는 이유는 모두 지장간 때문이다.

일간 甲木 이외의 모든 일간〔천간〕에 대해서도 같은 방법으로 설명할 수 있다. 〈부록 1〉의 천간의 종류에 따라 변하는 지지의 강도〔힘〕에 모두 수록해 놓았다. 이 값들은 다음과 같은 이유 때문에 또 변한다.

2 지지의 강도는 원국에서 지지의 위치〔연지·월지·일지·시지〕에 따라 변한다〈부록 2〉

甲木이 일간일 때 지지 寅木은 다음 표의 (a)처럼 연지·월지·일지·시지의 어느 곳에든지 올 수 있다. 寅木이 오는 위치에 따라 寅木

의 강도가 모두 다르다(b). 일간 甲木의 강도는 寅木에 통근하여 항상 +20만큼 강해지는 것이 아니다〔부록 참조〕. 어디에 있는 寅木에 통근하였느냐에 따라 甲木의 강도가 다 다르다〔151, 152쪽 참조〕.

예를 들면 寅木이 연지(年支)에 있으면 甲木의 강도는 표의 (c)처럼 +20×0.05≒+1만큼 강해지고, 월지(月支)에 있으면 +20×0.6≒+12만큼 강해진다. 같은 방법으로 寅木이 일지에 있으면 甲木의 강도는 +20×0.26≒+4, 시지(時支)에 있으면 +20×0.15≒+3만큼 강해진다. 이처럼 甲木의 강도는 寅木의 위치에 따라 다르다〔표 (c) 참조〕.

지지의 위치에 따라 지지의 강도가 다르다

	천간	지지
年	0	寅木
月	0	寅木
日	0	寅木
時	0	寅木

(a)

	천간	지지
年	0	5%(0.05)
月	0	60%(0.6)
日	0	20%(0.2)
時	0	15%(0.15)

(b)

	천간	寅木의 강도
年	0	+20×0.05≒+1
月	0	+20×0.6≒+12
日	0	+20×0.25≒+4
時	0	+20×0.15≒+3

(c)

이처럼 일간의 강도는 원국의 어디에 있는 지지에 통근하였느냐에 따라 모두 다르다. 월지에 있는 寅木에 통근하면 가장 강해지고, 연지에 있는 寅木〔지지〕에 통근하면 가장 약해진다. 이와 같이 지지의 힘은 지지가 있는 위치〔연지·월지·일지·시지〕에 따라 수정해야 한다. 지지의 값이 이렇게 변하므로 이런 지지에 통근하는 천간의 값〔강도〕도 당연히 변해야 한다.

일간이 甲木인 경우 다음과 같은 표를 만들면 편리하게 사용할 수 있다.

일간이 甲木인 경우, 寅木이 年·月·日·時에 있을 때의 甲木의 강도

	지지	寅+	卯-	辰	巳+	午+	未	申+	酉-	戌	亥+	子-	丑
甲木	年支	+1	+5	+3	-4	-4	-6	-3	-4	-2	+2	+4	+5
	月支	+12	+60	+36	-42	-42	-72	-36	-42	-24	+18	+48	+54
	日支	+4	+20	+12	-14	-14	-23	-12	-14	-8	+6	+16	+18
	時支	+3	+15	+9	-11	-11	-18	-9	-11	-6	+5	+12	+14

지지의 위치에 따라 천간〔일간〕 강도의 차이가 이렇게 심한데, 일부 명리학 책에서는 지지의 위치에 관계없이 똑같다고 하는 곳도 있다. 연지에 있던 일지나 시지에 있던 寅木은 똑같은 강도를 가지고 있다고 한다. 또 월지에 있을 때만 다른 지지에 있을 때보다 2배 정도 더 강하다고 하기도 한다. 잘못이다. 잘못하는 것만큼 감정의 오류가 생기고 적중률이 떨어진다.

지금까지 천간〔일간〕 甲木이 寅木〔1월〕인 경우에 대해서만 설명하였다.
寅木 이외의 모든 지지가 연지·월지·일지·시지에 있을 때의 값들을 구하여 표로 만들면 다음과 같다.

		봄			여름		가을			겨울			
	지지	寅+	卯-	辰	巳+	午+	未	申+	酉-	戌	亥+	子-	丑
		1월	2월	3월	4월	5월	6월	7월	8월	9월	10월	11월	12월
甲木	지장간	戊 7 丙 7 甲16	甲10 乙20	乙 9 癸 3 戊18	戊 7 庚 7 丙16	丙10 己 9 丁11	丁 9 乙 9 己18	戊 7 壬 7 庚16	庚10 辛20	辛 9 丁 3 戊18	戊 7 甲 7 壬16	壬10 癸20	癸 9 辛 3 己18
	六神	비견	겁재	편재	식신	상관	정재	편관	정관	편재	편인	정인	정재
	12운성	건록	제왕	쇠	병	사	묘	절	태	양	장생	목욕	관대
	강약	+20	+100	+60	-70	-70	-120	-60	-70	-40	+30	+80	+90
	年支	+1	+5	+3	-4	-4	-6	-3	-4	-2	+2	+4	+5
	月支	+12	+60	+36	-42	-42	-72	-36	-42	-24	+18	+48	+54
	日支	+4	+20	+12	-14	-14	-23	-12	-14	-8	+6	+16	+18
	時支	+3	+15	+9	-11	-11	-18	-9	-11	-6	+5	+12	+14

이처럼 2개의 표를 하나로 묶어서 사용하면 실제 감정할 때 사용하기 매우 편하다. 위의 표는 일간이 甲木일 때의 표이지만, 甲木 이외의 모든 천간[일간]의 경우에도 이 표처럼 하나의 표로 만들어서 〈부록 1〉 지지가 천간에 미치는 영향에 수록되어 있다.

지금까지 지지의 강도[힘]를 구하는 방법과 원리를 설명하였다. 〈부록 1〉만 잘 사용하면 모든 천간의 경우에 지지의 강도를 쉽게 알 수 있다. 지지의 강도를 구하는 방법은 바로 〈부록 1〉을 이해하는 일이다.

박정희 대통령의 사주를 예로 〈지지의 강도〉를 연습해 보자.
박 대통령의 사주는 다음과 같다.

	천간	지지
年	丁	巳
月	辛	亥
日	庚	申
時	戊	寅

❶박 대통령 사주팔자

이 사주의 여덟 글자의 힘[기운, 에너지]을 2가지 방법으로 계산해 보자. 첫 번째는 기존의 방법[12운성으로 아는 방법]이고, 두 번째는 숫자[점수]로 나타내는 새로운 방법이다. 서로 비교하여 보고 새로운 방법의 장점을 찾아 보자.

❶ 12운성법으로 아는 방법

박 대통령 사주의 경우에 일간[천간]이 庚金이므로 지지[巳火, 亥水, 申金, 寅木]의 상태는 12운성표를 보면 쉽게 알 수 있다. 181쪽의 표에서 붉은 글자로 표시하였다. 연지 巳火는 장생, 월지 亥水는 병, 일지 申金은 건록, 시지 寅木은 절의 상태에 있다. 각 지지의 상태를 181쪽의 왼쪽 그림에 표시하였다.

	천간	木		火		土		金		水	
지지		甲	乙	丙	丁	戊	己	庚	辛	壬	癸
봄	寅	건록	제왕	장생	사	장생	사	절	태	병	목욕
	卯	제왕	건록	목욕	병	목욕	병	태	절	사	장생
	辰	쇠	관대	관대	쇠	관대	쇠	양	묘	묘	양
여름	巳	병	목욕	건록	제왕	건록	제왕	장생	사	절	태
	午	사	장생	제왕	건록	제왕	건록	목욕	병	태	절
	未	묘	양	쇠	관대	쇠	관대	관대	쇠	양	묘
가을	申	절	태	병	목욕	병	목욕	건록	제왕	장생	사
	酉	태	절	사	장생	사	장생	제왕	건록	목욕	병
	戌	양	묘	묘	양	묘	양	쇠	관대	관대	쇠
겨울	亥	장생	사	절	태	절	태	병	목욕	건록	제왕
	子	목욕	병	태	절	태	절	사	장생	제왕	건록
	丑	관대	쇠	양	묘	양	묘	묘	양	쇠	관대

박 대통령 사주에서 지지의 12운성(붉은 글자)   _박 대통령 사주에서 지지의 12운성_

	천간	지지	12운성
年	丁	巳	장생
月	辛	亥	병
日	庚	申	건록
時	戊	寅	절

● 연지 巳火는 장생의 상태, 즉 성장기에 있으므로 힘이 솟아오른다.

● 병(病)의 상태에 있는 亥水는 쇠퇴기에 있으므로 힘이 점점 없어진다.

● 건록의 상태에 있는 申金은 전성기에 있으므로 힘이 가장 왕성하다.

●절의 상태에 있는 寅木은 힘이 거의 없다.

일간 庚金은 이런 상태에 있는 지지와 연결되어서 힘을 얻게 되므로 庚金의 강도가 어느 정도인지 감(感)을 잡을 수 있다. 그런데 문제가 있다.

위의 예에서 알 수 있는 것처럼 지지의 힘을 12운성 기준으로 정하면 대략적인 감은 알 수 있어도 정확한 값은 알 수 없다는 점이다. 즉, 건록〔申金〕이나 절〔寅木〕의 상태에 있으면 대강은 알 수 있으나 장생〔巳火〕이나 병〔亥水〕은 어느 정도의 값을 가지고 있는지 잘 알 수 없다. 12운성을 사용하면 이런 결점이 있다.

❷ 12운성법과 〈부록 1〉의 방법의 비교

장생, 목욕, 관대, 건록 … 등 12운성을 사용하지 않고 지지의 강도〔힘〕를 더 정확하게 표현하는 방법은 없을까? 많은 세월을 헤매다가 말로 표현하는 대신에 '숫자〔점수〕'로 표현하는 방법을 찾게 되었다. 이 방법을 알려면 〈부록 1〉 지지가 천간에 미치는 영향을 확실히 이해하여야 한다.

〈부록 1〉을 이용하여 박정희 대통령 사주의 강도〔지지〕를 계산하여 보자.

먼저 ❶ 각 지지를 12운성으로 해석한 다음 ❷ 지지의 강도를 〈부록 1〉을 이용하여 숫자로 구해 보자. 그런 다음 이 두 방법으로 구한 것들을 비교하여 보자.

❶의 설명

일간이 경금(庚金)인 사람의 경우를 생각해 보자. 庚金은 수축하고 결단하려고 하는 기운이므로 박 대통령은 이런 성격을 가지고 있다. 박 대통령 사주의 일지 申金은 가을이 시작하는 달(月)이므로 수축하려고 하는 기운이 강한 달이다. 그러므로 박 대통령은 가을이 되면 수축하는 힘(결단)이 더욱 강해진다. 그래서 12운성에서는 '건록'의 상태에 있다고 한 것이다.

그러나 시지 寅木(봄)의 달이 되면 온 세상이 새싹이 나면서 힘이 솟아오르고 있다. 일간 庚金은 이런 寅木의 달이 되면 더 이상 수축하지 못하고 멈춘 상태에 있게 된다. 즉, 아무 일도 못하는 '절(絶)'의 상태에 있게 된다.

여기까지는 12운성에서도 잘 맞는다고 할 수 있다. 그러나 연지 巳火가 '장생', 월지 亥水는 '병'의 상태에 있다고 하므로 대략적인 감(感)도 잡을 수 없는 모호한 상태에 있다.

이처럼 12운성법은 잘 맞는 경우도 있지만, 전혀 감도 잡을 수 없는 경우도 있다. 그러므로 12운성법은 참고는 되지만 이 방법으로 庚金의 강도를 구하는 것은 좋지 않다. 즉, 일간 庚金이 애매하게 표현되어 있는 장생, 병 상태의 달에 통근하면 庚金의 힘이 어떻게 되는지 잘 알 수 없다.

❷의 설명

그러나 〈부록 1〉 지지가 천간에 미치는 영향의 방법으로 조사하여 비교하여 보자(583쪽 일간이 庚金인 경우 표 참조). 巳火는 연지에 있으므로 −1,

亥水는 월지에 있으므로 -24, 申金은 일지에 있으므로 +10, 寅木은 시지에 있으므로 -9의 값을 가진다.

또 +와 -의 부호와 함께 숫자로 나타나 있으므로 일간 庚金의 힘이 강하게 되는지 또는 감소하는지도 실감나게 분명히 알 수 있다. 그러 므로 12운성법보다는 〈부록 1〉의 방법으로 정하는 것이 훨씬 좋다는 사실을 알 수 있다.

이처럼 숫자로 표현하면 12운성보다 명확하게 알 수 있다. 그러므로 앞으로는 〈부록 1〉의 방법을 더 중요하게 생각하고, 12운성은 참고만 하겠다.

다음의 표에 12운성과 숫자〔점수〕를 나타낸 것을 비교하기 위하여 하나의 도표에 함께 수록하였다. 앞으로 모든 지지의 강도는 이 표 처럼 12운성과 숫자〔점수〕를 함께 나타내었다. 어느 지지에서나 숫 자〔점수〕를 중요하게 생각하고 12운성은 참고 정도로만 생각하였 다. 그러나 이렇게 두 가지 방법으로 표현하면 지지의 상태〔강도〕를 좀 더 정확하게 알 수 있다.

박 대통령 사주에서 지지의 강도를 비교(일간은 庚金)

	천간	지지	12운성	강도
年	丁	巳	장생	-1
月	辛	亥	병	-24
日	庚	申	건록	+10
時	戊	寅	절	-9

② 지지에서 천간의 강도를 구해 보자

지지의 강도를 알았으면 다음은 천간의 강도를 구해야 한다.

천간의 힘[강도]은 지지에 '통근[생조]한 정도'에 따라 변한다고 하였다. 지금까지 지지의 힘[강도]을 알았으므로 이 지지의 값을 이용하여 천간들의 힘[강도]을 계산하여 보자.

천간의 강도를 구하는 일은 매우 복잡하여 혼동이 일어나기 쉽다. 혼동이 일어나지 않게 하기 위하여 설명할 내용의 순서를 미리 말하겠다.

박 대통령 사주의 천간은 184쪽 표에서 알 수 있듯이 丁火, 辛金, 庚金, 戊土의 4종류가 있다. 이 4종류의 천간의 힘[강도]은 각 지지[巳火, 亥水, 申金, 寅木]에 통근하거나 생조를 받고 있다. 그러므로 4종류의 천간들은 다음 그림처럼 각각 4종류의 지지에 통근[생조]하여 힘이 강해진다.

박 대통령 사주의 천간 강도를 모두 구하려면 다음 그림처럼 4× 4=16, 16개의 계산을 해야 한다. 좀 복잡해졌지만 원리는 간단하므로 하나만 계산할 줄 알면 나머지는 같은 방법으로 계산하면 된다.

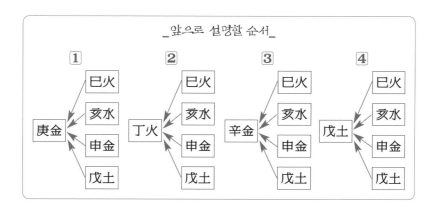

앞으로 설명할 순서

1 일간 庚金의 강도

일간 庚金의 강도부터 계산해 보자.

일간 庚金은 앞의 그림처럼 巳火〔연지〕, 亥水〔월지〕, 申金〔일지〕, 寅木〔시지〕에 통근하거나 생조를 받아야 힘이 강해진다〔통근과 생조는 148쪽 참조〕. 어느 지지에 얼마만큼 통근〔생조〕했는지 조사해 보자.

박 대통령 사주의 지지의 힘〔강도〕은 다음 표와 같다.

박 대통령 사주의 지지의 강도(일간은 庚金, 184쪽)

	천간	지 지		
		지장간	힘	
年	丁	巳	戊7 庚7 丙16	−1
月	辛	亥	戊7 甲7 壬16	−24
日	庚	申	戊7 壬7 庚16	+10
時	戊	寅	戊7 丙7 甲16	−9

먼저 일간 庚金이 연지 巳火에 통근〔생조〕하는 힘〔강도〕을 계산해 보자.

1 巳火

巳火의 지장간은 戊7, 庚7, 丙16이다. 이 지장간 중에서 庚金이 통근하거나 생조하는 지장간을 찾아야 한다.

일간 庚金은 巳火의 지장간 중에서 중기 庚金7에 통근하므로 7/30=0.23=23%, 즉 巳火의 23% 통근하였다〔30은 한 달의 날 수〕. 또 여기 戊土7의 생조를 받으므로 7/30×0.8≒0.2〔이 식에서 ×0.8

은 생조한 값이며 통근한 값의 0.8배이므로].

그러므로 일간 庚金은 巳火의 지장간 庚金〔지장간〕에 통근〔23%〕하고 또 지장간 戊土의 생조〔약 20%〕를 받아서 힘이 강해졌다. 즉, 0.23+0.2=0.43≒0.4. 巳火 강도의 40%만큼 강해졌다.

따라서 일간 庚金의 힘=연지의 강도×통근〔생조〕하는 비율〔188쪽 표 참조〕이므로 1×0.4=0.4≒0의 힘을 얻는다. 즉, 일간 庚金은 연지 巳火로부터 거의 아무 힘도 받지 못했다는 뜻이다. 그러나 12운성에서는 '장생'으로 표기되었다.

이와 같이 천간의 힘을 계산하려면 천간이 '지지에 통근하고 생조하는 비율'을 알아야 한다. 매우 귀찮은 일이다. 그래서 모든 천간이 모든 지지에 통근+생조하는 비율을 미리 계산하여 〈부록 2〉 천간이 지지에 통근(생조)하는 비율을 수록하였다.

〈부록 2〉 천간이 지지에 통근(생조)하는 비율을 이용하면 천간의 힘을 계산할 때마다 지지에 통근〔생조〕하는 비율을 따로따로 계산하는 번거로움을 생략할 수 있다. 그러므로 천간의 힘을 알고 싶을 때는 항상 〈부록 2〉를 사용하여야 한다.

다음 페이지의 표는 〈부록 2〉 천간이 지지에 통근(생조)하는 비율의 일부〔일간 庚金, 辛金〕이다.

《일간 : 庚金, 辛金》

	지장간	通根	비율	生助	비율	合	12운성		결론
							庚	辛	
寅	戊7 庚7 丙16			戊7	7/30×0.8≒0.18	0.2	절	태	0.2
卯	甲10 乙20						태	절	0
辰	乙7 癸3 戊18			戊18	18/30×0.8=0.48	0.5	양	묘	0.5
巳	戊7 庚7 丙16	庚7	7/30=0.23	戊7	7/30×0.8=0.18	0.4	장생	사	0.4
午	丙10 己9 丁11			己9	9/30×0.8=0.24	0.9	목욕	병	0.2
未	丁9 乙3 己18			己18	18/30×0.8=0.48	0.5	관대	쇠	0.5
申	戊7 壬7 庚16	庚16	16/30=0.53	戊7	7/30×0.8=0.18	0.7	건록	제왕	0.7
酉	庚10 辛20	庚10 庚20	10/30=0.33 20/30=0.53			0.9	제왕	건록	0.9
戌	辛9 丁3 戊18	辛9	9/30=0.3	戊18	18/30×0.8=0.48	0.8	쇠	관대	0.8
亥	戊7 甲7 壬16			戊7	7/30×0.8=0.18	0.2	병	목욕	0.2
子	壬10 癸20						사	장생	0
丑	癸9 辛3 己18	辛3	3/30=0.1	己18	18/30×0.8=0.48	0.6	묘	양	0.6

②亥水

亥水의 지장간은 戊7, 甲7, 壬16이다. 일간 庚金은 亥水 중의 지장간 戊土의 생조를 받으므로 7/30×0.8≒0.2로 강해진다(위 표 참조). 庚金의 강도는 '지지의 강도×통근(생조)하는 비율'이므로 24[亥水의 강도]×0.2≒4.8≒5의 힘을 얻는다. 庚金은 월지에 있는 亥水 때문에 힘이 '5' 정도 강해졌다는 뜻이다.

③ 申金

申金의 지장간은 戊7, 壬7, 庚16이다. 일간 庚金은 申金의 지장간 庚金16에 통근하였으므로 16/30≒0.53≒0.5, 또 戊土7의 생조도 받으므로 7/30×0.8≒0.2의 도움을 받는다. 그러므로 일간 庚金의 강도는 일지 申金에서 0.5+0.2=**0.7**=70%의 힘을 받는다.

庚金의 강도는 일지의 강도×통근〔생조〕하는 비율이므로 10× 0.7=7, 즉 庚金의 강도는 일지로부터 '**7**'의 힘을 받았다는 뜻이다.

④ 寅木

寅木의 지장간은 戊7, 丙7, 甲16이다. 일간 庚金은 寅木의 지장간 중에서 戊土의 생조를 받으므로 7/30×0.8≒0.2. 일간 庚金은 시지 (時支) 寅木의 도움을 '아주 조금' 받는다.

그러므로 庚金의 강도는 일지의 강도×통근〔생조〕하는 비율이므로 −9×0.2≒2의 힘을 얻는다.

지금까지의 설명이 너무 길고 복잡하였다.

다음 페이지의 표에 일간 庚金이 巳火〔연지〕, 亥水〔월지〕, 申金〔일지〕, 寅木〔시지〕에 통근〔생조〕한 내용을 간단히 정리하였다.

	천간	지지	지장간	천간의 힘(1)				천간의 합	
				①	비율	강도	거리의 영향	강도	종합
년주	丁	巳	戊7 庚7 丙16	−1	0.4 (장생)	1×0.4≒0	2칸 ×0.5	0×0.5=0	13
월주	辛	亥	戊7 甲7 壬16	−24	0.2 (병)	24×0.2≒5	1칸 ×0.8	5×0.8=4	
일주	庚	申	戊7 壬7 庚16	+10	0.7 (건록)	10×0.7=7	0칸 ×1	7×1=7	
시주	戊	寅	戊7 丙7 甲16	−9	0.2 (절)	9×0.2=2	1칸 ×0.8	2×0.8=2	

위의 표에서 ①의 칸은 지지의 강도이고, '비율'은 천간이 지지에 통근[생조]한 비율이다. 그러므로 '천간의 강도[힘]'은 ①×비율이며, 이 값은 각 천간이 지지에 통근[생조]한 값이다. 즉, 庚金이 巳火에 통근한 값은 1×0.4≒0, 亥水에 통근한 값은 24×0.2≒5, 申金에 통근[생조]한 값은 10×0.7≒7, 寅木에 통근한 값은 9×0.2≒2이다. 모두 더하면 0+5+7+2=14가 된다. 14는 일간 庚金이 각 지지에 통근[생조]하여 생긴 강도이다. 그리고 이 값들은 '천간과 지지 사이의 거리'를 생각하지 않는 값이므로 다시 수정해야 한다. 위의 표에서 지금 '거리의 영향'을 계산하였다.

지금까지 일간 庚金은 4개의 지지[巳火, 亥水, 申金, 寅木]에서 통근하거나 생조를 받았다. 그러므로 庚金의 힘은 0+4+7+2=13만큼 강해졌다.

이렇게 복잡하게 계산하여 4개의 천간 중에서 겨우 하나의 천간

庚金의 강도만을 계산하였다. 앞으로 천간 丁火, 辛金, 戊土의 강도를 더 계산하여야 한다. 그러나 계산하는 방법은 모두 같으므로 하나만 잘하면 나머지는 쉽다.

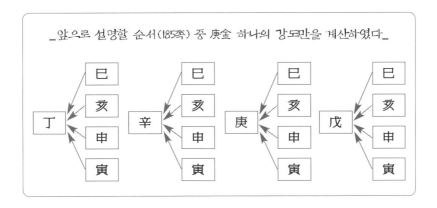

앞으로 설명할 순서(185쪽) 중 庚金 하나의 강도만을 계산하였다

② 연간 丁火의 강도

다음은 연간 丁火의 강도를 구할 차례이다. 연간 丁火의 강도를 구할 때는 庚金의 경우처럼 말로 설명하지 않고 직접 표에서 숫자〔점수〕를 대입하여 계산하였다.

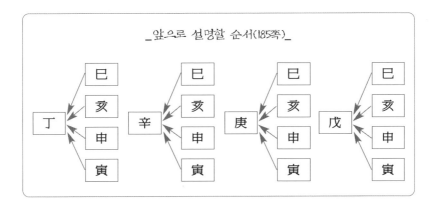

앞으로 설명할 순서(185쪽)

	천간	지지	지장간	천간의 힘					천간의 합	
				①	비율	강도	거리의 영향		강도	종합
년주	丁	巳	戊7 庚7 丙16	-1	0.5 (제왕)	1×0.5≒1	0칸	×1	0×1=0	
월주	辛	亥	戊7 甲7 壬16	-24	0.2 (태)	24×0.2≒5	1칸	×0.8	5×0.8=4	5
일주	庚	申	戊7 壬7 庚16	+10	0 (목욕)	10×0=0	2칸	×0.5	0×0.5=0	
시주	戊	寅	戊7 丙7 甲16	-9	0.5 (사)	9×0.7=6	3칸	×0.2	6×0.2=1	

위의 표에서 ①에는 지지의 강도를 표시하였고, '비율'은 연간 丁火가 연지 巳火에 통근[생조]한 비율이다. 이 비율은 〈부록 2〉 천간이 지지에 통근(생조)하는 비율 ➡ 천간 丙火와 丁火에서 찾아보면 된다.

지금은 천간 丁火의 강도를 구하는 것이므로 천간 庚金 때의 표, 즉 188쪽에 있는 표를 사용하면 안 된다. 다음에 있는 천간 丁火의 표를 사용하여야 하며, 〈부록 2〉 천간 丙火와 丁火에 있다. 다음 표에서 연지[巳], 월지[亥], 일지[申], 시지[寅]를 찾아 보면 각 지지의 오른 쪽 맨 끝 칸에 통근[생조]하는 비율[결론]이 있다.

⑤ 천간 丁火가 각 지지로부터 통근하는 강도는 **지지의 강도×통근하는 비율**이다. 이 식에서 지지의 강도는 186쪽 표에 있고, 통근하는 비율은 다음 표에서 찾으면 된다. 즉, 다음 표에서 천간 丁火가 연지 巳火에 통근[생조]하는 비율은 0.5이므로 천간 丁火가 巳火로부터 얻 은 강도는 1×0.5=0.5≒**1**이다.

②, ③ 같은 방법으로 천간 丁火가 亥水로부터 얻는 강도는 24×0.2
≒5이고, 丁火가 寅木으로부터 얻는 강도는 9×0.7≒6이다.

④ 丁火가 일지 申金과 통근이나 생조를 하지 않았으므로 '0'이다.
즉, 丁火는 申金에서 힘을 얻지 못했다는 뜻이다.

이렇게 연간 丁火가 4개의 지지인 연지〔巳火〕, 월지〔亥水〕, 일지〔申
金〕, 시지〔寅木〕에서 얻은 강도는 1+5+0+6=12이다. 거리의 영향까
지 고려하면 0+4+0+1=5이다.

천간이 지지에 통근(생조)하는 비율

《천간 : 丙火, 丁火》

	지장간	通根	비율	生助	비율	合	12운성		결론
							丙	丁	
寅	戊7 丙7 甲16	丙7	7/30=0.23	甲16	16/30×0.8≒0.42	0.7	장생	사	0.7
卯	甲10 乙20			甲10 乙20	10/30×0.8=0.26 20/30×0.8=0.54	0.8	목욕	병	0.8
辰	乙7 癸3 戊18			乙9	9/30×0.8=0.24	0.2	관대	쇠	0.3
巳	戊7 庚7 丙16	丙16	16/30=0.53			0.5	건록	제왕	0.5
午	丙10 己9 丁11	丙10 丁11	10/30=0.33 11/30=0.37			1.0	제왕	건록	1.0
未	丁9 乙3 己18	丁9	9/30=0.3	乙3	3/30×0.8=0.08	0.4	쇠	관대	0.4
申	戊7 壬7 庚16						병	목욕	0
酉	庚10 辛20						사	장생	0
戌	辛9 丁3 戊18	丁3	3/30=0.1			0.1	묘	양	0.1
亥	戊7 甲7 壬16			甲7	7/30×0.8=0.18	0.2	절	태	0.2
子	壬10 癸20						절		0
丑	癸9 辛3 己18						묘		0

③ 월간 辛金의 강도

구하는 방법은 庚金의 경우와 마찬가지이다.

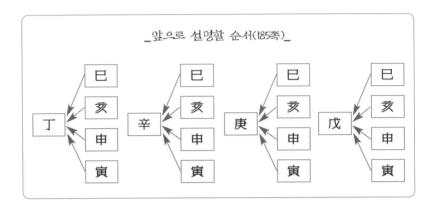

앞으로 설명할 순서(185쪽)

연간 丁火의 경우처럼 말로 설명하지 않고 직접 표에서 숫자로 계산하겠다. 다음의 표에서 '비율'의 칸에 0.4, 0.2, 0.7, 0.2의 숫자는 〈부록 2〉천간이 지지에 통근(생조)하는 비율 ➡ 일간 庚金, 辛金의 표에서 찾은 값들이다. 즉, 월간 辛金이 지지 巳火, 亥水, 申金, 寅木에 통근[생조]한 비율이다.

다음의 표에서 천간의 힘 중의 '힘' 칸에 1×0.4≒0의 식은 월간 辛金이 연주 巳火에 통근[생조]한 강도[힘]의 값이다.

또 24×0.2≒5는 월간 辛金이 연주 亥水에 통근[생조]한 강도[힘]의 값이다. 나머지 申金, 寅木의 경우도 마찬가지이다.

	천간	지지	지장간	천간의 힘					천간의 합	
				①	비율	힘	거리의 영향		강도	종합
년주	丁	巳	戊7 庚7 丙16	−1	0.4 (사)	1×0.4≒0	2칸	×0.5	0×0.5≒0	13
월주	辛	亥	戊7 甲7 壬16	−24	0.2 (목욕)	24×0.2=5	1칸	×1	5×1≒+5	
일주	庚	申	戊7 壬7 庚16	+10	0.7 (제왕)	10×0.7=7	0칸	×0.8	7×0.8≒6	
시주	戊	寅	戊7 丙7 甲16	−9	0.2 (태)	9×0.2≒2	1칸	×0.8	2×0.8≒ +2	

앞으로는 긴 설명 대신에 위의 표처럼 천간의 강도를 간단히 계산
하겠다. 간단하여 좋기는 하지만, 초보자들은 표의 내용을 알기 어
려울 수도 있다.

4 시간 戊土의 강도

구하는 방법은 역시 *庚金*의 경우와 마찬가지이다.

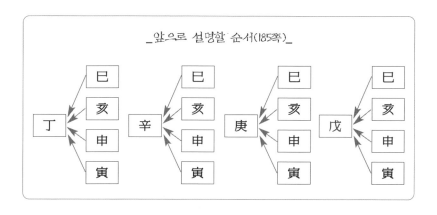

앞으로 설명할 순서(185쪽)

지금까지 연간 丁火, 월간 辛金, 일간 庚金, 시간 戊土의 강도〔힘〕을 모두 계산하였다. 즉, 1+2+2+2=7이다. 이 천간의 값들은 통근한 지지의 거리에 따라 변하기 때문에 다시 보정해 주어야 한다〔다음 표에 설명〕.

시간 戊土의 강도

	천간	지지	지장간	천간의 힘				천간의 합	
				①	비율	힘	거리의 영향	강도	종합
년주	丁	巳	戊7 庚7 丙16	-1	0.7 (건록)	1×0.7≒1	3칸 ×0.2	1×0.2≒0	
월주	辛	亥	戊7 甲7 壬16	-24	0.2 (절)	24×0.1=2	2칸 ×0.5	2×0.5=1	7
일주	庚	申	戊7 壬7 庚16	+10	0.2 (병)	10×0.2=2	1칸 ×0.8	2×0.8≒2	
시주	戊	寅	戊7 丙7 甲16	-9	0.4 (장생)	9×0.4≒4	0칸 ×1	4×1≒4	

〈12운성법과 숫자로 표현하는 방법을 비교〉

188쪽에 있는 표〔庚金 일간〕에서 亥水의 12운성을 찾아보면 '병(病)'이라고 기록되어 있다. 이 말은 일간 庚金은 亥水의 달에 병(病)이 생긴 상태라는 뜻이므로 힘이 없어 보인다. 다음 표를 보면 '병'의 상태는 '보통'이라고 쓰여 있다. 다시 말하면 일간 庚金의 힘은 亥水달에는 힘이 '보통'이라는 뜻이다. 그러나 188쪽의 표에서는 '0.2'라고 표시되어 있다. '보통'이라는 말보다는 '0.2'의 상태에 있다고 하면 '좀 약한 상태'에 있다는 것을 쉽게 알 수 있다.

이처럼 12운성보다 숫자로 표시하면 좀 더 확실하게 알 수 있다. 그러므로 숫자[점수]를 중심으로 생각하고 12운성은 참고만 하였다.

12운성의 강약(170쪽 참고)

12	잉태기			성장기			전성기			쇠퇴기		
	절	태	양	장생	목욕	관대	건록	제왕	쇠	병	사	묘
강약	가장 약함	가장 약함	약함	강함	보통	강함	가장 강함	가장 강함	보통	보통	약함	약함

〈부호에 대하여〉

지지 亥水 중의 일간 庚金의 강도를 구할 때를 생각해 보자.

월지 亥水의 값은 '−24[184쪽 표 참조]'이었으므로 庚金의 값도 −24 ×0.2=−4.8≒−5가 된다. 수학 공식대로 '부호'를 생각하면 이렇게 분석해야 한다. 그러나 지금은 '亥水 중의 庚金의 강도'를 따지는 과정이므로 亥水의 부호를 생각할 필요는 없다. 오직 일간 庚金의 강도는 亥水 때문에 '5' 정도 강해졌으므로 부호를 생각하지 말고 그냥 '5'로 표현하여야 한다. 부호는 나중에 다 계산한 후에 종합적으로 붙이는 것이 편리하다. 예를 들어 보자.

일간 庚金은 일지 申金에 통근[생조]하여 10×(0.2+0.5)=7의 힘이 생겼다[190쪽 참조]. 즉, 일간 庚金이 '7'정도 강해졌다는 뜻이다. 일간 庚金은 일지 申金 때문에 '+7' 정도 강해졌으므로 부호 없이 그냥 '7'이라고 한 것이다. 이처럼 부호는 맨 마지막에 붙이는 것이 편리하다.

어느 경우에서나 천간의 강도는 (지지의 강도×천간이 지지에 통근[생조)하는 비율)이었다. 천간의 강도를 구하는 공식이다. 이 공식을 잊지 말기 바란다.

③ 천간의 강도는 '천간과 지지의 거리'에 따라 변한다

지금까지 일간 庚金과 각 지지의 '거리'의 영향을 생각하지 않고 통근(생조)한 영향만을 고려하였다. 그러나 천간(일간)과 지지의 '거리'도 강도에 영향을 미치므로 수정하여야 한다.

앞에서 설명한 것처럼 일간(庚金)과 지지 사이의 '거리'에 따라 힘(강도)이 변한다. 즉, 천간과 지지 사이의 거리가 멀수록 힘이 약하고 가까울수록 힘이 강해진다(153쪽 참조).

그러므로 일간 庚金의 강도는 거리의 영향을 고려해서 다시 수정하여야 한다. 199쪽 표와 같이 '거리의 영향' 칸에 일간 庚金과 지지 사이의 거리의 영향을 나타내었다. '천간과 지지 사이의 거리의 영향'은 153쪽에서 다루었지만 참고로 다시 한 번 더 수록하겠다.

거리의 영향

	천간	지지		천간	지지		천간	지지		천간	지지
年		×0.5	年	연간	×1	年		×0.8	年		×0.2
月		×0.8	月		×0.8	月	월간	×1	月		×0.5
日	일간	×1	日		×0.5	日		×0.8	日		×0.8
時		×0.8	時		×0.2	時		×0.5	時	시간	×1

❶일간에 미치는 지지의 영향 ❶연간에 미치는 지지의 영향 ❶월간에 미치는 지지의 영향 ❶시간에 미치는 지지의 영향

천간 庚金의 각 지지와 거리의 영향

	천간	지지	지장간	천간의 힘(1)				천간의 합	
				①	비율	강도	거리의 영향	강도	종합
년주	丁	巳	戊7 庚7 丙16	−1	0.4 (장생)	1×0.4≒0	2칸 ×0.5	0×0.5=0	
월주	辛	亥	戊7 甲7 壬16	−24	0.2 (병)	24×0.2≒5	1칸 ×0.8	5×0.8=4	
일주	庚	申	戊7 壬7 庚16	+10	0.7 (건록)	10×0.7=7	0칸 ×1	7×1=7	13
시주	戊	寅	戊7 丙7 甲16	−9	0.2 (절)	9×0.2=2	1칸 ×0.8	2×0.8=2	

위의 표에서 일간 庚金의 강도[힘]는 지지의 값과 '거리의 영향'을 합한 값이다. 즉, 일간 庚金의 강도는 거리의 영향을 고려하지 않으면 0+5+7+2=14이지만 거리의 영향을 고려하면 0+4+7+2=13이다. 거리의 영향으로 14−13=1 정도의 강도가 변하였다. 이 정도의 '거리의 영향'이 생긴다는 것을 알 수 있다.

巳火의 강도는 일간 庚金에서 2칸 떨어져 있으므로 ×0.5를 하여야 한다. 즉, 0×0.5≒0이다. 이 말은 일간 庚金은 연간 丁火로부터 '0' 정도 강해졌다는 뜻이다.

또 일간 庚金은 월지 亥水로부터 1칸 떨어져 있으므로 5×0.8≒4이다. 이 식에서 5는 월지의 강도이고, 0.8은 거리의 영향이다. 庚金이 월지에 있는 亥水에서 1칸 떨어져 있으므로 ×0.8을 곱하였다.

또 일간 庚金은 시지 寅木에서 1칸 떨어져 있으므로 ×0.8을 곱해주어야 한다. 즉, 2×0.8=1.6≒2, 결국 일간 庚金은 시지 寅木에서 1칸 떨어져 있으므로 거의 변화가 없다.

지금까지의 결과를 종합해 보자.

일간 庚金의 강도는 4개의 지지[巳火, 亥水, 申金, 寅木]로부터 강해진 값을 위의 표에 표시하였다. 즉, 0+4+7+2=13의 강도를 갖는다. 다시 말하면 일간 庚金은 4개의 지지[巳火, 亥水, 申金, 寅木]에 통근[생조]한 값과 거리의 영향까지 합해서 +13만큼 강해졌다는 뜻이다.

지금까지 박 대통령 사주의 일간 庚金의 힘 하나만 구하였다. 같은 방법으로 나머지 연간 丁火, 월간 辛金, 시간 戊土의 힘[강도]을 계속 구해야 한다. 구하는 방법은 모두 같으므로 자세한 설명은 생략하고 다음 표에 결과만 나타내었다.

박 대통령 사주의 천간과 지지

	천간	지지
年	丁	巳
月	辛	亥
日	庚	申
時	戊	寅

박 대통령 사주의 천간과 지지의 강도(종합)

	천간		지지	
年	丁	-5	巳	-1
月	辛	+12	亥	-24
日	庚	+12	申	+10
時	戊	+7	寅	-9

지금까지 박 대통령 사주의 '지지'와 '천간'의 강도[거리의 영향까지 합하여]를 모두 계산하여 위의 표에 종합하여 표기하였다.

참으로 복잡한 과정이므로 혼동이 심하게 일어날 것이다. 이 책에서 가장 복잡한 부분이다. 그리고 자세히 설명한다고 말을 많이 하였더니 너무 길어졌다. 아무리 복잡하고 길어도 연습을 많이 하여 반드시 숙달하여야 한다. 가장 중요한 부분이기 때문이다.

④ 사주팔자를 그림으로 표현할 수 있다

지금까지 사주팔자 여덟 글자의 강도〔힘〕를 계산하기 위해 매우 힘든 과정을 달려왔다. 이렇게 고생한 이유는 다음 그림과 같이 오행의 오각형에 팔자(八字)의 강도를 모두 표시하기 위해서이다. 이 오각형에는 감정할 때 필요한 항목들이 함께 표시되어 있으므로 대단히 편하게 감정할 수 있다. 뿐만 아니라 사주팔자의 분포와 흐름까지 알 수 있으므로 감정할 때 없어서는 안 될 정도로 중요한 역할을 한다.

만약 그림과 같은 오행도를 모르면 아래 표의 (a)와 같은 사주팔자를 보고 감정하여야 한다. 공부를 많이 한 사람들〔전문가들〕은 이 사주팔자를 보고 육신이나 십신뿐만 아니라 강도까지 순식간에 알 수 있다고 한다. 더욱이 팔자 상호 간의 영향이나 팔자의 흐름 등을 한눈에 파악하여 술술 감정하기 시작한다.

그러나 초보자들에게는 눈만 휘둥그레지고 혼란이 가중되어 고생을 심하게 한다. 이 고비를 넘기기가 쉽지 않아 몇 년씩 공부하다가 중도에서 포기하는 사람들도 많이 보았다.

박 대통령 사주의 천간과 지지의 강도

	천간	지지
年	丁	巳
月	辛	亥
日	庚	申
時	戊	寅

(a) 사주팔자

	천간		지지	
年	丁	−5	巳	−1
月	辛	+12	亥	−24
日	庚	+12	申	+10
時	戊	+7	寅	−9

(b) 사주팔자의 강도

그러나 위의 표에서 (b)처럼 팔자의 강도를 '숫자'로 표현만 해도 크게 발전한 것이다. 더구나 표의 (b)를 바탕으로 다음 그림과 같은 오행도 (a)와 (b)를 그릴 수 있다면 비로소 사주의 세계가 눈에 보이기 시작하면서 자신감을 가지게 된다. 이 방법이 숙달될수록 다양하게 활용되면서 사주가 재미있어진다. 사주의 참맛을 알게 되며 사주의 오묘하고 신비한 세계에 빠져들게 된다.

예를 들어 박 대통령 사주의 오각형[이 오각형을 앞으로는 '오행도'라고 한다]의 내용을 간단히 설명해 보자.

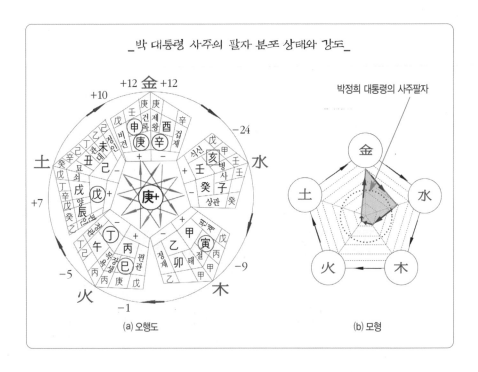

박 대통령 사주의 팔자 분포 상태와 강도

(a) 오행도

(b) 모형

이 오행도에서 파란 원은 지지, 붉은 원은 천간을 나타내었다. 그리고 오각형의 가장 밖에 있는 원의 주위에 있는 숫자들은 지지와 천간의 강도〔힘〕을 표시한 것들이다. (a)의 오행도가 너무 복잡하면 (b)처럼 간단히 모형으로 표시할 수도 있다. (b)에서 각 오행의 꼭지점은 각 오행의 강도이다.

이 오행의 강도들을 연결하면 연두색 면적이 생긴다. 이 연두색 면적이 박 대통령의 사주이다. 눈에 보이지 않았던 사주가 비로소 눈에 보이는 모형으로 표시할 수 있다. 즉, 박정희 대통령의 사주를 눈으로 볼 수 있다.

그림과 같은 오행도에 감정할 때 필요한 것들도 함께 표기하였으므로 사주 전체의 내용을 잘 알 수 있다. 그러므로 앞으로 그림 (a)의 오행도나 (b)의 모형을 이용하여 사주를 감정할 예정이다. 이해하기도 쉽고 설명하기도 쉽다.

⑤ 삼성 고(故) 이병철 회장의 사주

	천간	지지
年	庚	戌
月	戊	寅
日	戊	申
時	壬	戌

○이병철 회장의 사주

앞에서 박 대통령 사주의 팔자〔지지와 천간〕를 계산하는 방법을 배웠으므로, 이번에는 이병철 회장의 사주에서 이 방법을 연습해 보자.

이병철 회장의 사주의 천간과 지지 여덟 글자의 힘을 계산해 보자. 계산하는 방법은 지금까지의 방법과 동일하다. 이 사주 주인공의 일간은 '戊土'이다. 여기서는 합(合)과 충(沖)은 생략한다.

① 먼저 지지의 강도(힘)을 계산하자

지지의 강도는 〈부록 1〉 지지가 천간에 미치는 영향 ➔ 천간 戊土에 있다. 새로운 방법[숫자]과 비교하기 위하여 12운성도 함께 수록하였다. 복잡하게 계산할 필요도 없이 〈부록 1〉에서 직접 구할 수 있다. 다음과 같다.

이병철 회장 사주의 지지의 강도

	천간	지지	지장간	지지의 강도	12운성
년주	庚	戌土	辛 9 丁 3 戊 18	+2	묘
월주	戊	寅木	戊 7 丙 7 甲 16	-12	장생
일주	戊	申金	戊 7 壬 7 庚 16	-6	병
시주	壬	戌土	辛 9 丁 3 戊 18	+5	묘

② 천간의 강도(힘)

지지의 강도를 구했으므로 천간의 강도를 구해 보자. 천간의 강도를 구할 때는 〈부록 2〉 천간이 지지에 통근(생조)하는 비율을 이용하면 쉽고 간단하게 구할 수 있다.

년간 庚金의 강도

	천간	지지	지지의 강도	비율	12 운성	천간의 강도	거리의 영향		종합
							거리	계산	
년주	庚金	戌土	+2	0.8	쇠	2×0.8≒2	0칸	2×1≒2	
월주	戊土	寅木	-12	0.2	절	12×0.2≒2	1칸	2×0.8≒2	-7
일주	戊土	申金	-6	0.7	건록	6×0.7≒4	2칸	4×0.5≒2	
시주	壬水	戌土	+5	0.8	쇠	5×0.8≒4	3칸	4×0.2≒1	

월간 戊土의 강도

	천간	지지	지지의 강도	비율	12 운성	천간의 강도	거리의 영향		종합
							거리	계산	
년주	庚金	戌土	+2	0.8	묘	2×0.8≒2	1칸	2×0.8≒2	
월주	戊土	寅木	-12	0.4	장생	12×0.4≒5	0칸	5×1≒5	+10
일주	戊土	申金	-6	0.2	병	6×0.2≒1	1칸	1×0.8≒1	
시주	壬水	戌土	+5	0.8	묘	5×0.8≒4	2칸	4×0.5≒2	

일간 戊土의 강도

	천간	지지	지지의 강도	비율	12 운성	천간의 강도	거리의 영향		종합
							거리	계산	
년주	庚金	戌土	+2	0.8	묘	2×0.8≒2	2칸	2×0.5≒1	
월주	戊土	寅木	-12	0.4	장생	12×0.4≒5	1칸	5×0.8≒4	+8
일주	戊土	申金	-6	0.2	병	6×0.2≒1	0칸	1×1≒1	
시주	壬水	戌土	+5	0.8	묘	5×0.8≒4	1칸	4×0.5≒2	

시간 壬水의 강도

	천간	지지	지지의 강도	비율	12 운성	천간의 강도	거리의 영향		종합
							거리	계산	
년주	庚金	戌土	+2	0.2	관대	2×0.2≒0	3칸	0×0.5≒0	
월주	戊土	寅木	-12	0.0	병	12×0≒0	2칸	0×0.8≒0	-4
일주	戊土	申金	-6	0.7	장생	6×0.7≒4	1칸	4×0.8≒3	
시주	壬水	戌土	+5	0.2	관대	5×0.2≒1	0칸	1×1≒1	

이병철 회장 사주의 천간과 지지의 강도(종합)

	천간		지지	
년주	庚	−7	戌	+2
월주	戊	+10	寅	−12
일주	戊	+8	申	−6
시주	壬	−4	戌	+5
강약	+5		중화(中和)	

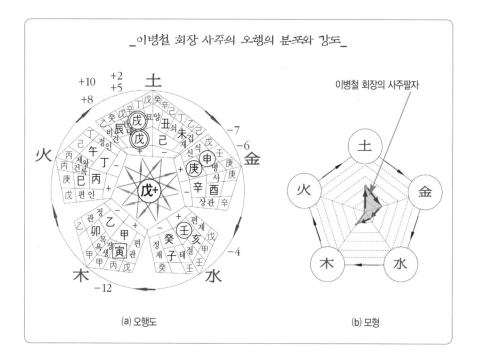

이병철 회장 사주의 오행의 분포와 강도

이병철 회장의 사주팔자

(a) 오행도   (b) 모형

박 대통령 사주에서 천간과 지지의 강도를 구하는 과정들을 자세
히 설명했지만 길고 복잡하였다. 박 대통령 사주의 각각의 과정을
충분히 이해하였으면 다음부터는 이병철 회장의 사주처럼 간단히

표로 계산할 수 있다. 여기까지가 매우 힘든 고비였다.

사주팔자를 202쪽, 206쪽 그림처럼 오행도로 표현하면 사주팔자의 분포와 강도의 상태를 눈으로 볼 수 있다. 이처럼 오행도와 같은 그림을 사용하면 어렵다는 사주팔자가 눈에 보이면서 팔자의 분포 상태뿐만 아니라 전체 기운의 흐름 등을 알 수 있다. 사주팔자를 오래 공부한 사람보다 간결하면서도 정확하게 감정할 수 있다. 연습을 많이 하여 반드시 숙달해야 한다.

여기서 계산한 값들은 정확한 값이 아니라 '대강의 값'이다. 그러므로 너무 자세히 하려고 하지 말고 '±5' 정도의 오차 범위를 가진다고 생각하면 좋다.

12운성표는 사주학에서 팔자의 강약을 알기 위하여 주로 사용하고 있다. 이외에도 일상생활에도 여러 가지로 활용할 수 있다. 현대의 많은 사람들은 계절에 관계없이 본인의 의지와 노력으로 모든 일을 처리할 수 있다고 생각한다. 그러나 사주학에서는 사람들은 주위의 환경[계절]과 함께 살면서 긴밀하게 연결되어 있다고 생각한다. 그러므로 사람들은 주위 환경[특히 계절]의 영향을 많이 받고 살아가고 있다.

일간[천간]이 '丙火'인 경우를 생각해 보자. 일간이 丙火란 뜻은 태어날 때부터 '불처럼 활활 타오르는 성격'의 사람이라는 뜻이다. 이런 성격의 사람이 더운 여름에 태어났다면 여름의 무더운 열기 때문에 더욱 더 강한 불처럼 타오를 것이다. 그러나 추운 겨울에 태어났다면 '불이 꺼져 버린 상태'이므로 주위로부터 아무런 영향을 받지 못한다. 즉, 아무 일도 제대로 하지 못할 것이다. 이런 현상을 12운성으로 말하면 여름에는 '건록'이나 '제왕'의 상태에 있다고 하고, 겨울에는 '절(絶)'이나 '태(胎)'의 상태에 있다고 한다.

또 다른 예를 들어 보자. 만약 일간이 '壬水'인 사람의 특징은 북극곰과 같은 사람이다. 이런 북극곰[壬水]은 여름에는 너무 더워서 아무 일도 못하지만, 추워지면 신이 나서 뛰어 다니면서 많은 활동을 하게 된다. 이런 현상을 12운성으로 표현하면 여름에는 '절(絶)'이나 '태(胎)'의 상태이므로 아무 일도 못한다. 그러나 겨울에는 '건록'이나 '제왕'의 상태에 있으므로 활발하게 활동한다고 말한다.

이와 같이 일간이 丙火인 사람과 일간이 壬水인 사람은 같은 사람이지만 똑같은 사람이 아니다. 사람마다 좋아하는 계절(달)이 다르다. 어떤 사람은 여름이 좋다고 하고 또 어떤 사람은 겨울에 일이 잘 된다고 하는 사람도 있다. 즉, 사람마다 체질이 다르기 때문이다. 자기의 체질에 맞는 계절에는 열심히 노력하면 할수록 일의 성과가 크게 나타나지만, 맞지 않는 계절에 일을 하면 같은 노력을 해도 일이 잘 되지 않고 능률이 오르지 않는다. 사주를 모르는 사람들은 왜 그런지 이유를 모르면서 불평 불만을 하게 된다. 현대인들은 사람마다 체질이 다르다는 사실도 모르고, 계절에 따라 능률이 변한다는 사실도 모른다. 사람이면 무조건 똑같다고 한다.

이처럼 사람들은 12운성의 영향 속에 살고 있으므로 12운성의 개념을 응용하여야 한다. 요즈음은 핸드폰이나 컴퓨터에서 자기의 사주를 쉽게 알 수 있으며, 자기의 일간도 금방 찾을 수 있다. 일간은 자기 자신이므로 12운성을 이용하여 자기에게 건록, 제왕인 계절과 절, 태의 계절을 알 수 있다. 건록과 제왕인 계절에는 일의 계획을 세우고 일을 과감하게 추진하여도 성공할 가능성이 많다. 그러나 절과 태의 계절에는 조그만 일이나 하면서 쉬는 것이 좋다. 노력을 많이 하여도 능률이 오르지 않고 고생을 많이 하기 때문이다. 이와 같이 12운성을 일상생활에도 사주를 활용하면 보다 많은 일을 하면서 효율적인 생활을 할 수 있다. 물론 자세하고 정확한 것은 사주 전체를 보고 감정해야 하지만, 대략적인 감정은 12운성으로도 가능하다.

건강에 대해서도 마찬가지이다. 절과 태의 달이나 계절에는 병이 생길 가능성이 많다. 그러나 건록과 제왕의 계절이나 달에는 생긴 병도 좋아지거나 나을 가능성도 많다. 효과는 12운성보다 적지만, 계절뿐만 아니라 하루에 일어나는 일들도 마찬가지라고 한다. 병뿐만 아니라 일상적으로 일어나는 일들도 12운성의 개념을 활용하면 매우 효과적일 것이다.

12운성의 개념을 실생활에 응용하면 사람들이 보다 더 능률적으로 잘 살 수 있다. 또 실패할 가능성을 줄일 수 있다. 12운성은 인간을 관리하는 이론이다.

제 **4** 부

육신(六神)과 십신(十神)

天地人 四柱學
천지인사주학

지금까지 팔자(八字)의 힘〔강도〕을 계산하는 방법과 오행도에 표시하는 방법을 배웠다. 이것으로 사주라는 건물의 주춧돌을 다 놓았다. 지금부터 그 위에 건물만 세우면 된다. 먼저 육신(六神) 또는 육친(六親)이라는 건물을 세우자.

사람들이 사주를 보는 이유는 출세, 돈, 결혼, 병 등 사람들의 일상생활에서 일어나는 일들이다. 이처럼 정말 알고 싶어하는 것들은 '육신'과 '십신'이라는 말〔전문 용어〕을 사용하여 설명한다. 그러므로 육신과 십신은 매우 중요하지만, 복잡하고 혼란스러워서 공부하기 어려운 부분이다.

육신(六神)

육신(六神)을 설명하기 전에 육신(六神)이라는 단어가 이상하다.

지금까지 모든 일을 木火土金水 5개의 오행으로 설명하였고 그 외에는 설명하지 않았다. 그런데 앞으로는 모든 일들은 육신(六神) 또는 육친(六親)이라는 6개의 단어를 사용하여 설명하고자 한다. 오행의 5개밖에 없는 세상이므로 5개로 설명해야지 왜 6개의 단어〔육신〕로 설명하는가?

오행 이외에 나머지 하나는 무엇인가?

① 사람은 공동체를 이루며 살아야 한다

"지구는 태양계라고 하는 공동체 내에서 활동하면서 태양을 돌고 있다. 지구는 태양계를 떠나서 살 수 없으므로 태양계와 한 몸이 되어 살고 있다".

사람들의 생활도 이와 같다. 자유스럽게 개인생활을 하고 있으면서 집안이나 회사, 국가와 같은 공동체의 일부분으로 살고 있다. 다시 말하면 사람들도 공동체 속에서 살고 있다.

왜 공동체 속에서 살아야 하나?

1 사람들은 공동체 속에서 태어났다

사람들은 태어날 때부터 공동체의 일부분으로 태어난다. 아버지, 어머니, 형제들처럼 가족의 한 사람으로 가족들과 한 가정을 이루며 살고 있다. 가족들의 도움을 받고, 가족들을 위하여 일도 하면서 살고 있다. 다시 말하면 나는 남이 도와주어서 강해지며, 이 강해진 나의 힘〔능력〕을 일을 해서 소비한다. 즉, 약해진다. 이 관계를 그림으로 설명하여 보자.

가정(공동체)

위의 그림에서 '나'는 '사람들〔입력〕'의 도움을 받아서〔입력〕, 일을 하면서〔출력〕 살고 있다.

이 관계를 사주에서는 다음 그림처럼 표현한다. 나를 도와주어서 내 능력을 강하게 하는 ①**비겁** ②**인성**이 있고, 나의 힘을 사용하여 일하는 ③**식상** ④**재성** ⑤**관성**의 5분야로 나눈다. 이 오행도의 중심에는 항상 '나'가 있다.

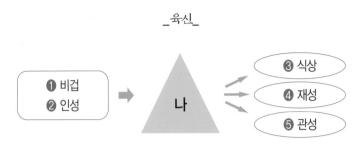

_육신_

① 비겁
② 인성
→
나
→ ③ 식상
③ 재성
⑤ 관성

이 관계를 오행으로 표현하면 다음 그림의 **(a)**와 같다. 그림 **(a)**는 사주 주인공인 일간 '나'를 중심으로 5행이 둘러싸고 있다.

나와 오행과는 어떤 관계일까? 다음 그림을 보면서 생각해 보자. 그림 **(b)**는 사주의 주인공인 일간이 木인 경우이다.

이처럼 나〔木〕와 같은 木 오행이므로 **나**의 힘이 강해진다. 이처럼 나와 같은 오행〔木〕을 '비겁'이라고 한다〔그림 **(c)**〕.

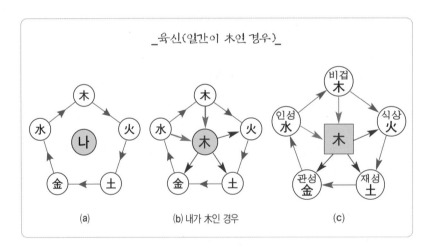

육신(일간이 木인 경우)

(a)　　　　(b) 내가 木인 경우　　　　(c)

水는 나〔木〕를 水生木으로 생조하므로 木의 힘이 강해진다 '인성'이라고 부른다. 이처럼 木과 水는 나의 힘을 강하게 하는 오행이다.

그림 (b)에서 파란색 굵은 선으로 나타내었다.

火는 나〔木〕의 기운〔에너지〕을 사용하여 일을 하므로 木生火로 나의 기운〔힘, 에너지〕을 사용하여 일을 한다. '식상'이라고 부른다.

土는 내〔木〕가 木剋土로 꽉 붙잡고 있으므로 '재성'이라고 한다.

金은 나〔木〕와 金剋木의 관계이므로 내가 金에게 꼭 붙잡혀 있는 모양이다. 그러므로 나는 金의 법과 규칙대로 일을 해야 한다. 이 金을 '관성'이라고 한다. 식상, 재성, 관성은 모두 내가 힘을 사용하여야 하므로 나의 힘이 약해진다. 그림에서 붉은색 선으로 나타내었다.

이와 같이 나를 포함하여 비겁, 인성, 식상, 재성, 관성을 〈육신(六神)〉이라고 부른다. 〈육신〉은 나와 오행과의 관계를 나타내므로 오행이 아니라 〈육신〉이다. 내가 오행을 사용하여 세상만사의 일을 한다. 이처럼 사주의 주체는 항상 '나'이므로 나를 포함하여 오행이 〈육신〉이 된 것이다. 다시 말해 사주는 항상 '나'를 중심으로 설명하고 있다. 나는 인간이므로 사주는 인간을 중심으로 하는 〈인간학〉이다.

앞으로 내가 공동체 속에서 살면서 하는 일들은 모두 육신(六神)으로 설명한다. 그러므로 육신은 대단히 중요하다. 육신의 뜻을 좀 더 상세히 알아 보자.

② 육신의 뜻

육신에서 사람의 삶을 어떻게 설명하고 있는가? 앞에서 육신의 뜻을 간략히 설명했지만 이 정도로는 부족하므로 육신을 다시 설명하여 보자. 일간이 甲木인 경우이다.

① 비겁 - 木

나와 같은 木이므로 나와 같은 사람들을 말한다. 이 사람들이 나의 힘이 되고 도와주므로 나를 강하게 하는 사람들이다. 가까운 친척들도 좋고 회사 동료들도 좋다. 비겁은 대인 관계를 말한다.

② 인성 - 水

水는 水生木으로 내가 강해진다. 내가 공부를 많이 하여 여러 가지 자격증과 학위증, 부동산 문서를 따거나 또는 어머니의 사랑과 도움도 나를 강하게 한다. 나를 생(生)한다고 표현한다. 그러므로 비겁〔木〕과 인성〔水〕은 모두 나를 강하게 하는 분야이다. 이와 같이 비겁과 인성은 모두 나의 힘과 능력을 강하게 하는 분야이다.

이와 같은 과정을 통하여 나의 힘과 능력으로 나를 강하게 한 다음, 이 힘〔에너지, 氣〕을 발산하여 일을 해야 한다.

내가 할 일은 세 종류가 있다.

③ 식상

火는 내가 가지고 있는 에너지〔능력〕를 木生火로 발휘〔설기〕하는 분야이다. 한마디로 '일'을 하는 분야이다. 말을 하거나 노래를 하는 등의 문화, 예술, 사업, 경영, 기술 등의 분야는 자기가 가지고 있는 '끼〔氣, 에너지〕'를 발산하는 일이다.

또 여자가 자식을 분만하는 일도 자기의 몸에서 에너지〔氣〕를 방출하는 것이므로 식상이라고 한다.

④ 재성

土는 木剋土로 木이 억제(剋)하는 분야이다. 내가 꼼짝하지 못하게 붙잡고 있는 분야이다. 예를 들면 돈과 같은 것이다. 이 돈으로 내가 살기 위해서 생활 필수품들을 꼭 구입하여야 한다. 생활 필수품을 구입하려면 돈은 내가 쥐고 마음대로 사용할 수 있어야 한다. 모든 필수품은 돈으로 살 수 있으므로 돈이 곧 생활 필수품이다. 이 말을 사주에서는 극(剋)한다고 한다. 다시 말하면 돈으로 산 생활 필수품을 확실히 꼼짝 못하게 움켜쥐어야 한다는 뜻이다. 남자의 경우, 돈을 버는 것처럼 여자와 결혼하여 여자를 내 사람으로 만드는 일이다. 내가 '극(剋이길 극)'한다고 하며 상대방을 억제하는 힘이다.

⑤ 관성

나의 능력과 재산을 공동체를 위하여 일하여야 한다. 내 마음대로 행동하고 사용하는 것이 아니라 공동체를 위하여 법이나 규칙에 따라서 일을 하여야 한다. 예를 들면 정치, 법관, 군인, 경찰 등은 공동체(나라, 사회, 가족)의 모두 규칙과 법을 따르면서 일을 하여야 한다.

현대에는 회사에 취직하거나 회사를 설립하여 회사의 법에 따라서 일하는 분야이다. '나를 억제한다. 또는 나를 극(剋)한다'라고 한다.

이와 같이 나를 포함하여 다섯 분야를 〈육친(六親)〉 또는 〈육신(六神)〉이라고 부른다. 이와 같은 과정을 계속 되풀이(순환)하면서, 나는 공동체 속에서 살고 있다. 즉, 나는 홀로 사는 것이 아니라 공동체와 함께 살고 있다.

③ 사주 감정하는 방법 -중간 점검-

지금까지 많은 기초 이론들을 배웠다. 그중에서 팔자(八字)의 강도를 숫자로 표현하는 방법과 육친을 공부하였다. 힘들게 고생하면서 배운 이 방법들을 이용하여 사주를 감정하는 연습해 보자. 아직까지 부족한 점이 많지만, 사주 감정하는 대략적인 감(感)을 잡아보자.

사주를 감정할 때 항상 '전체 기운의 흐름을 보면서 각 부분을 보아야 한다'고 한다. 말은 쉬우나 실제로는 매우 어렵다. 사주를 처음으로 배우는 사람들은 각 부분도 잘 보이지 않는데 어떻게 전체를 볼 수 있겠는가?

이럴 때 지금까지 고생한 '팔자의 강도를 숫자로 표현하는 방법'과 '오행도〔모형〕'가 큰 도움이 된다. 여러분은 벌써 감정하는 큰 그림〔밑그림〕을 그릴 수 있다. 사람들이 가장 관심이 많은 다음 세 분야에 대해서 조사하여 활용해 보자.

❶ 가족관계 ❷ 육친과 생활 ❸ 건강 분야

1 가족관계

사주를 감정하려면 내가 사람들과 어떤 관계에 있는지를 알아야 한다. 부모나 형제, 친구 또는 배우자와 관계 등 인간 관계는 매우 중요하고 흥미로운 분야이다. 육신과 인간 관계는 다음과 같다.

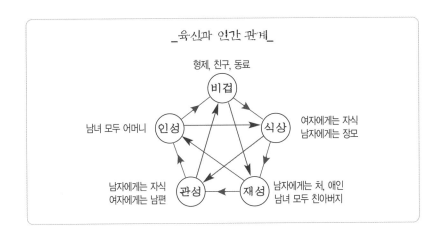

육신과 인간 관계

오행도를 활용하는 연습도 해보자. 박 대통령의 사주를 예로 들어 간단히 설명하겠다. 박 대통령의 사주에 관련된 자료들은 이미 202쪽에서 구하였다. 다음 그림은 박 대통령의 사주의 오행도와 모형이다.

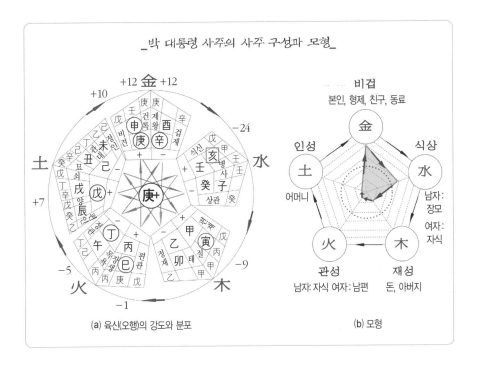

박 대통령 사주의 사주 구성과 모형

(a) 육신(오행)의 강도와 분포   (b) 모형

먼저 그림 (a)부터 설명하겠다. (a)에는 사주팔자의 강도와 분포 상태가 모두 표시되어 있다. 빨간색의 원은 천간, 파란색의 원은 지지를 나타낸다. 지지 중에서 월지는 특히 중요하므로 원 대신 사각형으로 표시하였다. 오행도에서 큰 원의 바깥에 있는 숫자들은 천간과 지지의 강도를 표시한다. 가장 가운데에 있는 작은 원 속에는 사주의 주인공인 일간이다.

그림 (b) 모형의 중앙에 붉은 점선의 원이 그려져 있다. 이 원은 어느 오행에도 치우치지 않고 가운데에서 돌고 있으므로 이상적인 '완전한 사주'를 가리킨다. 이 이상적인 경우와 실제의 사주〔연두색의 면적〕를 비교해 보면 다음과 같은 중요한 점을 쉽게 알 수 있다.

❶ 각 오행[육친]의 힘[기운]이 선천적으로 어떤 상태에 있는가를 알 수 있다

이 사주는 비겁 쪽〔金〕이 가장 강하고 재성〔木〕+관성〔火〕 쪽이 약하다. 힘이 강한 육친〔오행〕과는 관계가 많다고 하고 약한 육친〔오행〕과는 관계가 소홀하다고 감정한다. 박대통령은 비겁 부분〔金〕이 강하므로 친척·동료·친구들이 많다는 사실을 알 수 있고, 또 자식과의 관계〔火, 관성〕는 소홀하며, 돈〔木, 재성〕은 많지 않은 사람이라는 것을 쉽게 알 수 있다.

❷ 연두색 면적[사주팔자의 모형]이 주인공의 사주이다

눈에 보이지 않던 사주가 비로소 보이기 시작한다. 이 생긴 모양을 보고 이 주인공의 특징과 '기운의 흐름'을 알 수 있다. 말로 설명할 수 없는 내용들을 그림으로 쉽게 알 수 있으므로 여러 방면에 매우 요긴하게 활용할 수 있다.

예를 들면 이 사주는 오행이 모두 있으므로 오행들이 서로 상생-상극을 잘 할 수 있다. 그러므로 기운이 원활하게 순환할 수 있으므로 매우 좋은 사주라는 사실을 간단히 알 수 있다.

❸ 오행도의 위치를 본다

연두색 면적〔실제의 사주〕과 붉은색 원과 비교하여 연두색 면적이 어느 쪽에 있는가를 찾는다. 즉, 비겁+인성의 힘〔입력〕과 식상+재성+관성의 힘〔출력〕 중 어느 쪽이 강한가를 비교하여 알 수 있다.

이 사주는 붉은색 원의 위쪽〔비겁 쪽〕으로 조금 더 치우쳐 있다. 나중에 배울 예정이지만, 사주의 신강-신약 상태를 알 수 있고 아울러 어느 오행이 부족하고 어느 오행이 넘치는가를 알 수 있다. 부족한 오행은 보강하고 너무 많은 오행은 약하게 하면 완전한 사주에 가까워 질 수 있다는 점도 쉽게 알 수 있다. 따라서 나중에 사주에서 가장 중요하다고 하는 〈용신〉도 쉽게 알 수 있다.

지금까지 설명한 내용들은 각 팔자의 강약을 숫자로 표현하여 사주를 그림〔오행도〕으로 나타내었기 때문에 가능하다. 사주팔자의 각 부분뿐만 아니라 사주 전체의 작용까지도 쉽게 알 수 있다.

그동안 고생 고생하면서 팔자의 강도〔힘〕를 계산한 이유이다. 어렵고 어렵다는 사주가 비로소 눈에 보이기 시작한다. 즉, 박 대통령 사주의 가족관계는 221쪽 그림과 같았고, 앞으로 내가 살아가는 '환경'과 '건강'에 대해서도 이와 같은 방법으로 설명해 보자.

② 육친과 생활

사주를 감정할 때 가장 많이 사용하는 부분이다. 돈을 벌었는가, 취업, 결혼, 공부, 등 사람들이 일상 생활하면서 가장 궁금해하는 분야이다. 이런 분야와 육친과의 관계는 다음 그림과 같다.

그림을 이용하여 박 대통령 사주를 감정해 보자. 그림에서 연두색 면적은 박 대통령의 사주이다. 연두색 모양을 보면 이 사주 주인공의 선천적인 특성을 알 수 있다.

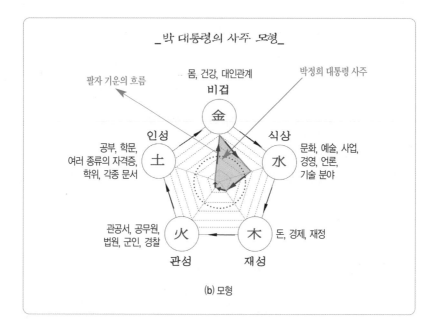

(b) 모형

위의 그림을 보면, 사주 주인공의 사주는 다음과 같이 볼 수 있다.

❶ 오행에 팔자가 거의 골고루 분포해 있으므로 지나치게 강한 부분과 지나치게 부족한 부분이 없다. 그러므로 오행의 기운이 순조롭게 순환할 수 있으므로 인생에서 크게 어려움이 없이 원만하게 살 것이다.

❷ 연두색 면적이 붉은색 원보다 金[비겁] 쪽이 강하고 재성[木]과 관성[火] 쪽이 약하다. 이처럼 庚金 일간의 비겁이 가장 강하므로 庚金과 비겁의 특징이 가장 강하게 나타난다.

주인공은 일간이 庚金이므로 성격이 차갑고 냉정하며, 의리를 중요시하고 원리 원칙적이다. 결단력이 있어서 맺고 끊음이 강하다[金]. 이같은 특성이 있는 사람이 친구, 동료가 많고 몸이 건강하다[비겁]. 그러나 재성[木]이 약하므로 돈과 여자와의 인연이 적다.

❸ 이 사주가 붉은색 원에 가까와지려면[잘 살려면] 金[비겁]의 힘을 약하게 하고 木[재성]과 火[관성]의 기운을 강하게 하면 된다. 아직은 〈운과 용신〉을 배우지 않았으므로 더 이상 말할 수 없지만, 〈운과 용신〉도 쉽게 알 수 있다.

3 건강 분야

사주를 한의학에도 활용할 수 있다고 하면 말도 되지 않는 소리라고 펄쩍 뛰는 사람들이 많다. 한의학의 뿌리는 동양철학이므로 한의학은 동양철학의 응용 분야 중 하나이다. 그러므로 동양철학을 알면 한의학의 기초 정도는 알 수 있다. 명리학[사주학]도 물론 동양철학의 응용 분야이므로 명리학과 한의학의 뿌리는 같다. 이처럼 기본 원리가 같으므로 사주학에서도 한의학의 기본적인 원리에 대하여 말해도 이상할 것이 없다.

인체 장부를 오행으로 분류하면 다음의 표와 같고, 오행도로 표시하면 다음 그림과 같다. 사주를 감정하는 가장 간단히 맛만 보자. 자세한 것은 다음에 다시 설명하겠다.

오행	木	火	土	金	水
해당 장부	간, 쓸개	심장, 소장	위장, 비장	폐, 대장	신장, 방광

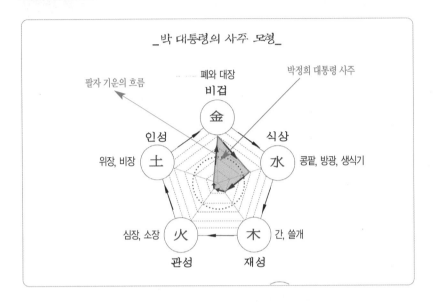

박 대통령의 사주 모형

사주를 보면 우리 몸에서 각 장부의 상태를 쉽게 알 수 있다.

예를 들어 박 대통령의 사주를 생각해 보자.

사주 주인공의 '선천적'인 건강 상태는 위의 그림과 같다. 즉, 金의 장부에 해당하는 폐와 대장은 강하고, 木의 장부인 간과 쓸개와 火의 장부인 심장과 소장은 조금 약하다. 그러나 팔자가 오행에 모두 있으므로 상생-상극이 잘 이루어져서 기운의 순조롭게 잘 순환한다. 다시 말해 건강하지만, 평소에 木과 火의 장부가 선천적으로 약하므로 이 장부를 꾸준히 보강하면서 살면 좋다.

이와 같이 인체 장부의 선천적인 강약(强弱) 상태를 한 눈에 쉽게 알 수 있다. 당장 이 장부에 병이 발생하는 것이 아니라 다른 장부보다 이 장부에 병이 생길 가능성이 많다는 것을 암시하고 있다.

이런 사실은 서양 의학에서는 도저히 알 수 없다. 서양 의학에서는 약한 장부에 병이 발생하여 측정할 수 있을 정도로 많이 악화되었을 때 비로소 알 수 있다. 그러므로 너무 늦게 발견하여 치료하기 힘든 경우가 많다.

그러나 사주에서는 선천적인 장부의 허실(虛實)뿐만 아니라 현재의 장부의 상태도 대강 알 수 있다. 운까지 공부하면 발병하는 시기까지도 알 수 있다. 요즈음 유행하는 체질론, 맞춤형 치료, 대체 의학, 예방 의학 등에도 광범위하게 응용할 수 있다. 문제는 사주 자체를 불신하여 믿지 않으려고 하는 점이다.

이상으로 사주를 감정하는 연습을 해보았다. 이와 같이 여러분은 사주를 감정할 때 가장 어려운 부분을 조금도 어렵게 느끼지 않고 아주 쉽게 해결하였다. 모두 팔자의 강도〔힘〕를 알기 때문이다. 팔자의 강도를 알려고 고생은 많이 했지만 팔자의 강도〔힘〕를 알기만 하면 사주 감정하기가 매우 수월해진다. 남들은 몇 년씩 해도 넘지 못할 고비를 여러분들은 단숨에 넘었다. 사주라는 건물의 기초와 큰 기둥을 모두 세운 상태이다. 앞으로 큰 기둥 몇 개와 작은 기둥을 더 세우고 벽와 내부 장식만 하면 된다.

십신(十神)

① 십신(十神)이란?

지금까지 육신에 대해서 설명하였다. 육신에서는 나를 포함하여 비겁, 식상, 재성, 관성, 인성의 5종류의 육신으로 분류하였다. 모든 일들을 육신으로 설명하면 전체를 포괄적으로 설명할 수 있으므로 '전체의 윤곽'을 파악하기 쉽다.

그러나 각 부분을 좀 더 상세하고 구체적으로 설명하기에는 부족한 점이 있다. 그래서 육신을 음(陰, −)과 양(陽, +)의 두 부분으로 나누어서 10개의 종류로 세분한 것이 **십신(十神)**이다. 이러한 관계를 다음처럼 그림으로 쉽게 나타내었고, 육신과 십신의 표로 정리하였다.

감정할 때, 육신과 십신을 함께 설명하면 사주 전체의 구조와 기운의 흐름뿐만 아니라 세부적이고 구체적인 작용까지도 설명할 수 있으므로 편리할 때가 많다.

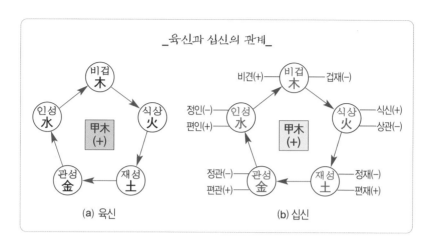

육신과 십신의 관계

(a) 육신

(b) 십신

육신과 십신

육신	뜻	뜻	십신
비겁(比劫)	일간과 같은 오행	음양이 같은 것	비견(比肩)
		음양이 다른 것	겁재(劫財)
식상(食傷)	일간이 生하는 오행	음양이 같은 것	식신(食神)
		음양이 다른 것	상관(傷官)
재성(財星)	일간이 剋하는 오행	음양이 같은 것	편재(偏財)
		음양이 다른 것	정재(正財)
관성(官星)	일간이 剋하는 오행	음양이 같은 것	편관(偏官)
		음양이 다른 것	정관(正官)
인성(印星)	일간이 生하는 오행	음양이 같은 것	편인(偏印)
		음양이 다른 것	정인(正印)

위 그림의 (a)와 (b)는 육신 (a)에서 십신이 생기는 개념을 잡기는 쉬웠으나, 그림이 너무 산만하고 복잡하여 앞으로 십신의 상생–상극 관계를 표시하기에는 매우 불편하다. 그래서 십신의 개념을 살리면서 십신 사이의 관계를 표현하기 쉽도록 다음과 같은 그림을 만들었다. 앞으로는 다음 그림으로 십신의 모든 현상을 설명하겠다.

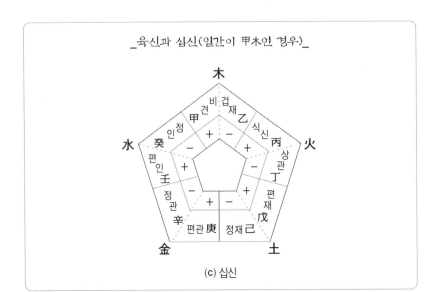

육신과 십신(일간이 甲木인 경우)

(C) 십신

229쪽 그림과 표의 내용을 다음과 같이 정리할 수도 있다.

일간이 甲木인 경우에 육신과 십신을 비교하여 보자.

█ 육신에서는...

- 나(甲木)와 같은 오행이면 ...**비겁**(比劫)
- 내(甲木)가 生하는 오행이면 ...**식상**(食傷)
- 내(甲木)가 剋하는 오행이면 ...**재성**(財星)
- 나(甲木)를 剋하는 오행이면 ...**관성**(官星)
- 나(甲木)를 生하는 오행이면 ...**인성**(印星)

█ 십신에서는...

- 나(甲木)와 같은 오행이고,　음양이 같은 것 ...**비견**(比肩)
　　　　　　　　　　　　　음양이 다른 것 ...**겁재**(劫財)
- 내(甲木)가 生하는 오행이고,　음양이 같은 것 ...**식신**(食神)
　　　　　　　　　　　　　음양이 다른 것 ...**상관**(傷官)

- 내(甲木)가 剋하는 오행이고,　음양이 같은 것 ...**정재**(正財)
　　　　　　　　　　　　　　음양이 다른 것 ...**편재**(偏財)
- 나(甲木)를 剋하는 오행이고,　음양이 같은 것 ...**편관**(偏官)
　　　　　　　　　　　　　　음양이 다른 것 ...**정관**(正官)
- 나(甲木)를 生하는 오행이고,　음양이 같은 것 ...**편인**(偏印)
　　　　　　　　　　　　　　음양이 다른 것 ...**정인**(正印)

　이와 같은 관계는 甲木 일간뿐만 아니라 모든 일간도 같으므로 다음의 표와 같이 종합 정리할 수 있다. 이 표는 모든 일간과 십신의 관계를 알 수 있다. 예를 들면 甲木 일간의 경우 비견은 甲, 겁재는 乙, 식신은 丙, 상관은 丁 …. 이처럼 모든 일간의 경우에 다음 표를 이용하여 십신을 알 수 있다.

일간과 십신

일간\십신	木		火		土		金		水	
	양(+)	음(-)	양(+)	음(-)	양(+)	음(-)	양(+)	음(-)	양(+)	음(-)
	甲木	乙木	丙火	丁火	戊土	己土	庚金	辛金	壬水	癸水
비견	甲	乙	丙	丁	戊	己	庚	辛	壬	癸
겁재	乙	甲	丁	丙	己	戊	辛	庚	癸	壬
식신	丙	丁	戊	己	庚	辛	壬	癸	甲	乙
상관	丁	丙	己	戊	辛	庚	癸	壬	乙	甲
편재	戊	己	庚	辛	壬	癸	甲	乙	丙	丁
정재	己	戊	辛	庚	癸	壬	乙	甲	丁	丙
편관	庚	辛	壬	癸	甲	乙	丙	丁	戊	己
정관	辛	庚	癸	壬	乙	甲	丁	丙	己	戊
편인	壬	癸	甲	乙	丙	丁	戊	己	庚	辛
정인	癸	壬	乙	甲	丁	丙	己	戊	辛	庚

② 십신의 상생과 상극작용

십신들이 상생-상극하는 작용은 매우 복잡하여 혼동이 심하게 일어난다. 그러나 십신 사이에서 일어나는 공통적인 법칙을 이해하면 혼동이 일어나지 않고 쉽게 이해할 수 있다. 즉,

① 사주의 구조(신강-신약사주)를 보아야 한다
② 십신은 음양 관계가 중요하다

이같은 내용을 자세히 설명하여 보자.

① 사주의 구조(신강, 중화, 신약사주)를 보아야 한다

십신은 5개의 육신을 음과 양으로 분리해 10개의 십신이 된 것이다. 육신의 상호 작용(상생-상극)도 복잡했지만 십신의 상호 작용은 훨씬 더 복잡하다. 십신이 육신보다 2배나 많아서 복잡한 것이 아니라 '사주의 구조'에 따라 음양의 작용이 심하게 변하기 때문이다. 그러므로 십신의 상호 작용을 알려면 '사주의 구조'부터 알아야 한다.

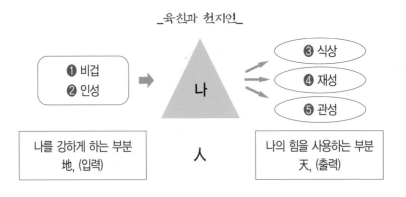

육친과 천지인

사람의 삶에서 일어나는 모든 것은 복잡하고 다양하지만 공통적으로 일어나는 현상이 있다. 예를 들면 앞의 그림처럼 음식을 먹어서 영양분을 공급받으면[입력] '내' 가 에너지로 변환시켜서[人] 이 에너지를 사용하여 일[출력]을 한다. 나를 중심으로 입력과 출력을 한다. 모두 나[공동체]를 위한 일들이다.

이런 사실들을 기초로 하여 사주의 구조를 알 수 있다. 매우 중요한 개념이다.

사람들은 태어날 때부터 입력과 출력이 같은 사람이 있다[입력≒출력]. 그러나 대부분의 사람들은 불완전하게 태어나므로 입력이 출력보다 많은 사람[입력〉출력]이나, 입력이 출력보다 적은 사람[입력〈출력]들이 있다.

다시 말해 수입과 지출이 같아졌을 때 '균형'이 잡혔다고 하면서 좋은 사주라고 한다. 이렇게 수입과 지출이 균형을 이루고 있어야 모든 기운들이 막힘이 없이 순조롭게 순환 작용을 할 수 있기 때문이다.

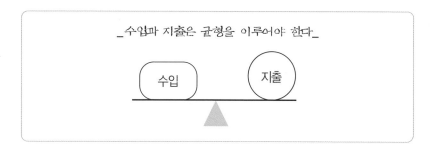

사주에서도 입력과 출력이 같아서 균형을 이루어야 모든 부분이 정상적으로 잘 움직인다. 막힘 없이 기운이 순조롭게 순환하므로 고통 없이 모든 일이 잘 된다.

그러나 인간 사회는 수입과 지출이 균형을 이루지 않고, 수입이 많거나 지출이 많아서 불균형을 이루고 있다. 불균형을 이루면 기운이 순조롭게 순환하지 못하기 때문에 고생하거나 불행해진다.

사주에서도 팔자의 기운이 균형을 이루면 〈중화(中和)〉되었다고 하면서 가장 이상적인 경우라고 한다. 수입이 지출보다 많으면 〈신강(身强)〉하다고 하고, 반대로 지출이 수입보다 많으면 〈신약(身弱)〉하다고 한다. 신강한 사주와 신약한 사주는 불균형하고 불완전한 사주이므로 균형이 잡힌 중화사주가 되려고 한다. 그래야 고통과 불행에서 벗어나 안전하고 행복해지기 때문이다.

이런 현상을 육신으로 설명하여 보자. 나를 강하게 하는 인성·비겁은 수입에 해당하고, 나의 에너지[기운]을 사용하여 일을 하는 분야, 즉 식상·재성·관성은 지출에 해당한다.

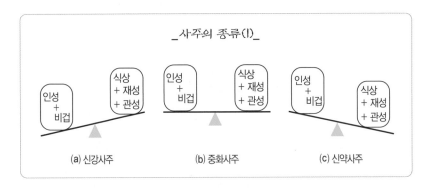

사주의 종류(I)

(a) 신강사주　　　(b) 중화사주　　　(c) 신약사주

그림의 (b)와 같이 인성+비겁과 식상+재성+관성의 힘이 같으면 〈중화사주〉라 하고, 인성+비겁〉식상+재성+관성이면 〈신강사주〉, 인성+비겁〈식상+재성+관성이면 〈신약사주〉라고 한다.

오행도에서 중화사주, 신강사주, 신약사주를 설명하여 보자.

다음 그림에서 녹색의 모형으로 중화, 신강, 신약사주를 설명하여
보자.

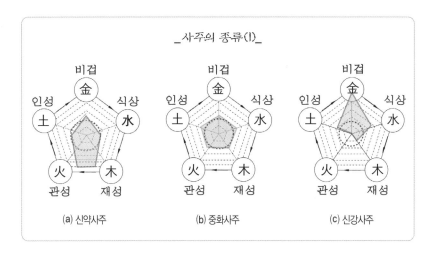

사주의 종류(I)

(a) 신약사주   (b) 중화사주   (c) 신강사주

그림에서 붉은색의 원은 오행의 힘이 엇비슷하여 입력과 출력이 비
슷한 경우이다. 나를 강하게 한 에너지를 모두 사용, 즉 100원 벌어서
100원을 사용하면서 사는 경우이다. 이런 사주는 그림 (b)와 같이 어
느 오행에 치우치지도 않고 공정하게 사는, 어느 분야를 특별히 잘
하지도 않고 또 특별히 못하지도 않으면서 평범하게 사는 사주이다.
이런 사주를 〈중화(中和)사주〉라고 하며 이상적인 사주로 본다.

(a)는 입력〔인성+비겁〕보다 출력〔식상+재성+관성〕의 힘이 강한 사
주이다. 이런 사주는 가진 것은 별로 없으면서 해야 할 일〔출력〕이 훨
씬 많은 사주이다. 몸이 신약해지는 사주이므로 〈신약(身弱)사주〉
라고 한다. 그러나 (c)의 경우는 가진 능력이나 재산은 많은데 일을
조금만 하면서 사는 경우이며 〈신강(身強)사주〉라고 한다.

사주 중에 이상적인 사주가 중화사주이므로 신강사주와 신약사주는 너무 많은 부분을 약하게 하고 부족한 부분을 보강하여 중화사주가 되어야 한다.

십신에서도 이런 현상이 강하게 일어나므로 사주의 구조를 보면서 십신의 상호 작용을 생각하여야 한다. 십신의 이름이나 단편적인 작용만 보고 사주를 감정하면 안 된다. 더 중요한 점은 전체적인 사주의 구조[신강-신약사주]와 기운의 흐름을 보면서 십신의 상생-상극 작용과 상호 작용을 감정해야 한다.

매우 복잡하지만 아주 중요한 부분이다. 십신의 상호 작용을 알려면 십신의 음양 부호의 관계를 알아야 한다. 오행도를 알지 못하면 초보자들에게는 거의 불가능한 일이다.

② 십신은 음양 부호가 중요하다

십신이 상생-상극하는 경우에는 다음 표와 같은 규칙이 작용한다. 즉, 상생하는 경우 부호가 같은 십신끼리는 약하게 그리고 부호가 다른 십신끼리는 강하게 작용한다. 상극하는 경우는 부호가 같은 십신끼리는 강하게 극(剋)하고 부호가 다른 십신끼리는 약하게 극(剋)한다.

마치 자석에서 일어나는 현상과 똑같은 현상이 일어난다. 즉, 상생하는 경우는 다른 극끼리 만나서 잡아당기는 힘이 작용하고, 상극하는 경우는 같은 극끼리는 서로 만나지 않으려고 밀쳐내는 현상과 똑같다. 이처럼 음양 부호를 모르면 십신을 이해할 수 없다.

생(生)하는 경우	같은 부호	약하게
	다른 부호	강하게
극(剋)하는 경우	같은 부호	강하게
	다른 부호	약하게

③ 생조(生助)와 설기(泄氣 또는 洩氣)

앞으로 육신이나 십신을 설명할 때 '생조한다' 또는 '설기한다'는 말이 자주 나와서 초보자들을 괴롭힌다. 먼저 생조한다와 설기한다는 뜻을 생각해 보자.

다음 그림처럼 오행의 기운이 순환하려면 각 오행이 화살표 방향으로 '들어가는 에너지〔氣〕'와 '나오는 에너지'가 있어야 한다. 들어가는 에너지를 생조(生助)한다 하고, 나오는 에너지를 설기(泄氣)한다고 한다. 이와 같이 이상한 말은 왜 생겼을까?

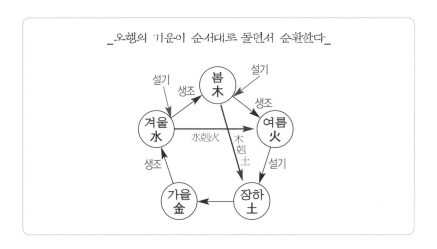

오행의 기운이 순서대로 돌면서 순환한다

예를 들어 사계절이 일어나는 과정을 생각해 보자.

봄이 온다는 말은 '겨울의 기운이 흘러나와서 봄의 기운을 도와서 만들었다'고 말한다. 기운이 흘러나온다는 말을 설기(泄氣)한다고 하고, 기운을 도와서 만들었다는 말을 생조(生助)한다고 한다. 그러므로 겨울의 기운이 '설기'하여 봄을 '생조'한다고 말하고, 또 봄의 기운이 '설기'되어서 여름(火)을 '생조'한다고 한다.

이와 같은 방법으로 사계절의 기운이 순환한다. 생조하고 설기한다는 말은 표현만 다를 뿐이고 에너지(氣)의 양은 같다. 보는 관점에 따라서 설기하였다, 생조하였다는 말을 사용한다. 또 극(剋)하는 경우도 앞의 그림에서 붉은색 글자로 나타내었다. 예를 들어 **水剋火**와 **木剋土**이다.

지금까지 육신으로 생조와 설기, 극(剋)하는 현상을 설명하였다. 육신으로는 더 이상 자세히 설명할 수가 없으나, 십신으로 설명하면 한 단계 더 상세하고 구체적으로 표현할 수 있다. 십신으로 설명하는 방법은 앞으로 자세히 설명할 예정이다.

3
각 십신의 설명

육신에 비하여 십신은 공부하기가 어렵다. 단순히 육신보다 십신의 수가 두 배 많아서 어려운 것이 아니다. 공부하기 어려운 원인은 십신은 변화가 심하게 일어나기 때문이다.

각 십신은 ❶ 십신의 '뜻'을 설명하고 ❷ 십신의 본래의 뜻은 항상 똑같은 것이 아니라 신강사주와 신약사주일 때 또 변한다. 그러므로 신강사주, 신약사주일 때 변하는 뜻에 대해서 설명하겠다.

① 비겁(比劫)−비견과 겁재

① 비견(比肩)과 겁재(劫財)

__**비견...** 비견이란 생소한 단어의 뜻부터 생각해 보자. 비견(比肩)은 '비교하다, 겨루다, 나란히 하다'라는 비(比)와 '어깨'를 나타내

는 견(肩)자가 합쳐진 말이다. 그러므로 '어깨를 나란히 하고 비교하고 겨루다'는 의미이다.

비견은 일간과 같은 오행이고 음양도 같으므로 일간, 즉 나와 비교하며 견준다는 뜻이다. 예를 들면 일간이 甲木인 경우 원국에 있는 甲木과 寅木은 비견이 된다.

비견은 나[일간]의 자존심·독립심을 나타내며, 형제·친구들과 비교하고 경쟁하는 관계이다. 사주에 비견의 힘이 강하면[비견이 많으면] 형제·친구·동료들이 많으며 건강하고, 내가 자존심과 독립심이 강하다는 뜻이다. 그러므로 남의 말을 들으려고 하지 않고 자기 마음대로 처리하려 하고 고집이 강하다. 남과 동업하지 않고 혼자 일하려는 성질이 강하다.

비견이 약하면[비견이 적으면] 허약한 체질이고 자기 주장과 독립심이 약하다. 또 자기 주위에 도와주는 형제·친구·동료도 없으므로 외롭고 고독하게 살게 된다.

__**겁재**... 겁재는 비견처럼 일간과 같은 오행이지만, 음양이 다르다. 예를 들면 일간이 甲木(+)이면 乙木(-)이나 卯木(-)이 겁재이다. 겁재(劫財)라고 하는 이름이 생소하다. 재물을 강제로 빼앗는다는 뜻이다. 그러므로 겁재는 좋지 않은 작용을 하는 십신이라고 생각하는 사람들이 많다. 그러나 나중에 다시 설명하겠지만 이 말은 잘못이다.

겁재는 나와 같은 형제·동료·친구를 나타내므로 비견과 비슷한 성질을 가지고 있다. 그러나 비견보다 경쟁적이고 투쟁적인 성질을 가지고 있으므로 부정적인 의미가 강하다. 정당한 재물이나 아내를 상징하는 정재를 극(剋)하기 때문이라고 생각된다.

② 신강-신약사주일 때의 변화

십신은 원국에서 사주팔자의 구조에 따라 좋은 작용을 하기도 하고 나쁜 작용을 하기도 한다. 신강한 사주와 신약한 사주일 때 비견, 겁재의 작용이 다르다.

__**신강사주일 경우...**__ 사주에 비겁의 뿌리가 강하거나 인성이 강하면 신강한 사주가 된다. 신강한 사주에 운(運)에서 비견이 또 오면 신강한 사주가 더욱 신강해진다. 신강해질수록 사주가 한쪽으로 편중되므로 전체 기운이 원활하게 흐르지 않으며 부작용이 심해진다.

예를 들면 자존심과 독립심이 강한 사람이 비견이 많아지면 자존심과 독립심이 더욱 강해져서 고집이 세지고 남의 말을 듣지 않고, 자기만 잘났다고 생각하며 남을 무시하기를 잘한다.

비견이 여럿 있어서 신강한 경우에는 남과 동업을 하면 자기 고집대로만 하려고 하기 때문에 동업이 잘 안 된다. 이와 같이 신강한 사주에서 비견은 좋지 않은 작용을 한다.

겁재도 비견과 비슷하다. 신강사주일 때의 겁재는 신강한 사주를 너무 강하게 하므로 좋지 않다. 즉, 신체가 건강하고 자존심이 강한 나에게 나와 비슷한 성질의 친구와 어울리는 꼴이다. 그러면 지나치게 자존심과 독립심이 강해지고 고집도 강해져서 독불장군이 된다. 모든 일을 힘으로 강하게 밀어 부치려고 하는 경향이 강해진다. 남을 무시하고 교만해진다.

이처럼 신강사주일 때는 비견과 겁재가 나쁜 작용을 한다.

__신약사주일 경우... 신약한 사람이란 선천적으로 신체가 약하거나 가지고 있는 재산은 얼마 없는데 해야 할 일이 많은 사람이다. 주위에 도와줄 사람도 적어서 외롭고 고독한 사람이다. 이렇게 신약한 사람이 출세하려고 지나치게 일을 열심히 하면 힘이 더욱 부족해져서 심하게 고생한다.

이런 신약한 사람을 친척이나 친구들이 도와준다면 얼마나 좋겠는가? 이렇게 많은 사람들이 협조하고 도와주므로 사업이 번창하고 추진력이 강해져서 능력을 인정받고 돈도 벌게 된다. 신체가 건강해지고 많은 사람들에게 인기가 좋아진다. 이와 같이 신약한 사주에게 비견은 좋은 작용한다.

겁재의 경우에도 마찬가지이다. 몸과 마음이 약한 사람에게 도와주는 사람이 생긴 것과 같으므로 이럴 때는 겁재가 좋은 작용을 한다. 건강해지고 자신감이 충만하게 되어서 모든 일을 열심히 하게 되고 또 잘된다. 그러므로 신약사주에서 겁재는 좋은 작용을 한다.

신강-신약을 고려하지 않고, 비견은 좋은 작용을 하고 겁재는 나쁜 작용을 한다고 주장하는 사람들이 많이 있다. 사주 원국에 겁재가 있으면 무조건 재산을 겁탈하므로 불길하다고 한다. 그렇지만 이 말은 잘못이다.

② 식상(食傷)–식신과 상관

① 식신(食神)과 상관(傷官)

__ **식신...** 일간과 같은 부호의 오행이고, 상관은 일간과 다른 부호의 오행이다. 예를 들어 보자. 甲木(陽, +) 일간인 경우에 같은 부호인 丙火(양, +)는 식신이고, 부호가 다른 丁火(음, −)는 상관이다.

식신과 상관[식상]은 모두 내 몸에서 기운[에너지, 끼]이 빠져 나가면서 (설기하면서) 하는 일이다. 예를 들면 노래나 말을 하거나 그림을 그리는 등 내 몸 속에서 에너지를 사용[설기]하면서 하는 일이다. 식신은 예술, 문화, 언론, 기술, 사업 등에서 일하는 것을 말하며 또 여자에게 자식을 낳는 일도 식상이다.

식신(食神)의 뜻은 '먹고 살기 위한 모든 활동'이란 뜻이다. 식신은 먹고 사는 데 필요한 돈[정재(正財)]이 생기는 원천[뿌리]이므로 좋은 의미로 해석한다. 식신이 잘 발달한 사람을 '먹을 복'이 좋은 사람이라고 하며, 높은 관직이나 사장이 부럽지 않다고도 한다.

식신은 일간과 음양이 같기 때문에 내성적이고 한 가지 일에만 몰두하기를 잘 한다. 그러므로 전문적인 장인 정신을 가지고 있다.

식신이 좋은 사람은 명랑하고 남과 친밀감이 좋으며 낙천적이다. 총명하고 의식주(衣食住) 생활에 불편한 점이 없다.

__ **상관...** 상관(−)이란 이름은 정관[남자에게는 좋은 직장, 여자에게는 남편]을 상[傷, 해롭게 또는 아프게]하게 한다고 하여 생긴 이름이다. 일간이 甲木(양, +)인 경우 부호가 다른 丁火(음, −)가 상관이다.

상관(-, 丁火)은 같은 부호인 정관(-, 辛金)을 강하게 극(剋)하기 때문에 정관을 해롭게 또는 아프게 한다고 이름 붙여진 것이다[237쪽 표 참조].

상관이 발달한 사람은 다재다능하고 순간적인 재치와 언변이 뛰어나 학자, 방송인, 예술가, 기자, 연예인이 많이 된다. 그리고 창의력이나 새로운 아이디어가 풍부하여 월급을 받는 사람보다는 창의력을 살려서 일하는 직업이 좋다. 자신의 재능을 외부에 알리기를 잘하고 말을 잘하므로 현대 사회에서는 두각을 드러내지만, 경쟁력이 지나치고 남의 기분을 상하게 하는 말도 잘한다.

② 신강-신약사주일 때의 변화

__**신강사주일 경우…** 겁재의 기운이 왕성하면 이 강한 기운들이 식신으로 설기되므로 식신의 활동이 활발해져 좋은 작용을 한다. 새로운 것을 창작·창조하여 문화, 예술, 언론, 기술 방면에서 활발하게 활동하며 능력을 인정받아 돈도 잘 벌게 된다. 의식주가 풍족하게 되고 자녀와의 인연도 깊어진다. 인성이 풍부하고 명랑·화목하여 많은 사람들을 도와준다. 그러므로 신강할 때 식신은 좋은 작용을 한다.

__**신약사주일 경우…** 몸이 약한데 주로 의식주[식신]를 위해 많은 일을 하므로 쉽게 피곤하고 고생이 많다. 일에 실패할 가능성과 건강에 이상이 생길 가능성이 많다. 무리하지 말고 내실을 다지면서 활동량을 줄여야 한다. 이처럼 신약할 때 식신은 나쁜 작용을 한다.

③ 재성(財星)-정재와 편재

① 정재(正財)와 편재(偏財)

정재와 **편재**를 합쳐서 재성(財星)이라고 한다. 재성은 내가 극(剋)하는 오행이므로 내가 지배하고 이용할 수 있는 것들을 말한다. 재성은 모두 돈[재물]과 관련된 분야이므로 다른 점보다는 같은 점이 많다. 그러므로 정재와 편재를 함께 비교하면서 설명하는 것이 이해하기 쉽다.

정재와 편재

종류	일간(甲木, +)과 음양이 같은 것		일간(甲木, +)과 음양이 다른 것	
	천간	지지	천간	지지
정재			己土(-)	丑土(-), 未土(-)
편재	戊土(+)	辰土(+), 戌土(+)		

정재와 **편재**는 일간[나]이 극[木剋土]하는 오행인 점은 같고, 음양만 다를 뿐이다. 일간과 음양의 부호가 같으면 편재이고, 다르면 정재이다. 일간이 甲木(+)인 경우, 정재와 편재는 위의 표와 같다.

정재는 부지런하고 정직하게 일하여 월급처럼 꼬박꼬박 정기적으로 들어오는 재물[돈]이고, **편재**는 주식이나 투기, 보너스, 유산처럼 갑자기 들어오는 재물[돈]이다. 정재와 편재는 모두 돈과 관련된 분야인 경제와 돈[재물]을 말하는 것은 같다. 그러나 돈을 버는 방법이나 경제를 운영하는 방법의 차이가 있을 뿐이다.

정재(正財)는 '바른 재산'이란 뜻으로 정당한 방법으로 노력하여 얻은 재물을 말한다. 월급이나 저축해서 모은 돈, 사업으로 모은 돈, 유산 등을 정재라고 한다.

편재는 남의 돈이므로 편재가 발달한 사람은 남의 돈을 굴리는 사업이 능숙하므로 사업적인 수완이 있는 사람이다. 모험적인 투자나 투기 등으로 얻는 비정기적인 재산을 말한다.

정재와 편재는 남자나 여자 모두 아버지에 해당하고, 정재는 남자에게는 정당하게 혼인한 아내, 편재는 애인과 같은 여자를 말한다. 여자의 경우에 편재는 시어머니를 뜻한다.

정재는 매사에 성실하고 근검 절약하며 정의와 의협심이 강하다. 명랑하고 결혼운이 좋다.

편재는 대범하고 똑똑하며, 빈틈이 없고 정확하며 확실하게 일을 한다. 성격이 꾸밈이 없고 담백하며, 돈을 잘 벌고 잘 쓴다.

② 신강-신약사주일 때의 변화

__신강사주일 경우... 먼저 육신으로 설명하여 보자. 신강하다는 말은 내가 건강하고 또 주위에 형제와 친구, 동료들이 많이 도와주어서 일할 수 있는 기운〔힘〕과 능력을 많이 가지고 있다는 뜻이다.

이런 사람은 가만히 있지 못하고 넘치는 힘을 써서 일을 하려고 한다. 일을 안 하고 넘치는 힘을 사용하지 않으면 오히려 병이 생긴다. 그래서 식상의 일을 하면서 돈을 벌게 된다. 땀 흘리면서 일을 할수록 몸속에 과잉으로 저장되어 있던 에너지〔힘〕가 소비되므로 신강한 사람들은 개운하고 홀가분해진다. 다시 말하면 신강한 사람이 돈을 쓰면 쓸수록 몸과 마음이 좋아진다.

정재나 편재나 재성이 좋은 작용을 한다는 것은 일을 열심히 하여 돈을 번다는 말이다. 정재가 좋다는 뜻은 정기적으로 들어오는 월급을 꼬박꼬박 저금하여 재산이 축적된다는 말이고, 편재가 좋은 작용을 한다는 말은 투자나 투기를 모험적으로 하여 돈을 벌었다는 뜻이다. 그러므로 재성이 좋은 작용을 한다는 말은 어느 경우나 열심히 일을 하여 돈을 벌었다는 뜻이다.

__**신약사주일 경우...** 몸도 약하고 능력도 부족한 사람〔신약한 사람〕이 돈을 벌려고 하면 얼마나 고생이 심하겠는가! 그래도 용기를 내서 억지로 돈을 벌려고 하면 병이 생겨서 오히려 돈이 나가게 된다.

재성이 나쁜 작용을 한다는 말은 손해를 본다는 말이다. 정재가 나쁜 작용을 하였다는 뜻은 꼬박꼬박 저축하였던 돈이 없어졌다는 말이고, 편재의 경우는 증권이나 투자한 돈이 손해를 보았다는 말이다. 이처럼 신약한 경우에는 편재나 정재가 모두 나쁜 작용을 한다.

④ 관성(官星) – 정관과 편관

① 정관(正官)과 편관(偏官)의 구별

관성은 두 종류로 나뉘어진다. 일간〔甲木〕과 음양이 같으면 편관〔庚金〕, 음양이 다르면 정관〔辛金〕이라고 한다. 편관과 정관의 종류는 다음 표와 같다.

일간이 甲木(+)인 경우 다음 표와 같이 편관(+)은 庚金(천간, +)과 申金(지지, +)이고, 정관은 辛金(천간, −)과 酉金(지지, −)이다.

정관과 편관(일간이 甲木인 경우)

종류	일간(甲木, +)과 음양이 같은 것		일간(甲木, +)과 음양이 다른 것	
	천간	지지	천간	지지
정관			辛金	酉金
편관	庚金	申金		

① 정관과 편관의 뜻

관성〔정관과 편관〕의 가장 큰 특징은 일간〔나〕을 극(剋)한다는 것이다. 이 말은 관성이 일간〔甲木〕을 지배한다〔억누른다〕는 뜻이므로 일간이 자기 마음대로 행동하지 못하고 관성이 하라는 대로 해야 한다는 말이다. 다시 말해 일간〔나〕이 자기 마음대로 회사나 국가를 운영하면 안 되고, 헌법과 같은 공동체〔국가, 회사, 가정〕의 법규를 준수하고 관습대로 살아야 한다는 말이다.

정관은 일간과 음양이 다르기 때문에 기꺼이 법과 규칙을 따르는 것이고, 편관은 음양이 같기 때문에 억지 또는 강제로 법과 규칙을 따르는 것이다. 마치 정관은 아들이 어머니 말을 잘 듣고 순종하는 것과 같고, 편관은 아들이 아버지에게 복종하여 엄하게 따르는 것과 같다.

남자나 여자에게 관성은 국가와 직장〔회사〕를 나타낸다. 정관은 일반적인 직장이나 공무원이지만, 편관은 법을 다루는 법관이나 경찰, 군인 등의 직장에 다니게 된다.

여자에게 관성은 남편에 해당하는데, 정관은 올바르고 다정다감한 남편이지만 편관은 다소 무뚝뚝하고 고지식한 남편이다. 남자에게 정관과 편관은 자식에 해당하며, 모두 사랑스러운 자식인 점은 같지만 표현 방법이 다르다.

정관은 준법정신이 뛰어나고, 모든 일을 공평하고 착실하게 처리하는 모범 공무원과 같이 행동한다. 편관은 의리가 강하고 옳다고 생각하면 손해를 보아도 행동한다. 사교성이 부족하고 옳은 일은 타협하지 않고 밀고 나간다. 군인, 법관, 경찰관과 같은 행동을 한다.

정관이나 편관은 일간〔나〕이 마음대로 하지 못하고 회사나 국가의 법과 규칙에 억매이게 하므로 불편한 점은 같다. 더구나 편관은 일간과 같은 음양이므로 사이가 좋지 않다. 그러므로 사회〔공동체〕가 엄하고 강제로 꼼짝 못하게 하고, 때로는 구속을 하거나 소송을 하기도 하며 심하면 감옥에 가두는 일도 한다. 그러므로 편관은 불안하고 무섭다. 편관이 강하고 나쁘게 작용하는 것을 '칠살(七殺, 七煞)'이라고 부르고, 십신 중 가장 무섭고 흉한 십신이라고 한다.

일간이 **甲木**인 경우 편관〔칠살〕은 **庚金**이다. 사주 원국에 **庚金**이 있거나 운에서 들어오면 흉칙한 칠살이 있기 때문에 매우 흉한 일이 생긴다고 간명하는 사람들도 있다. 앞에서도 여러 번 설명했듯이 칠살〔편관〕은 항상 나쁜 작용을 하는 것이 아니라, 사주의 구조〔신강, 신약〕나 주위 십간들과의 상호 관계에 따라 좋은 작용을 하는 편관으로 변할 수도 있다. 그러므로 편관을 항상 불길한 십신으로 생각하는 것은 잘못이다.

③ 신강-신약사주일 때의 변화

__**신강사주일 경우...** 신강하다는 말은 일간의 능력과 힘이 너무 강하여 모든 일을 자기 마음대로 처리하려고 한다는 의미이다. 고집불통이고 독불장군이다. 이런 사람은 법이나 규칙을 어기면 법으로 제재를 가하여 일정한 범위 속에서 활동하도록 하여야 한다. 그래도 자주 법을 어기면 감옥에 가두어서라도 신강한 사람을 교화하여야 한다. 관성은 이런 작용을 하므로 좋은 작용을 한다.

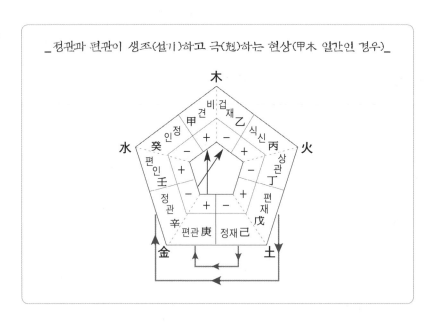

정관과 편관이 생조(설기)하고 극(剋)하는 현상(甲木 일간인 경우)

__**신약사주일 경우...** 일간이 건강도 좋지 않고 능력도 부족한데 편관과 정관이 법이나 규칙을 따르라고 강제하거나, 심하면 구금하고 때리는 등 엄한 벌을 내리면 신약한 일간이 얼마나 괴롭겠는가! 일간 甲木과 음양이 다른 정관(陰, -)은 그래도 인정이 있지만, 음양이 같

은 편관은 인정사정보지 않고 일간을 괴롭히고 고생시키며 죽이려 할지도 모른다. 신약할 때 편관은 칠살이라고 하며, 저승사자처럼 무섭다. 이와 같이 신약할 때 관성〔정관과 편관〕은 항상 나쁜 작용을 한다.

⑤ 인성(印星) – 정인과 편인

인성의 '印'은 '도장, 찍힐 인' 자이며 '서류에 도장을 찍는다'는 뜻이다. 그러므로 박사 학위, 여러 가지 자격증, 부동산의 문서를 소유한다는 의미이다. 여러 학문에 공부를 많이 하고 부동산을 취득하여 명예를 높이고 존경받는 인품을 갖춘다는 말도 된다. 조용히 앉아서 생각을 많이 하고 정신적인 지혜를 쌓고 또 참신한 아이디어로 창조적인 일을 계획하기를 잘한다.

인성이 이런 여러 가지 문서와 명예와 존경을 갖춘다면 문화, 예술, 기술, 언론과 같은 분야에서 일할 수 있는 능력이 향상된다. 즉, 인성이 비견〔나〕를 도와주므로 비견〔나〕의 힘이 강해진다.

① 편인(偏印)과 정인(正印)

인성은 음양에 따라 편인과 정인으로 나누어지며, 다음 표와 같다.

편인과 정인(일간이 甲木인 경우)

종류	일간(甲木, +)과 음양이 같은 것		일간(甲木, +)과 음양이 다른 것	
	천간	지지	천간	지지
편인	壬手(+)	亥手(+)		酉金(−)
정인			癸水(−)	子水(−)

편인은 일간과 음양 부호가 같기 때문에 서로 밀어내고, **정인**은 일간과 음양의 부호가 다르기 때문에 서로 잡아당긴다. 그러므로 편인은 일간(나, 甲木)과 부정적인 면이 강하게 나타나고, 정인은 긍정적인 면이 많다.

예를 들면 **정인**은 어머니와 자식들이 항상 따뜻한 정을 주고 받는 사이라면, **편인**은 어머니와 자식이 멀리 떨어져 살아서 정과 사랑이 조금 부족한 사이이다.

정인은 일반적인 학문, 예술, 언론, 기술 분야의 공부를 많이 하는 반면 **편인**은 남들이 생각하지 않는 특별한 생각을 많이 하므로 특별한 분야에서 창조적인 아이디어가 발달한다. 도사나 철학자, 종교인이 많다.

정인의 성정은 지혜가 많고 총명하여 학문이 높아서 다른 사람으로부터 신망이 두텁다. 그러나 **편인**은 편파적인 성격이 농후하여 특별한 분야에서 특수한 교육을 하는 사람들이 많다.

② 신강−신약사주일 때의 변화

__**신강사주일 경우...** 신강하다는 뜻은 일간 甲木의 힘과 능력이 많다는 의미이다. 인성(정인과 편인)은 이런 일간(甲木)을 생조하는 작용을 한다. 힘과 능력이 강한 일간(甲木)에게 인성이 또 힘을 생조하면 일간의 힘은 더욱 강해진다. 인성이 많이 생조하면 할수록 일간(甲木)의 힘은 더욱 강해져 자존심과 자만심이 강해진다. 세상에서 자기만 제일 잘났다고 생각하게 하고 남을 무시하고 건방지게 된다.

그러므로 신강한 사주에서 인성〔정인과 편인〕은 일간〔甲木〕에게 나쁜 작용을 한다.

__**신약사주일 경우...** 신약하다는 말은 일간 甲木이 힘과 능력이 부족하여 남에게 의지하면서 살아야 한다는 의미이다. 이런 경우에 인성이 있으면 일간 甲木을 생조하여 일간 甲木의 능력과 힘이 강해진다. 그러므로 신약할 때 정인이나 편인이나 인성은 좋은 작용을 한다.

이상으로 각 십신의 뜻을 설명하였고, 신강-신약할 때 뜻이 변하는 원리와 길흉(吉凶) 관계를 설명하였다. 각 십신이 좋고 나쁜 작용을 하는 것은 처음부터 정해진 것이 아니라 신강-신약 사주에 따라 변한다는 사실을 확실히 알기를 바란다.

그러므로 겁재·상관·편재·편관〔칠살〕은 원래부터 좋지 않은 작용을 하는 십신이고, 나머지 십신〔비견·식신·정재·정관·정인〕은 좋은 작용을 하는 십신이라고 미리 정해 놓고 감정하면 안 된다.

4

십신의 변화

① 십신에서 생조와 극(剋)이 일어나는 법칙

지금까지 십신은 사주의 구조[중화·신강·신약]에 따라 그 역할이 변하였다. 십신은 상생-상극할 때도 또 변한다. 이처럼 사주는 복잡하고 오묘하다.

육신에는 음과 양이 없으므로 간단했지만 십신은 음과 양이 있기 때문에 더욱 복잡하다. 십신 하나하나의 뜻도 중요하지만, 십신 상호 관계가 더 중요하다. 이처럼 십신의 상호 관계가 복잡하므로 상호 관계는 소홀히 하고 대부분의 사람들은 십신 하나하나의 뜻만 중요하게 생각하고 감정한다. 그러므로 정확하게 감정하기가 매우 힘들다. 상호 관계가 매우 중요하지만 복잡하기 때문이다.

십신들이 만났을 때 무질서하게 아무렇게나 변하는 것이 아니라 앞에서 다루었던 것처럼 다음의 표와 같이 규칙적으로 변한다. 그러므로 이 표만 잘 알고 있으면 십신의 변화도 쉽게 이해할 수 있다.

십신의 상호 작용

생(生)하는 경우	같은 부호	약하게
	다른 부호	강하게
극(剋)하는 경우	같은 부호	강하게
	다른 부호	약하게

십신이 효율적으로 생조〔설기〕하거나 극(剋)할 때는 위의 표와 같이 생각하면 된다. 즉, 생조할 때는 음양의 부호가 같으면 약하게 일어나고 음양의 부호가 다르면 강하게 일어난다. 그러나 극할 때는 음양의 부호가 같으면 강하게 일어나고 다르면 약하게 일어난다. 이와 같이 십신들은 음양을 이용하여 효율적으로 생조〔설기〕하고 상극한다.

② 각 십신이 생조(설기)하는 변화

육신으로 비겁〔비견과 겁재〕을 강하게 하려면 간단히 인성으로 생조하면 된다. 그러나 좀 더 효과적으로 비겁을 강하게 하려면 어떻게 해야 할까?

① 비견과 겁재를 효과적으로 변화시키는 방법

십신으로 강하게 하려면 비겁과 인성을 더 세부적으로 나누어야 한다. 즉, 비겁은 비견과 겁재의 두 종류가 있고 인성도 편인과 정인두 종류가 있다. 그러므로 비견과 겁재를 따로따로 강하게 하는 방법을 찾아야 한다.

일간이 甲木인 경우를 생각해 보자.

인성은 정인 癸水(陰, −)와 편인 壬水(陽, +) 두 종류가 있다. 인성이 비견(甲木, +)을 생조하여 강하게 하려면 癸水(陰, −)와 壬水(陽, +) 중에서 어느 것이 효과적일까? 다시 말하면 어느 인성이 비견 甲木을 더 강하게 도와줄 수 있을까? 255쪽의 표를 적극적으로 이용하여야 한다.

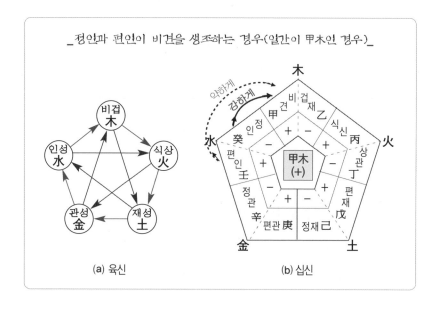

정인과 편인이 비견을 생조하는 경우(일간이 甲木인 경우)

(a) 육신   (b) 십신

방법은 음과 양의 부호를 따져서 부호가 같으면 서로 밀쳐내고 부호가 다르면 서로 잡아당긴다는 현상(255쪽 표 참조)을 이용하면 된다. 즉, 陽(+)인 비견 甲木은 부호가 다른 陰(−)인 癸水와 서로 잡아당기고, 같은 陽(+)인 壬水(+)와는 서로 밀어내려고 한다. 그러므로 비견

甲木(+)은 정인 癸水(-)의 도움〔생조〕을 많이 받지만, 편인 壬水(+)는 도움을 조금 받는다.

다시 말해 정인 癸水(-)는 부호가 다른 甲木(+)으로는 에너지〔기운〕가 잘 흐르지만, 같은 부호인 겁재 乙木(-)으로는 많이 흐르지 않는다. 그러므로 편인 壬水(+)보다 정인 癸水(-)가 甲木(+)을 더욱 강하게 한다는 사실을 알 수 있다. 앞의 그림 (b)에서 이런 사실을 굵은 선과 점선으로 구분하여 표시하였다.

그러나 겁재인 乙木〔陰木, -〕인 경우는 어떻게 될까?

일간이 乙木인 경우에도 인성의 부호를 따져서 생조하도록 해야 한다. 즉, 乙木(-)은 음목〔陰木, -〕이므로 부호가 다른 양〔陽, +〕水인 壬水로 생조하여야 한다. 부호가 같은 음〔陰, -〕水인 癸水로 생조하면 조금만 생조하기 때문이다.

십신을 사용하려면 항상 부호를 따져야 하므로 복잡해진다. 그러나 실제 생활에 이용할 수 있도록 구체적이고 상세히 알 수 있다.

2 구체적인 예

지금까지는 이론적으로 설명하였으므로 논리적으로는 이해할 수 있어도 실감나지 않을 것이다. 공감할 수 있는 예를 몇 개 들어보자.

❶ 성격을 효율적으로 변하게 할 수 있다

선천적으로 태어날 때 사주 원국에 있는 것들, 예를 들면 외모와 성격 등은 변하지 않는다. 외모는 확실히 알 수 있으나 성격의 특징은 알 수 없는 경우가 많다. 그러나 십신을 활용하면 성격을 좀 더 확실히 알 수 있을 뿐만 아니라 나쁜 성격을 효율적으로 교화(敎化)할 수 있다. 십신을 이용하여 어떻게 가르쳐야 효과적일까? 무조건 잘해주기만 한다고 잘 가르치는 것이 아니다.

비견과 겁재의 경우부터 생각하여 보자.

사주 원국에 비견이 없거나 약한 사람...이런 사람들은 자기 주장과 독립심이 약하다. 어려운 환경을 뚫고 뻗어 나가려는 계획과 추진력이 부족하여 남의 의견에 의존하고 따라 하려고 한다. 또 형제와 친구의 도움도 없이 외롭게 살 가능성이 많은 사람들이다. 이런 사람들을 십신을 이용하여 어떻게 효율적으로 가르쳐야 할까?

비견이 약한 사람들에게는 인성 중에서 편인보다 정인이 더 효과적이다. 256쪽 그림 (b)에서 알 수 있는 것처럼 같은 부호끼리는 약하게 생조하지만, 다른 부호들은 강하게 작용하기 때문이다.

그러므로 특별한 분야를 가르치는 것〔편인, +〕이 아니라 어머니처럼 항상 따뜻한 정과 보살핌으로 융통성 있게 정인(-)처럼 가르치고 도와주어야 한다. 또 일반적인 학문, 예술, 언론, 기술 분야의 공부를 하도록 도와주어야 한다.

사주 원국에 겁재가 부족하거나 없는 사람...이런 사람은 자기 주장이나 독립심이 부족한 것은 비견과 같다. 그러나 경쟁적이고 투쟁적인 면이 약하여 자기가 가지고 있는 재산을 지키기 어렵다. 그러므로 시작은 하여도 크게 성장하지 못한다.

이런 사람은 인성 중에 정인보다 편인이 더욱 효과적이다. 즉, 따뜻하고 사랑으로 감싸주는 도움보다는 독특한 사고 방식과 아이디어를 가지고 창조성을 중요시하는 교육이 더 효과적이다. 특별한 분야에서 특수한 직업을 갖도록 도와주어야 더욱 효과적이다.

이와 같이 사람에 따라 도와주는[생조해주는] 방법이 달라야 한다. 모든 사람들을 똑같이 전통적인 학문이나 기술만 가르치려고 하지 말고 그 사람의 특성에 알맞게 가르쳐 주어야 한다. 모든 사람을 사랑해 주는 것만이 행복하게 하는 것이 아니라 어떤 사람에게는 매정하고 엄하게 대하는 것이 더 행복하게 해줄 때도 있다.

❷ 십신과 신체의 장부

사주로 체질이나 건강에 도움을 줄 수 있다는 내용은 설명한 적이 있다[226쪽 참조]. 앞에서는 육신으로 사람의 장부에 대하여 설명하였지만, 지금은 십신으로 설명하여 보자.

십신과 장부

	木		火		土		金		水	
천간	甲	乙	丙	丁	戊	己	庚	辛	壬	癸
장부	담(쓸개)	간장	소장	심장	위장	비장	대장	폐	방광	신장

앞[226쪽 참조]에서는 인체의 장부를 육신으로 분류했지만 위의 표에서는 십신으로 분류하였다. 예를 들면 육신에서 담(쓸개)과 간장은 모두 木이라고 하였으나, 십신에서는 木을 음과 양으로 나누어서 담(쓸개)은 甲木[陽, +]이고 간장은 乙木[陰, -]이다.

일간이 甲木인 경우 비견은 甲木(陽, +)이므로 담(쓸개)이고, 간장은 乙木에 해당한다. 먼저 비견인 담(쓸개)의 작용이 약하여 병이 생길 위험이 있는 경우를 생각해 보자.

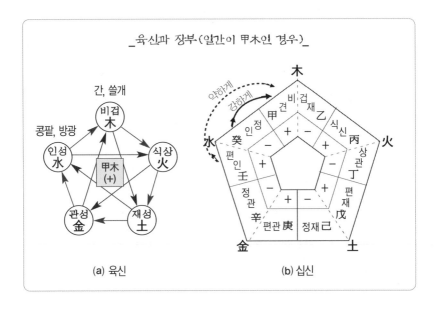

육신과 장부(일간이 甲木인 경우)

(a) 육신

(b) 십신

담(甲木)을 효과적으로 강하게 하는 방법을 생각해 보자.

먼저 육신으로 설명해 보자. 담(쓸개)을 직접 강하게 할 수 있다. 또 인성(水)이 木(비겁)을 생조하여 담(쓸개)을 간접적으로 강하게 할 수도 있다(水生木). 예를 들면 육신에서는 인성에 해당하는 그림 (a)처럼 水를 강하게 하여 비견(담)을 강하게 할 수 있다고 말할 수밖에 없다.

그러나 십신으로 치료하면 壬水와 癸水의 약 중에 어느 약이 효과가 좋은지를 알 수 있다.

壬水(陽, +)와 癸水(陰, -) 중 어느 水가 더 효과적일까?

그림 (b)에 표시하였듯이 甲木(담)은 부호가 陽이다. 부호가 같은 壬水

(+)보다는 부호가 다른 癸水(−)가 더 많이 甲木(+)을 생조한다. 이처럼 십신으로 설명하면 육신보다 더 효과적으로 말할 수 있다. 또 陰木인 간을 강하게 하려면 같은 부호인 癸水(−)보다는 다른 부호인 壬水(+)로 보강하여야 더 강하게 할 수 있다.

사주적인 치료 방법

병이 생기면 약을 먼저 생각하지만, 사주학에서도 치료에 도움을 줄 수 있는 방법이 몇가지 있다. 그중 하나가 계절[달]도 병의 치료에 도움을 줄 수 있다고 한다. 다시 말해 병은 계절[달]에 따라 좋아졌다 더 나빠졌다 한다. 육친으로만 생각해 보면 木의 장부인 간이나 쓸개는 가을에 치료하는 것보다는 봄에 치료하면 더욱 효과적이다.

그러나 십신으로 보면, 같은 봄이라도 陽(+)의 달과 陰(−)의 달에 따라 효과가 달라진다. 육신으로 설명하면 봄에 좋아진다고 말하지만, 십신으로 설명하면 봄 중에서 좋아지는 달까지 알 수 있다. 예를 들어 보자.

간[陰, −]을 좋게 하려면 陽의 달인 인월(寅月)이 陰의 달인 묘월(卯月)보다 효과적이다. 담(쓸개, 陽)을 강하게 하려면 陽의 달인 인월(寅月)보다 陰의 달인 묘월(卯月)이 더 좋다.

일년 중에 아무 때나 간을 치료하는 것보다는 卯月에 치료하면 효과가 더 좋다는 말이다. 현대인들에게는 도저히 믿겨지지 않는 일이다.

지금까지 설명한 것처럼 사주학도 질병의 치료에 도움을 줄 수 있다.

❸ 인성의 종류에 따라 생조하는 힘이 다르다

육신으로 감정할 때 원국에 '인성이 강한 사람은 공부를 많이 한 사람이다' 라고 한다. 인성(印星)의 '인(印)'은 도장을 의미하기 때문에 인성이 많다는 말은 도장이 찍힌 문서[학위증이나 자격증, 부동산 문서 등]를 많이 가지고 있다는 말이다. 이런 사람은 능력이 많은 사람이다.

육신으로 감정하면 이렇게 감정할 수밖에 없다. 그러나 십신으로 감정하면 어떻게 될까? 비견이 甲木[陽, +]인 사람은 부호가 다른 癸水[陰, -]와는 친하므로 많은 에너지가 甲木(+)을 생조한다. 그러나 壬水[陽, +]는 비견 甲木[陽, +]과 같은 부호이므로 서로 좋아하지 않는다. 그러므로 壬水(+)는 癸水(-)보다 적은 에너지를 비견 甲木(+)으로 보내어 생조한다.

결국 비견이 甲木일 경우, 공부를 많이 한 인성[水]이 강하다고 항상 비견 甲木이 강해지는 것이 아니라 인성의 종류에 따라 도움을 많이 받기도 하고 적게 받기도 한다. 甲木[陽, +]과 부호가 다른 정인인 癸水가 있을 때만 강해지고, 부호가 같은 편인인 壬水는 정인[癸水]만큼 큰 도움이 되지 않는다.

정인인 癸水로 생조를 받았다는 것과 편인인 壬水로 공부한 차이는 무엇일까? 癸水는 정인이므로 정인의 생조를 받았다고 하면 일반적인 학문을 많이 공부한 사람이다. 그러나 편인인 壬水의 생조를 많이 받았다고 하면 기발한 아이디어로 창조성이 강한 학문을 공부했다는 뜻이다.

이와 같이 십신으로 설명하면 좀 더 자세하고 구체적으로 설명할 수 있다. 사주를 활용할 수 있는 범위가 넓어지고 정교해진다.

겁재도 같은 방법으로 설명할 수 있고, 또 나머지 십신의 경우도 생조[설기]하는 원리는 같으므로 생략한다.

③ 십신이 극(剋)하는 변화

일간이 甲木인 경우, 비견[甲木]과 겁재[乙木]가 극(剋)하는 현상을 조사해 보자[263쪽 그림 참조].

❶ 木[비견, 겁재]은 木剋土하므로 土[정재, 편재]를 억제하고,

❷ 金[정관, 편관]은 木[비견, 겁재]을 金剋木으로 억제한다(a)

① 비견 甲木이 극하고, 극을 당하는 경우

다음 그림을 보면 쉽게 이해할 수 있을 것이다. 먼저 비견 甲木과 겁재 乙木이 土[정재, 편재]를 극[억제]하는 경우부터 조사해 보자.

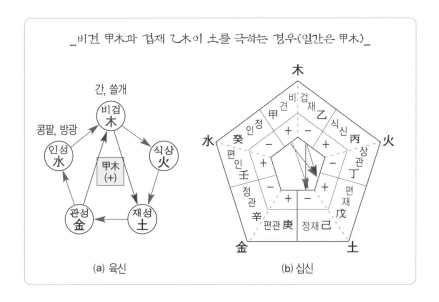

비견 甲木과 겁재 乙木이 土를 극하는 경우(일간은 甲木)

(a) 육신

(b) 십신

육신으로 보면 木은 土를 무조건 억제하려고 하지만(a), 십신으로 보면(b) 음양 관계로 극하는 정도가 다르다. 즉, 甲木(陽)은 같은 부호인 편재(陽, +) 戊土를 강하게 극(剋)하고, 부호가 다른 정재 己土를 약하게 조금 극한다. 사람들도 같은 남자(陽, +)끼리 만나면 경쟁하거나 투쟁하지만, 남자(陽, +)와 여자(陰, -)가 만나면 사이가 좋아진다. 모두 같은 원리이다.

앞의 그림 (b)에서 강하게 극하면 굵은 선으로, 약하게 극하면 점선으로 나타내었다. 다시 말해 비견 甲木(+)은 부호가 같은 편재 戊土(+)를, 겁재 乙木(-)은 부호가 같은 정재 己土(-)를 강하게 억누른다(剋).

그러나 비견 甲木(+)은 부호가 같은 편재 戊土(+)를 강하게 억제한다. 겁재 乙木(-)은 편재 戊土(+)를 부호가 다르기 때문에 약하게 억누른다. 예를 들면 타일러서 못하게 하는 정도로 약하게 억누른다는 말이다. 이 관계를 앞의 그림 (b)에서 강하게 극하면 굵은 선으로, 약하게 극하면 점선으로 나타내었다.

다음은 비겁이 관성으로부터 극을 당하는 경우를 생각해 보자.

육신에서는 간단히 나타내지만(265쪽 그림 (a)), 십신에서는 비겁이 甲木과 乙木으로 분리되고 관성도 정관과 편관의 두 종류가 있기 때문에 복잡해진다(265쪽 그림 (b))

십신에서 비견과 겁재가 정관과 편관으로부터 극을 당하는 현상을 조사하여 보자(265쪽 그림 (b)). 정관 辛金(-)은 부호가 같은 겁재 乙木(-)을, 편관 庚金(+)은 비견 甲木(+)을 강하게 억제한다. 그러나 정관

辛金(-)은 부호가 다른 비견 甲木(+)을 약하게 조금 극한다.

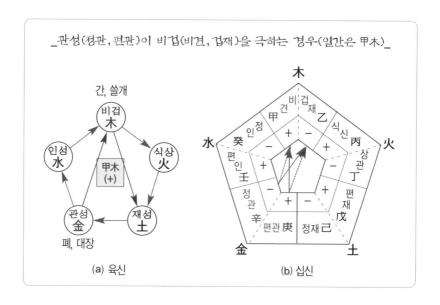

관성(정관, 편관)이 비겁(비견, 겁재)을 극하는 경우(일간은 甲木)

(a) 육신 (b) 십신

지금까지 비견 甲木과 겁재 乙木이 극(剋)을 하고 극을 당하는 경우에 대해 생각해 보았다. 십신은 어느 경우나 다음과 같은 표의 원리가 항상 적용된다. 그러므로 다른 십신의 경우 모두 같은 방법으로 설명할 수 있다. 중요하므로 한 번 더 강조하였다.

십신이 생조하고 극하는 현상

生(설기)하는 경우	같은 부호	약하게
	다른 부호	강하게
剋하는 경우	같은 부호	강하게
	다른 부호	약하게

지금까지의 설명은 복잡하고 길어서 피곤하고 혼동도 심하게 일어난다. 그러나 십신 상호간의 생조, 설기, 극하는 관계는 사주를 실제로 간명할 때 반드시 필요하므로 잘 이해하여야 한다.

지금까지는 이론적으로만 설명하였기 때문에 너무 딱딱하고 실감이 나지 않을지도 모르겠다. 각 십신의 본래의 뜻과 가족관계, 신체의 장부에 대입하여 활용하면 재미있고 신기하여 사주 속에서 헤어나지 못할 지경이 된다. 사주의 참맛을 알 수 있다.

제5부
합(合)과 충(沖)

天地人 四柱學

천지인 사주학

사주를 공부할 때 넘어야 할 또 하나의 고비가 〈합(合)·충(沖)〉이다. 지금까지 공부한 내용은 규칙과 법칙에 따라 질서 정연하게 변하기 때문에 설명하기 쉬운 편이었다. 그러나 천간과 지지의 여덟 글자들이 서로 〈합(合)·충(沖)〉하면서 글자가 가지고 있는 힘[강도]이 변하고, 또 다른 글자로 변하기도 하고, 심하면 없어지기도 한다.

　이처럼 여덟 글자들이 일정한 규칙과 법칙도 없이 변할 때도 많으므로 지금까지 고생하면서 정리한 사주팔자의 세상이 크게 흔들리고 혼란에 빠진다. 많은 경험이 필요하므로 합하고 충하는 예를 많이 소개하였다.

　합과 충 이외에 '형(刑)'과 여러 종류의 살(殺, 煞)도 중요하므로 배워야 한다. 그러나 이 책은 초보자들을 위한 책이므로 가능한 한 빨리 사주를 감정할 수 있도록 안내하는 것이 목적이다. 그러므로 사주의 기초이론을 중심으로 큰 줄거리에 대해서만 설명하였다. 형이나 살에 대해서는 다른 책들을 보고 배우기를 바란다.

1

하늘에서 일어나는 일이 땅에서도 일어난다

지구에서 일어나는 모든 변화는 태양에서부터 시작된다. 태양 에너지가 발산되면 먼저 하늘[天, 대류권]에 있는 공기가 이 에너지를 받아서 가열되고 냉각된다. 또 하늘에 있는 공기는 지구가 자전함에 따라 지구와 함께 같이 돌면서 모이기도 하고 흩어지기도 한다. 이처럼 공기[천간]가 오행 작용을 하는 과정에서 공기끼리 합하기도 하고 충돌하기도 한다. 이런 현상을 '천간의 합(合)과 충(沖)'이라고 한다.

태양 열을 받아서 공기[천간]가 오행 작용을 한 다음에 태양의 에너지가 지구에 도달한다. 지구도 자전과 공전함에 따라 태양의 빛과 열을 받아서 4계절−12개월의 변화가 일어난다. 지구 위에서도 이런 변화가 일어나는 과정에서 지지들이 합하기도 하고 충돌하기도 한다.

이처럼 태양에서 방출하는 에너지[氣]는 지구를 둘러싸고 있는 공기[하늘]에서 먼저 받는다. 그러면 공기가 오행 작용을 하면서 '10천간의 합과 충'을 한다. 땅[地]에서도 빛과 열을 받아서 하늘[공기]에서 일어나는 현상과 유사하게 4계절-12개월의 오행 작용을 한다. 그 과정에서 '지지의 12합과 충'의 변화가 일어난다.

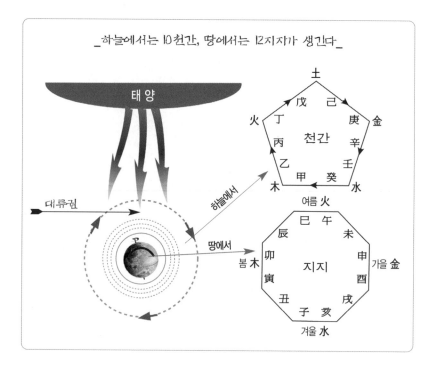

하늘에서는 10천간, 땅에서는 12지지가 생긴다

다시 말해 하늘[天]에서 천간의 오행들이 합과 충의 작용을 하고, 땅[地]에서도 지지의 오행들이 합과 충의 작용을 한다. 이처럼 하늘에서 일어나는 일이 땅에서도 일어난다.

① 천간과 지지가 합(合)하고 충(沖)하는 차이

천간은 수증기처럼 하늘을 자유롭게 떠돌아다니는 에너지(氣)라고 하였다. 그러므로 활발하고 자유로우며 반응 속도가 빠르고 순간적이며 강력하다. 천간들끼리 합하기도 잘하고 헤어지기도 잘하지만, 저장되어 있는 에너지가 없으므로 모든 일이 지속하는 힘이 부족하다.

지지는 몇 종류의 천간들이 행동이 느려져서 엉키고 뭉쳐서 결합되어 있다. 많은 양의 천간들이 지지 속에 저장되어 굳어 있으므로 지지는 천간들의 창고이다. 다량의 천간들이 한번 지지로 뭉쳐지면 쉽게 흩어지지 않고 단단하게 결합되어 있다.

그러나 외부에서 강한 충돌을 하면 지지가 붕괴된다. 그 속에 있던 지장간들이 공중으로 튀어 나와서 천간으로 되돌아간다. 이 천간들도 다른 천간들과 합과 충을 할 수 있다.

지지는 천간처럼 자유롭고 활발하지는 못하지만, 내부에 많은 에너지를 저장하고 있으므로 결합되어 있는 힘이 매우 강하다. 그래서 지지들이 충돌하면 큰 변화가 일어난다.

② 천간과 지지는 따로따로 합과 충을 한다

천간과 지지는 따로따로 존재하면서 영향을 주고 받지만, 직접 합(合)과 충(沖 부딪칠 충)을 하지는 않는다. 다시 말해 원칙적으로 천간이 지지를 합(合)하거나 충(沖)하지 않고, 지지도 천간과 합하거나 충하지 않는다. 천간은 보이지 않는 에너지(氣) 상태이고, 지지는 천간들이 모이고 굳어져 눈에 보이는 물질의 상태이기 때문이다. 에너지와 물질이 직접 합하거나 충할 수는 없다.

그러나 특별한 경우, 즉 지지를 충(沖)하면 지지가 분해되어 지장간들이 밖으로 튀어 나와서 흩어진다. 이런 경우에 지장간들이 천간과 합하는 경우도 있으나, 천간이 지지를 직접 합(合)하거나 충(沖)하지는 않는다.

③ 음과 양의 영향이 강하게 일어난다

천간의 합(合)과 충(沖)은 이상하게 '상극(相剋)'하는 오행 사이에서 일어난다. 그러나 항상 상극하는 것이 아니라 음양이 다르면 합(合), 음양이 같으면 충(沖)을 하려고 한다.

천간의 합은 자유분방한 기운(에너지)끼리 합하므로 합하였다가 환경이 변하면 쉽게 헤어지기도 한다. 그러므로 합하는 강도가 지속적으로 강하지는 않다.

사람으로 말하면 서로 어울릴 수 없는 상극 관계의 합이므로 서로 생각이 다른 사람끼리 합하는 경우이다. 그러나 천간의 합은 서로 음과 양이 다르기 때문에 마음이 통한다. 마음이 통할 때, 즉 정신적인 활동을 할 때는 잠시 친해질 수도 있다. 그러나 환경이 바뀌면 금방 헤어지기도 한다.

천간의 합과 충의 예를 들어 보자.

오행(육신)으로 설명할 때는 木은 土를 억제(木剋土)하고 金은 木을 억제(金剋木)한다고 하였다. 그러나 오행을 음과 양으로 나누어서 10개의 천간으로 하였을 때는 다른 변화가 일어난다. 천간 사이에 음과 양이 강하게 작용하기 때문이다.

즉, 甲木(+)과 己土(-)는 甲木이 己土를 억제[木剋土]하려고 한다. 그러나 甲木(+)과 己土(-)는 음양이 다르기 때문에 甲木(+)과 己土(-)는 화합하여 甲己合 土의 합(合)을 한다. 아무리 싸우고 있는 사이라도 남자와 여자가 만나면 싸우지 않고 합하려고 하는 경향이 있는 경우와 같다.

그러나 양과 양, 음과 음처럼 같은 음양이 만나면 서로 경쟁하고 싸운다. 甲木(+)과 음양이 같은 庚金(+)도 싸우고[金剋木], 乙木(-)과 음양이 같은 辛金(-)도 싸운다[金剋木]. 그러므로 갑경충(甲庚沖), 을경충(乙庚沖)의 충(沖)을 한다. 천간의 합과 충은 이런 방식으로 일어난다.

이런 현상은 사람들 사이에서만 일어나는 것이 아니라 우주에서 일어나는 모든 변화에서 공통으로 일어난다. 예외도 하나 있다. 즉, 戊土와 己土는 같은 土이므로 친할 것 같은데, 음양이 다르기 때문에 싸우므로 무기충(戊己沖)을 한다. 그러므로 무기충(戊己沖)은 가장 약한 충이다.

천간과 지지의 합과 충에 대하여 세부적으로 설명하여 보자.

④ 천간의 합(合)과 충(沖)

오행이 음(陰)과 양(陽)으로 나뉘어 10개의 천간이 되었으므로 10개의 천간도 음양이 있다. 천간합은 상극하는 오행의 천간들이 음과 양이 짝이 되어 결합한다.

甲己土의 경우를 생각해 보자. 甲木과 己土는 서로 상극[木剋土]하는 사이지만, 양(+)의 甲木과 음(-)의 己土는 음양이 다르므로 결합하여 합이 된다.

천간합과 충은 항상 합과 충을 하는 것이 아니다. 주위의 여건[통근여부]에 따라 합하기도 하고 충하기도 하므로 주위의 여건에 민감하다. 그러므로 천간의 합과 충은 까다롭지만, 짧고 신속하게 작용하는 점이 특징이다. 일반적으로 지지의 합과 충보다 약하게 작용하고, 합은 하지만 변하지 않는 경우도 있고, 또 합과 충을 하지 않는 경우도 많다. 세심하게 살펴야 한다.

① 천간합(天干合)
천간합은 다음과 같이 5종류가 있다.

甲己合 土...양(+)인 甲木이 음(-)인 己土와 합을 하여 土로 변한다. 木은 土를 극(剋)하는 관계이다[木剋土]. 그러므로 木과 土가 싸우면서 음양(陰陽)이 결합하는 이상한 합이다. 결합할 뿐만 아니라 甲木과 己土가 합해서 土로 변하려고 한다. 변하는 경우도 있고 변하지 않는 경우, 또는 약하게 붙어 있기만 하는 경우 등 변화가 심하다. 甲己土뿐만 아니라 다른 合도 마찬가지이다.

丙辛合 水...양(+)인 丙火가 음(-)인 辛金과 합을 하여 水로 변한다. 火는 金을 극(剋)하는 관계[火剋金]이므로, 火가 金과 싸우면서 음양(陰陽)이 결합하는 합이다.

戊癸合　火...양(+)인 戊土가 음(-)인 癸水와 합을 하여 火로 변한다. 火는 金을 극(剋)하는 관계이다〔土剋水〕.

乙庚合　金...음(-)인 乙木이 양(+)인 庚金과 합을 하여 金으로 변한다. 乙木과 庚金은 극(剋)하는 관계이다〔金剋木〕. 木이 金과 싸우면서 陰木과 양금(陽金)이 합을 한다.

丁壬合　木...음(-)인 丁火가 양(+)인 壬水과 합을 하여 木으로 변한다. 丁火와 壬水는 극(剋)하는 관계이다(水剋火). 火가 水와 싸우면서 陰火인 丁火(-)와 陽水인 壬水(+)가 합을 한다.

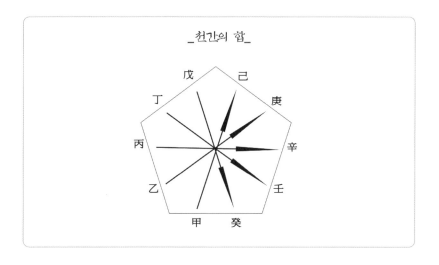

천간의 합

천간의 합은 항상 이렇게 일어나지 않는다. 합을 할 때도 있고 합하지 않을 때도 있다. 그러므로 천간의 합은 판단하기 어렵지만, 다음과 같은 기준으로 생각하면 대체로 무난하다. 즉, '천간이 얼마나 강하게 통근하고 있나' 하는 점을 살펴야 한다. 다음의 표처럼 지지에 강하게 통근하고 있는 천간은 합을 하려고 하지 않고, 통근하지 못하여 약한 천간들만 합을 한다.

천간합의 기준

	천간	지지
年	○	○
月	甲	寅
日	己	○
時	○	○

(a) 甲己合을 안 한다

	천간	지지
年	○	○
月	甲	子
日	己	○
時	○	○

(b) 甲己合을 안 한다

	천간	지지
年	○	○
月	甲	午
日	己	○
時	○	○

(c) 甲己合을 한다

위의 표에서 (a)를 생각해 보자. 월간 甲木과 일간 己土가 근접해 있고, 월지에 寅木이 있는 경우이다. 이 경우에는 甲木이 寅木에 통근하고 있으므로 甲木의 힘이 강하다. 이렇게 甲木의 힘이 강해지면 甲木은 己土와 합(合)을 하여 土로 변하지 않는다. 즉, 甲己合 土의 천간합을 하지 않는다. 합을 하지 않고 甲木처럼, 己土처럼 본래의 오행 그대로 작용한다.

(b)의 경우에도 子水가 甲木을 생조하므로 甲木의 힘이 강해지기 때문에 합을 하지 않는다. 그러나 (c)의 경우에 午火는 甲木의 뿌리가 되지 않으므로 甲木의 힘이 약하다. 이런 경우에는 甲己合 土의 천간합을 하여 土로 작용한다. 즉, 甲木은 木의 오행이 아니라 土로 변한다.

이와 같이 천간이 지지에 통근(생조)하면 천간의 힘이 강해져 천간합을 하지 않는다. 천간이 지지에 연결되지 않고 자유롭게 있을 때만 천간합을 한다. 이외에도 천간합과 충을 하는 경우와 하지 않는 경우는 많이 있다.

② 천간충(天干沖)

천간충은 극(剋)하는 오행 사이에서 일어나며 양간(陽干)과 양간(陽干), 음간(陰干)과 음간(陰干)이 만났을 때 충(沖)이 일어난다. 그러므로 木오행을 극(剋)하는 金오행 중에서 갑경충(甲庚沖)과 을신충(乙辛沖), 火오행을 극(剋)하는 水오행 중에서 병임충(丙壬沖)과 정계충(丁癸沖)이 생긴다. 그 외에도 양토(陽土)와 음토(陰土)가 만나서 생기는 무기충(戊己沖)이 있다.

천간충도 천간 사이에 충돌과 싸움이 일어나지만 그 힘이 미약하다. 단지 일간과 충(沖)을 하였을 때만 영향이 크게 나타난다.

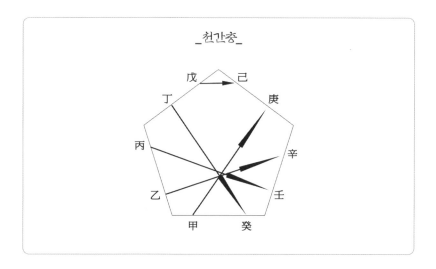

천간충

⑤ 지지의 합(合)과 충(沖)

천간의 합과 충은 변화가 빠르고 직접적이다. 그러나 지속되는 힘이 짧고 변화가 심한 단점이 있다. 반면에 지지의 합과 충은 힘이 강하고 오랫 동안 유지될 수 있기 때문에 영향이 크다.

① 지지의 합

지지는 12개가 있으므로 두 개씩 결합하면 6개의 합이 생긴다. 이를 ❶육합(六合) 또는 지합(地合)이라고 한다. 3개의 지지가 결합한 것을 ❷삼합(三合)이라고 하며 4종류가 있다. 이 삼합 중 2개의 지지가 모여서 결합된 ❸반합(半合)이 있고, 방위가 같은 지지 셋이 모여서 합을 하는 ❹방합(方合)이 있다.

이처럼 지지의 합은 크게 나누어서 4종류가 있다. 4종류의 지지합에는 여러 종류의 지지합이 있는데 하나하나 알아보자.

① 육합(六合) 또는 지합(支合)

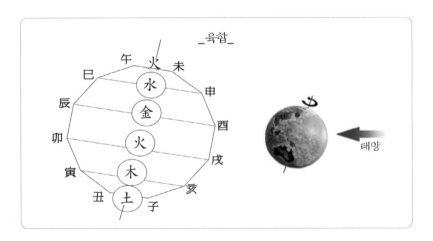

육합은 다음과 같이 6종류가 있다.

> 자축합 토(子丑合　土)
>
> 인해합 목(寅亥合　木)
>
> 묘술합 화(卯戌合　火)
>
> 진유합 금(辰酉合　金)
>
> 사신합 수(巳申合　水)
>
> 오미합 화(午未合　火)

육합은 이처럼 두 개의 지지가 합을 한다. 예를 들어 **자축합 토(子丑合 土)**의 경우 子水와 丑土가 합을 하면 土로 변하고 子水와 丑土의 성질은 없어진다. 이와 같이 두 개의 지지가 결합하는 합을 육합(六合)이라고 한다. 그러나 육합은 천간합처럼 합만 하느냐 아니면 합하여 다른 오행으로 변하느냐(化한다고 한다)가 중요하다. 다른 합도 마찬가지이다.

지지의 육합에 대해서는 여러 가지 다른 이론들이 있다. 위와 같이 설명하는 사람들도 많이 있으나, 合만 하고 다른 오행으로 변하지 않는다는 사람들도 있다. 결합력이 매우 약하여 큰 영향은 없고 다만 참고만 할 정도라는 사람들도 있다. 또 午와 未는 합을 하는 것이 아니라 대단히 더운 여름철에 해당하므로 火가 강한 상태이고, 子와 丑도 土가 아니라 매우 추운 겨울이기 때문에 합을 하지 않고 단지 水의 성질이 강하다고 주장한다.

육합은 다음에 설명하는 삼합과 방합보다는 결합하는 힘이 매우 약하다는 것은 확실하고, 주위의 여건에 따라 영향을 많이 받는 合이라고 생각된다. 예를 들어 寅亥合 木의 경우 보통은 寅木과 亥水가 약하게 결합하여 일부만 木으로 변하고 나머지는 寅木과 亥水 상태 그대로 행동한다. 그러나 주위에 木이 강해지는 분위기이거나 또는 근접하여 가까이 있는 경우 또는 木오행들이 많으면 木으로 合하는 것으로 생각된다.

육합은 이처럼 어정쩡한 합이라고 생각된다. 육합하는 오행 중 하나가 월지에 있거나, 왕지〔子水·卯木·午火·酉金〕인 경우, 가까이 인접하여 있는 경우, 천간에 투출한 경우 등은 결합하는 힘이 강해질 것으로 생각된다.

② 삼합(三合)

삼합은 지지 중 동일한 성격을 가지고 있는 3개의 지지〔지장간〕가 모여서 하나의 '국(局, 판, 마을)'이라고 하는 팀을 만든다. 예를 들면 인오술 화국(寅午戌 火局)은 寅木의 지장간 중 중기인 丙火와 午火의 지장간인 丙火, 丁火 그리고 戌土의 지장간 중 중기인 丁火가 모여서 '火의 집합체'를 만든다.

또한 寅木은 '생지'〔生地, 장생, 天〕, 午火는 '왕지'〔旺地, 제왕, 地〕, 戌土는 '묘지'〔墓地, 墓, 人〕가 모두 모여서 하나의 단체〔생명체〕를 형성한 강력한 합(合)이 된다. 어찌 되었던 삼합(三合)의 힘은 매우 강력하다.

삼합은 다음과 같이 4종류가 있다.

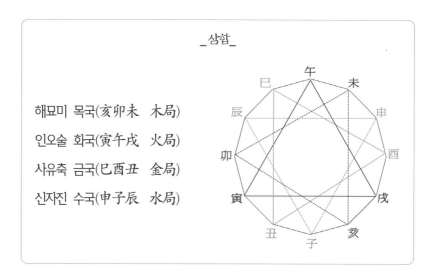

_삼합_

해묘미 목국(亥卯未　木局)
인오술 화국(寅午戌　火局)
사유축 금국(巳酉丑　金局)
신자진 수국(申子辰　水局)

③ 반합(半合)

삼합을 이루는 3개의 지지 중에서 2개만 있어도 '반합(半合)'이 형성된다. 예를 들어 亥卯未 木局의 삼합에서 亥-卯, 卯-未, 亥-未의 2개의 지지만 있어도 반합이 성립한다. 2개의 지지로 형성된 반합은 삼합에 비하여 강도〔힘〕가 약하지만 육합보다는 강하다.

반합 중에서도 왕지와 결합한 반합〔亥-卯, 卯-未〕만 반합이 성립하고, 왕지가 아닌 2개의 지지로 된 것〔亥-未〕은 결합력이 가장 약하다.

반합의 경우에도 ❶왕지가 월지에 있는가 ❷천간에 투출되어 있는가 ❸옆에 근접하여 붙어 있는가에 따라 강도가 변한다. 이런 현상은 다른 반합에도 동일하다〔287쪽 지지합의 크기를 정하는 기준 표 참조〕.

반합의 종류는 다음과 같다.

...해묘미 목국(亥卯未 木局) 중 亥-卯, 卯-未(亥-未는 반합이 안 된다)

...인오술 화국(寅午戌 火局) 중 寅-午, 午-戌(寅-戌은 반합이 안 된다)

...사유축 금국(巳酉丑 金局) 중 巳-酉, 酉-丑(巳-丑은 반합이 안 된다)

...신자진 수국(申子辰 水局) 중 申-子, 子-辰(申-辰은 반합이 안 된다)

4 방합(方合)

방합은 동서남북의 방위가 같은 지지들이 모여서 이루어진 합(合)을 말한다. 방합도 삼합처럼 3개의 지지가 결합하여 합이 된 것이지만 삼합과는 많이 다르다. 예를 들어 인오술 화국(寅午戌 火局)의 삼합은 火가 있는 寅·午·戌 3개의 지지들이 모여서 이루어진 합이다.

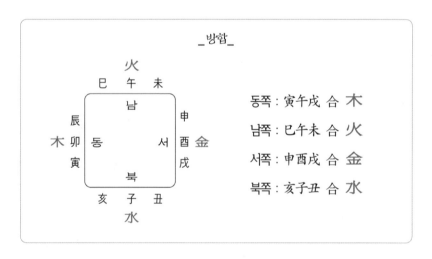

_방합_

동쪽 : 寅午戌 合 木
남쪽 : 巳午未 合 火
서쪽 : 申酉戌 合 金
북쪽 : 亥子丑 合 水

그러나 巳午未 방합은 火의 기운이 강한 남쪽에 있는 巳·午·未 3개의 지지들이 모여서 이루어진 합이며 '방위합'이라고도 한다. 다시 말해 삼합은 뜻을 같이 하는 친구들이 모인 합이라면, 방합은 한 가족 세 명이 모인 합이다.

寅午戌 삼합은 소속이 다른 寅木·午火·戌土의 지지[친구]가 火를 중심으로 뭉쳐 있지만, 巳午未 방합은 火[남쪽]의 가족들이 뭉친 것이다. 삼합은 공동의 이익을 위하여 뭉친 회사나 조직과 같은 합이므로 합을 이루고 있을 때는 강한 힘을 나타내지만 흩어지면 각각의 오행으로 분산된다. 그러나 방합은 火의 집안 사람들이므로 합쳐 있을 때나 흩어져 있을 때나 항상 같은 火의 특징을 갖는다.

합을 구성하고 하고 있을 때는 삼합과 방합은 대단히 강한 결합력을 가지며 작용하는 힘도 매우 강하다. 삼합은 2개만 있어도 반합이 형성되어 강한 힘을 발휘한다. 삼합은 결합력이 강하여 삼합을 구성하고 있는 오행의 순서[위치]에 관계 없이 원국에 3개의 오행이 있으면 삼합이 된다.

그러나 방합은 3개가 모두 있고 또 가운데에 있는 왕지가 월지에 있을 경우에만 방합이 성립된다. 방합은 2개만 있으면 방합이 성립되지 않는다. 항상 3개의 오행이 있을 때만 방합으로 인정된다. 방합은 삼합보다 까다롭다.

방합이나 삼합을 비롯한 모든 합은 원국에서는 성립되지 않았더라도, 운(運)에서 부족한 오행이 오면 다시 성립된다.

일반적으로 힘이 가장 강한 합은 삼합과 방합이다. 두 번째로 강한 합은 2개의 지지로 구성되어 있는 반합(半合)이고, 육합이 가장 약하다. 하지만 경우에 따라서 이 순서가 바뀔 수도 있다.

⑥ 지지합의 강도를 구하는 방법

지금까지 설명한 것처럼 지지의 합에는 육합·삼합·반합·방합의 4종류가 있다. 이 4종류의 합이 결합하고 있는 힘[강도]를 비교해 보자. 지지의 합이나 충이 결합하는 힘[강도]은 항상 일정하지 않고 조건에 따라 심하게 변하므로 일률적으로 정할 수 없다. 합과 충은 변화가 심하기 때문에 이해하기 어렵고 공부하기도 까다롭다.

조건에 따라 합(合)들의 강도가 변하는 '정도'를 말로 설명하면 복잡하고 부정확하여 이해하기 어렵다. 혼동이 심해지기 때문이다. 그래서 '정도'를 필자 나름대로 '숫자[점수]'로 표현하는 방법을 생각하였다. 이 방법을 실제 감정에 사용해 본 결과 심한 혼동이 일어나지 않고 쉽게 사용할 수 있어서 대단히 좋았다.

① 지지합의 조건

지지의 합은 조건에 따라 매우 불규칙하고 무질서하게 변한다. 예를 들면 寅亥合 木의 경우, 寅木과 亥水가 결합하여 모두 木으로 변하는 경우도 있다. 그러나 대부분의 지지합은 일부분만 변하고 나머지는 그대로 있는 경우가 가장 많다. 또 어느 때는 거의 합을 하지 않는 경우도 생길 수 있다.

어느 정도 합을 하느냐에 따라 팔자의 '강도'가 변하기 때문에 합이 변화하는 현상을 꼼꼼히 따져야 한다. 합이나 충은 원국에 있는 오행의 힘에 큰 영향을 미치므로 매우 중요하다.

지지합은 변화가 심하므로 모든 변화를 다 설명할 수는 없다. 그러나 이런 변화의 소용돌이 속에서도 몇 가지 '기준'을 정해 조사해 보면 대략적인 변화의 세계를 어림잡을 수 있다.

  ❶ 합한 오행이 천간에 투출되어 있는가? 또 천간의 장소도 중요하다

  ❷ 같은 합 중에서도 월지에 있는 합이 매우 강하다

  ❸ 합에서 가장 중요한 중심 오행이 월지에 있는가?

  ❹ 합하는 글자들의 거리

  ❺ 합하는 글자 사이에 합을 방해(극)하는 오행이 있으면 합이 성립되지
    않는다

이 중에서 4개의 기준을 다음 표처럼 정하고, 그 기준에 따라 점수를 배정(%)했다. 이 점수를 모두 합하여 합의 대략적인 강도[결합력]를 점수(%)로 정했다. 이 점수(%)를 원국에 있는 지지의 힘에 곱하면 지지가 합을 했을 때의 종합적인 지지의 강도를 대충 알 수 있다.

지지합의 크기를 정하는 기준

	천간에 투출				중심 오행이 월지에 있는 합		중심 오행이 있는 합		합하는 글자들의 거리		
	시간	일간	월간	연간	○	×	○	×	근접	1칸	2칸
삼합 방합	10	10	20	5	30	0	30	10	30	20	0
반합	10	10	20	5	10	0	20	10	20	10	0
육합	5	5	10	0	10	0	20	0	10	0	0

  ※ 방합은 중심 오행이 월지에 있어야 성립한다.
  ※ 육합의 경우, 합을 방해(沖)하는 오행이 중간에 있으면 슴이 안 된다.
  ※ 100%는 100으로 정한다.

지금부터 지지합의 크기를 정하는 기준의 표를 알아보자.

❶ 천간에 투출되어 있는가?

같은 합이라도 합하여 새로 생성된 오행이 천간에 투출되어 있는 합이 더 강하게 작용한다. 예를 들어 寅亥合 木의 육합을 생각해 보자.

이 합은 寅木과 亥水가 결합한 합이지만, 단순히 寅木과 亥水가 결합되어 있는 경우(a)보다 합을 하여 새로 생긴 木이 천간에 투출되어 있을 때(b)가 더 강하다.

다시 말하면 다른 합에 비해 조금 약한 육합이라고 해도 천간에 투출되어 있는 육합은 잘 분해되지 않고 활동적인 합이 된다.

천간에 투출되어 있는 합이 강하다

	천간	지지
年	※	※
月	※	寅
日	※	亥
時	※	※

(a)

	천간	지지
年	※	※
月	甲	寅
日	※	亥
時	※	※

(b)

천간에 투출되어 있는 육합 중에서도 위의 표에 표시한 것처럼 월간에 투출되어 있을 때가 가장 강하다(10%). 그 다음이 일간과 시간이고 (5%), 연간에 투출되어 있는 경우가 가장 약하다(0%).

육합 이외의 방합·삼합·반합의 경우에도 이런 현상은 같지만, 점수 (%)의 차이만 있다. 즉, 방합·삼합·반합의 경우에는 월간에 투출했을 경우가 20%, 시간과 일간에 투출하면 10%, 연간에 투출하면 5% 정도 강해진다.

이와 같이 지지합은 천간에 투출했을 경우가 투출하지 않은 경우보다 결합되어 있는 강도가 강하다. 그리고 월간에 투출되어 있을 경우가 가장 강하고 활동적이다.

❷ 같은 합 중에서도 월지에 있는 합이 강하다

월지가 가장 강한 이유를 생각해 보자. 연지·월지·일지·시지 중에서 태양의 힘을 상징하는 지지는 월지이다. 그러므로 월지의 힘이 가장 강하고 그다음이 일지와 시지이고, 연지가 가장 약하다.

이와 같이 월지의 힘이 월등하게 강하므로 월지에 연결[통근]되어 있는 합(合)의 힘이 가장 강하다. 같은 합이라도 월지에 연결되어 있는 합(合)이 가장 강하게 작용한다. 다음과 같이 배열된 인해합 목(寅亥合木)의 경우를 생각해 보자.

지지합의 위치에 따라 강도가 다르다

	천간	지지
年	※	寅
月	※	亥
日	※	※
時	※	※

(a)

	천간	지지
年	※	※
月	※	※
日	※	寅
時	※	亥

(b)

	천간	지지
年	※	※
月	※	寅
日	※	亥
時	※	※

(c)

위와 같이 배치된 **寅亥合木**의 육합 중에서 가장 강한 합은 (c)이고, 가장 약하게 결합되어 있는 합은 (b)이다. (a)와 (c)는 모두 월지에 연결되어 있는 육합이지만, 연지−월지의 합(a)보다 월지−일지의 합(c)이 강하다. 일지가 연지보다 강하기 때문이다.

육합(六合)의 경우, 월지에 배열되어 있는 합의 점수를 10(%)이라고 하였다. 반합(半合)의 경우도 같다. 삼합과 방합의 경우에는 항상 월지에 연결되어 있으므로 점수(%)를 30(%)으로 정하였다.

지지합의 크기를 정하는 기준

	천간에 투출				중심 오행이 월지에 있는 합		중심 오행이 있는 합		합하는 글자들의 거리		
	시간	일간	월간	연간	○	×	○	×	근접	1칸	2칸
삼합 방합	10	10	20	5	30	0	30	10	30	20	0
반합	10	10	20	5	10	0	20	10	20	10	0
육합	5	5	10	0	10	0	20	0	10	0	0

❸ 왕지(旺地)가 '월지'에 연결되어 있는 합이 가장 강하다

12개의 지지 중에서 子水, 卯木, 午火, 酉金은 각 계절에서 가장 강한 지지이다. 이런 지지를 왕지(旺地)라고 부른다. 합 중에서 왕지(旺地)가 있는 합[반합]이 강하고, 그중에서도 왕지(旺地)가 월지에 있는 합이 가장 강하다(30%).

巳酉丑 삼합의 배열 방법의 종류

	천간	지지
年	※	巳
月	※	酉
日	※	丑
時	※	※

(a)

	천간	지지
年	※	※
月	※	丑
日	※	酉
時	※	巳

(b)

	천간	지지
年	※	丑
月	※	酉
日	※	巳
時	※	※

(c)

	천간	지지
年	※	巳
月	※	酉
日	※	丑
時	※	※

(d)

	천간	지지
年	※	※
月	※	巳
日	※	酉
時	※	丑

(e)

※ 삼합은 배열 방법에
관계없이
항상 성립한다

巳酉丑 金局 삼합의 경우, 巳酉丑이 배열되어 있는 방법은 (a)~(e)까지 여러 가지가 있다. 이 중에서 왕지인 酉金이 월지에 있는 (a)의 삼합이 가장 강하게 결합되어 있다(30%). (b), (c), (d), (e)는 왕지가 월지에 없으므로 약한 삼합이다(10%).

亥子丑 수국(水局)의 방합(方合)인 경우

	천간	지지
年	※	亥
月	※	子
日	※	丑
時	※	※

(a)

	천간	지지
年	※	丑
月	※	子
日	※	亥
時	※	※

(b)

※ 방합은 (a)처럼
왕지가 월지에 있어야
성립한다. 나머지
지지는 순서에
관계없이 성립한다

_巳酉 반합(半合)인 경우_

	천간	지지
年	※	巳
月	※	酉
日	※	丑
時	※	※

(a)

	천간	지지
年	※	酉
月	※	巳
日	※	※
時	※	※

(b)

	천간	지지
年	※	※
月	※	巳
日	※	酉
時	※	※

(c)

같은 巳–酉 반합의 경우 왕지(旺地)인 酉金이 위의 표 (a)처럼 월지에 배열되어 있을 경우가 가장 강하다(20%). 월지에 배열되어 있지 않은 반합의 강도는 조금 약하다(10%).

卯戌合 火의 육합(六合)인 경우

	천간	지지
年	※	※
月	※	卯
日	※	戌
時	※	※

(a)

	천간	지지
年	※	※
月	※	※
日	※	卯
時	※	戌

(b)

	천간	지지
年	※	※
月	※	戌
日	※	卯
時	※	※

(c)

육합의 경우에도 왕지가 월지에 있는 육합이 가장 강하다(20%). 나머지 육합은 매우 약하다(0%).

❹ 합하는 글자 사이의 거리

사주에서 '거리의 영향'에 대하여 자주 나온다. 그만큼 중요하다. '가깝고 멀다'라는 뜻은 사주 원국에서 글자 사이의 거리를 말한다. 보통 사람들이 생각하고 있는 것보다 영향이 훨씬 크기 때문에 반드시 고려해야 한다. 예를 들어 寅亥合 木(육합)의 경우를 생각해 보자.

寅亥合 木의 육합인 경우

	천간	지지
年	※	※
月	※	寅
日	※	亥
時	※	※

(a)

	천간	지지
年	※	※
月	※	寅
日	※	※
時	※	亥

(b)

	천간	지지
年	※	寅
月	※	※
日	※	※
時	※	亥

(c)

(a)처럼 寅木과 亥水가 가까이 근접하여 있으므로 결합력이 강하여 木으로 변한다. 그러나 (b)처럼 한 칸 떨어져 있으면 결합력이 급속히 약해지고, (c)처럼 두 칸 떨어져 있으면 결합이 거의 안 된다고 생각된다. 결합이 안 된다는 말은 寅木과 亥水가 합(合)을 하지 않고 따로따로 독립적으로 작용한다는 말이다.

_酉-丑合 金의 반합(半合)인 경우_

	천간	지지
年	※	※
月	※	酉
日	※	丑
時	※	※

(a)

	천간	지지
年	※	※
月	※	酉
日	※	※
時	※	丑

(b)

	천간	지지
年	※	酉
月	※	※
日	※	※
時	※	丑

(c)

다음에는 酉-丑合 金 반합의 경우를 생각해 보자.

사주 원국에 酉金과 丑土가 (a)처럼 인접하여 있으면 合하여 金이 생성된다. 더욱이 왕지인 酉金이 월지에 있으므로 이렇게 배열된 酉-丑合 金 반합은 결합력이 매우 강하다(20%).

그러나 (b)처럼 酉金과 丑土가 한 칸 떨어져 있으면 결합력이 반으로 감소하며(10%), (c)처럼 두 칸 떨어져 있으면 합을 하지 않는다.

이번에는 申子辰 水局 삼합의 경우를 생각해 보자.

다음의 표에서 (a)처럼 申子辰이 배열되어 있으면 매우 강한 삼합이므로 申金과 子水, 辰土가 거의(90%) 水로 변한다. 그러나 (b)와 (c)처럼 한 칸 떨어져 있으면 결합력이 감소한다(20%).

申子辰 水局의 삼합의 경우

	천간	지지
年	※	申
月	※	子
日	※	辰
時	※	※

(a)

	천간	지지
年	※	辰
月	※	申
日	※	※
時	※	子

(b)

	천간	지지
年	※	申
月	※	※
日	※	子
時	※	辰

(c)

방합의 경우는 왕지가 월지에 있어야 하고 나머지 지지는 어디에 배열되든 성립한다. 삼합의 경우는 배열 순서에 관계없이 삼합이 성립하지만 강도의 차이가 생긴다.

❺ 기타

합하는 지지 사이에 합을 방해하는 오행이 있으면 합이 안 된다.

예를 들어 보자. 다음의 표에서 보는 것처럼 申子辰 水局 삼합의 경우, 戌土(a)나 未土(b)처럼 水를 억제[剋]하는 土[土剋水]가 중간에 있으면 申子辰 水局의 삼합이 성립되지 않는다.

지지 사이에 합을 방해하는 오행이 있는 경우

	천간	지지
年	※	申
月	※	戌土
日	※	子
時	※	辰

(a)

	천간	지지
年	※	辰
月	※	申
日	※	未土
時	※	子

(b)

	천간	지지
年	※	※
月	※	酉
日	※	土
時	※	丑

(a)

	천간	지지
年	※	※
月	※	寅
日	※	木
時	※	午

(b)

그러나 위의 표처럼 酉-丑合 金의 반합인 경우(a)에 지지의 가운데에 金을 생조하는 土의 지지가 있으면 酉-丑合이 강하게 성립한다.

寅-午合 火의 반합의 경우(b)에도 火를 생조하는 木오행이 있으면 寅-午合 火의 반합이 더욱 강하게 결합한다.

합과 충에 대하여 오해하는 경우가 있다.

즉, 합하면 좋은 것이고 합을 하지 못하거나 충하면 나쁘다고 생각하는 사람도 있다. 이것은 잘못된 오해이다. 합을 하느냐 또는 합을 하지 못하느냐에 따라 사주팔자 여덟 글자의 강도와 내용이 변할 뿐이다. 이와 같이 합과 충 자체가 나쁘거나 좋은 것이 아니라 사주 전체를 보면서 판정하여야 한다.

점점 복잡하고 까다로워지기도 하지만 신비롭고 흥미롭게 느껴지기도 한다.

② 지지합을 구하는 연습

지금까지 287쪽의 표에 있는 〈지지합의 크기〔강도〕를 정하는 기준〉을 배웠다. 이 표를 다시 한 번 예시하니 이 표를 사용하여 실제로 지지합의 강도를 구하는 연습을 해보자.

지지합의 크기를 정하는 기준

	천간에 투출				중심 오행이 월지에 있는 합		중심 오행이 있는 합		합하는 글자들의 거리		
	시간	일간	월간	연간	○	×	○	×	근접	1칸	2칸
삼합 방합	10	10	20	5	30	0	30	10	30	20	0
반합	10	10	20	5	10	0	20	10	20	10	0
육합	5	5	10	0	10	0	20	0	10	0	0

❶ 다음 표의 (a)와 (b)에 있는 寅亥木의 강도를 구해 보자

寅亥木은 육합이고 (a)처럼 연지에 寅木, 일지에 亥水가 있는 경우이다. 이런 합이 결합하는 강도〔힘〕를 먼저 구해 보자.

천간에 투출되어 있는 합이 강하다

	천간	지지
年	※	寅
月	※	※
日	※	亥
時	※	※

(a)

	천간	지지
年	※	※
月	甲	寅
日	※	亥
時	※	※

(b)

- (a)처럼 寅木과 亥水가 구성되어 있으면 〈지지합의 크기를 정하는 기준〉의 표에서 나머지 조건들을 만족하지 못하였다. 즉, 寅木과 亥水는 중심 오행도 아니고 월지에 있지도 않다. 또 寅木과 亥水가 한 칸 떨어져 있고, 천간에 투출된 木오행도 없다. 그러므로 표의 (a)처럼 寅木과 亥水가 배열되어 있으면 합을 하지 않는다. 寅木과 亥水는 木과 水로 작용한다. 이처럼 합을 하지 않는 경우도 있다.

- (b)의 경우는 寅木과 亥水가 붙어 있으므로 20%, 그리고 월간에 甲木이 투출되어 있으므로 10% 정도 더 활발하게 木으로 작용한다는 뜻이다. 그러므로 20+10=30%.

  寅木과 亥水의 30%는 합을 하여 木으로 변하고, 나머지 70%는 합을 하지 않고 寅木과 亥水 그대로 작용하게 된다.

❷ 삼합의 경우

巳酉丑 金局의 삼합이 다음 표와 같이 배열되어 있는 경우를 생각해 보자. 巳酉丑 삼합 중에서 가운데에 있는 酉金이 왕지(旺支)이므로 가장 힘〔강도〕이 강하다.

巳酉丑 삼합

	천간	지지
年	※	巳
月	※	酉
日	※	丑
時	※	※

(a)

	천간	지지
年	※	※
月	※	巳
日	※	酉
時	※	丑

(b)

	천간	지지
年	※	※
月	※	巳
日	※	酉
時	庚金	丑

(c)

- 巳酉丑 삼합은 왕지[酉金]를 포함하고 있으므로 30%,

- 또 중심 오행[酉金]이 월지에 있으므로 30%,

- 巳酉丑 세 개의 글자가 근접하여 가까이 있으므로 30%,

  합계 30+30+30=90%의 합을 한다.

다시 말하면 巳酉丑 합을 하는 3개 글자[巳火, 酉金, 丑土]의 90%는 모두 金으로 변하고 나머지 10% 정도만 본래의 오행으로 작용을 한다. 만약 월간에 庚金이나 辛金이 있으면 10% 더 활발하게 金으로 작용하므로 90%+10%=100%, 즉 巳火, 酉金, 丑土는 모두 金으로 바뀐다.

◐ (b)의 경우 巳酉丑 삼합의 위치가 (a)와 다르다. (b)처럼 삼합이 형성되면...

- 중심 오행[酉]이 있는 합이므로 30%,

- 월지에 중심 오행[酉金]이 없으므로 0%,

- 삼합의 세 글자가 가깝게 근접하여 있으므로 30%.

  합계 30+0+30=60%이다.

이런 모양으로 巳酉丑 삼합이 형성되면 巳火, 酉金, 丑土의 60%는 金으로 변하고 나머지 40%는 본래의 오행의 작용하게 된다.

◐ (c)처럼 시간에 庚金이 투출되어 있으면 합하는 기운이 10% 더 강해져서 60+10=70%. 즉, 70%는 합을 하고 나머지 30%는 본래의 오행으로 작용한다.

이와 같이 같은 합이라도 배열되어 있는 방법이나 위치에 따라 합이 결합하는 강도가 다르다는 것을 알 수 있다.

❸ 신자진 수국(申子辰 水局)의 경우를 생각해 보자

申子辰 水局의 삼합의 경우

	천간	지지
年	壬水	申
月	※	子
日	※	辰
時	※	※

(a)

	천간	지지
年	※	申
月	※	※
日	※	子
時	壬水	辰

(b)

	천간	지지
年	※	辰
月	※	申
日	※	※
時	※	子

(c)

◯(a)의 경우

　●중심 오행인 子水가 있으므로 30%

　●중심 오행인 子水가 월지에 있으므로 30%

　● 申子辰 세 글자가 가까이 붙어 있으므로 30%

　●년간에 壬水가 투출되어 있으므로 5%

　　모두 합하면 30+30+30+5=95%.

즉, 申子辰 삼합이 95% 성립하였으므로 申金과 子水, 辰土는 95%가

水로 변하였다. 거의 100% 변하였다는 뜻이다.

◯(b)의 경우

　●중심 오행인 子水가 있는 합이므로 30%

　● 子水가 월지에 없으므로 0%

　●申子辰 세 글자 중 申金이 2칸 떨어져 있으므로 20%

　●시간에 壬水가 있으므로 10%

　　모두 합하면 30+0+20+10=60%.

즉, 申子辰 삼합이 60% 성립하였으므로 申金, 辰土의 60%가 水로 변하고 나머지 40%는 申金과 辰土의 작용을 한다.

○ (c)의 경우

- 申子辰 삼합에 중심 오행인 子水가 있으므로 30%
- 子水가 월지에 없으므로 0%
- 申子辰 세 글자 중에서 申金이 2칸 떨어져 있으므로 20%
- 천간에 水오행이 투출되어 있지 않으므로 0%

　　모두 합하면 30+0+10+0=40%.

즉, 申金과 辰土는 40%만 水로 변하고 나머지 60%는 申金과 辰土 그대로 작용한다. 子水는 원래 水이므로 변하지 않는다.

이와 같이 원국에서 申子辰 삼합이 어떤 형태로 있으냐에 따라 결합하는 강도가 변한다. (a), (b), (c) 중에서 (a)가 가장 강하게 결합하고, 그다음이 (b)의 경우이다. (c)가 가장 약하게 결합되어 있다.

⑦ 지지의 충(沖)

① 지지충의 종류

충(沖)이란 서로 정면으로 충돌하여 싸우는 것을 말한다. 서로 상극하는 오행끼리(水↔火, 木↔金, 건토(乾土)↔습토(濕土)), 지지간은 지장간끼리 전면적으로 크게 충돌하는 형국이다. 지지는 물질이므로 에너지를 많이 저장하고 있다. 그러므로 지지의 충은 파괴력이 매우 강하다.

지지충은 다음과 같이 6종류가 있다.

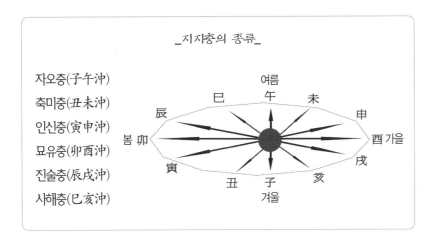

지지충의 종류

자오충(子午沖)
축미충(丑未沖)
인신충(寅申沖)
묘유충(卯酉沖)
진술충(辰戌沖)
사해충(巳亥沖)

지지충은 지지 내부에 있는 지장간들이 서로 충(沖)한다. 즉, 지장간들이 무질서하게 뒤죽박죽으로 싸우는 것이 아니라 서로 규칙적으로 싸운다.

여기는 여기끼리, 중기는 중기끼리, 본기는 본기끼리 싸운다. 싸우면 극(剋)하는 오행이 이긴다고 하는 사람들도 있으나, 싸우는 오행들은 극하는 오행이나 극을 당하는 오행 모두 피해를 입는다.

② 지지충의 강도

지지충하는 강도는 3종류로 분류할 수 있다.

① 가장 격렬하게 싸우는 沖 : 묘유충과 자오충

다음 표의 (a)처럼 묘유충(卯酉沖)의 경우를 생각해 보자.

酉金의 모든 지장간들이 卯木의 모든 지장간들을 금극목(金剋木)의 극(剋)을 하고 있는 모습이다. 그러므로 卯酉沖을 하면 卯木과 酉金이 모두〔100%〕파괴되어 卯木과 酉金이 모두 소멸된다.

자오충(子午沖)도 거의 묘유충만큼 결렬하게 싸운다.

즉, 子水의 지장간 壬水와 癸水는 午火의 지장간 丙火와 丁火와 수극화(水剋火)를 하면서 극(剋)한다. 다만 午火의 지장간 己土는 싸울 상대가 없어서 소강 상태에 있기 때문에 午火는 그만큼 싸우는 힘이 조금 약하다〔70% 정도〕.

子水와 午火, 卯木과 酉金은 모두 각 계절에서 가강 힘이 강한 왕지(旺支)들이다. 그러므로 싸움도 가장 격렬하다.

가장 격렬하게 싸우는 충

지지	卯	剋	酉
지장간	甲10	金剋木	庚10
	乙20	金剋木	申20
	생존률		공격률
	0		100%

(a) 卯酉沖

지지	子	剋	午
지장간	壬10	火剋金	丙10
			己9
	癸20	火剋金	丁11
	공격률		생존률
	100%		30%

(b) 子午沖

② 중간 정도로 싸우는 沖 : 사해충과 인신충

다음 표의 (a)처럼 巳火와 亥水, 또 (b)의 寅木과 申金의 지장간 중 여기는 모두 戊土이다. 이 戊土들은 충(沖)할 상대가 없으므로 싸움에 가담하지 않는다. 나머지 중기와 본기의 지장간들이 충(沖)을 하므로 싸우는 지장간들은 대략 80% 정도이고, 20% 정도의 戊土는 살아 남는다.

巳火와 亥水, 寅木과 申金은 각 계절을 시작하는 생지(生地)들이다.
그러므로 왕지들의 싸움보다는 약한 것이 당연하다.

중간 정도로 싸우는 충

지지	巳	剋	亥
	戊7		戊7
지장간	庚7	金剋木	甲7
	丙16	水剋火	壬16
	생존률		생존률
	24%		24%

(a) 巳亥沖

지지	寅	剋	申
	戊7		戊7
지장간	丙7	水剋火	壬7
	甲16	金剋木	庚16
	생존률		생존률
	24%		24%

(b) 寅申沖

③ 가장 약한 沖 : 진술충과 축미충

진술충(辰戌沖)과 축미충(丑未沖)은 土끼리 충(沖)하는 경우이다.
辰土와 戌土, 그리고 丑土와 未土의 본기는 모두 戊土나 己土들이다.
이 戊土나 己土끼리는 충을 하지 않고, 나머지 여기와 중기에 있는
지장간들이 싸운다. 그러므로 싸움에 가담하고 있는 지장간들이 적
고, 싸우지 않는 지장간들이 많으므로 생존률이 60%이고 소멸되는
부분이 40%이다. 지지충 중에서 가장 약하게 충하며 소멸되는 부분
도 가장 적다.

辰土와 戌土, 丑土와 未土는 모두 계절과 계절을 이어주어서 전체
가 하나되게 하는 土이다. 그러므로 서로 싸우는 일(沖)도 거의 없고
서로 견제하는 정도라고 생각한다.

辰土[濕土]와 戌土[乾土]이므로 습한 상태와 건조한 상태가 대립하고 있으므로 충하는 관계가 아니라고 생각한다. 그러나 丑土와 未土는 陽의 계절[봄+여름]과 陰의 계절이 바뀌는 변곡점에서 큰 변화가 일어나는 土이다. 그러므로 때에 따라서는 대단히 강하게 대립하거나 충하는 경우도 있을 것으로 생각된다.

_가장 약한 충_

지지	辰	剋	戌
지장간	乙9	金剋木	申9
	癸3	水剋火	丁3
	戊18		戊18
	생존률		생존률
	60%		60%

(a) 辰戌沖

지지	丑	剋	未
지장간	癸9	水剋火	丁9
	申3	金剋木	乙3
	己18		己18
	생존률		생존률
	60%		60%

(b) 丑未沖

지금까지 설명한 것처럼 지지들이 충하는 강도는 묘유충(卯酉沖)과 자오충(子午沖)이 가장 크다. 사해충(巳亥沖)과 인신충(寅申沖)이 중간 정도이고, 진술충(辰戌沖)과 축미충(丑未沖)의 강도가 가장 작다.

진술충과 축미충은 土끼리 충하므로 충이 성립하지 않을 것으로 보인다. 그러나 건조한 것과 습(濕)한 것이 충하는 경우이므로 약하게 충할 것으로 생각된다. 서로 견제나 대립하고 있는 정도라고도 생각된다. 이 중에서 축미충은 가장 뜨거움과 가장 차가움의 대립도 되므로 주의하여 적용하여야 한다.

지지충의 크기를 종합하고 정리하여 다음처럼 표를 만들었다.

지지충의 결과(강도)

싸움(沖)하기 때문에 소멸되는 힘(%)	지지충	살아 남아 있는 힘(%)
100	묘유충(卯酉沖)	0
100	자오충(子午沖)	30
80	인신충(寅申沖)	20
80	사해충(巳亥沖)	20
40	축미충(丑未沖)	60
40	진술충(辰戌沖)	60

③ 지지충도 '거리'가 중요하다

충(沖)하는 위치에 따라 파괴력도 차이가 난다. 가까이 있는 것끼리 충하면 쌍방이 크게 파괴되지만, 멀리서 충하면 싸움을 하기는 하나 그 힘이 미약하여 '동요'가 일어나는 정도이다.

원국에서 월지와 일지, 일지와 시지처럼 가까이 충하면 파괴력이 커서 쌍방이 서로 막대한 피해를 입는다. 그러나 월지와 시지처럼 한 칸 떨어져서 충하면 충(沖)하는 힘이 50% 정도로 약해져서 흔들리는 정도이고, 연지와 시지가 충하면 너무 멀어서 거의 아무런 변화도 일어나지 않는다. 이처럼 충(沖)하는 '거리'의 영향도 크다.

충(沖)의 종류에 따라 또 거리에 따라 영향이 변한다. 실제로 감정할 때는 충의 기본적인 개념으로 '감'을 잡아서 적절하게 처리해야 한다. 이런 현상은 합에서도 생긴다. 그러므로 꼭 위의 표처럼 합과 충을 하지 않는다는 말이다. 주위의 환경에 따라 적당히 수정해도 된다. 참 어렵고 미묘한 일이다.

⑧ 합(合)과 충(沖)이 동시에 일어나는 경우

① 합과 충은 팔자의 강도(힘)가 엇비슷해야 일어난다

사주의 세계는 힘이 지배하는 세상이다. 힘이 약한 팔자〔오행〕가 강한 팔자와 싸우면 싸움 자체가 성립하지 못한다. 예를 들면 일간이 壬水일 때 12운성표〔166쪽 참조〕를 보자. 연지에 있는 巳火는 절의 상태이기 때문에 힘이 거의 없다. 그러나 월지에 있는 亥水는 건록의 상태에 있기 때문에 힘이 매우 막강하다. 이런 巳火와 亥水가 사해충(巳亥沖)하는 경우를 생각해 보자. 巳火와 亥水의 힘〔강도〕의 차이가 너무 심하여 싸움〔충〕을 할 수 없을 정도이다. 마치 달걀로 바위를 때리는 꼴이다.

힘이 엇비슷해야 싸움이 일어나서 서로 피해를 입는 것이다. 그러므로 팔자 하나하나의 힘을 정확히 안 후에 합과 충을 생각하여야 한다. 원국에 巳火와 亥水가 있다고 무조건 사해충(巳亥沖)을 하지 않는다. 그러므로 팔자 각각의 강도를 아는 것이 가장 중요하다.

이와 같이 충(沖)하는 오행들의 강도가 중요하다. 강도가 엇비슷할 때 크게 충돌하지만, 한쪽이 매우 약하면 큰 충돌은 없다. 예를 들면 건록이나 제왕 상태에 있는 월지와 연지가 沖을 하면 힘의 차이가 매우 크다. 이런 두 오행이 沖을 하면 연지는 심하게 공격을 당하지만, 월지는 영향을 거의 받지 않는다. 어린이들과 어른은 싸움을 하지 않고, 어른이 어린이를 타이르는 정도이다.

〈합(合)·충(沖)〉이 일어나는 많은 사례들을 조사하여 보면 불규칙하고 애매모호하게 일어나는 것처럼 생각된다. 다시 말해 팔자들이

다양하게 변하면서 뒤엉키어 불규칙한 것처럼 보인다.

그러나 그 속에서도 '기준'에 따라 변하는 것들도 많다. 복잡하게 엉켜 있는 것들도 기준에 따라 생각해 보면 해결할 수 있는 실마리가 보인다. 모든 변화를 다 설명하는 것은 불가능하지만 많은 예를 보면서 경험을 쌓아가면 어느 정도 해결할 수도 있다.

1 합과 충이 동시에 생기는 경우

합과 충이 동시에 일어나는 경우

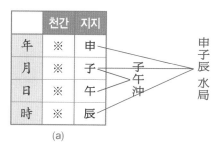

(a)

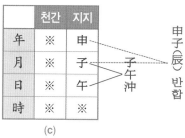

(b)　　　　　　　　　(c)

원국에 위의 표처럼 '합과 충이 동시에 생기면 합과 충이 서로 상쇄되어 모두 소멸된다'고 주장하는 사람들이 많다. 그러나 이런 경우에는 합과 충의 강도를 따져야 한다. 강한 것은 활동하지만 약한 것은 영향이 적을 것이다. 사주는 힘을 중요시하기 때문이다. 그러므로 원국에 합과 충이 생기면 무조건 서로 상쇄되어 일어나지 않는다고 하는 것은 잘못이다. 합하는 힘과 충하는 힘이 엇비슷할 경우에는 이렇게 생각해도 괜찮다. 그러나 합과 충의 힘의 차이가 큰 경우에는 꼼꼼하게 따져보아야 한다.

몇 가지 경우를 생각해 보자.

앞의 표에서 (a)처럼 신자진(申子辰) 삼합(三合)과 자오충(子午沖)이 동시에 발생한 경우이다. 신자진 삼합과 자오충의 중심 오행은 **子水**이며, 이 **子水**는 합도 강하게 하려 하고 충도 강하게 하려고 한다. 그러나 **子水**는 두 가지 일을 동시에 할 수 없으므로 합과 충이 일어나지 않는다. 즉, 합과 충이 해소되므로 신자진 삼합과 자오충의 작용을 할 수 없다.

그러나 표의 (b)처럼 인해합(寅亥合) 목(木)의 합과 자오충(子午沖)이 동시에 생기는 경우이다. 이런 경우에는 충과 합의 강도를 따져서 약한 것은 일어나지 않고 강한 것만이 작용한다. 자오충은 강하게 충하고 있으나 **寅亥合 木**은 거리가 떨어져 있으므로 합하려고 하는 힘이 매우 약하다. 그러므로 **寅亥合 木**은 작용하지 않고 **子午沖**의 작용만 한다.

(c)는 신자합(申子(辰)合) 수(水)의 반합과 자오충(子午沖)이 동시에 작용하고 있다. '신자(진)합 水의 반합'이 결합하는 강도[힘]와 자오충이 충(沖)하는 강도는 어느 쪽이 더 강할까? 정확한 값은 알 수 없어도 '대략적인' 정도라도 알 수 있으면 도움을 받을 수 있을 것이다. 이럴 때 290쪽의 _지지합의 크기를 정하는 기준_ 표와 305쪽의 _지지충의 결과(강도)_ 표를 이용하면 좋다.

◯ 신자합(申子(辰)合) 수(水)의 경우

- 월지에 있는 반합이므로 20%

- 왕지가 월지에 있으므로 20%

- 지지 사이의 거리는 근접하였으므로 20%

  모두 합하면 60% 정도의 강도로 결합하려고 한다.

◯ 자오충(子午沖)의 강도

- 子水의 모든 지장간[壬, 癸]이 午火의 지장간 중 丙과 丁(10+11)/30)
  을 수극화(水克火)로 공격한다.

- 午火의 대부분[90%]의 지장간이 싸우고 己土[10%]만 겨우 살아
  남을 수 있을 것이다.

- 숫자적으로는 이렇게 나타나지만 거의 모든 지장간이 서로 싸우고
  있다고 할 정도이다.

이와 같이 申子(辰)合 水의 반합과 자오충의 강도를 어림잡아 볼
때 자오충의 강도가 더 강하다는 것을 알 수 있다. 그러므로 申子(辰)
合 水의 반합은 거의 성립하지 않고 자오충이 강하게 작용할 것으로
생각된다.

이런 경우, 실제로 감정할 때 월지의 子水와 일지의 午火는 서로
싸우고 있는 중이므로 본래의 역할을 잘하지 못하는 것으로 생각된
다. 예를 들면 원국[남자 사주일 경우]만으로 보면, 월지는 부모이고
일지는 처[부인]이다. 그러므로 부인[처]과 부모가 서로 화합하려고
노력해도 잘 이루어지지 않고, 불화(不和)가 더 심하게 생긴다고 감
정한다.

② 천간은 뿌리가 튼튼하면 합이 되지 않는다

천간이 합을 하느냐 안 하느냐는 천간이 지지에 얼마나 강하게 뿌
리를 내리고 있느냐에 따라 정해진다. 갑기합(甲己合) 토(土)의 예를
들어 설명해 보자.

甲木이 통근하면 합을 하지 않는다

(a) 甲己合을 안 한다   (b) 甲己合을 안 한다   (c) 甲己合을 안 한다

甲木의 뿌리가 되는 것은 단순한 木의 지지뿐만 아니라 (b)의 경우
처럼 申子辰 水局의 삼합을 하여 水가 생겼을 때, (c)처럼 약하지만
寅亥合 木의 육합을 하였을 때도 모두 甲木의 뿌리가 되므로 甲己合
土로 합을 하지 않는다. 다시 말해 甲木이 강해졌으므로 己土가 있어
도 土로 변하지 않는다는 말이다.

구름처럼 하늘에 홀로 떠다니는 외로운 천간만이 합을 하여 다른 오행으로 변한다. 운(運)에서 뿌리가 되는 오행이 오면 합이 붕괴된다. 더욱 복잡한 경우도 생길 수 있다.

甲의 뿌리가 소멸되는 경우

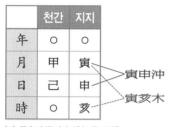

(a) 甲木의 뿌리가 훼손되는 경우

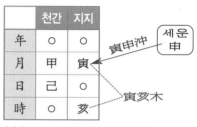

(b) 운에서 甲木의 뿌리가 훼손하는 경우

표에서 (a)처럼 甲木의 뿌리가 되는 寅亥合 木의 합과 함께 인신충(寅申沖)이 있을 경우를 생각해 보자. 이런 경우 寅申沖이 寅亥合 木보다 강하게 沖하므로 寅亥合 木이 붕괴된다. 이처럼 甲木의 뿌리가 없어지므로 甲木은 외톨이가 되어서 甲己合 土로 변한다.

또 (b)처럼 甲申 대운이나 갑신년(甲申年)의 세운처럼 운에서 申金이 오면 寅木과 寅申沖을 하므로 寅亥合 木의 합이 분해되고, 또 寅木도 申金의 충을 받아서 매우 약해진다. 이런 경우 寅木은 다시 甲木의 뿌리가 되지 않으므로 甲木은 甲己合 土의 합을 한다.

이외에도 실제로는 많은 변화가 생길 수 있다. 그러나 기초 원리만 잘 이해하고 있으면 해결할 수 있다. 이런 기초 원리를 모르면 실제 감정할 때 어찌할 바를 몰라서 매우 답답하다.

한 가지 주의할 점은 합과 충이 동시에 일어나는 경우 일간의 강약과 용신을 정할 때만 적용하고, 육친의 운명을 간명할 때는 사주 내에서 合과 沖이 일어나는 현상을 적용하여야 한다.

또 합과 충이 일어나는 시기를 보아서 합과 충의 현상을 적용한다고 한다(『사주공주』, 서민욱, 122쪽). 예를 들면 연과 월이 충이 되고 일과 시가 합이 되었으면 충이 먼저이고 합이 나중이다. 이렇게 일어난 시기를 구별하여 충이 먼저이고 합이 나중에 일어났으면 충은 무효이고 합의 작용만 생각한다. 이와 같이 충과 합이 일어나는 시기의 전후를 살펴서 합과 충의 작용을 생각해야 한다고 하는 학자도 있다.

③ 쟁합(爭合)과 투합(投合, 鬪合)

천간에서 쟁합과 투합

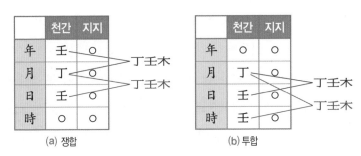

	천간	지지
年	壬	○
月	丁	○
日	壬	○
時	○	○

丁壬木
丁壬木

(a) 쟁합

	천간	지지
年	○	○
月	丁	○
日	壬	○
時	壬	○

丁壬木
丁壬木

(b) 투합

표에서 (a)처럼 천간 丁火를 사이에 두고 두 개의 壬水가 합을 하려고 경쟁하는 합을 쟁합(爭合)이라고 한다. (b)처럼 하나의 丁火를 두 개의 壬水가 투기(妬忌)하면서 합하려고 하는 합을 투합(投合, 鬪合)이라고 한다. 어느 합이든 합이 잘 안 된다. 불완전한 합이 된다.

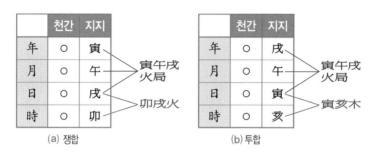

지지에서 쟁합과 투합

(a) 쟁합   (b) 투합

지지에서도 표 (a)처럼 寅午戌 合 火局 삼합과 卯戌合 火의 육합이 함께 있는 경우, 모두 동일한 火로 변하려고 하므로 두 개의 합이 성립된다. 그러나 표 (b)처럼 寅午戌 合 火局의 삼합과 寅亥合 木의 육합이 동시에 있는 경우, 삼합은 火로 변하려 하고 육합은 木으로 변하려고 한다. 이런 경우 삼합이 육합보다 강하므로 육합은 합이 되지 못하고 삼합만 합이 이루어진다.

※ 쟁합의 경우

❶ 일간의 힘이나 용신을 판별할 때는 合이 없는 것으로,

❷ 운명을 감정할 때는 합이 있는 것으로 생각하고 감정하여야 한다.

_추일호 「합충의 특비」에서

알면 알수록 복잡하고 학자들마다 여러 종류의 주장을 한다. 사주 공부에 도움이 되기도 하지만 헷갈려서 혼동이 심해지기도 한다. 참고하기 바란다.

4 지지의 경우, 合하는 글자들이 배치되는 방법에 따라 강도가 변한다

삼합과 방합의 경우, 다음과 같이 주장하는 사람들이 있으므로 생각해 보았다.

"지지합 중에는 삼합과 방합이 가장 강하게 결합되어 있다. 그러므로 이런 합을 외부(운)에서 충(沖)을 해도 파괴되지 않고 합의 작용을 한다고 한다. 그러므로 간명할 때 삼합이나 방합이 형성되어 있으면 아무 의심을 하지 않고 강한 삼합이 작용한다."

과연 그럴까?

지지합의 배열 방법에 따라 강도가 다르다

	천간	지지
年	○	巳
月	○	酉
日	○	丑
時	○	○

(a)

	천간	지지
年	○	○
月	○	巳
日	○	酉
時	○	丑

(b)

	천간	지지
年	○	○
月	○	酉
日	○	丑
時	○	巳

(c)

예를 들어보자. 巳酉丑 合 金局사유축 합 금국의 삼합이 여러 가지 방법으로 배열되어 있다. 삼합은 배열하는 순서에 관계 없이 세 글자만 있으면 성립된다. 위에 예를 든 삼합은 모두 巳酉丑 合 金局의 삼합이라고 주장하는 사람들도 많다.

이 삼합들은 모두 동일한 강도(결합력)의 삼합이라고 할 수 있을까? 290쪽의 _지지합의 크기를 정하는 기준_ 표를 이용하여 삼합의 강도를 계산해 보자.

표에서 (a), (b), (c)의 경우는 천간에 투출한 오행인 金이 없고 배열
방법만 차이가 있을 뿐이다.

● (a)의 삼합
  • 중심 오행(왕지)인 酉金이 있으므로 30%
  • 중심 오행(왕지)이 월지에 있으므로 30%
  • 글자 사이가 근접하여 있으므로 30%
    모두 합하면 30+30+30＝90%. ········· 90%의 강도(결합력)

● (b)의 삼합
  • 중심 오행(왕지)인 酉金이 있으므로 30%
  • 중심 오행(왕지)이 월지에 없으므로 0%
  • 글자 사이가 근접하여 있으므로 30%
    모두 합하면 30+0+30＝60%. ········· 60%의 강도(결합력)

● (c)의 삼합
  • 중심 오행(왕지)인 酉金이 있으므로 30%
  • 중심 오행(왕지)이 월지에 있으므로 30%
  • 글자 사이가 근접하여 있으므로 30%
    모두 합하면 30+30+30＝90%. ········· 90%의 강도(결합력)

(a), (b), (c) 세 종류의 삼합의 강도를 비교하여 보면 (a)와 (c)는 같고,
(b)의 경우가 가장 약하다. (b)는 왕지인 酉金이 월지에 없기 때문에 강
도[결합력]가 약해졌다.

이와 같이 비교해 본 결과 삼합의 글자가 배열하는 방법에 따라 결합력이 큰 차이가 생긴다는 것을 알 수 있다. 또 (b)와 같이 배열되어 있는 삼합, 즉 월지에 중심 오행[왕지]가 없는 삼합은 반합보다 결합력이 강하다고 할 수 없다.

결론적으로 삼합과 방합이라도 배열되어 있는 방법에 따라 강도[힘]가 변한다. 삼합이나 방합이라도 항상 강하게 결합되어 있는 것이 아니라는 사실을 이해할 수 있을 것이다.

5 일간이 합하는 경우

일간은 사주의 주인공이다. 이런 일간이 合을 하면 어떻게 될까? 만약 丙火인 일간이 합을 하여 水오행으로 바뀌었다면, 나의 고유한 성격이 없어지고 내가 水가 되었다는 말이다. 도저히 이해할 수 없는 이상한 일이 생긴 것이다. 내가 다른 사람이 되었다는 뜻이다. 사주에서는 어떻게 해석할까?

두 가지 경우로 나누어서 설명한다.

일반적인 사주(내격이라고 한다)...丙火의 일간이 합을 하여 水로 변하는 경우에는 일간 丙火의 성질도 가지고 있지만, 水의 성질도 함께 가지고 있는 것으로 해석해야 한다. 내가 없어지면 사주가 없어지기 때문이다.

특수한 경우(종격이라고 한다)...사주 대부분이 하나의 오행[旺神]으로 되어 있는 경우이다. 예를 들면 일간이 火인 사주라도 일간 이외의 대부분 팔자가 水로 구성되어 있는 특수한 사주를 생각해 보자. 火 일간이 합을 왕신(旺神)인 水로 변했다면 나도 주위의 강한 오행인 水로 변할 수밖에 없다. 즉, 내〔火〕가 없어지고 내가 水로 바뀐 것이다.

예를 들어 보자.

일간이 합을 하는 경우

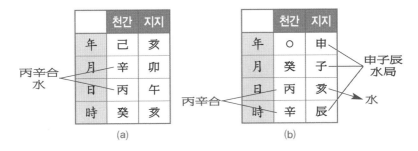

(a)는 많이 있는 보통의 사주이다. 丙火 일간이 辛金과 합을 하여 丙辛合 水의 천간합을 한 경우이다. 이런 경우에는 丙火 일간의 성격은 그대로 유지하면서 水의 작용을 하는 이상한 합이 된다.

(b)는 丙火 일간이다. 지지가 申子辰 水局의 삼합이 형성되었고, 일지도 亥水이다. 지지가 모두 물 바다이다. 월간도 癸水이고 시간도 辛金이므로 천간과 지지가 온통 물 천지가 되었다. 이와 같이 특수한 경우〔종격〕에 일간 丙火가 시간 辛金과 합을 하였으므로 일간 丙火는 火의 특성이 버리고 水처럼 행동한다.

즉, 일간이 합하는 경우 사주가 보통의 사주〔내격〕인지, 특수한 사주〔종격〕인지를 먼저 구별하여 합하는 일간의 오행을 정해야 한다.

6 운(運)에서 부족한 오행이 와서 합이나 충을 할 수 있다

사주에서 많이 나오는 운은 대운(大運), 세운(世運), 월운(月運)이 있다. 어느 운에서도 부족한 오행이 와서 합이나 충을 할 수 있다.

사람들은 대운의 힘이 월운보다 강하다고 생각하기 쉽다. 그러나 대운과 세운의 힘을 대략적으로 비교하면, 대운이 40%라면 세운은 60% 정도로 세운의 힘이 더 강하다. 학자마다 주장이 다르지만, 필자는 대운보다 세운의 힘이 더 강하다고 생각한다.

매우 복잡하고 길게 설명하였다. 그러나 이렇게 하나하나 따져보면 원국 속에서 팔자들이 움직이는 모습이 생생하게 떠오르므로 자신 있게 팔자를 간명할 수 있다. 단순히 합과 충이 동시에 일어나면 상쇄되어 없어진다고 하는 것보다 더욱 실감나고 확실하게 설명할 수 있다. 어느 경우에는 합과 충이 만나도 상쇄되어 없어지지 않고 일부 남아서 작용하는 경우도 많이 일어난다. 숫자로 계산하면서 하나하나를 계산해 보면 장점이 많다.

인간의 삶이 얼마나 미묘하고 복잡한데 합이나 충의 현상을 숫자로 나타낸다는 것이 적당하지 못하다는 것은 잘 알고 있다. 눈에 보이지 않는 에너지가 변하면서 일어나는 현상을 말로 다 설명하기가 얼마나 부적절하고 부정확한 일인가?

그래서 모든 것을 숫자로 표현하면서 대강의 '감(感)'을 잡으려고 노력하였다. 합과 충을 숫자로 표현한 다음, 주변 환경을 고려하여 합과 충을 적절하게 조정하는 것이 좋다. 이론적인 근거없이 주장하는 것보다 '참값'에 가까울 것이다.

제**6**부

운(運)과 용신(用神)

天地人 四柱學

천지인 사주학

운(運)

　사람들은 살면서 '운이 좋았다' 또는 '운이 나빴다'라는 말을 자주 한다. 서양 사람들이 쓰는 'lucky하다', 또는 'timing이 좋았다'라는 말은 동양의 '운(運)'과 같은 뜻이다.

　이와 같이 동서양을 막론하고 운(運)이 생활에 미치는 영향은 매우 크다는 사실을 잘 알고 있다. 운동하는 사람이나 사업하는 사람들도 운칠기삼(運七技三)이니 기칠운삼(技七運三)이니 하는 말을 자주한다. '운이 70%이고 기술이 30%' 또는 '기술이 70%이고 운이 30%'라는 말이다. 어느 경우든지 운이 생활 깊숙히, 많이 차지한다는 말이다.

　운(運)은 보이지도 않고 만져볼 수 없고 맛도 없어서 존재하다는 것을 알기가 쉽지 않다. 그래서 많은 사람들은 '운은 없다' 또는 '미신이다' 하면서 오로지 사람의 머리와 노력만으로 인생이 결정된다고 큰소리친다. '운이 있다'고 말하면 인생을 정도(正道)로 떳떳하게 살려하지 않고, 어둠컴컴한 뒷길로 요행이나 바라는 비겁한 사람이라고 비아냥거린다.

그러나 인생을 오래 살면서 많은 일을 경험한 사람들에게는 사람의 '머리와 노력만으로 인생의 모든 일이 해결되지 않는다'는 사실을 깨우치게 된다. 즉, 노력과 능력 이외에 또 다른 힘[운]이 삶에 강하게 영향을 미친다는 사실을 알게 된다. 성공과 실패, 그리고 행복과 불행은 두뇌와 노력만으로 결정되는 것이 아니라 운(運)이 강하게 작용하고 있어야 한다. 이런 운을 미리 알 수만 있다면 인생을 보다 효율적이고 능률적으로 잘 살 수 있을 것이다.

[1] 원국과 운(運)

박 대통령의 사주에서 설명한 것처럼 사주팔자[원국]를 다음과 같이 표현할 수 있다고 했다. 즉, 사람들은 연두색의 모형처럼 생긴 사주팔자를 가지고 인생의 긴 세월을 살고 있다.

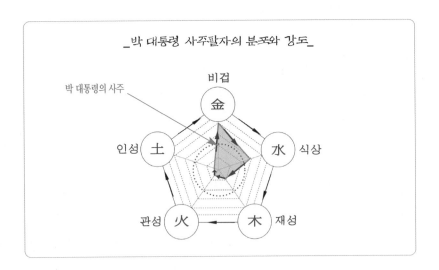

박 대통령 사주팔자의 분포와 강도

원국을 다음 그림처럼 생긴 자동차라고 하면 자동차는 태어날 때부터 모양과 특징을 가지고 태어난다. 즉, 승용차·버스·트럭 ⋯⋯ 등은 태어날 때부터 이미 주어진 모양과 용도를 가지고 태어났다. 그러므로 '선천적인 운명'이라고 한 것이다. 이런 차들은 태어날 때 이미 정해진 것이므로 변할 수 없다. 즉, 사주의 원국(原局)과 같다.

이런 자동차가 앞으로 폐차가 될 때까지 도로〔길〕위를 달리게 될 것이다. 이처럼 사람들도 원국〔모형〕으로 태어나서 죽을 때까지 인생이라는 도로〔길〕를 달리면서 살게 된다.

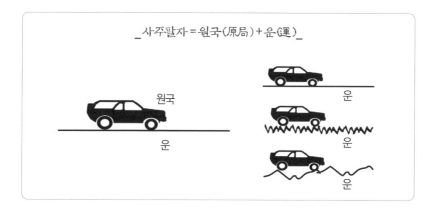

사주팔자 = 원국(原局) + 운(運)

이 도로〔길〕는 항상 아스팔트 도로〔길〕처럼 평평한 도로가 아니다. 어느 때는 비포장 도로를 달리기도 하고 또 어느 때는 울퉁불퉁한 험한 길을 달리기도 한다.

자동차는 항상 도로 위를 달리므로 인생도 자동차와 도로〔길〕를 함께 생각해야 한다. 자동차와 도로〔길〕를 따로따로 분리하여 생각하면 안 된다. 사주팔자에서 도로〔길〕에 해당하는 부분을 '운(運)'이라고 한다. 그러므로 사주팔자는 원국(原局)과 운(運)의 두 부분으로 되어 있다. 보통 사람들이 사주팔자라고 하면 운(運)을 생각하지 않고 원국만 생각하는 경향이 있다. 이런 생각은 잘못이며, 〈사주팔자 = 원국(原局) + 운(運)〉이다.

② 사주에서 운(運)이 차지하는 비율은 얼마나 될까?

원국이 더 중요할까, 아니면 운이 더 중요할까?

사람마다 다르지만, 원국 50%, 운(運) 50%라고 하는 사람들이 가장 많다. 내 경험으로는 원국 40%, 운(運) 60% 정도로 운(運)이 원국보다 영향이 더 크다고 생각한다. '사주보다는 운'이라고 하는 옛말이 맞는 것 같다.

원국은 선천적인 운명을 말하므로 수정할 수 없지만, 운은 후천적인 운명을 말하며 '어느 정도'는 고칠 수 있다. 그러므로 사주는 고정되어 변할 수 없는 것이라고도 말하는 사람들도 있지만 이것은 잘못된 말이다. 사주〔원국+운〕를 알면 '어느 정도'는 수정하면서 주어진 조건〔운명〕보다 더 효율적으로 행복하게 잘 살 수 있다.

원국은 자동차의 전체적인 겉모습과 같다. 그러나 앞으로 자동차가 잘 정돈된 포장길만 갈 것인지 아니면 울퉁불퉁한 비포장길을 갈 것인지는 알 수 없다. 포장길만 달리면 행복한 자동차이고 비포장길을 달리게 되면 고생하게 된다. 그러므로 행복과 불행은 운(運)으로 알 수 있다.

이렇게 중요한 운(運)이지만, 운(運)이 무엇이냐고 물으면 자신있게 대답하는 사람이 없다. 단지 내 몸 밖에 있는 '자연 환경에서 오는 매우 강한 힘'이라고 어렴풋이 알고 있을 뿐이다. '자연 환경'이란 무엇을 의미하는지, 더 이상 구체적으로 설명한 사람이나 책이 없으므로 잘 알 수 없다. 단지 자연 환경에서 매우 강력한 힘이 나에게 작용하고 있다는 점만 알고 있을 뿐이다.

만약 운(運)이 무엇인지 알 수만 있으면 운(運)을 이용하여 큰 일을 할 수 있을 텐데……

그러나 다행히 사주를 보면 나에게 좋은 운이 들어오는 시기(때)와 나가는 시기는 비교적 정확하게 알 수 있다. 사주를 감정해 보면 성격이나 직장, 건강 등 모든 것을 족집게처럼 잘 맞출 수는 없는 노릇이다. 그러나 운에 의해 결정되는 인생의 〈큰 흐름〉은 맞을 가능성이 높다. 이 말은 들으면 실망하는 사람도 있을지 모르지만, 이 정도로도 큰 도움이 된다.

③ 운(運)의 종류

운(運)은 원국의 월지로부터 복잡한 계산을 해야 알 수 있다. 그러나 지금은 핸드폰과 컴퓨터에 사주팔자의 원국과 운을 알 수 있는 앱이 많이 있다. 태어난 연월일시(年月日時)를 입력하면 원국과 운을 간단히 쉽게 알 수 있다. 사주를 공부하기에 참 편한 세상이 되었다. 운(運)은 외부(자연 환경)에서 나에게로 들어온다는 의미로 '들어온다'라고 표현한다.

운은 대운(大運), 세운(歲運), 월운(月運), 일운(日運, 일진)의 4종류가 있다. 감정할 때는 보통 대운과 세운만 보고, 특별히 중요한 경우에는 월운까지 본다. 일운(日運)은 거의 사용하지 않는다.

① 대운(大運)

대운은 태어난 달(月)을 기준으로 산출하므로 태양의 영향이며, 태양의 빛과 열을 받아서 지구 환경(온도와 습도)이 변하기 때문에 생기는 현상이다. 그러므로 지구 위에 사는 인간들(생명체)은 이 영향을 받으며 살게 되며, 대운은 태어나서 죽을 때까지 사람과 항상 같이 있다.

인생 전체의 운을 한번에 말하기에는 너무 길기 때문에 10년 단위로 나누어서 10년마다 들어오는 운을 대운(大運)이라고 한다. 일생 동안 들어오는 대운의 흐름을 알면 사주 주인공이 평생 어떻게 살 것인가를 대략 알 수 있다. 사주를 감정해 보면 가장 신뢰성이 높은 부분이다.

② 세운(歲運)

매년 들어오는 운을 말하며, 대운을 감정한 후에 세운을 조사한다. 대운을 감정하지 않고 세운만 따로 감정하면 안 된다. 대개 사주를 감정한다고 하면 대운과 세운까지 감정하며, 전문가들은 대략 80~90% 정도는 맞출 수 있다고 한다. 전문가는 아니더라도 사주 공부를 열심히 하면 60~70% 정도는 맞출 수 있다고 생각된다.

사주팔자는 여덟 글자로 인생의 비밀을 60~70% 정도 알 수 있다는 사실도 기적과 같은 일이라고 생각된다. 보통 사람들이 가지고 있는 상식으로는 도저히 이해될 수 없는 일이다.

원국-대운·세운까지 감정했을 때 대략 50~60% 정도만 맞추어도 기적이 일어난 것 같아서 온 몸에 소름이 돋을 정도로 놀랐었다.

그다음부터는 사주의 매력에 푹 빠져서 사주 공부를 더욱 열심히 하게 되며, 사주 공부를 하면 할수록 새로운 사실을 알게 되어 적중률이 점점 올라간다. 사주에 미치게 된다.

시중에는 족집게처럼 100% 다 맞춘다고 설치는 사람들도 많다. 50~60% 정도 맞춘다면 대수롭지 않게 생각하는 사람들도 있을 수 있지만, 최소 50~60% 정도 맞추어도 실제 생활에 큰 도움이 된다고 필자는 생각한다. 적중률에 너무 욕심내지 말아야 한다.

이 세상에는 각종 적성 테스트나 운명을 알 수 있는 방법이 많이 있다. 하지만 50~60% 정도를 맞출 수 있는 방법도 흔하지 않을 것이다. 공부를 할수록 적중률이 높아지며 흥미로워진다. 사주는 단순히 점이나 치는 기술이라고 생각하는 사람들이 아주 많다. 사주에는 점뿐만 아니라 인생의 길잡이가 될 철학도 풍부하다. 사주에 빠져서 공부하다 보면 오묘하고 신비함에 그저 놀랄 뿐이다!

③ 월운(月運)

대운과 세운을 감정한 후에 월운을 감정한다. 특별히 감정해야 할 중요한 일인 경우에는 월운까지 감정한다. 그러나 대운-세운까지 감정하기도 벅찬데 월운까지 감정하면 너무 복잡해져서 혼동이 생길 가능성이 많다. 월운까지 감정하면 적중률이 점점 떨어지기 때문에 보통 대운·세운까지만 감정한다. 그렇지만 월운까지는 감정해야 할 때도 많이 있으므로 복잡하여 골치가 아프더라도 많이 연습해야 한다.

④ 운(運)은 오행의 순서로 들어온다

이 세상의 모든 것은 순환한다고 했다. 운도 木火土金水의 오행이 순서대로 들어온다. 마치 일년이 봄－여름－가을－겨울이 주기적으로 반복되듯이 오행이 반복되면서 들어온다. 대운과 세운뿐만 아니라 월운과 일운〔일진〕까지도 마찬가지이다.

대운의 경우 앱이나 만세력을 보면 각 대운이 들어오는 나이〔대운 수라고 한다〕와 종류를 알 수 있다. 나이를 보면 운이 들어오는 시기와 끝나는 시기를 알 수 있으므로 운이 지속되는 기간을 알 수 있다. 대운은 10년, 세운은 1년, 월운은 1달 동안 지속된다. 대운의 종류는 60갑자의 순서대로 들어온다.

앞에서〔180쪽 참조〕 서술했던 박 대통령 사주를 찾아보자.

박정희 대통령은 1917년 9월 30일(음력) 寅時生이다. 이 사주를 앱에 입력하면 다음과 같이 사주팔자와 대운과 세운, 월운까지 순식간에 알 수 있다. 이 중에서 대운 부분만 조사해 보자.

	천간	지지
年	丁	巳
月	辛	亥
日	庚	申
時	戊	寅

○박 대통령 사주팔자

나이	2~11	12~21	22~31	32~41	42~51	52~61	62~71	72~81
천간	庚	己	戊	丁	丙	乙	甲	癸
지지	戌	酉	申	未	午	巳	辰	卯
오행	건토	金	金	乾土	火	火	濕土	木

표에서 맨 윗줄은 대운이 들어오기 시작하는 나이와 끝나는 나이를 말하므로 '대운의 기간'이라고 한다. 그다음 줄에 있는 천간과 지지의 두 글자가 대운이다. 즉, 이 사주는 1~11세까지 경술(庚戌)대운, 12~21세까지 기유(己酉)대운, 22~31세까지 무신(戊申)대운, 32~41세까지는 병오(丙午)대운 ……. 이런 식으로 나이에 따라서 대운이 들어온다.

대운은 천간보다 '지지'를 우선으로 보며, 지지의 순서를 보고 대운의 흐름, 즉 인생의 〈큰 흐름〉을 알 수 있다. 위의 표에서 대운의 지지는 오행의 줄에 표시되어 있다.

박 대통령 사주의 대운[지지]은 나이에 따라 戌土→酉金→申金→未土→午火→巳火→辰土→卯木의 순서로 들어온다. 이 지지로 인생의 행복과 불행을 알 수 있다.

⑤ 운(運)이 작용하는 기간

위의 표에서 알 수 있듯이 대운은 두 글자로 되어 있다.

예를 들면 42~51세 丙午대운은 천간 '丙' 자와 지지 '午' 자의 두 글자로 되어 있으며, 이 대운이 10년 동안 작용한다.

많은 명리학 책에서 대운을 설명한 내용을 조사해 보면 다음과 같다. 대운 10년 동안 천간이 5년, 지지가 5년을 지배한다는 이론이 지금까지 통용되고 있다. 그러면서 천간과 지지의 관계를 고려해야 한다고 한다. 천간과 지지가 서로 상극 작용을 해서 천간이 제대로 활동하지 못하는 경우 등이 있기 때문이다.

예를 들어 설명해 보자.

개두(蓋頭)...丙申대운의 경우처럼 천간 丙火가 지지 申金을 **火剋金**으로 억제하여 丙火가 제대로 작용하지 못하는 경우를 개두(蓋頭)라고 말한다. 지지 申金의 머리를 덮었다는 뜻이므로 천간 丙火가 제대로 활동하지 못한다는 말이다.

절각(截脚)...甲申대운처럼 지지 申金이 천간 甲木을 **金剋木**으로 억눌러서 천간 甲木이 제대로 활동을 못하게 된다. 이런 현상을 절각이라고 한다. 천간이 지지에 통근하지 못하여 힘을 쓰지 못하는 경우이다. 절각의 상태가 되면 10년 중 대부분의 기간 동안 지지의 지배 아래 놓이게 된다. 그러나 반대로 丙午대운처럼 천간 丙火가 지지인 午火에 통근하여 丙火의 힘이 더욱 강하게 되었을 경우에는 10년 중 대부분을 천간 丙火가 지배하게 된다.

지금까지 말한 것들은 현재 모든 사주학 책[명리학 책]에서 '운'에 대해서 설명한 내용들이다. 이처럼 막연하고 모호하게 대운의 기간을 말하지 말고 논리적으로 설명해 보자. 즉, 〈부록 1〉 지지가 천간(일간)에 미치는 영향을 활용하는 방법을 생각해 보자.

丙午대운의 경우에 丙火는 午火에 강하게 통근〔제왕〕되어 있으므로 丙火의 힘이 매우 강하게 된다(+100, 제왕). 그러므로 이 대운 10년의 거의 대부분을 丙火가 지배한다.

그러나 丙申대운의 경우에는 丙火가 申金에 통근하지 못했으므로 (-90, 병) 10년 대부분의 기간을 지지인 申金이 작용하는 시기가 된다. 또 丙寅대운은 丙火와 지지 寅木은 '+40, 장생'의 관계에 있다. 대략 丙火가 4년 동안 작용하고 나머지 6년을 寅木이 지배하는 대운이 된다.

이처럼 〈부록 1〉 지지가 천간(일간)에 미치는 영향을 활용하면 대운과 세운에서 천간과 지지가 작용하는 '기간'을 대략 알 수 있다. 매우 편리한 방법이다. 또 하나 주의할 점은 대운이 끝나고 다음 대운으로 변하는 기간을 '변환기'라고 한다. 이런 변환기에는 변하기 전의 대운과 후의 대운을 모두 검토해야 한다. 서로 영향을 미치기 때문이다. 또 변환기에는 운이 나쁜 경우가 많으므로 조심하여야 한다. 이와 같은 현상은 세운과 월운의 경우도 동일하다.

2
용신(用神)

사람들은 불완전하게 태어났지만 완전하게 살려고 한다. 대부분의 사주는 어느 부분은 너무 많고 어느 부분은 너무 적어서 균형을 이루지 못하고 있다. 균형을 이루려면 너무 많은 부분은 덜어내고 부족한 부분은 보충하여 전체가 조화를 이루고 있어야 한다.

용신이란 이처럼 너무 부족한 부분을 찾아내는 일을 말한다. 부족한 기운을 보충해서 완전한 사주에 가까워지려고 한다. 그러므로 용신을 사주의 '꽃'이라고 한다. 사주 전체에서 가장 중요하다는 말이며, 용신 찾는 일을 매우 어려워하고 있다.

부족한 기운을 어떻게 알 수 있을까?

먼저 사주의 구조를 알아야 한다. 4부(235쪽)에서 다루었던 사주의 종류 그림을 보자

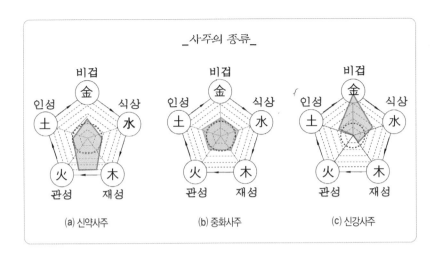

사주의 종류

(a) 신약사주

(b) 중화사주

(c) 신강사주

① 용신(用神)과 기신(忌神)

위의 그림 (a)에서 녹색 면적은 붉은 점선〔중화사주〕보다 아랫쪽에 있다. 비겁의 힘이 약한 신약사주이다. (b)에서는 붉은 점선의 중화사주와 면적이 거의 같으므로 중화사주이다. 그러나 (c)에서는 붉은색의 중화사주보다 윗쪽에 있다. 비겁의 힘이 강하므로 신강사주이다. 이와 같이 오행도로 사주의 강함과 약함을 직접 눈에 보이게 설명할 수 있다.

사주는 (a)신강사주 (b)중화사주 (c)신약사주 3가지가 있다. 이들 사주 중에 중화사주가 입력과 출력이 같기 때문에 균형을 이룬 사주이다. 중화사주는 육신〔오행〕의 기운이 순조롭게 움직이므로 편안하고 모든 일이 잘 된다. 그러므로 이상적이며 가장 좋은 사주이다.

신강사주와 신약사주는 중화사주가 되려고 무척 노력하고 있다. 우리들이 사주를 공부하는 목적은 중화사주가 되도록 하는 일이며, 중화사주가 되기 위해서는 용신을 잘 찾아야 한다.

신강사주와 신약사주는 어떻게 하면 중화사주로 될 수 있을까?

앞의 그림과 같은 오행도를 보면 간단히 알 수 있다. 즉, 강한 부분을 약하게 하고, 약한 부분을 강하게 보충하면 된다. 신강사주에서는 식상+재성+관성을 강하게 하고 인성+비겁을 약하게 하면 된다. 신약사주에서는 이와 반대로 인성+비겁을 강하게 하고 식상+재성+관성을 약하게 한다. 이렇게 하면 중화사주에 가까워지므로 건강하고 행복하게 살 수 있을 것이다.

신강사주에서 강한 오행을 약하게 하고, 신약사주에서 약한 오행을 보강하는 오행을 〈용신(用神)〉이라고 한다. 신강사주에서 강한 오행이 더욱 강하게 하는 오행을, 신약사주에서 약한 오행을 더욱 약하게 하는 오행을 〈기신(忌神)〉이라고 한다. 그러므로 사주에서 가장 중요한 일은 용신을 강하게 하고 기신을 약하게 하는 일이다.

② 용신(用神)과 기신(忌神) 찾기

사주 원국에서 용신과 기신을 찾는 것이 가장 중요한 일이다. 그러나 용신과 기신을 찾는 것이 보통 어려운 일이 아니다.

용신을 찾을 때 가장 먼저 해결해야 할 것은 중화사주, 신강사주, 신약사주를 결정하는 일이다. 매우 어렵고 까다로워서 초보자들이 고생하는 부분이다. 그러나 '팔자를 숫자〔점수〕로 표현하는 방법'과 '오행도'를 이용하면 별로 어렵지 않게 쉽게 해결할 수 있다. 이러한 내용이 이 책의 장점이라고 생각한다.

1 **중화사주, 신강사주, 신약사주를 정하는 기준**

이 책에서 '숫자〔점수〕'와 '오행도'를 이용하여 중화, 신강, 신약 사주를 찾아보자. 숫자〔점수〕를 다음처럼 분류하여 사주의 종류를 정하였다.

○ 육신의 힘을 숫자〔점수〕로 나타내었을 때 비겁+인성과 식상+재성+ 관성의 힘을 비교하여 중화, 신강, 신약사주를 결정한다.

- 비겁+인성의 값이 식상+재성+관성과 비슷하면〔+5∼−5 사이〕 중 화사주라고 한다.
- 비겁+인성의 값이 식상+재성+관성보다 많으면〔+5∼+50 사이〕 신강사주, +50∼+90 사이이면 태강(太强)사주라고 한다. +90 이상 이면 극왕(極旺)사주라고 하며 종격사주가 될 가능성이 많은 사주 이다.
- 신약사주도 이와 비슷하게 분류하였다. −5∼−50 사이이면 신약사 주, −5∼−90 사이이면 태약(太弱)사주라고 한다. −90 이상이면 극 약(極弱)사주라고 하며 종격사주일 가능성이 많은 사주이다.

숫자〔점수〕로 사주의 구조를 정하는 기준

+90 이상	+50∼+90	+5∼+50	+5∼−5	−5∼−50	−50∼−90	−90 이상
극왕	태강	신강	중화	신약	태약	극약

표에서 비겁의 힘이 인성의 도움으로 강해졌을 때는 '강(强)'해졌 다 하고, 비겁 자체의 힘이 강할 때는 '왕(旺 왕성할 왕)'하다고 표현한

다. 예로 '신왕(身旺)'하다는 말은 비겁 자체의 힘이 매우 강하다는 말이다. 그리고 '신강(身强)'하다고 하면 인성의 힘으로 비겁이 강해졌다는 뜻이다.

이와 같은 분류는 필자의 주관적인 분류이고 주위 환경에 따라 변동이 심하다. 그러므로 숫자〔점수〕대로 꼭 중화사주와 신강사주, 신약사주를 결정하면 안 된다. 이 숫자들은 필자의 개인적인 경험으로 정한 숫자이며 대략적인 기준이다. 그래도 이 기준을 사용하는 이유는 이런 조건으로 중화, 신강, 신약사주를 결정하는 감(感) 잡기가 쉽기 때문이다. 그러나 너무 숫자에 얽매이지 않기를 바란다. 주위 환경을 고려하여 정하면 좋을 것이다.

② 용신과 기신의 예

실제의 사주에서 용신과 기신을 찾아보자.

다음 사주는 박정희 대통령의 사주이다.

박 대통령의 신강사주는 그림 (a)와 (b)처럼 金〔비겁〕 쪽이 강하고 木〔재성〕과 火〔재성〕 오행이 약하다. 이처럼 완전한 사주에 비하여 金〔비겁〕 쪽으로 편중되어 있다. 오행도를 그려보면 사주의 강한 부분과 약한 부분을 금방 알 수 있다. 그림 (b)에서 金이 강하고 火와 木 부분이 약하다.

이와 같은 편중된 사주를 완전한 사주〔붉은 원〕와 비슷하게 하려면 부족한 부분〔火 · 木〕을 보강하고 넘치는 부분〔金〕을 약하게 해야 한다. 즉, 용신〔火 · 木〕을 보강하고 기신〔金〕을 약하게 해야 한다.

이렇게 하면 중화사주(붉은 원)에 가까워진다. 이처럼 용신과 기신을 정하려면 먼저 사주의 구조를 알아야 한다. 사주구조도 그림 (b)처럼 모형을 그려보면 쉽게 알 수 있다.

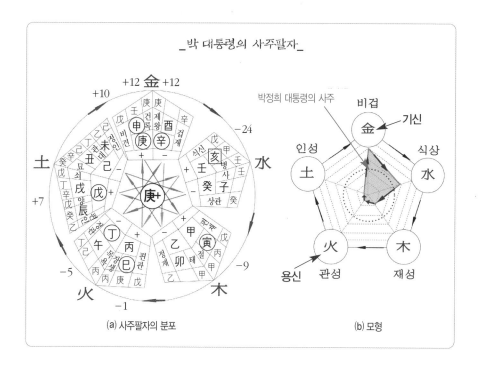

박 대통령의 사주팔자

(a) 사주팔자의 분포

(b) 모형

③ 용신(用神)과 기신(忌神)을 결정할 때 주의사항

❶ 용신은 원국에 있는 지지를 용신이라고 하지 않고 '천간'을 용신으로 정한다

지지를 용신으로 정하면 지지 속에 있는 지장간(천간)들이 서로 묶여 있기 때문에 자유스럽고 활발하게 활동할 수 없다. 그러므로 지지를 용신으로 사용하지 않는다. 물론 지지 속에 묶여 있던 지장간들도 운

(運)에서 같은 종류의 천간을 만나면 투출하여 용신으로 역할을 하기도 한다. 그러나 같은 종류의 천간이 나타날 때까지 기다려야 한다.

이와 같이 지지는 천간처럼 직접적이고 활발하게 활동하지 못하기 때문에 용신이라고 말하기 어렵다. 그러나 원국에 용신이 될 만한 천간이 없으면 부득이 지지를 용신으로 정하기도 한다. 이런 경우에는 용신의 활동이 활발하지 못하기 때문에 사주의 수준이 떨어진다.

❷ 용신은 사주의 원국에 뚜렷하게 나타나 있을 뿐만 아니라 강해야 한다

즉, 원국에 용신이 뿌리를 내리고 있는 지지가 있을 뿐만 아니라 강할수록 좋다. 용신이 활발하게 작용할 수 있기 때문이다.

원국에 용신에 해당하는 천간이 없으면 부득이 지지에 있는 지장간을 용신으로 정하기도 한다. 운에서 들어올 때까지 기다려야 한다. 이런 경우에는 또 지지가 합이나 충을 하여 새로운 용신이 생길 수도 있다.

❸ 용신을 도와주어서 용신을 강하게 하는 육신[오행]을 희신(喜神)이라고 한다

그러나 용신을 도와주지는 않지만 중화사주가 되기 위하여 일간을 도와주는 오행도 〈희신〉 또는 길신(吉神)이라고 한다. 기신을 도와주어서 기신을 강하게 하는 육신[오행]을 〈구신(仇神)〉이라고 한다. 그리고 용신도 아니고 기신도 아닌 오행을 한신(閑神)이라고 한다.

용신이 희신보다 강하고, 기신이 구신보다 더 영향력이 크다고 한다. 그러나 실제로 그 차이는 크지 않으므로 용신과 희신을 구별하지 않고 사용한다. 구신과 기신도 마찬가지이다.

1 실제 사주에서 용신을 찾아 보자

다음 그림은 박 대통령의 사주(201쪽)이며, (a)는 사주의 원국이다.
용신(火·木)과 기신(金)이 원국에 나타나 있는지 조사해 보자.

박 대통령 사주의 용신과 기신

	천간		지지	
年	丁	-5	巳	-1
月	辛	+12	亥	-24
日	庚	+12	申	+10
時	戊	+7	寅	-9

(a) 사주 원국

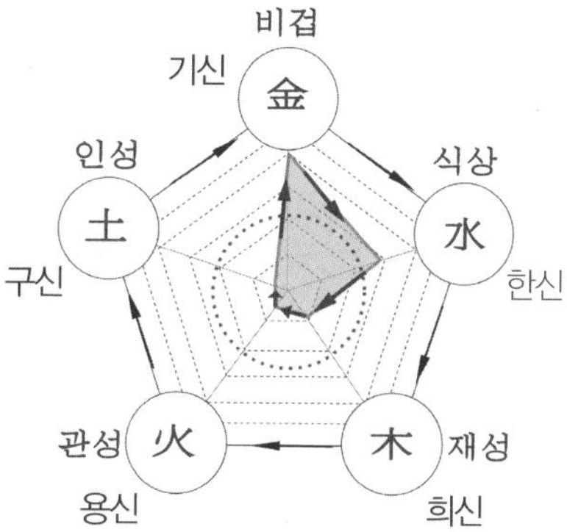

이 사주의 용신은 火이다. 용신에 해당하는 丁火가 연간에 있고 연
지 巳火에 뿌리를 내리고 있다. 이처럼 원국에 천간이 있으므로 좋기
는 한데, 연간에 있기 때문에 조금 약한 것이 흠이다. 또 기신에 해당
하는 辛金이 월간에 있고, 일지 申金에 뿌리를 내리고 있으므로 매우
강력하다. 이처럼 기신이 용신보다 강하므로 선천적인 운명(원국)은
좋지 않다.

그러나 원국보다 더 중요한 것은 운(運)이다. 다음에 자세히 설명하
겠지만, 火가 강해지는 운(運)에서 대통령이 되었고, 기신인 金이 강
해질 때 돌아가셨다.

이처럼 용신은 원국에 있는 천간 중에서 찾아야 한다. 천간에 없으

면 지지의 지장간에서라도 찾아야 한다. 그래도 없으면 운에서 들어올 때까지 기다려야 한다.

④ 용신(用神)의 종류
사주의 특징에 따라 용신도 5종류가 있다.

❶ 조후용신...사주의 뜨거움과 차가움을 조절하는 용신
❷ 억부용신...사주의 강약(强弱)을 조절해 주는 용신
❸ 통관용신... 막힌 부분을 연결해 주는 용신
❹ 병약용신... 사주에 병이 있고 약이 있는 용신
❺ 종격용신... 특수한 사주의 용신

① 조후(調候)용신
사람들이 살기 위해서 중요한 것이 많이 있지만 그중에서 가장 큰 영향을 주는 것이 〈태양〉이다. 그러므로 사주에서도 태양에서 오는 열과 빛을 가장 중요하게 다룬다.

사주에서도 태양열을 많이 받으면 더워지고 매우 부족하면 추워진다. 따뜻하고 차가움이 인간의 삶에 가장 강력한 영향을 미치므로 온도를 조절하여 인간에게 가장 살기 좋은 세상을 만들어야 한다. 차갑고 더운 환경을 조절하는 용신이 조후용신이다.

이와 같이 조후용신이 가장 중요하므로 사주를 감정할 때 가장 먼저 할 일은 사주가 너무 더운지 아니면 너무 추운지를 조사해야 한다. 그래서 적절한 조후용신을 찾아야 한다. 다시 말해 모든 용신[억

부와 통관)보다 조후용신이 우선한다는 말이다.

대부분의 사주는 억부용신을 가장 많이 사용하지만 사주가 지나치게 차갑거나 더우면 먼저 조후용신을 찾아서 먼저 사주의 '온도'를 조정해야 한다.

온도만큼 중요한 것이 '습도'이다. 인간은 물이 있어야 산다. 물이 부족하여 너무 건조하거나 반대로 물이 너무 많아서 습(濕)해도 사람의 삶에 큰 지장을 준다. 그러므로 사주가 얼마나 건조하고 습(濕)한지를 따져서 적당한 상태로 조절하는 방법도 조후용신이라고 한다. 이와 같이 사주의 '온도'와 '습도'를 적절하게 조절해 주는 용신이 조후용신이다.

그러므로 사주를 감정할 때 '차가운 사주인가, 뜨거운 사주인가'를 먼저 살펴보아야 한다. 사주에 金과 水의 힘이 너무 강하면 차가운 사주이고, 火와 木의 힘이 너무 강하면 뜨거운 사주이다. 심하게 차갑거나 뜨거운 사주이면 모든 용신보다 먼저 조후용신을 찾아서 적절히 조절해야 한다. 그러나 土와 木과 金을 비롯하여 모든 오행들이 적당히 있어서 심하게 차갑거나 덥지 않으면 억부용신이나 통관용신을 사용한다.

조후용신의 예를 들어 설명해 보자.

❶ 故 박정희 대통령의 사주

박 대통령의 사주는 조후용신과 억부용신에 모두 해당된다. 이와 같이 조후용신과 억부용신이 함께 섞여 있을 때는 조후법이 우선하고 억부법을 참고한다. 그러므로 박 대통령의 사주를 조후법으로 설명해야 한다. 조후법과 억부법의 용신이 같을 경우에는 운명이 대단히 좋아진다.

	천간	지지
年	丁火	巳火
月	辛金	亥水
日	庚金	申金
時	戊土	寅木

〈원국〉

왼쪽 표는 박 대통령 사주의 원국이다.

박 대통령의 일간이 서늘한 庚金인데, 겨울인 亥水월에 태어났다. 뿐만 아니라 월간 辛金과 일지 申金도 서늘한 金오행이다. 얇은 옷을 입고 있는 박 대통령[庚金]이 서늘한 바람[金]이 세게 불고 있는 추운 겨울철[亥水]에 추위에 떨고 있는 모습이다.

그러므로 박 대통령의 사주는 따뜻하게 덥혀줄 불[火]이 시급하게 필요하다. 추워서 모든 것이 얼어버리면 아무 일도 할 수 없기 때문이다. 다행히 연주 천간에 丁火, 지지에 巳火의 불이 있다. 연간에 있는 丁火가 조후용신이다. 이 丁火는 연지 巳火에 뿌리를 내리고[통근] 있기 때문에 丁火의 힘이 강해졌다. 그러나 丁火와 巳火가 일간인 庚金에 멀리 떨어져[두 칸] 있기 때문에 힘이 매우 강하지 않은 점이 조금 아쉽다. 만약 丁火가 월간이나 시간에 있고 巳火가 월지나 일지, 시지에 있으면 丁火의 힘이 더욱 강해진다.

지금까지 설명한 것처럼 박 대통령이 큰 일을 할 수 있었던 것은 운(運)이 좋았기 때문이다. 삶의 행복과 불행은 원국으로 알 수 있는 것이 아니라, 운(運)으로 알 수 있다. 즉, 용신이 강해지면 행복해지고 기신이 강해지면 불행해진다.

박정희 대통령의 가족관계, 대운의 흐름, 건강에서 지금까지 설명한 내용이 맞는다는 사실을 확인해 보자.

● 박 대통령의 가족관계

당분간 합과 충의 영향은 잠시 보류하자. 지금은 용신의 개념을 공부하는 과정이므로 너무 복잡해지면 큰 줄거리를 파악하는 데 혼동이 일어나기 때문이다.

박 대통령의 가족관계를 알아보자.

가족 관계가 나타나 있는 부분은 원국과 오행도에서 팔자가 있는 두 곳을 보고 말한다. 원국에 있으면 선천적인 관계이고, 오행도에 있으면 후천적인 운명을 나타낸다.

	천간	지지
年	丁火	巳火
月	辛金	亥水
日	庚金	申金
時	戊土	寅木

〈원국〉

사주	가정	회사
연주	할아버지, 할머니	회장
월주	아버지, 어머니	사장, 윗사람
일주	본인과 배우자	본인과 동료
시주	자식	아랫사람

〈원국과 가족(회사)〉

〈원국〉을 보면 丁火와 그 뿌리에 해당하는 巳火가 연주(年柱)에 있다. 이 사주에서 연주에 있는 丁火와 巳火는 모두 용신이므로 매우 좋은 작용을 한다.

오른쪽 표를 보면 연주(年柱)는 조상이나 회사의 회장을 나타낸다. 그러므로 박 대통령은 집안의 조상이나 군대의 매우 높은 상사로부터 크게 도움을 받을 운명이다. 실제로 6.25 때 사령관인 백선엽 장군이 박 대통령을 발탁하여 출세의 길에 올라서게 되었다고 한다〔『현대인물의 생애와 운명』에서〕.

박 대통령의 사주에서 월주(月柱)는 부모와 회사의 직속 상사에 해당한다. 〈원국〉에서 월주가 申金과 亥水이므로 추운 바람이나 겨울에 해당하는 오행이다. 박 대통령에게 申金과 亥水는 구신과 기신이 되며, 매우 좋지 않다. 그러므로 선천적으로 부모의 덕을 받지 못했을 것이다.

일지(日支)는 부인을 뜻하는데, 가을에 해당하는 申金이다. 申金은 기신이므로 좋지 않다. 박 대통령이 이혼(?)한 첫 번째 부인이라고 생각된다. 육영수 여사는 오각형의 재성〔345쪽 그림 왼쪽 참조〕에 나타나는데, 재성이 寅木이므로 희신이다. 매우 좋은 배우자라고 생각된다.

시주(時柱)에는 자식이 나타나는데, 시지(時支)에 희신인 寅木이므로 자식들도 좋을 것으로 생각된다.

이와 같이 가족관계는 원국과 오각형의 두 군데를 보면 알 수 있다. 그리고 오행도에 있는 팔자의 용신과 기신을 따져서 가족들의 좋고 나쁨을 판정한다.

다음 그림을 보면 박 대통령의 가족들이 오행도에 표시되어 있다. 해당하는 육신이 용신이면 좋은 관계에 있다고 하고, 나쁜 용신이면 좋지 않은 관계라고 감정한다.

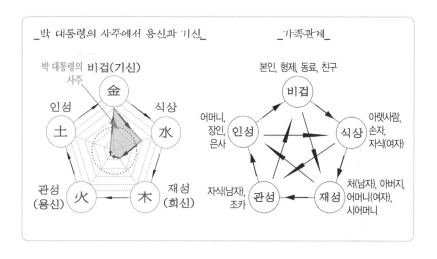

건토(乾土)와 습토(濕土)의 차이_ 〔2부 130쪽 참조〕

박 대통령의 사주뿐만 아니라 모든 사주에서 土는 건토(乾土)와 습토 (濕土) 두 종류가 있다. 이 둘은 어떤 차이가 있을까?

습토(濕土)와 건토(乾土)는 '土'이므로 '土'의 작용도 하지만, 다음과 같은 다른 점도 있다.

❶ 건토(乾土)는 건조한 土라는 뜻이며 火의 성질이 강하다. 未土와 戌 土를 건토라고 하며, 未土는 土이지만 가장 더운 때인 6월(음력)의 土 이므로 거의 火에 가까운 土이다. 그러므로 火의 성질이 강한 土로 생 각해도 괜찮다. 戌土는 뜨거워서 '건조해진 土'라는 이미지가 강한 土 이다.

❷습토(濕土)는 습기가 많은 土라는 뜻이며 辰土와 丑土가 있다. 이 중에서 丑土는 겨울 중에서 가장 추운 12월(음력)에 해당하는 土이므로 얼어 있는 土, 즉 동토(凍土)라고도 한다. 辰土는 수분을 많이 가지고 있는 土이므로 습토(濕土)라고 한다.

◑ 박 대통령의 대운 풀이

박 대통령의 대운표

나이	2	12	22	32	42	52	62
천간	庚	己	戊	丁	丙	乙	甲
지지	戌	酉	申	未	午	巳	辰
대운	乾土	金	金	乾土	火	火	濕土

대운표에서 나이는 만나이가 아니고 우리들이 쓰는 '보통 나이'이다. 나이 줄에 기입되어 있는 숫자는 전체 대운을 10년 단위로 나누었을 때 각 대운이 시작되는 숫자이다. 그러므로 2세부터 11세까지는 庚戌대운이 작용하고, 12세부터 21세까지는 己酉대운, 22세부터 31세까지는 戊申대운 …… 이런 방법으로 박정희 대통령의 대운이 진행된다. 甲辰대운(62~71세)의 초기인 63세 되던 1979년〔己未年〕에 서거하셨으므로 더 이상의 대운은 생략하였다.

대운표처럼 대운은 천간과 지지가 각 한 자씩 두 글자로 되어 있다. 이 두 글자 중에서 대운은 천간이 아니라 '지지'를 주로 사용한다. 즉, 이 사주의 대운은 戌→酉→申→未→午→巳→辰으로 변하며, 오행으로 다시 쓰면 土[乾土건토]→金→金→土[乾土건토]→火→火→土[濕土습토]의 순서로 들어온다.

박 대통령의 사주는 '차가운 사주'이므로 용신은 火(丁火)이고, 기신은 용신을 억누르는[水剋火] 水이다. 용신과 기신을 대운의 지지에 대입하여 길흉(吉凶)을 판단한다.

2~11세는 庚戌대운이므로 戌土는 '건조한 土'이다. 박 대통령에게 土는 기신(忌神)을 강하게 생조하는 구신(仇神)이고 또 金의 성질도 가지고 있기 때문에 좋지 않은 시기였을 것이다.

12~21세의 己酉대운, 22~31세의 戊申대운까지는 기신인 金운이 작용하므로 비겁이 강해지는 시기이다. 비겁은 친구, 동료, 형제 등 사람 관계를 의미하므로 많은 사람으로 인하여 고생하는 시기이다.

32~41세는 丁未대운으로 未土는 건조하고 매우 뜨거운 土이므로 거의 용신인 火에 가까운 土이다. 또 천간인 丁火도 火이므로 천간과 지지가 모두 火이다. 火의 기운이 대단히 강해지므로 관성의 기운이 강해졌다. 관성은 공무원, 군대, 법 등을 뜻하므로 군대에서 출세하기 시작하였다. 36세에 장군이 되었고, 다음 해인 37세에 포병사령관, 38세에 1군 참모장에 이르렀다.

42~51세의 丙午대운, 52~61세의 乙巳대운도 모두 용신인 火의 기운이 강해지는 시기이다. 특히 丙午대운도 천간 丙火와 지지 午火가 모두 火이므로 활활 타오르는 불 속에 있다. 즉, 용신의 기운이 엄청나게 강해지는 시기이다.

용신의 기운이 이렇게 강해지므로 42세인 1960년에 육군 군수 기지 사령관·제1관구 사령관, 육군 본부 작전 참모부장을 거쳐 44세가 되던 1961년에 제2군부 사령관에 임명되었다. 46세인 1963년에 제5대 대통령으로 취임했고, 그 후 6·7·8·9대 대통령을 역임했다. 용신인 火의 기운이 강해지므로 개인의 운명과 나라의 운명도 엄청나게 발전하였다. 우리나라와 국민이 잘 살게 된 토대를 닦아놓았다.

62세부터 甲辰대운이 시작된다. 이 대운의 辰土는 수분을 많이 가지고 있는 습토(濕土)이다. 수분은 용신인 火를 水剋火로 극(剋)을 하므로 대단히 불길(不吉)하고, 또 土도 구신이 되므로 나쁘다. 이렇게 나쁜 대운이 들어오자마자 63세에 서거하였다.

박 대통령의 대운을 보면, 대운이 인간의 행·불행에 얼마나 크게 작용하는지 알 수 있다. 그러므로 '사주 원국보다 운이 중요하다'는 말이 맞다.

대운으로 인생 전체의 큰 흐름을 간명하는 방법은 대단히 잘 맞는다. 즉, 일이 잘 될 때와 잘 안 될 때를 알 수 있으므로 인생 전체의 계획을 세울 때 크게 도움을 받을 수 있다. 예를 들면 사업을 시작할 때 해야 하나 말아야 하나 또는 회사를 확대할 때와 축소할 때 등을 결정할 때 참고하면 매우 좋을 것으로 생각된다.

운(運)이 무엇인가? 갈수록 궁금해진다.

● 박 대통령의 건강

사람들은 건강에 관심이 많다. 특히 현대 사람들에게는 매우 심하여 대부분이 건강 염려증 환자일 정도이다. 그래서 건강증명서는 애

지중지하면서 사주로 건강을 설명한다고 하면 펄쩍 뛰면서 말도 안 되는 소리라고 하는 사람들이 대부분이다. 아무리 설명을 해도 믿지 않는다. 자세한 것은 「7부 인생 곡선」을 참고하기 바란다.

먼저 박 대통령의 사주와 건강 오행도를 조사하여 박 대통령의 선천적인 건강 상태를 알아보자.

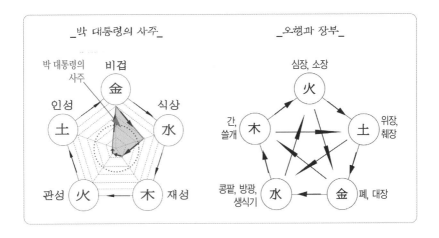

◆ 체질을 알 수 있다

박 대통령은 팔자가 오행에 골고루 분포되어 있다. 이런 상태이면 오행들이 상부−상조하면서 기운이 원활하게 순환할 수 있다. 그러므로 박 대통령은 선천적으로 건강한 체질이다.

金에 해당하는 폐와 대장이 다른 장기보다 강하고 木에 해당하는 간과 쓸개가 조금 약하다. 그러므로 사상체질로 말하면 '태양인'에 해당한다. 태양인에 알맞은 식생활이나 섭생을 하면 더욱 건강하고 운명도 좋아진다.

● 사주는 예방의학이다

현대 한의학에서 가장 힘들고 어려운 부분이 바로 '체질'을 아는 일이다. 여러 가지 방법으로 체질을 분석하지만 사주만큼 쉽고 확실한 방법이 없다. 사주로 체질을 분석하다 보면 이 세상의 어떤 방법으로도 알 수 없는 사실을 알 수 있다. 즉, 병이 생기는 때를 미리 예측할 수 있고, 병이 생기는 원인과 병의 종류도 알 수 있다. 병이 생기는 이유와 때를 알 수 있으므로 병을 예방할 수 있다. 사주를 예방의학으로도 응용할 수 있다는 점은 독보적인 장점이다. 대운을 보면 알 수 있다.

박 대통령의 대운표

나이	2	12	22	32	42	52	62
천간	庚	己	戊	丁	丙	乙	甲
지지	戌	酉	申	未	午	巳	辰
대운	乾土	金	金	乾土	火	火	濕土

병에 걸리는 과정은 여러 가지가 있지만 그중에서 가장 많이 사용하는 방법은 매우 '강한 오행[장기]'과 '약한 오행[장기]'에 병이 생길 가능성이 많다. 약한 오행[장기]이 운(運)에서 강하게 극(剋)을 받아서 더욱 약해졌을 때 병이 많이 발생한다. 이 현상은 이해하기 쉬우나 강한 오행[장기]도 병이 생기기 쉽다는 말은 쉽게 이해되지 않는다.

어려서부터 서양의학만 공부한 현대인들에게 조금도 이해할 수 없는 이상한 세계이다. 그러나 한의학[사주의학]에서는 다음과 같이 설명한다.

사람들의 장기의 크기는 대략 엇비슷하다. 몸 속에서 생명 작용[대사 작용]을 하려면 모든 장기들이 활발하게 움직여야 한다. 그러나 모든 장기가 똑같이 움직이는 것은 아니고 어느 장기는 특별히 일을 많이 하고 어느 장기는 일을 적게 하여야 한다.

예를 들면 봄에 태어난 사람은 봄에 해당하는 간[쓸개]의 장기가 다른 장기보다 활발하고 강하게 활동한다. 이처럼 간이 활발하고 강하게 작용하려면 장기의 선천적인 용량에 비하여 더 많은 일을 하여야 한다. 그러면 장기가 무리를 하게 되므로 그 장기가 약해질 수밖에 없다. 그래서 선천적으로 강한 장부에도 병이 잘 생긴다.

이와 같은 이유 때문에 선천적으로 강한 오행[장기]에 병이 생기기 쉬운 것이다. 또 약한 장기는 강한 장기가 더욱 심하게 공격하면 더욱 약해져서 병이 걸린다. 그러므로 강한 장기와 약한 장기에 병이 생길 가능성이 많아진다.

박 대통령은 다른 오행에 비해 木과 火가 조금 약하다. 그러므로 평소에도 간과 쓸개[木]를 보강하면서 사는 것이 좋다. 병이 생기는 시기는 金 오행이 운에서 힘이 보강되어 더욱 강해지면 金剋木으로 木[간과 쓸개]에 병이 생길 가능성이 많다.

대략 31세 이전에는 기신인 金이 강한 시기이므로 어려서부터 젊을 때까지 木에 해당하는 간과 쓸개가 약한 시기이다. 그러나 용신의 운이 와서 火가 보강되는 32세부터 61세까지는 절대로 병이 생기지 않는다.

그러나 31세 이전에는 일도 잘 안 풀리고 건강도 별로 좋지 않아서 많은 고생을 하였을 것으로 생각된다.

지금까지 박 대통령의 용신이 조후용신이라는 사실을 가족관계, 대운의 흐름, 건강에서 확인하였다.

❍ 사주와 대운을 함께 그림으로 표현해 보자

사주 원국과 대운은 모두 눈에 보이지 않는 기운을 중심으로 설명하고 있으므로 불편한 점이 많다. 그래서 원국과 팔자의 특징을 눈에 보이는 그림으로 표현하였다.

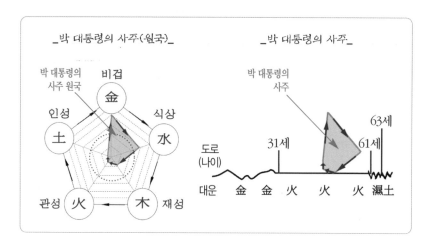

위의 그림처럼 사주의 원국을 연두색 모형(박정희 대통령)이라고 하자. 박 대통령의 사주는 원국(모형)이 金→金→土(乾土;火)→火→火→土(濕土;水)의 도로를 달리는 형국이라고 표현할 수 있다. 사주는 사주+대운이므로 박 대통령의 사주팔자를 오른쪽 그림처럼 간

략하게 표현할 수 있다.

박 대통령의 일생을 그림으로 표현하니 매우 재미있다. 눈에 보이지 않는 사주팔자를 눈으로 확인할 수 있는 점도 매우 흥미롭다.

이상으로 박정희 대통령 사주를 마치겠다.

사주에서 감정한 내용과 실제의 주인공의 삶이 거의 일치하였다. 그러므로 박 대통령의 사주는 조후용신이라는 사실을 거듭 확인할 수 있다.

지금까지 사주 원국과 운을 함께 사용하여 여러 분야에서 사주를 간단히 감정해 보았다. 사주를 감정하는 대략적인 감(感)을 잡았을 것으로 생각된다. 실제 감정할 때는 여기에 살을 붙여서 멋있게 설명하고 있지만, 원리는 간단하다.

❷ 故 정주영 회장의 사주

① 원국 해설

	천간	지지
年	乙木	卯木
月	丁火	亥水
日	庚金	申金
時	丁火	丑土

〈원국〉

정회장의 일간은 庚金이다. 표에서 알 수 있듯이 정회장의 일간도 서늘한 庚金인데, 겨울인 亥水 월에 태어났다. 뿐만 아니라 시지 丑土도 일년 중에서 가장 추운 달이다.

얇은 옷을 입고 있는 정회장[庚金]이 추운 겨울철에 얼음처럼 차가운 새벽[丑土]에 추워서 떨고 있는 모습이다.

그러므로 정회장의 사주는 '차가운 사주'이다. 따뜻하게 덥혀줄 불〔火〕이 시급하게 필요하다. 추워서 몸 속의 물이 얼어버리면 아무 일도 할 수 없기 때문이다. 다행히 월간과 시간에 丁火의 불꽃〔丁火〕이 일간〔庚金〕의 양쪽에서 활활 타고 있다.

이처럼 정회장 사주의 용신은 조화용신인 丁火이다. 이렇게 귀중한 丁火 용신〔불꽃〕이 일간〔본인〕의 위와 아래에서 활활 타고 있으므로 얼마나 좋겠는가! 또 연주에 있는 乙木과 卯木도 丁火를 생조하고 있으므로 불이 계속 잘 탄다. 마치 불 옆에 땔감인 나무가 가득 쌓여 있는 것처럼 丁火의 불꽃은 강하게 타고 있다. 정회장은 선천적으로 복을 많이 가지고 태어난 사람이다.

② 정주영 회장의 대운

정주영 회장의 대운표

나이	6	16	26	36	46	56	66	76	86	96
천간	庚	己	戊	丁	丙	乙	甲	癸	壬	辛
지지	戌	酉	申	未	午	巳	辰	卯	寅	丑
대운	乾土	金	金	乾土	火	火	濕土	木	木	濕土

정회장의 용신은 丁火이고, 木이 희신이다. 水가 용신인 火를 극〔火剋金〕하므로 기신(忌神)이고 金이 구신(仇神)이다. 간단히 말하면 정회장은 火와 木이 대단히 좋은 운이고, 水와 金이 나쁜 운(運)이다. 이런 기초지식을 가지고 정회장의 일생을 알아보자.

정회장의 대운은 30대 초까지 金운이 들어오므로 이 시기에는 운이 좋지 않아서 고생을 많이 하였다.

그러나 36세 丁未대운부터는 용신 운인 火의 운이 들어오기 시작하여 65세까지 30년 동안 거액을 벌어서 재벌기업이 되었다. 일간 庚金의 양쪽에 있는 丁火가 대운(火)에 통근하여 힘이 매우 강해졌기 때문이다. 이런 丁火가 하나도 아니고 양쪽에서 그것도 바짝 붙어서 활활 타고 있으므로 추위에 떨고 있던 일간(庚金)이 얼마나 좋겠는가!

66세 甲辰대운도 木의 기운이 강할 뿐만 아니라 그후에도 20년 동안 木의 운(희신)이 들어오므로 하는 일마다 성공을 거두었다. 火의 30년에 이어 木이 또 계속해서 30년 동안 들어오므로 합해서 60년 동안 좋은 운이 계속 들어온다.

36~95세까지 이렇게 좋은 호운(好運) 속에서 일생을 사는 운명이다. 원국도 좋았고 대운도 이상적으로 잘 들어왔으므로 한국 제1의 부자로서 손색이 없다. 92세 辛丑대운부터 金과 水의 운이 들어오므로 풍운아의 일생도 저물어가기 시작한다.

③ 억부법으로도 알아보자

정주영 회장의 사주는 조후법으로 설명하면 사주와 현실이 잘 일치했다. 그러므로 정회장의 사주를 조후법으로 해석해야 하지만, 지금은 공부하는 과정이므로 억부법으로도 조사하여 두 가지를 비교해 보자.

	천간	지지	지장간			지지의 강도	12운성
년주	乙木	卯木	甲 10		乙 20	−4	태
월주	丁火	亥水	戊 7	丙 7	甲 16	−24	병
일주	庚金	申金	戊 7	壬 7	庚 16	+10	건록
시주	丁火	丑土	癸 9	辛 3	己 18	+6	묘

지지의 강도는 〈부록 1〉 지지가 천간에 미치는 영향 중에서 일간이 庚金일 때를 보면 쉽게 알 수 있다. 즉, 지지가 년지 卯木, 월지 亥水, 일지 申金, 시지 丑土에 있을 때의 값을 사용하면 금방 알 수 있다. 새로운 방법〔숫자〕과 비교하기 위하여 12운성도 함께 수록하였다.

〈부록 2〉 천간이 지지에 통근(생조)하는 비율을 이용하여 천간의 힘〔강도〕을 계산해 보자. 자세한 설명은 생략하고 아래 표처럼 간단히 정리하였다.

천간의 강도

《연간 乙木의 강도》

	천간	지지	지지의 강도	비율	12운성	천간의 강도	거리의 영향		종합
							거리	계산	
년주	乙木	卯木	−4	1.0	건록	4	0	4×1≒4	−19
월주	丁火	亥水	−24	0.7	사	17	1	17×0.8≒14	
일주	庚金	申金	+10	0.2	태	2	2	2×0.5≒1	
시주	丁火	丑土	+6	0.2	쇠	1	3	1×0.2≒0	

《월간 丁火의 강도》

	천간	지지	지지의 강도	비율	12 운성	천간의 강도	거리의 영향		종합
							거리	계산	
년주	乙木	卯木	−4	0.8	병	3	1	4×0.8≒3	−8
월주	丁火	亥水	−24	0.2	절	5	0	5×1≒5	
일주	庚金	申金	+10	0	목욕	0	1	0×0.8≒0	
시주	丁火	丑土	+6	0	묘	0	0	0×0.2≒0	

《일간 庚金의 강도》

	천간	지지	지지의 강도	비율	12 운성	천간의 강도	거리의 영향		종합
							거리	계산	
년주	乙木	卯木	−4	0	태	0	2	0×0.5≒0	+14
월주	丁火	亥水	−24	0.2	병	5	1	5×0.8≒4	
일주	庚金	申金	+10	0.7	건록	7	0	7×1≒7	
시주	丁火	丑土	+6	0.6	묘	4	1	4×0.8≒3	

《시간 丁火의 강도》

	천간	지지	지지의 강도	비율	12 운성	천간의 강도	거리의 영향		종합
							거리	계산	
년주	乙木	卯木	−4	0.8	병	3	3	3×0.2≒1	−4
월주	丁火	亥水	−24	0.2	절	5	2	5×0.5≒3	
일주	庚金	申金	+10	0	목욕	0	1	0×0.8≒0	
시주	丁火	丑土	+6	0	묘	0	0	0×1≒0	

정회장 사주의 천간과 지지의 강도(종합)

	천간		지지	
년주	乙木	−19	卯木	−4
월주	丁火	−8	亥水	−24
일주	庚金	+14	申金	+10
시주	丁火	−4	丑土	+6
신강-신약			조후용신 ; 丁火	
−25(신약)			시지 丑土(정인) 속의 己土	

정주영 회장의 사주를 억부법으로 풀어보면 앞의 표와 같다. 이 표를 그림으로 나타내면 다음 두 그림들과 같다. 그러므로 정회장의 사주는 신약사주이고, 억부용신은 金 오행이며, 土는 희신이다. 金과 土를 극하는 火〔火剋金〕와 木이 기신과 구신이 된다.

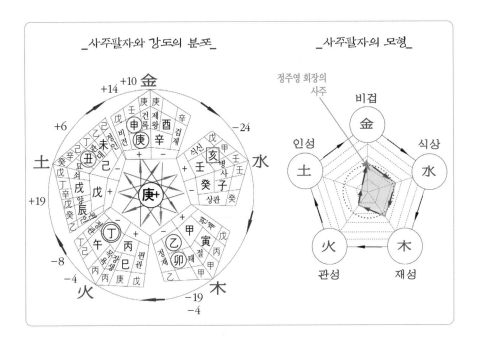

이와 같이 정회장의 사주를 억부법으로 감정하면 다음과 같을 것으로 생각된다. 대운표를 다시 한 번 보자.

나이	6	16	26	36	46	56	66	76	86	96
천간	庚	己	戊	丁	丙	乙	甲	癸	壬	辛
지지	戌	酉	申	未	午	巳	辰	卯	寅	丑
대운	乾土	金	金	乾土	火	火	濕土	木	木	濕土

35세까지는 金의 운이 들어오므로 친구들이 많이 도와주고 신체도 건강하므로 대단히 좋았을 것이다.

36세부터 65세까지는 기신인 火의 운이 들어오므로 법을 위반하며 심하면 구금되었을 것이다. 또는 회사에서 쫓겨나거나 실업 상태로 지낼 운명이다.

66~95세까지 구신인 木의 기운이 들어오므로 재산의 손해가 심할 것이다.

억부법과 조후법의 결과가 반대로 나타났다. 조후법은 현실과 일치했지만 억부법은 조금도 맞지 않았다. 이와 같이 정회장 사주는 억부법으로 감정하면 안 된다는 것을 잘 알 수 있을 것이다. 정회장의 사주는 조후법으로 감정해야 한다.

이처럼 각 사람에게 맞는 용신법을 적용해야 한다. 용신법을 잘못 적용하면 배가 산으로 가는 현상이 벌어진다. 많은 경험이 중요하다.

② 억부(抑扶)용신

사주팔자의 약 80% 정도는 억부용신이므로 억부용신이 가장 많다. 억부용신은 한마디로 사주팔자의 힘의 강약을 따져서 용신을 정한다. 다시 말해 억부용신의 뜻은 강한 오행은 억누르고(抑) 약한 오행은 보강(扶)해서 '중화된 사주(이상적인 사주)가 되도록 한다'는 말이다. 중화(中和)사주가 되어야 잘 살기 때문이다.

실제 사주(류일한 박사, 김활란 총장)를 설명하면서 억부용신을 찾아보자.

❶ 故 류일한 박사의 사주

	천간	지지
年	乙木	未土
月	戊土	寅木
日	丁火	亥水
時	丙火	午火

류일한 박사의 사주다. 유한양행의 창업주이고, 일제시대의 독립운동과 대한민국 초기에 나라를 위해 많은 일을 했다, 유한 대학교와 유한 공고가 소속되어 있는 유한학원도 설립하였다.

① 지지의 강도 계산

지지의 강도는 〈부록 1〉 지지가 천간에 미치는 영향에서 일간이 丁火일 때 년지, 월지, 일지, 시지에 있을 때의 영향력〔힘〕을 사용하면 쉽게 금방 알 수 있다. 새로운 방법〔숫자〕과 비교하기 위하여 12운성도 함께 수록하였다. 복잡한 계산을 할 필요가 없다. 표만 보고 찾으면 된다. 지지의 강도 계산은 매우 쉽다.

류일한 박사 사주의 지지 강도

	천간	지지	지장간	지지의 강도	12운성
년주	乙木	未土	丁 9 乙 37 己 18	+5	관대
월주	戊土	寅木	戊 7 丙 7 甲 16	+30	사
일주	丁火	亥水	戊 7 甲 7 壬 16	-6	태
시주	丙火	午火	丙 10 丁 20	+14	건록

② 천간의 강도 계산

지지의 강도를 이용하여 천간의 힘〔강도〕을 계산해 보자.

《연간 乙木의 강도》

	천간	지지	지지의 강도	비율	12 운성	천간의 강도	거리의 영향		종합
							거리	계산	
년주	乙木	未土	+5	0.1	양	+1	0	5×1≒5	+19
월주	戊土	寅木	+30	0.5	제왕	+15	1	15×0.8≒12	
일주	丁火	亥水	−6	0.7	태	−4	2	4×0.5≒2	
시주	丙火	午火	+14	0	장생	+0	3	0×0.2≒0	

《월간 戊土의 강도》

	천간	지지	지지의 강도	비율	12 운성	천간의 강도	거리의 영향		종합
							거리	계산	
년주	乙木	未土	+5	0.8	쇠	4	1	4×0.8≒3	−23
월주	戊土	寅木	+30	0.4	장생	12	0	12×1≒12	
일주	丁火	亥水	−6	0.2	절	1	1	1×0.8≒1	
시주	丙火	午火	+14	0.9	건록	13	0.5	13×0.5≒7	

《일간 丁火의 강도》

	천간	지지	지지의 강도	비율	12 운성	천간의 강도	거리의 영향		종합
							거리	계산	
년주	乙木	未土	+5	0.4	관대	2	2	2×0.5≒1	+30
월주	戊土	寅木	+30	0.7	사	21	1	21×0.8≒17	
일주	丁火	亥水	−6	0.2	태	1	0	1×1≒1	
시주	丙火	午火	+14	1.0	건록	14	1	14×0.8≒11	

《시간 丙火의 강도》

	천간	지지	지지의 강도	비율	12 운성	천간의 강도	거리의 영향		종합
							거리	계산	
년주	乙木	未土	+5	0.4	쇠	2	3	2×0.2≒0	+26
월주	戊土	寅木	+30	0.7	장생	21	2	21×0.5≒11	
일주	丁火	亥水	−6	0.2	절	1	1	1×0.8≒1	
시주	丙火	午火	+14	1.0	제왕	14	0	14×1≒14	

류일한 박사의 천간과 지지의 강도(종합)

	천간		지지	
년주	乙木	+19	未土	+5
월주	戊土	-23	寅木	+30
일주	丁火	+30	亥水	-6
시주	丙火	+26	午火	+14
신강-신약			억부용신 ;	
+92(신왕)			戊土, 金, 水	

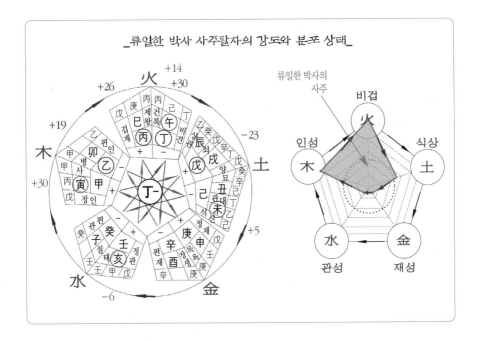

류일한 박사 사주팔자의 강도와 분포 상태

이 사주의 천간과 지지 여덟 글자를 오행으로 표시하면 위의 오행
도와 같다. 오행도에서 천간은 빨간 원, 지지는 파란 원으로 표시하
였고, 천간과 지지의 힘을 계산하여 함께 표기하였다. 오행도의 내용
이 복잡하므로 특징을 오른쪽에 간략하게 모형으로 나타내었다. 오

른쪽 모형에서 옅은 연두색이 류일한 박사의 사주이다.

③ 류일한 박사의 사주는 억부용신이다

그림에서 알 수 있듯이 유일한 박사의 사주는 비겁·인성이 매우 강하고, 식상·재성·관성이 약하다. 이처럼 신강사주이므로 식상·재성·관성의 힘이 강해져서 비겁+인성의 힘(강도)과 균형이 이루어야 한다. 그러므로 이 사주에서 용신으로 식상·재성·관성이 모두 좋지만 그중에서 어느 오행이 용신으로 가장 적당할까?

원국에 재성(金) 오행이 없으므로 용신이 될 수 없다. 관성(水)이 강해지면 비겁(火)의 힘을 억제하므로 좋기도 하지만, 일부의 힘은 편인 乙木의 힘을 생조하기도 하므로 일간이 더욱 신강해져서 좋지 않은 점도 있다.

이 사주는 비겁의 힘이 너무 강하므로 비겁의 힘을 식상(土)으로 설기(泄氣 빼준다)하여야 한다. 마침 戊土가 월간에 있으므로 일간 丁火와 가까이 있고, 또 부호도 '+'이므로 'ㅡ' 부호의 丁火의 힘이 쉽고 다량으로 설기할 수 있다. 그리고 또 戊土의 힘도 강하므로 戊土가 용신으로 적당하다.

이처럼 류일한 박사 사주의 억부용신은 戊土이고, 용신인 戊土를 극(木剋土)하는 木이 기신이다. 이와 같이 감정한 결과가 맞는지 틀리는지를 확인하려면 대운표를 보고 실제의 삶을 비교해 보면 알 수 있다.

나이	3	13	23	33	43	53	63	73
천간	戊	丁	丙	乙	甲	癸	壬	辛
지지	寅	丑	子	亥	戌	酉	申	未
대운	木	濕土	水	水	乾土	金	金	乾土

류일한 박사는 木의 기운이 강해지는 6세에 선교사를 따라 미국으로
가서 고생도 많이 하면서 공부하였다. 木은 기신이므로 어렵고 고생스
러운 생활을 하게 된다.

水운이 들어오는 20대에 회사를 설립하여 매우 많은 재산을 모았다.
金운이 들어오는 40~50대에 그동안 모아두었던 재산을 한국으로 가
지고 들어와서 제약회사인 유한양행을 설립하여 대성공을 거두었다
〔『현대인물의 생애와 운명』, 엄윤문 저, 동양서적〕.

류일한 박사의 사주는 억부용신이 戊土이고, 木이 기신이라는 것
을 알 수 있다. 자세한 것은 다시 설명할 예정이지만〔442쪽〕 현실과
사주가 매우 잘 일치하고 있다는 사실을 알 수 있다.

❷ 故 김활란 총장의 사주

	천간	지지
年	己土	亥水
月	丙火	寅木
日	丙火	寅木
時	丙火	申金

김총장은 이화대학교의 총장으로 한국의 여
성들을 위하여 평생을 헌신한 선각자이다.
뿐만 아니라 교육가, 종교가, 외교가로 활약
하면서 한국의 발전에 다방면으로 큰 업적을
남겼다.

① 지지의 강도 계산

지지의 강도는 〈부록 1〉 지지가 천간에 미치는 영향을 조사한다. 이 중에서 일간이 丙火일 때 년지, 월지, 일지, 시지의 영향력〔힘〕을 찾아보면 쉽게 알 수 있다. 새로운 방법〔숫자〕과 비교하기 위하여 12운성도 함께 수록하였다.

김활란 총장 사주의 지지 강도

	천간	지지	지장간	지지의 강도	12운성
년주	己土	亥水	戊 7 甲 7 壬 16	−3	절
월주	丙火	寅木	戊 7 丙 7 甲 16	+24	장생
일주	丙火	寅木	戊 7 丙 7 甲 16	+8	장생
시주	丙火	申金	戊 7 壬 7 庚 16	−14	병

② 천간의 강도 계산

지지의 강도를 이용하여 천간의 힘〔강도〕을 계산해 보자.

김활란 총장 사주의 천간 강도 계산

《연간 己土의 강도》

	천간	지지	지지의 강도	비율	12 운성	천간의 강도	거리의 영향		종합
							거리	계산	
년주	己土	亥水	−3	0.2	태	1	0	1×1≒1	−12
월주	丙火	寅木	+24	0.4	사	10	1	10×0.8≒8	
일주	丙火	寅木	+8	0.4	사	3	2	3×0.5≒2	
시주	丙火	申金	−14	0.2	목욕	3	3	3×0.2≒1	

《월간 丙火의 강도》

	천간	지지	지지의 강도	비율	12 운성	천간의 강도	거리의 영향		종합
							거리	계산	
년주	己土	亥水	−3	0.2	절	1	1	1×0.8≒1	+23
월주	丙火	寅木	+24	0.7	장생	17	0	17×1≒17	
일주	丙火	寅木	+8	0.7	장생	6	1	6×0.8≒5	
시주	丙火	申金	−14	0	병	0	2	0×0.5≒0	

《일간 丙火의 강도》

	천간	지지	지지의 강도	비율	12 운성	천간의 강도	거리의 영향		종합
							거리	계산	
년주	己土	亥水	−3	0.2	절	1	2	1×0.5≒1	+21
월주	丙火	寅木	+24	0.7	장생	17	1	17×0.8≒14	
일주	丙火	寅木	+8	0.7	장생	6	0	6×1≒6	
시주	丙火	申金	−14	0	병	0	1	0×0.8≒0	

《시간 丙火의 강도》

	천간	지지	지지의 강도	비율	12 운성	천간의 강도	거리의 영향		종합
							거리	계산	
년주	己土	亥水	−3	0.2	절	1	3	1×0.2≒0	+12
월주	丙火	寅木	+24	0.7	장생	17	2	17×0.5≒8	
일주	丙火	寅木	+8	0.7	장생	6	1	6×0.8≒4	
시주	丙火	申金	−14	0	병	0	0	0×1≒0	

김활란 총장의 천간과 지지의 강도(종합)

	천간		지지	
년주	己土	−12	亥水	−3
월주	丙火	+23	寅木	+24
일주	丙火	+21	寅木	+8
시주	丙火	+12	申金	−14
신강-신약		억부용신 ;		
+59(신왕)		己土, 金, 水		

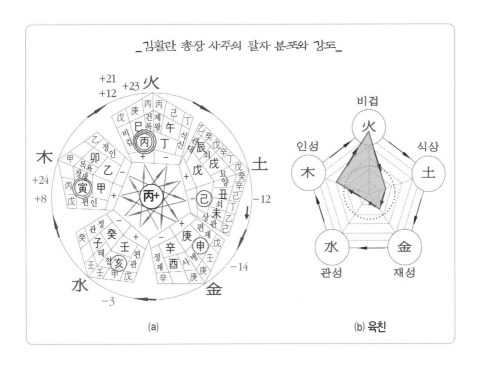

김활란 총장 사주의 팔자 분포와 강도

(a)

(b) 육친

　김활란 총장의 사주는 매우 신왕한 사주이다. 그림 (a)에서 알 수
있듯이 월지와 일지의 편인 寅木이 있고, 丙火 일간뿐만 아니라 월간
과 시간의 丙火도 일간 丙火를 강하게 생조하므로 비견 丙火의 힘이
매우 강해졌다.

　이런 경우 신왕한 일간 丙火의 힘을 土〔식상〕로 설기(泄氣)하여 강
한 丙火〔陽,+〕의 기운을 유통시켜야 한다. 마침 연간에 식상〔상관〕
己土〔陰,-〕가 있다. 이 己土는 丙火〔陽,+〕와 부호가 다르므로 丙火의
기운이 己土로 쉽게 설기될 수 있다. 그러므로 己土가 용신이고 木이
기신이다.

　己土〔상관〕의 기운이 강해지므로 문화, 예술, 언론, 기술 등의 분야
에 능력이 있는 사람이다. 김총장은 비겁의 강한 힘이 己土로 흐르므

로 이 분야에서 능력을 발휘할 수 있다. 그러므로 김총장은 己土가 매우 중요한 오행, 즉 억부용신이 되고 己土를 억누르는〔木剋土〕木이 기신이다. 김총장은 운(運)에서 土→金→水로 흐르면 좋고, 기신인 木과 火운에서는 매우 불길(不吉)해진다. 정말 그럴까?

대운표를 보고 김총장의 일생에서 확인해 보자.

김활란 총장의 대운표

나이	3	13	23	33	43	53	63
천간	乙	甲	癸	壬	辛	庚	己
지지	丑	子	亥	戌	酉	申	未
대운	濕土	水	水	乾土	金	金	乾土

김총장은 어려서부터 水의 운이 32세까지 30년 동안 들어오고, 또 33세부터 30년 동안 金의 운이 들어온다. 그러므로 김총장은 어려서부터 관운〔水〕이 들어와서 이화여대에 입학한 후, 19세에 이화여대의 '메이퀸'으로 뽑힐 정도로 뛰어난 미모를 가지고 태어났다. 또 편인이 발달하였으므로 평생 공부도 많이 할 운이고, 이 실력을 바탕으로 한평생한국의 여성, 종교, 교육 등에 많은 일을 하며 살았다. 63~72세까지는 火 기운〔기신〕이 강한 건토(乾土)의 대운이었으며 이 대운의 71세에세상을 떠났다.

이와 같이 실제의 삶과 사주가 일치하고 있다. 그러므로 일간 丙火의 강한 기운을 설기하여 유통하는 戊土가 억부용신으로 작용한다는 사실을 알 수 있다. 자세한 것은 다음에 다시 설명하겠다.

3 통관(通關)용신

상극하는 두 종류의 오행의 세력[힘]이 비슷하여 치열하게 싸움을 하는 사주이다. 이런 경우에는 강한 두 오행의 중간에서 두 기운을 소통시켜 기운이 순조롭게 순환하도록 해야 한다.

예를 들면 운(運)에서 중재하는 오행이 오면 강한 두 오행은 더 이상 싸움을 하지 않게 된다. 뿐만 아니라 막혔던 기운이 소통되어 더욱 잘 살게 된다. 그러나 운(運)에서 이런 오행이 소멸되면 다시 싸우는 형국이 되므로 고생이 심하게 된다.

이와 같이 강한 두 오행 사이에서 두 오행을 소통시키는 오행을 〈통관용신〉이라고 한다. 통관용신은 조후용신처럼 억부법을 적용하기 이전에 먼저 사용해야 한다. 통관용신도 사주팔자를 구성하고 있는 전체 모양을 보고 먼저 결정해야 한다.

통관용신은 다음처럼 두 종류가 있다.

❶ 신강사주인 경우

그림처럼 비겁[火]의 힘이 100, 재성[金]이 30, 관성[水]이 40인 사주를 보자. 이런 사주는 식상과 인성이 없고, 비겁과 재성과 관성으로만 이루어진 신강사주이다. 비겁과 (재성+관성)이 서로 극(剋, 水剋火와 火剋金)을 하면서 싸우고 있는 형국이다.

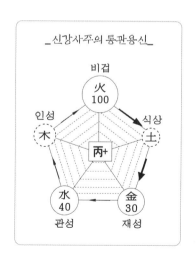

신강사주의 통관용신

비겁
火
100

인성
木

식상
土

丙+

관성
水
40

재성
金
30

이런 사주를 어떻게 하면 싸우지 않고 기운을 순조롭게 유통시킬 수 있을까? 답은 간단하다. 운(運)에서 식상(土)의 기운이 들어오면 강한 火(비겁)의 힘이 식상 土로 흐르고(설기되고), 또 土(식상)의 기운이 재성(金)을 생조한다. 이렇게 되면 강한 비겁(火)의 힘이 재성(金)을 극(剋)하지 않고 식상(土)를 거쳐서 순탄하게 재성(金)으로 흘러가게 된다. 이 경우에는 식상(土)을 '통관용신'이라고 한다.

이런 현상을 딱딱한 오행으로 따지지 말고 알기 쉽게 통변해 보자. 통관용신으로 土가 있는 경우를 생각해 보자.

능력과 힘이 많은 주인공(丙火, 비겁)이 문화, 예술, 언론, 기술 분야(식상, 土)에서 일을 열심히 하여 돈(재성, 金)을 많이 번다는 말이다. 만약 통관용신(식상, 土)이 없으면, 주인공(丙火, 비겁)이 강한 힘으로 재성(金)의 재산을 직접 강제적으로 빼앗으려고(火剋金) 한다.

통관사주인 경우, 운(運)에서 통관사주가 없어지면 다시 비겁과 (재성+관성)이 싸우게 되므로 고생이 많아진다.

❷ 신약사주인 경우

그림처럼 비겁(火)의 힘이 70, 재성(金)이 40, 관성(水)이 60인 사주를 보자. 비겁의 힘보다 (재성+관성)의 힘이 더 강하므로 신약사주이다. 비겁과 (재성+관성)의 두 세력이 싸우고 있는 형국이므로 시급히 통관용신이 작용하여

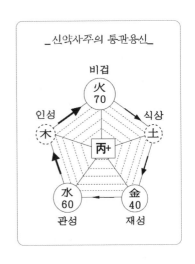

신약사주의 통관용신

비겁
火 70
인성 木
식상 土
丙+
관성 水 60
재성 金 40

두 기운을 소통시켜야 한다.

　이렇게 사주가 신약한 경우, 식상[土]와 인성[木] 중에서 어느 오행이 좋을까?

　신약사주이므로 인성[木]으로 소통해야 관성[金]의 강한 힘이 인성[木]을 통하여 비겁[火]으로 전달된다. 그러면 신약했던 비겁의 힘이 강해지면서 전체의 오행들의 기운이 자연스럽게 소통하게 된다. 신약사주인 경우에는 식상[土]보다는 인성[木]으로 통관용신을 정해야 한다는 사실을 알 수 있다.

　통관용신을 사용하는 사주는 매우 드문 경우이다. 그러나 사주를 감정하다 보면 두 오행 사이에서 기운을 소통, 중재하여 전체 기운의 흐름을 원만히 해야 하는 현상도 자주 있다. 그러므로 이런 현상도 알고 있어야 사주를 감정할 때 크게 도움이 된다.

　통관용신의 예를 들어보자.

❸ 故 이 모 여인의 사주

　필자가 평생 동안 산 삶의 발자취를 잘 알고 있는 이 분의 사주는 다음과 같다.

	천간	지지
年	壬水	戌土
月	丙火	午火
日	癸水	丑土
時	戊土	午火

먼저 팔자의 힘[강도]를 계산하여 통관용신이 생기는 사주 구조를 알아보자.

① 지지의 강도 계산

지지의 강도는 〈부록 1〉 지지가 천간에 미치는 영향을 조사한다. 이 중에서 일간이 癸水일 때 년지, 월지, 일지, 시지의 영향력〔힘〕을 찾아보면 쉽게 알 수 있다. 새로운 방법〔숫자〕과 비교하기 위하여 12운성도 함께 수록하였다.

이 모 여인 사주의 지지 강도 계산

	천간	지지	지장간	지지의 강도	12운성
년주	壬水	戌土	辛 丁 戊	−1	쇠
월주	丙火	午火	丙 己 丁	−48	절
일주	癸水	丑土	癸 辛 己	+15	관대
시주	戊土	午火	丙 己 丁	−12	절

② 천간의 강도 계산

《연간 壬水의 강도》

	천간	지지	지지의 강도	비율	12 운성	천간의 강도	거리의 영향		종합
							거리	계산	
년주	壬水	戌土	−1	0.2	관대	0	0	0×1≒0	−3
월주	丙火	午火	−15	0	태	0	1	0×0.8≒0	
일주	癸水	丑土	+48	0.4	쇠	6	2	6×0.5≒3	
시주	戊土	午火	−12	0	태	0	3	0×0.2≒0	

《월간 丙火의 강도》

	천간	지지	지지의 강도	비율	12 운성	천간의 강도	거리의 영향		종합
							거리	계산	
년주	壬水	戌土	−1	0.1	묘	0	1	0×0.8≒0	−54
월주	丙火	午火	−48	1.0	건록	48	0	48×1≒48	
일주	癸水	丑土	+15	0	양	0	1	0×0.8≒0	
시주	戊土	午火	−12	1.0	건록	−12	2	12×0.5≒6	

《일간 癸水의 강도》

	천간	지지	지지의 강도	비율	12 운성	천간의 강도	거리의 영향		종합
							거리	계산	
년주	壬水	戌土	−1	0.2	관대	0	2	0×0.5≒0	+6
월주	丙火	午火	−48	0	절	0	1	0×0.8≒0	
일주	癸水	丑土	+15	0.4	제왕	6	1	6×1≒6	
시주	戊土	午火	−12	0	절	0	1	0×0.8≒0	

《시간 戊土의 강도》

	천간	지지	지지의 강도	비율	12 운성	천간의 강도	거리의 영향		종합
							거리	계산	
년주	壬水	戌土	−1	0.8	묘	1	3	2×0.2≒0	−40
월주	丙火	午火	−48	0.9	제왕	43	2	43×0.5≒22	
일주	癸水	丑土	+15	0.6	절	9	1	9×0.8≒7	
시주	戊土	午火	−12	0.9	제왕	11	0	11×1≒11	

천간과 지지의 강도(종합)

	천간		지지	
년주	壬水	−3	戌土	−1
월주	丙火	−54	午火	−48
일주	癸水	+6	丑土	+15
시주	戊土	−40	午火	−12
신강−신약		통관용신 ;		
−116(태약)		金(인성)		

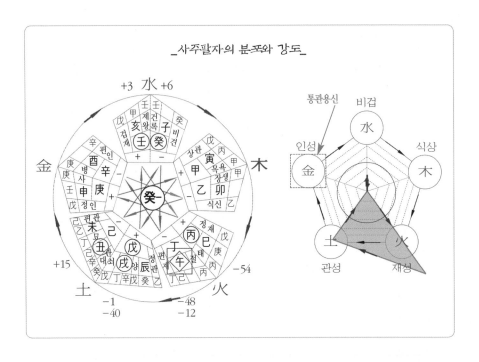

사주팔자의 분포와 강도

이 사주팔자는 오행 중 水〔비겁〕·火〔재성〕·土〔관성〕의 삼행에만 있고, 木〔식상〕과 金〔인성〕이 없다. 비겁〔水〕의 힘이 土〔관성〕火〔재성〕의 힘보다 매우 적으므로 태약사주이다. 사주의 특징을 그림에 나타내었다. 즉, 비겁〔水〕의 힘과 재성〔火〕+관성〔土〕의 힘들이 싸우고 있지만 재성〔火〕+관성〔土〕의 힘이 훨씬 더 강하다는 것을 알 수 있다.

이처럼 강한 두 힘이 싸우고 있는 경우 중간에서 두 힘을 소통하여 연결시키는 힘, 즉 통관용신〔金, 인성〕이 필요하다. 만약 통관용신인 金이 있으면 재성〔火〕+관성〔土〕의 강한 힘은 통관용신인 金을 통하여 비겁〔水〕으로 자연스럽게 흐른다.

다시 말하면 운에서 인성〔金〕의 기운이 들어올 때는 관성의 강한 힘이 金〔인성〕을 통하여 순조롭게 비겁〔水〕으로 흐른다. 金〔인성〕의 분야인 공부[학문]나 부동산에 투자하여 본인의 힘이 강해진다. 그러나 이렇게 통관해 주는 용신[인성]이 없으면 관성[남편, 직장]이 본인[水]을 심하게 억압하므로 고생하게 된다.

만약 통관용신이 木[식상]인 경우도 생각해 보자. 본인[水]의 몸이 선천적으로 약하지만, 이런 허약한 몸[水]으로 자식을 키우느라고 애를 쓴다. 그러므로 본인의 몸은 더욱 약하게 되어 고생하게 된다.

자세한 것은 다음에 다시 설명하겠다.

4 병약(病弱)용신

	천간	지지
年	戊土	申金
月	丁火	巳火
日	乙木	未土
時	甲木	申金

〈남자의 사주〉
『명리비전 I』추일호 저,
청연, 172쪽에서 인용

이 사주는 남자의 사주이다. 〈부록 1〉 지지가 천간에 미치는 영향과 〈부록 2〉 천간이 지지에 통근(생조)하는 비율을 이용하여 이 사주의 지지의 강도와 천간의 강도[힘]를 구하였다. 이렇게 구한 값을 종합하여 하나의 표로 만들었다. 그리고 이 표의 내용을 사주팔자의 분포와 강도의 오행도로 나타내었다.

지지의 강도

	천간	지지	지장간	지지의 강도	12운성	육신
년주	戊土	申金	戊 壬 庚	−3	태	정관
월주	丁火	巳火	戊 庚 丙	−48	목욕	상관
일주	乙木	未土	丙 己 丁	−8	양	편재
시주	甲木	申金	戊 壬 庚	−3	태	정관

천간의 강도

《년간 戊土의 강도》

	천간	지지	지지의 강도	비율	12 운성	천간의 강도	거리의 영향		종합
							거리	계산	
년주	戊土	申金	−3	0.2	병	1	1	0	−30
월주	丁火	巳火	−48	0.7	건록	34	0.8	27	
일주	乙木	未土	−8	0.8	쇠	6	0.5	3	
시주	甲木	申金	−3	0.2	병	1	0.2	0	

《월간 丁火의 강도》

	천간	지지	지지의 강도	비율	12 운성	천간의 강도	거리의 영향		종합
							거리	계산	
년주	戊土	申金	−3	0	목욕	0	0.8	0	−26
월주	丁火	巳火	−48	0.5	제왕	24	1	24	
일주	乙木	未土	−8	0.4	관대	3	0.8	2	
시주	甲木	申金	−3	0	목욕	0	0.5	0	

《일간 乙木의 강도》

	천간	지지	지지의 강도	비율	12 운성	천간의 강도	거리의 영향		종합
							거리	계산	
년주	戊土	申金	−3	0.2	태	1	0.5	1	+3
월주	丁火	巳火	−48	0	목욕	0	0.8	0	
일주	乙木	未土	−8	0.1	양	1	0	1	
시주	甲木	申金	−3	0.2	태	1	0.8	1	

《시간 甲木의 강도》

	천간	지지	지지의 강도	비율	12 운성	천간의 강도	거리의 영향		종합
							거리	계산	
년주	戊土	申金	−3	0.2	절	1	0.5	1	+3
월주	丁火	巳火	−48	0	목욕	0	0.8	0	
일주	乙木	未土	−8	0.1	양	1	0	1	
시주	甲木	申金	−3	0.2	절	1	0.8	1	

	천간		지지	
년주	戊土	−30	申金	−3
월주	丁火	−26	巳火	−48
일주	乙木	+3	未土	−8
시주	甲木	+3	申金	−3
신강−신약		억부용신 ;		
−112(태약)		水		

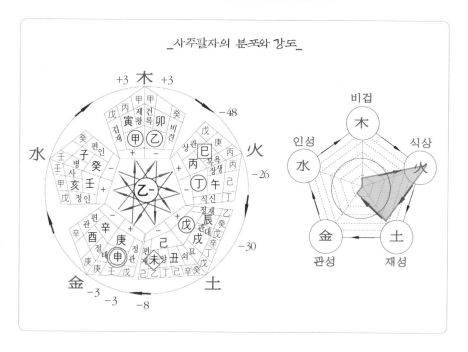

사주팔자의 분포와 강도

그림을 보면 일간 乙木의 힘이 매우 약하고, 식상〔火〕+재성〔土〕+관성〔金〕의 힘이 매우 강하다. 그러므로 태약(太弱)사주이며, 일간의 힘이 너무 약하여 '종격사주'라고 할 정도이다. 그러나 일간 乙木의 힘이 未土와 申金의 지장간에 약하게 통근〔생조〕하고 있고, 또 甲木

의 도움으로 극히 약하지는 않다. 뿐만 아니라 巳申水의 合까지 하므로 일간의 힘은 어느 정도는 가지고 있으므로 종격사주는 아니다.

그러므로 이 사주는 억부법의 신약사주가 된다. 일간[乙木]의 힘을 식상[火]이 매우 강하게 설기(泄氣)하고 있으므로 일간이 약해졌다. 통변해 보면 주인공[일간]의 힘이 선천적으로 약하고 가진 것도 부족하다. 그러나 식상의 문화, 예술 분야 등 일에 너무 강하게 몰두하고 있기 때문에 일간의 힘이 더욱 부족하게 되어 마침내 병이 생길 정도이다. 즉, 식상[火] 때문에 병(病)이 되어 고생하고 있는 사주이다.

이처럼 신약사주 중에서 매우 강한 오행[火]이 작용하고 있기 때문에 고생하고 있는 사주를 '병약(病藥)사주'라고 한다. 그렇다면 이와 같은 병이 있는 사주를 어떻게 하면 고칠 수 있을까?

그림을 보면 쉽게 알 수 있듯이 水[인성]가 있으면 관성의 힘을 뽑아서 일간을 생조할 수 있다. 뿐만 아니라 병(病)의 원인인 식상[火]의 기운도 水剋火로 억눌러서[剋] 火의 힘을 약화시킬 수 있으므로 일석이조(一石二鳥)의 효과가 있다. 즉, 水가 이 사주를 치료해줄 약(藥)이 되며 용신이 된다. 水가 강해지는 운[대운과 세운]에서 크게 발복(發福)한다. 이런 사주를 '병약(病藥)사주'라고 하며, 水[인성]와 같이 병의 원인을 치료하는 오행을 '병약용신'이라고 부른다.

이처럼 병(病)이 되는 오행과 이 병을 치료할 수 있는 약(藥)이 되는 오행이 원국에 함께 있는 사주를 '병약사주'라고 부른다.

병약사주와 신약사주는 비슷하므로 구별하기 힘들지만, 병(病)이라고 할 정도로 강한 오행 때문에 신약사주가 된 것을 특별히 병약사주라고 부른다.

5 종격(從格)용신 −특수한 사주의 세계−

억부용신과 조후용신, 통관용신, 병약용신의 세계와 매우 다른 특수한 사주의 세계가 있다. 지금까지 설명한 사주들을 '내격(內格)사주'라 하고, 특수한 사주를 '외격(外格)사주'라고 부른다. 그러나 필자는 내격사주를 〈일반격 사주〉, 외격사주를 〈특수격 사주〉 또는 〈종격(從格)사주〉라고 부르고 싶다. 외격사주의 종류는 대단히 많으나 그중에서 가장 많은 종격사주에 대하여 설명하겠다.

대부분의 사주는 〈일반격 사주〉이고, 전체 사주의 약 80% 정도이다. 나머지가 〈특수격 사주[종격사주]〉이다. 특수격 사주인 사람들은 20%밖에 안 되지만, 보통 사람들과 다른 특이한 행동을 하는 경우가 많다. 그래서 많은 사람[부모]들이 특수격 사주의 인생과 삶에 대해서 궁금해하기도 하고 불안해하기도 한다. 특수격 사주를 감정해 달라고 부탁하는 사람들이 의외로 많다.

특수격 사주는 종류가 너무 많아서 공부하기 귀찮지만 내용이 매우 단순하므로 용신 찾기가 비교적 수월하다. 한두 개의 특수격 사주를 감정해 보면 대부분의 특수격 사주를 감정할 수 있다. 그러므로 모든 특수격을 설명하지 않고 한두 개의 특수격 사주만 설명하려고 한다. 특수격 사주에 대한 특징을 이해할 수 있을 것으로 생각한다.

특수격 사주는 나쁜 사주라고 오해하는 사람들이 많이 있다. 행복과 불행은 사주의 구성과 운(運)에 따라 정해지는 것이지 특수한 사주라고 불행한 사주는 아니다.

1 종격사주의 특징(1)

지금까지 설명한 동양철학(명리학)의 세계에서 가장 핵심이 되는
사상은 ❶ 오행의 기운이 균등하게 분포되어서 ❷ 전체가 조화를 이
루면서 ❸ 기운이 순조롭게 순환하는 것이다. 이렇게 될수록 편안하
고 행복하게 잘 살 수 있다.

그러나 특수격(종격) 사주는 기존의 이론과 정반대이다. 사주팔자
의 여덟 글자가 두세 오행에 편중되어 있다. 팔자들이 편중되어 있는
오행은 힘이 매우 강해질 수밖에 없다. 그러므로 팔자들이 심하게 불
균형되어 있으므로 전체적인 조화보다는 불균형한 상태를 가장 좋아
한다. 가장 강한 오행이 더욱 강해져서 심하게 불균형해질수록 잘 살
게 되는 이상한 사주들이다.

가장 강한 오행은 사주의 왕이고 독재자이며 전체를 자기 마음대로
휘젓는다. 가장 강한 오행을 '왕신(旺神)' 이라고 부른다. 만약 약한
오행이 강해져서 덤비면 왕신(旺神)이 화가 나서 즉시 공격을 가하여
못살게 만드는 사주이다. 초보자들에게는 도저히 이해되지 않아서
공부하기 어려운 사주이다. 예를 들어 보자.

❶ 故 정 모씨의 사주_『명리비전Ⅱ』, 추일호 저, 26쪽

	천간	지지
年	戊土	辰土
月	乙木	卯木
日	甲木	寅木
時	丙火	寅木

이 사주는 일간이 甲木인 사주이다. 먼저 사
주의 지지와 천간의 강도(힘)를 〈부록 1〉 지지
가 천간에 미치는 영향과 〈부록 2〉 천간이 지지에
통근(생조)하는 비율을 이용하여 구하였다.

이렇게 구한 값을 종합하여 하나의 표로 만들었다. 그리고 이 표의 내용을 사주팔자의 분포와 강도의 오행도로 나타내었다.

① 지지의 강도 계산

지지의 강도는 다음 표처럼 간단히 계산할 수 있다.

지지의 강도 계산

	천간	지지	지장간	지지의 강도	12운성
년주	戊土	辰土	乙 9 癸 3 戊 18	+3	쇠
월주	乙木	卯木	甲 10 乙 20	+60	제왕
일주	甲木	寅木	戊 7 丙 7 甲 16	+4	건록
시주	丙火	寅木	戊 7 丙 7 甲 16	+3	건록

② 천간의 강도 계산

천간의 강도도 다음 표와 같이 간단히 계산할 수 있다.

천간의 강도 계산

《연간 戊土의 강도》

	천간	지지	지지의 강도	비율	12운성	천간의 강도	거리의 영향		종합
							거리	계산	
년주	戊土	辰土	+3	0.6	관대	2	0	$+2 \times 1 \fallingdotseq -2$	-3
월주	乙木	卯木	+60	0	목욕	0	1	$0 \times 0.8 \fallingdotseq 0$	
일주	甲木	寅木	+4	0.4	장생	2	2	$-2 \times 0.5 \fallingdotseq -1$	
시주	丙火	寅木	+3	0.4	장생	1	3	$1 \times 0.2 \fallingdotseq 0$	

《월간 乙木의 강도》

	천간	지지	지지의 강도	비율	12 운성	천간의 강도	거리의 영향 거리	거리의 영향 계산	종합
년주	戊土	辰土	+3	0.4	관대	1	1	$1 \times 0.8 ≒ 1$	+64
월주	乙木	卯木	+60	1.0	건록	60	0	$60 \times 1 ≒ 60$	
일주	甲木	寅木	+4	0.5	제왕	2	1	$2 \times 0.8 ≒ 2$	
시주	丙火	寅木	+3	0.5	제왕	2	2	$2 \times 0.5 ≒ 1$	

《일간 甲木의 강도》

	천간	지지	지지의 강도	비율	12 운성	천간의 강도	거리의 영향 거리	거리의 영향 계산	종합
년주	戊土	辰土	+3	0.4	관대	1	2	$1 \times 0.5 ≒ 1$	+52
월주	乙木	卯木	+60	1	목욕	60	1	$60 \times 0.8 ≒ 48$	
일주	甲木	寅木	+4	0.5	장생	2	0	$2 \times 1 ≒ 2$	
시주	丙火	寅木	+3	0.5	장생	1	1	$1 \times 0.8 ≒ 1$	

《시간 丙火의 강도》

	천간	지지	지지의 강도	비율	12 운성	천간의 강도	거리의 영향 거리	거리의 영향 계산	종합
년주	戊土	辰土	+3	0.3	관대	1	3	$1 \times 0.2 ≒ 0$	-28
월주	乙木	卯木	+60	0.8	목욕	48	2	$48 \times 0.5 ≒ -24$	
일주	甲木	寅木	+4	0.7	장생	3	1	$3 \times 0.8 ≒ 2$	
시주	丙火	寅木	+3	0.7	장생	2	0	$2 \times 1 ≒ 2$	

	천간	천간	지지	지지
년주	戊土	-3	辰土	+3
월주	乙木	+64	卯木	+60
일주	甲木	+52	寅木	+4
시주	丙火	-28	寅木	+3
신강-신약		억부용신 ;		
+111(종왕격)		木(식상), 火		

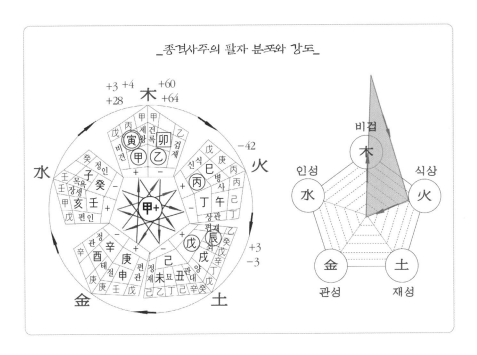

종격사주의 팔자 분포와 강도

천간과 지지의 강도를 안 다음, 이 사주의 특징을 그림에 나타내었다. 그림을 보면서 이 사주의 특징들을 설명해 보자.

❶ **이 사주는 팔자가 木과 火, 土의 오행에만 있고 金과 水에는 없다**

즉, 팔자가 전체에 퍼져 있는 것이 아니고 3오행에만 집중되어 있다. 그중에도 비겁〔木〕의 힘이 가장 강하며, 오각형의 범위를 벗어나서 위로 뾰족하게 그려질 정도이다.

이처럼 막강한 木을 〈왕신(旺神)〉이라고 한다. 왕신인 木은 절대적인 지배자이고 독재자이므로 모든 오행은 이 왕신에 절대적으로 복종해야 한다. 왕신인 木에 반항〔剋〕하는 오행은 즉시 그리고 철저히 응징을 당한다. 木 이외의 다른 오행은 좋던 싫던 왕신에 절대 복종하면서 살 수밖에 없다.

이렇게 전체가 강한 오행 중심으로 구성되어 있는 특수한 사주를 〈종격(從格)사주〉라고 한다. 이런 종격사주에서 용신은 왕신의 오행과 왕신의 힘을 설기하는 오행이다. 왕신의 힘을 강하게 생조하는 오행도 좋다. 이 사주에서는 木〔왕신〕과 木의 기운을 설기하는 火, 또 木을 생조하는 水가 모두 용신이다. 왕신인 木의 지원을 전폭적으로 받고 있는 丙火가 맹렬하게 활동하고 있다. 그러므로 丙火〔식상〕가 가장 중요한 용신이 된다.

이 이외의 土〔재성〕와 金〔관성〕은 기신과 구신의 역할을 하게 되지만, 기신과 구신의 개념보다 더 강한 '적(敵)'으로 취급 받는다. 특히 金〔관성〕이 강해지면 왕신인 木을 공격〔金剋木〕하므로 왕신이 크게 화가 나서 즉시 응징한다. 심하게 고생하거나 죽을 수도 있다.

이 사주를 통변해 보자.

비겁의 힘이 가장 막강하므로 신체가 건강하고 자존심과 독립심이 강하고 추진력이 왕성한 사람이다. 또 많은 친구와 친척들이 어울리면서 도와준다.

이렇게 왕성한 비겁의 기운이 식상인 丙火를 생조하므로 비겁의 모든 능력〔힘〕을 문화, 예술, 기술, 언론, 기업 경영 분야 등에 쏟으면서 사는 사람이다. 그러나 재성 土는 그다지 강하지 않으므로 많은 돈을 축적하지는 못했을 것이다.

水〔인성〕와 金〔관성〕의 힘은 zero이므로 이 분야에 사용할 에너지〔힘〕

가 거의 없다. 즉, 직장도 없으며 공부도 잘할 운명이 아니다.

사주가 이렇게 구성되어 있으므로 오로지 문화, 예술, 언론, 기술 분야의 일만 열심히 하려는 사람이다. 연예인, 언론인, 기술자, 사업가일 가능성이 많다. 만일 木과 火의 운(運)만 들어오면 이 분야에서 크게 성공할 사람이다. 木과 火가 용신이고, 金과 水의 운이 기신이 된다.

대운을 보면서 인생을 추적해 보자.

❷ 대운 풀이

고(故) 정 모씨의 대운표

나이	7	17	27	37	47	57	67	77
천간	丙	丁	戊	己	庚	辛	壬	癸
지지	辰	巳	午	未	申	酉	戌	亥
대운	濕土	火	火	乾土	金	金	乾土	水

대운이 濕土→火→火→乾土→金→金→ ······의 순서로 흐른다. 46세 전까지는 용신인 火의 기운이 들어오지만 그 후에는 기신인 金의 기운이 강하게 들어온다. 그러므로 인생의 전반부는 잘 살았으나 후반부는 고생했을 것으로 추측된다. 세밀하게 검토해 보자.

7~16세까지는 丙辰대운의 시기이다. 辰土가 습토(濕土)이므로 수분이 많은 土의 시기였다. 즉, 인성〔水〕이 강한 시기이므로 용신인 丙火를 극(剋)하는 시기이다. 종격사주에서 용신과 왕신을 극하면서 덤비면

즉시 죽게 된다. 이 시기에 고생도 했지만 용신을 생조하는 작용도 하므로 무사히 살았을 것이다. 이마 고생하면서 공부를 하여 능력이 많은 사람이 되었을 것이다.

17~26세, 27~36세, 37~46세의 30년간 火의 기운이 들어오므로 식상 분야에서 능력을 발휘하여 인정받으면서 살았을 것이다. 남들이 하지 못하는 한두 가지 특출한 재주를 가지고 있는 사람이다. 실제로 이 사람은 이 시기에 고등학교 선생님으로 교무주임까지 하면서 매우 잘 살았다고 한다.

47세부터 金의 기운이 들어오므로 고생과 불행의 시기가 시작되었다. 金이 지배하는 기간 동안은 교통사고와 췌장염으로 큰 수술을 했고, 후유증으로 고생하면서 근근히 어렵게 살았다고 한다.

金 대운의 마지막 시기인 62세〔28년생〕에 췌장염의 후유증이 간암으로 전이되어 수술 중에 작고하였다고 한다〔『명리비전 II』, 28쪽, 추일호 저〕.

종격사주는 이와 같이 한두 오행에 극단적으로 힘이 편중된 사주이다. 그러므로 일반격 사주와는 매우 다른 인생을 살게 된다.

② 종격사주의 특징(2)

종격사주〔특수격 사주〕의 종류는 매우 많으므로 모든 종격사주를 설명하기는 불가능하고 또 그렇게 할 필요도 없다. 모든 종격사주를 감정하는 방법은 지금까지 종격사주에 대해서 설명한 것과 비슷하기 때문이다. 하나만 잘 해도 모든 종격사주를 어느 정도 감정할 수 있을 것이다. 그러므로 나머지 종격사주에 대한 설명은 생략하고, 모든 종격사주에서 공통적으로 나타나는 특징에 대하여 설명하겠다.

첫째, 일간이 바뀐다

종격사주에서는 일반격 사주의 일간과는 다르다. 일간은 자기의 오행을 버리고 가장 강한 오행에 따라서 살 수밖에 없다. 예를 들면 이 사주의 일간이 甲木이 아니고 丙火라고 하면 일간은 甲木이 아니고 丙火가 된다.

이와 같이 일간이 없어지므로 내가 없어지고 다른 사람처럼 살아간다. 천성이 순한 사람[甲木]이라도 불 같은 성격[丙火]의 사람이 된다는 뜻이다. 싫던 좋던 어쩔 수 없이 이렇게 살아야 한다. 만약 일간이 바뀌지 않으려고 조금이라도 저항하면 할수록 그만큼 고생을 하다가 마침내 죽게 된다.

일간뿐만 아니라 모든 오행들도 왕신(旺神)의 뜻에 거슬리는 행동을 하면 즉시 응징을 받아서 고생하게 된다. 절대 복종하며 살아야 가장 잘 사는 것이다. 말 그대로 독불장군, 독재의 세상이다.

동양철학[명리학]의 근본은 항상 기운이 균형을 이루고 조화롭게 순환하여야 한다. 항상 균형과 조화만 중요한 가치로 인정하는 동양의 세계에서 종격사주에서는 절대 권력[旺神]에 절대 복종하는 세상이다. 그러므로 종격사주의 세상은 쉽게 이해되지 않는 돌연변이의 세계이다.

둘째, 종격사주는 왕신(旺神)이 바로 용신이다

종격사주의 기운을 더욱 강하게 하거나 또는 빨리 설기하는 것이 가장 좋다. 그러므로 이 사주 같으면 왕신인 비겁(木)이 용신이 된다. 종격사주에서는 자기의 막강한 기운을 쏟아낼 수 있는, 즉 설기하는 식상(火)도 매우 좋다.

그러나 왕신을 힘을 도와주는 인성(水)은 용신인 丙火를 水剋火로 극(剋)하므로 매우 불길할 것 같이 생각된다. 그러나 水의 힘은 水剋火하기 전에 먼저 水生木하기 때문에 丙火를 극할 힘이 없다. 그러므로 오히려 좋게 된다. 공부(水)를 많이 하여 왕신(木)의 능력을 풍부하게 하여 문화, 예술 분야인 식상(丙火)을 활발하게 하므로 좋은 작용을 한다.

이처럼 종격사주에서는 왕신뿐만 아니라 왕신을 생조하는 오행과 설기하는 오행도 모두 용신이 된다.

왕신(木)을 공격하는 관성(金)이 기신이 되고, 기신을 도와주는 재성(土)이 구신이 된다. 종격사주에서는 기신과 구신을 구별하지 않고 왕신(旺神)의 뜻을 거역하여 반발하는 오행들을 말한다. 이런 오행들을 즉시 응징하므로 종격사주는 성패(成敗)가 확실하고 빨리 일어난다.

확실한 종격사주는 용신을 잡기가 일반격 사주보다 훨씬 쉽다.

셋째, 기신과 구신의 작용은 오행의 힘이 매우 미약하다

사주의 기운은 순환해야 하므로 왕신인 木의 기운도 火→火→土→水→ ……로 흘러야 한다. 이 중에서 기운이 거의 흐르지 않는 관성(金)과 재성(土)의 작용은 매우 약하다. 즉, 거의 아무것도 하지 못하는 무능한 사람이다.

그러나 운(運)에서 기신이나 구신의 힘이 강해져서 용신인 왕신(旺神)을 억제(剋)하려고 하면, 왕신이 크게 화를 내어 엄한 형벌을 '즉시' 내린다. 그러므로 종격사주인 사람은 돌연사할 가능성이 많다.

넷 째, 종격사주는 한두 가지 일만 뛰어나게 잘한다

이 사주의 경우, 가장 강한 기운인 비겁(木)의 기운과 이 비겁(木) 기운이 설기되는 분야인 식상(火)의 분야로만 대부분의 에너지(기운)를 사용한다. 즉, 식상의 분야(火)에 미친사람이라는 뜻이다. 다른 일은 등한시하고 오직 식상 분야(문화, 예술, 언론, 기술, 사업 경영 등)만 하므로 이 분야의 일을 남보다 특출나게 잘할 수밖에 없다.

예를 들어 성악가라고 하면 하루 종일 노래만 부른다는 말이다. 이 사람은 비겁이 강하므로 몸이 건강하고 힘이 장사이다. 다른 일은 잘하지 못하므로 하려고 하지도 않고 하루 종일 노래만 불러도 힘이 빠지거나 지치지 않고 계속 할 수 있다. 그러므로 이 분야를 잘할 수밖에 없다.

그러나 기신(인성)과 구신(관성)의 분야인 학문을 연구하거나 취직을 하여 직장에 다니는 일은 할 수 없다. 에너지가 거의 흐르지 않으므로 보통 수준도 안 되는 바보나 멍청이 수준이다.

종격사주는 이와 같이 잘하는 분야와 못하는 분야의 차이가 매우 크므로 실제 생활하는 데 어려움이 많다. 그러므로 종격사주인 사람은 주위에 후원자가 잘 받쳐주어야 성공할 수 있다.

⑥ 종격사주는 〈천재형 사주〉이다

사람들은 오행이 거의 갖추어 있고 힘이 균형도 어느 정도 이루고 있다. 이런 일반격 사주(內格)인 사람들은 힘(에너지)이 각 오행에 골고루 분산되어 흐른다. 그러므로 생활하고 있는 모든 분야에서 특출나지는 않아도 평범하고 원만하게 살 수 있다. 대부분의 사람들이 이렇게 산다.

그러나 종격사주를 가지고 태어난 사람은 본인이 가지고 있는 대부분의 에너지가 한두 오행에만 집중되어 있다. 그러므로 이 분야에 남들보다 수십, 수천 배의 많은 에너지를 집중적으로 쏟을 수 있기 때문에 남이 따라 하지 못할 정도로 일을 월등히 잘할 수 있다.

반면 사주에서 에너지가 거의 0(zero)인 분야는 아무것도 할 줄 모르는 바보이다. 이와 같이 종격사주인 사람은 잘하는 분야는 아주 잘하고 못하는 분야는 바보 수준이다.

이와 같이 종격사주인 사람은 보통 사람들과 매우 다른 사람들이다. 운(運)만 좋으면 이 특출한 재주를 세상에 알려서 남들이 생각하지도 못하는 새로운 일을 창조한다. 또 보통 사람들이 도저히 못하는 어려운 일들을 거뜬히 완성해 낸다. 사람들은 이런 사람을 '천재'라고 부른다. 종격사주인 사람들이 모두 천재가 된다는 뜻이 아니고 그중에서 천재가 생길 가능성이 많다는 말이다. '장닭이 천 마리 있으면 그중에서 봉(鳳)이 한 마리 나온다'고 한다.

이런 연유로 필자는 종격사주를 〈천재형 사주〉라고 부르고 싶다. 〈천재형 사주〉를 가지고 있는 사람 중에서 천재가 생길 가능성이 아주 많기 때문이다.

① 천재는 미친놈이고, 미친놈이 천재이다

롬브로즈가 지은 『천재론』에 '천재는 미친놈이고, 미친놈이 천재이다' 라는 말이 있다. 천재는 한두 분야만 특출 나게 잘하고 다른 분야는 바보 수준이므로 '미친놈'이라고 부를 정도이다. 천재들에 관해 연구하던 롬브로즈는 천재들이 정신병자처럼 행동하기도 하고, 미친놈들이 천재 수준의 일을 하는 경우도 많다고 한다. 그래서 천재를 〈광천재(狂天才)〉, 즉 〈미친 천재〉라고 한다. 천재와 미친놈을 합친 뜻으로 '광천재(狂天才)'라는 말을 처음으로 사용하였다. 천재는 모두 '광천재(狂天才)'이다. 그러므로 이런 말을 하게 된 것이다.

우리 주위에도 이런 사람들이 자주 목격된다. 훌륭한 예술가나 발명가들, 운동선수들은 다른 일은 조금도 신경 쓰지 않고 오로지 한두 가지 일에만 미친 듯이 몰두한다. 이런 사람들은 아마 종격사주일 가능성이 많을 것으로 생각된다. 이런 사람들 중에 진짜 천재가 있다.

그러나 사람들은 천재를 쉽게 찾아낼 수 없다. 보통 사람들은 여러 분야에 골고루 에너지를 분산해서 사용하는데 이런 사람 중에서 천재를 찾으려고 한다. 그러므로 천재를 찾을 수 없다.

한두 분야에서 천재인 사람들은 모든 분야에서도 천재처럼 일을 잘할 것으로 생각하기 쉽다. 그래서 다른 분야에서 바보 같은 행동을 하면 천재가 아니라 미친놈이라고 하면서 없애 버리고 만다.

천재들은 모든 에너지(기운)를 한두 곳으로만 쏟아 붙기 때문에 다른 부분에 사용할 에너지가 거의 0(zero)에 가까울 만큼 부족하다. 일반 사람들은 이런 사실을 모르기에 미친놈이나 바보라고만 생각한다. 한마디로 보통 사람들은 천재를 찾아서 육성할 줄을 모르기 때문에 수많은 천재들이 일반 사람들의 무능으로 빛을 보지 못하고 사라져 버린다.

모짜르트의 생애를 그린 「아마데우스」를 생각해 보자. 천재 중의 천재인 모짜르트와 보통 사람들 중 가장 우수한 사람인 살리에르 사이의 갈등과 질투를 묘사한 영화이다. 모짜르트는 음악으로만 본다면 천재로서 손색이 없지만 그 이외의 개인적인 생활(경망스러움, 재정적인 문제들, 인격적인 문제들)은 바보 수준이다. 인간인 살리에르가 음악에서는 아무리 애를 써도 천재인 모짜르트를 도저히 따라가지 못하고, 바보 같은 모짜르트에게 패배하여 절망할 수밖에 없다. 천재의 사주에서 말하는 내용의 특징을 아주 잘 묘사하고 있다.

모짜르트 이외에도 이런 특징을 가지고 있는 천재들, 예를 들면 아인슈타인, 베토벤, 슈베르트 등 무수히 많은 천재들이 종격사주일 것으로 생각된다. 이런 사람들은 외국에만 있는 것이 아니고 우리나라나 또는 주위에도 많이 있을 것이다. 단지 사람들이 발견하지 못했거나 모든 분야를 다 잘하는 천재를 발견하려고 했기 때문이다. 이런 천재는 존재할 수 없으므로 발견할 수도 없다. 필자는 개인적으로 바둑을 취미로 하고 있다. 바둑에서 예전부터 천재로 인정받고 있었던 분들, 예를 들면 조훈현, 조치훈을 비롯하여 이창호, 이세돌 등도 천재라고 한다.

이런 사람들은 한두 분야에서는 천재이지만 그 외의 모든 분야에서는 천재가 아니라 평범하지도 못한 바보들이다. 사회생활을 제대로 하지 못하므로 혼자서는 다른 사람들과 함께 살아가기가 힘들다. 그래서 남들이 적극적으로 도와주지 않으면 천재성을 발휘하기 전에 소멸되고 만다. 천재는 선천적인 천재성을 세상에 발휘할 수 있도록 도와주는 사람들이 적극적으로 보호 육성하여야 한다.

② 천재는 미친놈이 아니고 위대하다

한 명의 천재는 보통 사람 수백만 명이 하지 못하는 일을 할 수 있는 사람이다. 그러므로 천재는 새로운 시대를 열고 새로운 역사를 창조하는 사람들이다. 역사는 이 천재들에 의해서 발전하고 유지된다고 한다.

한 명의 천재라도 있는 사회는 그 사회를 구성하고 있는 전체 사람들에게 무한한 도움과 행복을 가져다준다. 예를 들면 컴퓨터를 처음 만든 라이프 니치, 핸드폰을 처음으로 개발한 빌 게이츠 등은 그 나라와 국민들에게 얼마나 많은 도움과 행복을 주었는가?

그러므로 각 나라와 각 사회에서는 천재를 발견하고 육성하는 일에 모든 역량을 총동원해야 한다. 하지만 천재는 쉽게 발견되지 않는다.

③ 천재는 특별히 보호 육성해야 한다

왜 그럴까? 천재 자체를 잘 모르고 또 천재를 보호 육성하려고 하지 않기 때문이다. 천재는 천재답게 특별히 키워야 하는데 천재를 일반인들의 상식(규범)에 맞추어 키우려고 한다. 일반인의 상식에 맞지 않으면 천재라도 주저 없이 없애 버린다.

민주주의보다는 천재가 나라를 더 발전시킨다. 민주주의가 만능이 아니다. 영화 「아마데우스」에서 보통 사람인 살리에르가 모짜르트의 천재성을 질투하여 마침내 죽게 만드는 것과 같은 일은 생기지 않아야 한다. 천재는 천재를 보호 육성할 수 있는 사람들이 사는 세상에서만 살 수 있다.

천재는 자기 혼자만의 행복이 아니라 모두에게 도움이 되는 사람이다. 천재를 다른 사람보다 좋은 대우를 했다고 하여 불평등하다고 불만을 가질 필요가 없다. 천재가 천재의 일을 하면 그 사회와 국민들에게 막대한 이익을 가져다주기 때문이다. 그러므로 천재를 발굴 육성하는 국민과 사회가 무엇보다도 시급하다.

4 천재를 찾는 방법으로 사주를 적극 추천한다

천재를 찾아내기가 매우 어렵다. 우리나라 각 재벌들도 천재를 찾으려고 많은 노력을 하는 것으로 안다. 공부 잘하는 사람들을 훈련시켜 천재를 만들려고 한다. 그러나 잘 되지 않을 것이다. 천재는 만들어지는 것이 아니라 천재로 세상에 태어나기 때문이다.

사주를 활용하는 방법을 제안하고 싶다. 일차적으로 종격사주인 사람들을 찾아내야 한다. 그중에서 좋은 운(運)을 가지고 있는 사람과 사주의 격(格)이 높은 사람을 선별한다면 많은 노력과 재산을 절약할 수 있을 것이다. 그리고 각 천재의 특성에 맞추어 교육, 육성하는 방법까지도 알 수 있을 것이다.

천재를 존경하고 잘 보호해야 한다는 생각은 하지 않고, 시기하고 질투하거나 이용해 먹으려고만 한다. 현재의 시대에는 창의성과 새로운 발명, 발견이 최고의 덕목으로 존경받고 있다. 천재의 출현을 간절히 바라고 기도하고 있다.

7 가종격(假從格)사주

	천간	지지
年	甲木	申金
月	癸水	酉金
日	丙火	戌土
時	丁火	酉金

〈보일의 사주〉

종격사주는 사주 원국에 왕신(旺神)을 극(剋)하는 오행이 없어야 한다. 그러나 왕신을 극하는 오행이 있지만, 힘(기운)이 거의 zero에 가깝기 때문에 아무 작용도 하지 못하는 오행이 있는 경우에는 어떻게 될까? 예를 들어 보자.

지지의 강도 계산

	천간	지지	지장간			지지의 강도	12운성
년주	甲木	申金	戊 7	壬 7	庚 16	−5	병
월주	癸水	酉金	庚 10		申 20	−42	사
일주	丙火	戌土	辛 9	丁 3	戊 18	+4	묘
시주	丁火	酉金	庚 10		申 20	−11	사

천간의 강도 계산

《연간 甲木의 강도》

	천간	지지	지지의 강도	비율	12운성	천간의 강도	거리의 영향		종합
							거리	계산	
년주	甲木	申金	5	0.2	절	1	0	$1 \times 1 \fallingdotseq 1$	+1
월주	癸水	酉金	42	0	태	0	1	$0 \times 0.8 \fallingdotseq 0$	
일주	丙火	戌土	4	0	양	0	2	$0 \times 0.5 \fallingdotseq 0$	
시주	丁火	酉金	11	0	태	0	3	$0 \times 0.2 \fallingdotseq 0$	

《월간 癸水의 강도》

	천간	지지	지지의 강도	비율	12 운성	천간의 강도	거리의 영향		종합
							거리	계산	
년주	甲木	申金	5	0.7	사	4	1	4×0.8≒3	
월주	癸水	酉金	42	0.8	병	34	0	34×1≒34	-43
일주	丙火	戌土	4	0.2	쇠	1	1	1×0.8≒1	
시주	丁火	酉金	11	0.8	병	9	2	9×0.5≒5	

《일간 丙火의 강도》

	천간	지지	지지의 강도	비율	12 운성	천간의 강도	거리의 영향		종합
							거리	계산	
년주	甲木	申金	5	0	병	0	2	0×0.5≒0	
월주	癸水	酉金	42	0	사	0	1	0×0.8≒0	
일주	丙火	戌土	4	0.1	묘	0	0	0×1≒0	0
시주	丁火	酉金	11	0	사	0	1	0×0.8≒0	

《시간 丁火의 강도》

	천간	지지	지지의 강도	비율	12 운성	천간의 강도	거리의 영향		종합
							거리	계산	
년주	甲木	申金	5	0	목욕	0	3	0×0.2≒0	
월주	癸水	酉金	42	0	장생	0	2	0×0.5≒0	
일주	丙火	戌土	4	0.1	양	0	1	0×1≒0	0
시주	丁火	酉金	11	0	장생	0	0	0×1≒0	

천간과 지지의 강도(종합)

	천간		지지	
년주	甲木	+1	申金	-5
월주	癸水	-43	酉金	-42
일주	丙火	0	戌土	+4
시주	丁火	0	酉金	-11
신강-신약		가종재격		
-96(極弱)		金, 水		

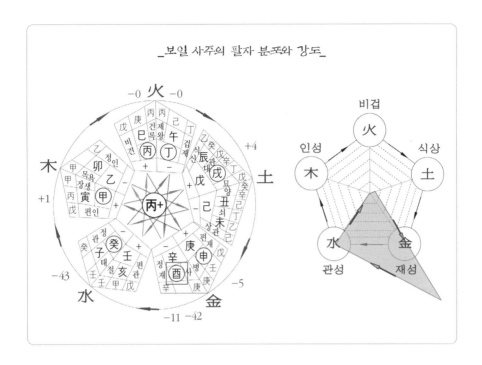

보일 사주의 팔자 분포와 강도

보일 사주를 육신[그림 참조]으로 생각해 보자.

대부분의 기운[힘]이 재성[金]과 관성[水]에만 집중되어 있고, 木과 火, 土의 힘은 거의 zero에 가깝다. 그러므로 이 사주는 종격사주일 가능성이 많다.

이 사주에서 힘의 분포만 보면 종격사주라고 생각해도 괜찮다. 그러나 종격사주가 되는 조건이 충분히 갖추어져 있지 않은 점들도 있으므로 완전한 종격사주라고 할 수 없다. 그 이유는 무엇일까?

❶ 종격사주는 사주팔자들이 2행 또는 3행으로 구성되어 있어야 한다

그러나 보일의 사주는 팔자가 오행에 모두 분포되어 있으므로 종격사주가 아닌 일반적인 사주[내격]의 모양을 하고 있다.

예를 들면 겁재 丁火가 원국에 있다. 모든 오행이 왕신인 金에 거역하지 말고 순순히 따라야 하는데 丁火가 火剋金으로 왕신인 金을 극(剋)하므로 왕신인 金이 크게 화가 나서 응징하려고 한다. 그러나 丁火의 힘이 거의 zero이므로 실질적으로 왕신인 金을 극할 수가 없다. 丁火를 통근하는 오행도 없고 생조하는 오행도 거의 힘이 없기 때문이다. 다시 말해 모양만 왕신을 극하는 모양일 뿐 실질적으로는 극할 수가 없으므로 왕신인 金이 참을 만하다. 그러나 丁火가 강해지면 왕신인 金으로부터 제재를 심하게 당한다.

❷ 사주의 주인공인 일간이 양간(陽干)인지 또는 음간(陰干)인지에 따라 전체적인 분위기가 많이 다르다

양간이면 온 세상이 金의 세력일지라도 金에 완전히 따르려고[從] 하지 않고 버티려는 경향이 있다. 그러나 음간이면 순순히 왕신(旺神)인 金의 세력을 잘 따른다[從].

보일의 사주처럼 일간이 양간인 丙火이므로 왕신인 金을 火剋金으로 극(剋)할 수도 있다. 그러나 이 사주에서 丙火의 힘이 너무 약하여 거의 zero이므로 실제로 왕신인 金의 세력을 극할 수는 없다. 그러므로 왕신인 金의 세력에 따를 수밖에 없다. 丙火의 힘이 강해질 수 있는 기회만 주어지면 양간인 丙火의 본래의 작용을 하려고 한다. 즉, 火剋金의 작용을 하여 왕신의 힘을 억제[火剋金]하려고 할 것이다.

❸ 연간에 있는 甲木도 왕신[金]을 도와주는 모양을 하고 있다

그러나 甲木의 힘도 거의 zero이므로 실질적으로 丙火와 丁火를 도와

주지 못한다. 이처럼 일간도 丙火이고 비견 丁火도 있을 뿐만 아니라, 甲木도 丙火와 丁火를 생조하고 있다. 그러나 丙火와 丁火 그리고 甲木의 힘은 거의 없으므로 아무 작용을 할 수 없다.

이와 같이 보일의 사주는 겉으로는 일반적인 사주[내격]이지만, 실질적으로는 종격사주이다. 완전한 종격사주가 아니고 불완전한 종격사주이다. 이런 사주를 〈가짜 종격사주〉라는 의미로 〈가종격(假從格)사주〉라고 한다.

가종격에도 '차가운 사주'와 '뜨거운 사주'가 생길 수 있다. 가종격(假從格)인 경우에는 종격의 법칙을 그대로 따르지 않고 조후법의 용신을 따른다. 일간 丙火가 金과 水의 세력에 둘러싸여 있으므로 火가 절실하게 그립다. 보일 사주의 경우 金과 水 오행이 대부분이므로 '차가운 사주'도 된다.

보일의 사주는 가종격 사주도 되고 차가운 사주도 되므로 가종격사주의 용신을 사용해야 할지 아니면 조후법의 용신을 사용해야 할지를 알 수 없다. 어렵고 애매한 경우이다. 그러므로 가종격의 사주는 과거의 사실을 확인하면서 조심스럽게 감정해야 하겠다.

가종격 사주도 종격처럼 작용하지만, 종격사주보다는 격(格)이 낮다. 격(格)이 낮다는 뜻은 종격사주보다 돈도 못 벌고 출세도 못한다는 말이다. 보일의 사주에 대해서는 나중에 상세히 검토하겠다.

실제로 사주를 감정해 보면 종격사주보다는 가종격 사주가 훨씬 많다. 가종격 사주도 종격사주이므로 일반적인 사주[내격]인 사람보다 특이한 행동을 하는 경우가 많다. 그러므로 가종격인 사람들이 사주 상담을 많이 부탁하므로 가종격 사주도 잘 알아야 한다.

이상으로 용신의 설명을 마친다. 용신을 길고 복잡하게 설명한 이유는 그만큼 중요하기 때문이다.

제**7**부
인생곡선

사람의 일생 전체를 말로 설명해야 할 경우가 많다. 예를 들면 '사주가 좋아 아니면 나빠?' '일생을 어떻게 살게 될까?' 등 간단한 질문이 있을 수 있다. 또는 '사업을 할까 말까?' '얼마나 성공할까?' 등 절박하고 간절한 질문도 많이 있다.

이런 질문에 대해서 말로 설명할 수밖에 없으나, 말로 설명하려면 여러 가지 불충분하고 애매모호한 점이 많이 있다. 이런 경우 말로 설명하는 것보다 하나의 그래프로 나타내면 알기 쉬울 것이다. 이 그래프를 보면서 인생을 설계할 수 있다.

즉, 나아갈 때와 물러날 때를 안다든지 병이 생길 위험한 시기, 원인 등 유용한 점이 많이 있다. 그러므로 나이가 많아짐에 따라 삶의 변화를 그래프로 표현해 보자.

이 방법은 사주 역사상 처음으로 시작하는 것이므로 다소 무리가 있고 개인적인 생각이 많이 포함될 우려도 있지만, 가능한 한 객관적이고 논리적으로 설명하려고 노력하였다.

여기에 수록된 분들의 사주는 『현대 인물의 생애와 운명〈엄윤문 저, 동양서적〉』을 참고하였다.

1
사주팔자의 평가 기준

〈좋은 사주〉란 어떤 사주인가?

사주는 선천적 운명인 사주팔자〔원국〕와 후천적 운명을 결정하는 운(運)의 두 부분으로 구성되어 있다. 그러므로 원국(原局)과 운(運)의 두 부분으로 나누어서 〈좋은 사주〉가 되기 위한 조건들을 생각해 보았다.

원국과 운(運) 중에서 어떤 것이 더 중요한가? 옛날부터 '사주팔자보다는 運을 잘 타고 나야 한다'는 말도 있을 정도로 運이 더 중요하다고 한다. 그러나 그 비율에 대해서는 어느 정도인지 정확하게 말하는 사람들은 없었다.

이 문제에 대하여 대부분의 학자들은 50:50 정도로 생각하는 듯하다. 그러나 필자의 경험으로 느낀 '감(感)'은 대략 원국 40%, 運 60% 정도로 원국보다 運이 조금 더 중요하다고 생각한다. 이런 비율로 원국과 運을 생각하면서 〈좋은 사주〉가 되기 위한 조건들을 생각해 보았다.

① 원국(原局)이 좋으려면 - 선천적인 운명 -

원국은 선천적인 운명을 나타내므로 태어날 때부터 이미 정해진 것들이다. 원국이 좋으려면 다음과 같은 조건들이 좋아야 한다.

❶ 팔자들이 오행에 골고루 분포되어 있어야 한다

❷ 충(沖)이 없어야 하고, 기신(忌神)과 기신이 생기는 합(合)도 없어야 한다. 물론 용신이 생기는 합은 좋다

❸ 원국에서 신강-신약의 힘이 엇비슷하여 중화(中和)되어야 한다

❹ 용신이 원국에 있어야 하고 힘도 강해야 한다

이런 4가지를 기준으로 원국(原局)의 좋고 나쁨을 정하였다.

먼저 원국부터 설명해 보자.

사주팔자 전체를 100으로 했을 때 원국의 비중을 40%, 운(運)의 비중을 60%로 정하고 다음의 표를 만들었다. 그러나 막연히 좋고 나쁘다고 하지 말고 얼마나 좋은지를 좀 더 세부적으로 나누어서 생각해 보았다. 다시 말해 원국을 위의 4가지 조건으로 세분한 다음, 각 조건들을 上·中·下로 나누어서 점수를 매기면 좀 더 참값에 가까울 것으로 생각한다.

원국의 좋고 나쁨을 정해 보자.

원국[40%]의 좋고 나쁨은 '팔자의 분포', '합과 충', '신강−신약', '용신'의 4종류로 나누었고 각각 10점씩 배당하였다. 4종류도 다시 上·中·下로 세분하여 점수를 매겼다.

예를 들면 표의 '팔자의 분포[10점]'에서 오행에 팔자가 골고루 분포되어 있으면 上으로 정하고 10점, 4행에만 분포되어 있으면 中으로 6점, 3행 이하에 분포되어 있으면 下로 2점을 매겼다.

이렇게 하면 단순히 '좋다, 나쁘다'가 아니라 '어느 정도'로 좋고 나쁜지를 좀 더 자세하게 알 수 있을 것이다. 다른 조건들도 같은 방법으로 점수를 정하여 원국의 점수표를 만들었다.

원국의 점수표 −선천적인 운명−

점수	종류		점수	내용
原局 (40점 만점)	팔자의 분포	上	10	오행이 골고루 분포한 경우
		中	6	4행에만 있는 경우
		下	2	3행에만 있는 경우
	합과 충	上	10	합과 충이 없는 경우 합을 하여 용·희신이 생성되는 경우 합과 충이 상쇄되어 소멸하는 경우
		中	5	기신이 생성되는 합과 충이 하나 정도 있는 경우
		下	0	기신이 생성되는 합과 충이 많은 경우
	신강− 신약	上	10	중화에 가까운 경우
		中	5	보통
		下	0	지나치게 너무 많은 경우
	용신	上	10	원국에 있지만, 강하게 통근된 경우
		中	5	원국에 있지만, 약하게 통근된 경우
		下	0	원국에 없는 경우

❖표에 기입되어 있는 숫자나 분류 방법 등은 이론적으로 계산된 값이 아니라 경험에서 얻어진 '감(感)'을 필자가 정한 임의의 숫자들이다

② 대운(大運)이 좋으려면 -후천적인 운명-

다음은 후천적 운명을 알 수 있는 대운표에 대하여 알아보자.

대운은 원국보다 많은 60점을 만점으로 했으며, 4종류로 나누어서 점수를 매겼다. 용신과 희신이 있는 대운은 만점인 60점, 길신(吉神)인 경우에는 40점, 기신과 구신인 대운은 0점, 한신인 대운은 10점을 부여하였다.

대운 평가 기준표

	종류	점수	합과 충이 생기는 경우
대운 (60점)	용신과 희신	60	• 용신[희신]과 기신[구신]이 생성되는 합 : 290쪽에 있는 _지지합의 크기를 정하는 기준_ 표를 기준으로 계산하였으며, 용신인 경우에는 지지의 강도를 더해주고, 기신일 경우에는 빼주었다.
	길신	40	
	기신과 구신	0	• 지지충일 경우에는 지지의 강도가 약해진다. 다음과 같이 계산하였다.
	한신	10	_卯酉沖과 子午沖 : 충하는 지지의 강도×0.2 _寅申沖과 巳亥沖 : 충하는 지지의 강도×0.5 _丑未沖과 辰戌沖 : 충하는 지지의 강도×0.8 ※ 거리의 영향도 반드시 고려해야 한다

주의할 점은 표에 정해진 숫자[점수]들은 항상 그대로 적용하지 않아도 된다. 표에 있는 점수들은 기준일 뿐이며, 주위 환경에 따라 임의로 적당히 가감할 수도 있다.

2 실제 사주에 적용하기

　지금까지 공부한 것들을 실제로 적용해 보자. 여기에 소개되는 사주팔자들은 대부분 실제로 존재했던 유명한 사람들이다.

① 고(故) 박정희 대통령의 인생곡선

　다음은 박정희 대통령의 사주팔자이다. 이 사주팔자[원국과 오각형]를 조사하여 앞에서 배운 대로 원국과 대운을 평가해 보자[박 대통령의 사주에 대해서는 180쪽에서 다루었으므로 참조하기 바람].

　지금까지는 합과 충을 고려하지 않고 감정하였으나 이제부터 합과 충을 사주에 적용해 보자. 또 우리는 이미 육신과 십신을 배웠으므로 육신과 십신도 활용하여 감정하는 연습도 하자.

　사주를 감정하기 위한 자료들이 많아짐에 따라 점점 복잡해져서 혼동이 생긴다. 이를 방지하기 위하여 천간과 지지의 힘뿐만 아니라 합과 충의 영향까지도 다음과 같이 '하나의 도표'로 종합해서 정리하였다. 먼저 이 표를 사용하는 방법을 알아보자.

표를 사용하는 방법(다음 쪽)

❶ 사주 원국을 세로로 표기하였다.

❷ 지지의 강도를 산출하였다(일간의 종류를 중요시 하라).

　• 〈부록 1〉 지지가 천간에 미치는 영향을 참고하여 지지의 강도〔힘〕를 조사하여 기입하였다.

　• 지지의 합과 충의 영향을 조사하였다. 즉, 290쪽 _지지합의 크기를 정하는 기준_ 표와 305쪽 _지지충의 결과(강도)_ 표를 참조하여 지지합과 충의 강약을 정하였다.

　• 지지의 강도에 ❷에서 계산한 합과 충의 영향을 계산하여 그 결과를 표의 12운성 오른쪽 칸〔강도(힘)〕에 기입하였다.

❸ 천간의 강도를 산출하였다(일간의 종류를 중요시 하라).

　• 지금까지 구한 지지의 강도× 이 지지에 통근〔생조〕하는 비율(〈부록 2〉) × 거리의 영향을 계산하여 천간의 강도〔힘〕를 계산하였다.

　이와 같이 천간 지지의 강도, 합과 충의 영향 등을 조사하여 다음의 표처럼 지지와 천간의 강도를 계산하였다. 좀 복잡하지만 숙달되면 감정할 때 매우 편리하다.

박정희 대통령 사주의 천간과 지지의 강도를 계산해 보자.

천간과 지지의 강도 계산
(지지의 강도는 184쪽 참조, 천간의 강도는 거리의 영향까지 계산하였다)

천간				지지					
		통근 + 생조	합		지장간	육신	12운성	강도(힘)	
年	丁火 (191쪽)	寅 : −9×0.7×0.2≒−1 巳 : −1×0.4×1≒0 亥 : −24×0.2×0.8≒−4	−5	巳火	戊, 庚, 丙	편관	장생	−1	−1
					巳申水(10% 合) : 생략				
月	辛金 (194쪽)	寅 : −9×0.2×0.5≒1 巳 : −1×0.4×0.8≒0 申 : +10×0.7×0.8≒+6 亥 : −24×0.2×1≒+5	+12	亥水	戊, 甲, 壬	식신	병	−24	−24
					寅亥木(10% 이하) : 생략				
日	庚金 (188쪽)	寅 : −9×0.2×0.8≒+1 巳 : −1×0.4×0.5≒0 申 : +10×0.7×1≒+7 亥 : −24×0.2×0.8≒+4	+12	申金	戊, 壬, 庚	비견	건록	+10	+10
					巳申水(10% 合) : 생략				
					寅申沖(20/80) : 생략				
時	戊土 (195쪽)	寅 : −9×0.4×1≒−4 巳 : −1×0.7×0.2≒0 申 : +10×0.2×0.8≒+2 亥 : −24×0.2×0.5≒+2	+7	寅木	戊, 丙, 甲	편재	절	−9	−9
					寅亥木(10% 이하) : 생략				
					寅申沖(20/80) : 생략				
强弱		−2 中和		조후	丁火, 丙火			원국 35점	
				억부					

합과 충을 고려하여 팔자를 계산한다.

합과 충의 영향을 조사해 보자. 합은 파란선, 충은 붉은선으로 표시하였고, 선의 굵기로 합과 충의 강약을 표시했으며, 약하게 합이나 충이 일어나면 점선으로 표시하였다.

이 사주에는 생긴 합과 충을 조사해 보자. 즉, 巳申水 합과 寅亥木 합이 생겼고 인신충도 생겼다. 하나하나 설명해 보자.

- **巳申水합__** 연지와 일지 사이에 巳申水의 육합이 형성되었다. 이 합은 한 칸 멀리 떨어져서 형성되었고(10점), 월지에 중심 오행이 없고 또 왕한 오행도 없고 천간에 水도 투출되어 있지 않다. 겨우 10점밖에 안 되는 약한 합이다. 그러므로 생략한다(파란 점선으로 표시).

- **寅亥木합__** 월지와 시지 사이에 寅亥木의 육합이 형성되었다. 이 합도 한 칸 멀리 떨어져서 형성되었고(10점), 왕한 오행이 없으나 亥水가 월지에 있으므로 10점이다. 그러나 일지의 申金이 寅申沖의 상태에 있으므로 寅亥木과 상쇄되어 寅亥木이 소멸되었다(파란 점선으로 표시).

- **寅申沖__** 시지와 일지 사이에 寅申沖이 형성되었으나, 寅木이 寅亥木의 합도 형성되었으므로 寅亥合과 寅申沖이 서로 상쇄되어 소멸하였다(붉은 점선으로 표시).

결국 원국에 합과 충이 모두 생략되거나 소멸되었으므로 팔자의 강도를 계산할 때 합과 충의 영향은 거의 없다. 그러나 감정할 때 합과 충의 영향은 남아서 길흉(吉凶)으로 작용한다.

지지합의 크기를 정하는 기준(287쪽 참고)

	천간에 투출				중심 오행이 월지에 있는 합		중심 오행이 있는 합		합하는 글자들의 거리		
	시간	일간	월간	연간	○	×	○	×	근접	1칸	2칸
삼합 방합	10	10	20	5	30	0	30	10	30	20	0
반합	10	10	20	5	10	0	20	10	20	10	0
육합	5	5	10	0	10	0	20	0	10	0	0

박 대통령 사주의 천간과 지지의 힘을 계산하여 표와 같이 정리하였다. 그리고 표의 결과를 그림에 육신과 십신으로 표현하였다.

박 대통령 사주의 천간과 지지의 강도

	천간		지지	
年	丁	−5	巳	−1
月	辛	+12	亥	−24
日	庚	+12	申	+10
時	戊	+7	寅	−9

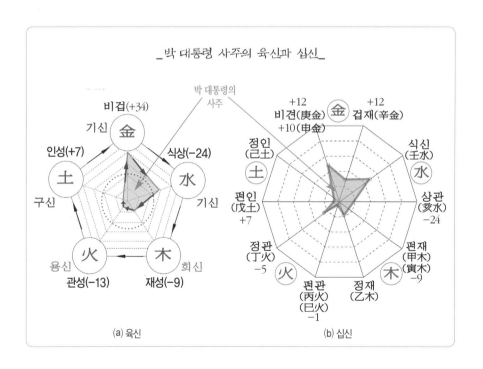

박 대통령 사주의 육신과 십신

(a) 육신

(b) 십신

● 육신과 십신의 차이

박 대통령은 추운 사주이므로 조후용신을 사용해야 한다. 木과 火가 용신이므로 좋고, 金과 水가 기신이므로 불길하다. 육신과 십신으로 나타낸 사주를 비교하면서 육신과 십신의 차이를 보자〔일간이 庚金〕. 육신(a)에서는 비겁〔金〕이 하나로 나타나지만, 십신(b)에서는 비견〔庚金·申金〕과 겁재〔辛金〕로 분리되어 나타난다. 비견〔庚金〕과 겁재〔申金〕의 차이를 생각해 보자.

● 비견과 겁재는 모두 金이므로 기신이다. 비견과 겁재는 주위에 있는 사람의 영향을 나타내며, 기신이므로 박 대통령에게는 좋지 않은 영향을 준다. 비견은 형제·친척·형제처럼 가까운 사람이라면 겁재는 동료·친구와 같은 사람을 말한다. 박 대통령에게는 비견보다 겁재가 더 강하므로 형제나 친척보다는 사회의 동료나 친구들이 좋지 않은 작용을 한다는 것을 알 수 있다.

● 식신과 상관은 모두 식상〔水〕이며 용신인 火를 극하므로 기신이다. 이 중에서 식신〔壬水〕이 상관〔亥水〕보다 강하므로 식신이 더욱 좋지 않다. 식신은 내성적이고 한 가지 일에만 몰두하기를 잘하고, 상관은 순간적인 재치와 언변이 뛰어나다. 박 대통령은 식신이 강하므로 내성적이고 한 가지 일에만 몰두하는 성격이 강하다. 이런 성격이 박 대통령의 가장 큰 단점〔기신〕이다.

● 박 대통령은 관성〔火〕이 용신이며, 정관〔丁火〕과 편관〔丙火〕이 있다. 이 중에서 정관〔丁火, −〕이 편관〔丙火, +〕보다 더 좋다. 편관〔丙火〕이 비견인 庚金〔陽, +〕을 억제하여 박 대통령의 성격적인 단점을 억제하

기 때문이다. 그러므로 丁火가 강해지는 대운보다는 丙火가 강해지는
대운에서 더 크게 성공한다. 일간이 양금(陽金)인 경우에는 양화(陽
火)인 丙火가 음화(陰火)인 丁火보다 더 강하게 일간 庚金을 극하기
때문이다〔237쪽 십신의 상호작용 표 참조〕.

지금까지 십신으로 감정하는 경우를 설명하였다. 육신보다는 더
구체적이고 세밀하게 감정할 수 있다는 사실을 알 수 있을 것이다.
이와 같은 현상은 대인관계나 성격뿐만 아니라 건강 등 사람들이 사
는 삶 전반에 걸쳐서 모두 활용할 수 있다.

1 원국의 평가

407쪽에 있는 원국의 점수표에 따라 원국의 점수를 매겨보자.

박 대통령 사주의 원국 평가표

	점수				점수	종합
原局 (40점 만점)	10	팔자의 분포	上	10	10	35/40
			中	6		
			下	2		
	10	합과 충	上	10	10	
			中	5		
			下	0		35점≒ (88점/100)
	10	신강-신약	上	10	10	
			中	5		
			下	0		
	10	용신	上	10		
			中	5	5	
			下	0		

① 박 대통령의 사주팔자는 오행에 골고루 분포되어 있으므로 10점

② 원국에 합과 충이 여러 개 있으나 서로 상쇄되어 소멸되었으므로 10점

③ 박 대통령의 사주는 거의 中和사주이므로 10점

④ 박 대통령 사주는 차가운 사주이므로 조화용신을 사용하여야 한다. 연간에 편관 丁火가 있으나 힘이 약하고 멀리 있으므로 영향력이 작을 것으로 생각된다. 그러므로 '中' 정도로 생각된다. 5점

지금까지의 점수를 다 더해 본 결과, 박 대통령의 선천적인 운명은 40점 만점에 「35점」이다. 100점 만점으로 생각하면 거의 90점 정도이므로 선천적으로도 좋은 운명을 타고 났다.

② 대운의 평가

대운표를 보면서 각각의 대운에서 어떻게 살았는지 평가해 보자. 평가 기준은 앞에서 설명한 _대운 평가 기준표_〔408쪽〕를 기준으로 하였다. 즉, 각 대운의 기간 동안 들어오는 운(運)의 기운을 용신〔희신〕의 종류에 따라 분류하여 점수를 매겼다.

또 각 대운의 기간 동안 대운과 원국 사이에서 생기는 합(合)과 충(沖)도 앞에서 설정한 대로 점수를 매겼다. 이 점수도 대운의 평가표에 첨가하였다. 대운의 평가표 맨 아래 칸에는 원국과 대운의 점수를 모두 더하여 종합하였다.

대운을 감정해 보자. 용신은 火이고 기신은 水이다.

나이	2~11	12~21	22~31	32~41	42~51	52~61	62~
천간	庚	己	戊	丁	丙	乙	甲
지지	戌	酉	申	未	午	巳	辰
대운	乾土	金	金	乾土	火	火	濕土
합·충	寅(子)戌 火局	巳酉(丑) 金局	巳申水 寅申沖	亥(卯)未 木局	寅午(戌) 火局	巳申水 巳亥沖	申(子)辰 水局
점수	40	0	0	70	70	60	0
원국 (35점)+대운	75	35	35	105	105	95	35

12~31세까지 박 대통령은 金의 운이 강해지는 기간에 살았다. 뿐만 아니라 巳酉(丑) 金局의 반합도 형성되었으므로 추운 사주가 가을〔金〕에 살아야 하고 또 金의 합도 생겼으므로 더욱 추워졌다. 그러므로 박 대통령은 형제, 친구, 동료들 때문에 고생을 많이 하면서 살았을 것으로 추측된다〔巳申水의 합과 寅申沖은 서로 상쇄〕.

寅亥合 木〔육합〕의 경우를 _지지합의 크기를 정하는 기준_〔290쪽〕의 표에 따라 평가해 보자. 寅木과 亥水 사이가 1칸 떨어져 있고, 중심 오행〔卯木 : 가장 강한 오행〕도 없다. 그리고 寅申沖의 영향도 있으므로 寅木과 亥水는 거의 결합하지 않을 것으로 생각된다(10% 이하).

32세 丁未대운부터는 천간과 지지가 모두 뜨거운 火의 기운이 들어올 뿐만 아니라 약하긴 하지만 亥(卯)未 반합도 형성되어 火의 기운이 더욱 더 강해졌다. 火는 관성의 운이므로 권력 방면으로 취업을 하여 강한 권력이 생기고, 또 그 권력으로 세월이 갈수록 승승장구하고 있는 모습이다.

육신으로 사주를 풀어보면 이 정도로 해석할 수 있다. 그러나 십신으로 풀면 더 자세하게 설명할 수 있다.

몸[庚金]이 차가운 박 대통령은 추운 겨울[亥水]에 태어났으므로 추위에 약한 체질이다. 일간이 庚金이므로 과단성 있고 정의로운 사람이다. 이런 사람이 31세까지는 쌀쌀한 金의 대운에 살고 있으므로 더욱더 추운 환경에서 살고 있었다. 31세까지는 형제나 가족과 함께 고생을 하였다.

32세 丁未대운부터 정관[丁火]의 운이 들어오기 시작한다. 정관[공무원이나 군인]인 직장에 다니고 있으므로 정기적으로 월급이 들어와서 안정적으로 생활할 수 있었을 것이다. 정관[丁火]인 직장에 다니기 시작한 후부터 계속 더 강한 火의 힘이 들어오므로 공무원[군인]에 취업한 후 승진을 계속하였다는 것을 알 수 있다.

32세부터의 丁未대운과 42세부터의 丙午대운에 亥(卯)未 木局 합과 寅午(戌) 火局의 합까지 火의 힘이 막강해졌다. 52세부터의 乙巳대운까지 막강한 불[火]의 힘이 계속 강하게 타오르는 시기이다. 그러므로 정통 군인과 공무원[대통령]의 방면에서 대성공을 한 황금 시기이다.

62세 甲辰대운부터 습토(辰土)가 들어오고 약하지만 申(子)辰 水局의 합도 하여 水의 힘이 더욱 강해지는 때이다. 박 대통령에게 水는 기신이므로 매우 나쁜 일이 생기는 시기이다. 이 대운의 초기에 서거했다.

추운 사주를 가지고 태어난 박 대통령이 원국보다는 조후용신의 운을 잘 만나서 대성공한 경우이다. 딱딱한 이론을 통변하면서 풀어나가면 드라마나 소설을 읽듯이 재미있고 신기한 이야기가 계속된다. 앞에서 설명한 사회생활 이외에도 가족관계나 건강 문제를 육신과 십신으로 풀어낼 수 있고, 그 외에도 활용하는 분야가 매우 많다.

③ 원국+대운 값의 의미

417쪽에 있는 '대운의 평가표'에서 맨 아래칸에 있는 '원국+대운'의 칸에 있는 숫자는 무엇을 의미할까? 원국+대운은 사주팔자이므로 이 값은 박 대통령이 그 대운의 시기에 산 삶의 값이다. 처음 듣는 애매모호한 값일 것이므로 그 값을 생각해 보자.

사람들이 대화하는 도중에 '30대에는 어떻게 살았어?'라고 물으면 어떤 사람은 '매우 잘 나가던 시절이었다' 또는 '그 시기에 힘은 들었지만 출세도 하고 돈도 벌면서 잘 살았다'라고 대답하는 경우도 있다. 또 어떤 사람은 '고생을 많이 하는 어려운 시기였다'라고 대답하면서 '그 시기에는 잘 살아보려고 애를 많이 썼지만 제대로 되는 일은 별로 없고 고생을 많이 하였던 시기였다'라고 말할 수도 있다.

지금까지 말한 것처럼 사람들이 평소에 '잘 살고 못사는 것'을 사주학으로 말하면 무엇일까? 이것은 선천적 운명인 원국과 후천적 운명인 대운이 합쳐진 사주팔자이다. 이와 같은 일들이 일생 동안 계속 일어난 것을 〈인생(人生)〉이라고 할 수 있을 것이다. 그래서 人生의 사전적 의미는 '사람이 세상을 살아가는 일, 인간의 생활, 생존'이라고 하였다.

그러므로 〈원국+대운의 숫자〉는 사람들의 인생을 나타내는 점수라고 생각된다. 짧게 줄여서 〈인생점수〉라고 부르고 싶다.

4 박 대통령의 인생점수는 얼마일까?

박 대통령의 선천적인 운명인 원국 값은 40점 만점에 35점이었다. 이 원국의 값에 대운의 지지에서 얻어진 값을 더하면 원국+대운의 값이 된다. 이 값은 박대통령이 그 대운의 시기에 산 삶을 종합한 값이다. 필자는 이 값을 〈인생점수〉라고 이름 지었다.

예를 들면 12~21세의 己酉대운, 22~31세의 戊申대운까지 대략 20년 동안은 박 대통령에게 金이 강해지는 시기였다. 박 대통령에게 金은 희신(喜神)인 木을 金剋木으로 공격하여 木〔희신〕을 약하게 하는 나쁜 오행이다. 그러므로 대운의 값을 '0'으로 하였다. 그러면 원국 35점+대운의 숫자 '0'을 더하면 35라는 숫자가 된다. 즉, 대운의 도움을 조금도 받지 못하고 선천적인 운명의 값〔35〕만으로 살 수밖에 없었던 시기였을 것으로 생각된다. 그러므로 이 시기 동안 박 대통령은 많은 고생을 하며 역경 속에서 살았을 것이다.

그러나 31~61세까지 30년 동안은 대운에서 용신의 기운인 火의 기운이 매우 강하게 들어오는 시기이므로 대운의 값을 60점으로 하였다. 뿐만 아니라 합〔亥(卯)未 木局, 寅午(戌) 火局〕을 하여 희신인 木과 용신인 火가 생겼으므로 +10점을 더해서 90~100점의 시기라고 생각된다. 이 점수는 박 대통령이 얻을 수 있는 최고의 점수이므로 전성기였을 것이다. 이 기간 동안 5·16혁명도 성공하였고 대통령으로 당선되어 30년 동안 최고의 권력자로 성공한 시기였다.

62세부터는 甲辰대운의 시기로 辰土는 수분이 많아서 水에 가까운 土이다. 또 申(子)辰이 슴을 하여 약하지만 水가 또 생겼다. 水가 많아지면 박 대통령의 용신인 火가 水剋火를 당해서 불〔火〕이 꺼지는 시기이다. 박 대통령은 불운한 대운인 甲辰대운이 시작되는 초기[62세]에 갑자기 서거하였다.

만약 박 대통령이 사주를 보았다면, 본인의 전성기는 61세까지이고 그 후에는 내리막길이었다는 사실을 알 수 있었을 것이다. 61세 이전에 다른 사람에게 대통령을 물려주고 물러났다면 본인과 나라를 위하여 얼마나 좋았을까!

〈원국+대운의 숫자〉, 즉 인생점수는 박 대통령 개인의 점수이므로 모든 사람에게 공통적으로 통용되는 점수는 아니다. 다시 말해 박 대통령이 100점에 대통령이 되었다고 모든 사람들도 100점이면 대통령이 되지 않는다는 말이다. 이와 같은 인생점수[100점]는 개인이 가지고 있는 최고 상태의 점수[전성기]라는 의미이다.

5 박 대통령 사주를 그래프로 표현해 보자

한 사람의 인생 전체를 말이나 글로 설명할 수 있다. 그러나 그래프로 표현하면 한 눈에 쉽고 간결하게 나타낼 수 있다. 지금까지 구한 자료들을 활용하여 박 대통령의 사주팔자를 그래프로 표현해 보자.

417쪽에 있는 표의 내용을 그래프로 나타내 보자.

417쪽 표의 원국+대운의 값을 연령별로 정리하여 다음과 같은 그림을 만들었다. 그림에서 가로축은 나이[대운], 세로축은 인생의 삶을 종합한 '인생점수'이다.

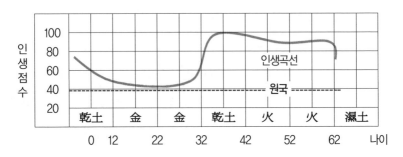

박 대통령의 인생곡선

가운데에 있는 파란 곡선은 각각의 대운에서 〈인생점수〉들을 연결한 곡선이다. 그러므로 이 곡선은 태어나서부터 나이가 많아짐에 따라 어떻게 살았는가를 나타내는 곡선이다. 이처럼 417쪽 표에서 나이별로 점수로 나타낸 것을 그래프로 표현한 것이다. 붉은 점선은 태어날 때의 원국의 점수이고, 파란색 실선이 일생을 산 삶의 곡선이다. 이 인생곡선을 보면 박 대통령이 일생 동안 살았던 모습을 눈으로 볼 수 있다.

6 인생곡선으로 알 수 있는 것들

인생곡선은 왜 중요한가? 인생곡선의 장점들을 정리해 보자.

첫째, 감정한 결과를 간단하고 명료하게 설명할 수 있다

대부분 사주를 감정한 결과는 말이나 글로 설명한다. 설명하는 내용이 길고 복잡할 뿐만 아니라 애매모호하여 정확하고 올바르게 전달하기 어려울 때가 많다. 그러나 눈에 보이는 그래프로 설명하면 간단하고 명료하게 설명할 수 있다. 이 점이 가장 큰 장점이다.

둘째, 인생곡선의 맨 아래 칸에 오행을 표시하였다

곡선과 이 오행을 비교하여 보면 잘살고 못사는 원인과 결과를 명확하게 알 수 있다. 원인과 결과를 알면 미리 예방하는 방법이나 적절히 대응하는 방법도 알 수 있다. 선천적인 운명〔생년월일시〕은 고칠 수 없지만, 후천적인 운명은 어느 정도 수정하는 일이 가능하다.

셋째, 사주는 인생 설계도이다

산업현장에서 엔지니어들이 설계도를 놓고 일을 하듯이 인생을 설계할 수 있다. 사람들은 자기의 인생이 어떻게 살 것인가를 알면 각각의 시대에 어떻게 살아야 하는지를 알 수 있을 것이다. 인생 설계도를 모르기 때문에 무조건 열심히 하면 모든 일이 다 잘될 것이라고 생각하고 사는 사람이 많다. 예를 들면 봄에 씨를 뿌려야 할 것을 가을이나 겨울에 씨를 뿌리고 잘 자라기를 바라는 꼴이다. 인생의 모든 일은 해야 할 때와 물러날 때가 있다. 때를 알아서 처신해야 성공하고 편안해진다. 사주를 보면 그 점을 거의 정확하게 알 수 있다.

인생곡선을 알면 이런 점들을 눈에 보이는 그림〔그래프〕을 보면서 인생을 이야기할 수 있다. 이런 점들이 인생곡선의 장점이다. 특히 젊은이들이 인생을 설계할 때 참고하면 좋을 것이다.

한 사람의 인생을 그래프로 표현하는 일은 처음 시도해 본 것이므로 불합리하고 미흡한 점이 많을 것이다. 그러나 새로운 시도이므로 앞으로 많이 연구하여 수정 보완하면 사주를 감정하는 데 조금이라도 기여할 것으로 생각된다.

② 고(故) 정주영 회장의 인생곡선(424쪽 참조)

① 천간과 지지의 힘과 분포 상태

정주영 회장이 인생을 어떻게 살았는지 그림〔인생곡선〕으로 나타내
보자. 인생곡선〔원국+대운〕을 알기 위해서 다음과 같은 순서로 조사
하였다.

❶ 먼저 정주영 회장의 사주팔자의 힘과 구조부터 알아야 한다.

❷ 원국(선천적인 운명)의 점수를 알아야 한다.

❸ 그다음에 대운(후천적인 운명)의 영향을 알아야 한다.

❹ 운명곡선을 그린다.

다음은 정주영 회장의 사주팔자이다.

	천간	지지
年	乙木	卯木
月	丁火	亥水
日	庚金	申金
時	丁火	丑土

〈정회장의 사주팔자〉

② 사주팔자의 힘과 분포 상태

천간과 지지의 힘의 계산

천간				지지					
		통근 + 생조	합		지장간	육신	12운성	강도(힘)	
年	乙木	卯 : $-6 \times 1.0 \times 1 ≒ -6$ 申 : $+10 \times 0.2 \times 0.5 ≒ -1$ 亥 : $-12 \times 0.7 \times 0.8 ≒ -7$ 丑 : $-12 \times 0.2 \times 0.2 ≒ 0$	-14	卯木	甲, 乙	정재	태	-4	-6
					亥卯(未) 木局(50% 合) : $-4 \times 1.5 ≒ -6$				
月	丁火	卯 : $-6 \times 0.8 \times 0.8 ≒ -4$ 亥 : $-12 \times 0.2 \times 1 ≒ -2$	-6	亥水	戊, 甲, 壬	식신	병	-24	-12
					亥卯(未) 木局(50% 合) : 亥水 : $-24 \times 0.5 ≒ -12$, 木 ≒ -12				
日	庚金	申 : $+10 \times 0.7 \times 1 ≒ +7$ 亥 : $-12 \times 0.2 \times 0.8 ≒ +2$ 丑 : $-8 \times 0.6 \times 0.8 ≒ +4$	$+13$	申金	戊, 壬, 庚	비견	건록	$+10$	$+10$
時	丁火	卯 : $-6 \times 0.8 \times 0.2 ≒ -1$ 亥 : $-12 \times 0.2 \times 0.5 ≒ -1$	-2	丑土	癸, 申, 己	정인	묘	$+6$	$+6$
强弱	-23	身弱		조후	丁火			원국 37/40점	

정회장의 사주팔자 표를 보면 亥卯(未)의 반합이 성립되었다. _지지 합의 크기를 정하는 기준_〔296쪽〕에 따라 합의 강도를 계산해 보자.

• 卯木과 亥水가 인접해 있고〔30점〕, 亥水가 월지에 있으며〔20점〕, 乙 木이 연간에 투출되어 있으므로〔5점〕, 다 더하면 대략 50% 정도의 합 이 성립되었다. 그러므로 卯木의 힘은 50% 정도 더 강해졌으므로 $-4 \times 1.5 ≒ -6$이 된다. 亥水의 힘은 대략 50% 정도는 木으로 변했으므로 12정도는 木으로 변했고, 나머지〔12정도〕는 亥水의 힘이다. 즉, 합을

한 결과 卯木의 힘은 강해졌고, 亥水의 힘은 약해졌다.

이와 같은 합의 영향도 고려하여 다음과 같은 오각형으로 나타내었다. 그리고 이 오각형의 내용을 (a)육신, (b)십신의 그림으로 표현하였다.

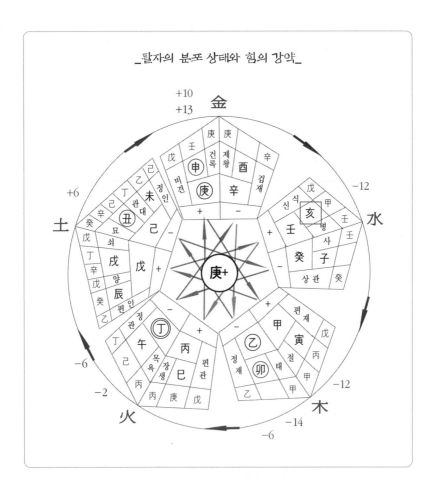

팔자의 분포 상태와 힘의 강약

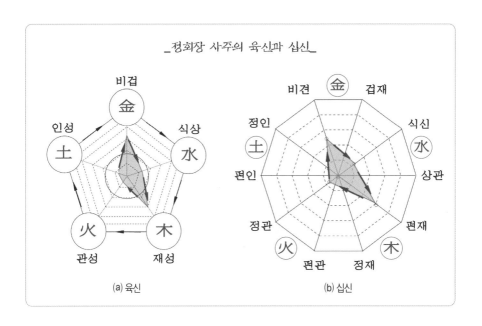

정회장 사주의 육신과 십신

(a) 육신

(b) 십신

③ 원국의 평가

앞에서 설명한 평가 기준에 따라 원국을 평가해 보자.

정회장 사주의 원국 평가표

	점수			점수		종합
原局 (40점 만점)	10	팔자의 분포	上	10	10	37/40 =93 93점
			中	6		
			下	2		
	10	합과 충	上	10	10	
			中	5		
			下	0		
	10	신강-신약	上	10	10	
			中	5		
			下	0		
	10	용신	上	10		
			中	7	7	
			下	0		

① 정회장의 사주팔자는 오행에 골고루 분포되어 있으므로 10점.

② 지지에 亥卯(未) 木局의 반합이 형성되어 木의 힘이 강해졌다. 이 사주에서 木은 희신이므로 용신인 火를 강하게 하므로 좋다. 그러 므로 10점.

③ 정회장 사주는 거의 中和에 가까운 身弱이므로 10점.

④ 용신인 丁火가 일간의 위와 아래에서 강하게 작용한다. 그러나 그 힘이 조금 약하므로 '中' 정도로 생각된다. 7점.

이와 같이 원국을 평가한 결과 40점 만점에 「37점」, 100점 만점으로 환산하면 93점 정도가 된다. 정주영 회장은 선천적인 운명〔원국〕도 매우 잘 타고 났다는 것을 알 수 있다.

4 대운의 평가

정회장의 사주는 '차가운 사주'이므로 '조후용신'을 사용해야 한다. 조후용신은 월간과 시간에 있는 丁火이고 木이 희신이다. 그러므로 용신 丁火를 극하는 水가 기신이고, 金이 구신이 된다.

대운 평가 기준표〔408쪽〕를 기준으로 대운의 점수를 매긴 다음, 합과 충에 따라 적당히 점수를 가감하였다〔원국+대운〕. 이와 같이 계산하여 표의 맨 아래 칸에 표시하였다.

나이	7	17	27	37	47	57	67	77
천간	丙	乙	甲	癸	壬	辛	庚	己
지지	戌	酉	申	未	午	巳	辰	卯
대운	乾土	金	金	乾土	火	火	濕土	木
합·충	卯戌火			(亥)卯未 丑未沖		巳(酉)丑	申(子)辰	亥卯(未) 木局
점수	30	0	0	60	60	50	20	50
원국 (37점)+대운	67	37	37	97	97	87	57	87

5 인생곡선 작성

지금까지 작성한 자료로부터 정회장의 인생곡선을 그려보자.

원국의 점수는 37점이었고, 각각의 대운에서 '인생의 점수'를 구하였다(427쪽 원국 평가표 참조). 원국의 점수+대운의 점수를 합하면 각각의 대운에서 인생을 어떻게 살았는지를 평가하는 점수, 즉 〈인생의 점수〉를 알 수 있다. 위의 표에서 맨 아래에 있는 칸의 숫자는 각 대운에서의 〈인생 점수〉들이다.

예를 들면 7~16세인 경우에는 원국의 점수는 37점이고 대운의 점수(합과 충 포함)는 30점이다. 이 둘을 합하면 67점이고, 이 67점이 병술(丙戌)대운(7~16세)에서 얻은 〈인생 점수〉이다.

이와 같은 방법으로 각 대운의 점수+대운의 점수를 합하여 표의 맨 아래에 표시하였다. 나이가 많아짐에 따라 각각의 대운(나이)에서 얻은 인생 점수를 연결하면 다음 그래프와 같은 〈인생곡선〉을 작성할 수 있다.

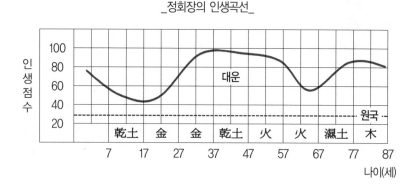

정회장의 인생곡선

6 정회장의 인생 살이

정회장은 金의 기운이 강한 36세까지는 독선적으로 일을 처리하므로 성공하지 못하고 많은 재산의 손실이 있었을 것이다. 그러나 火의 기운이 강해지는 37세부터 돈을 벌기 시작하여 30년 동안 대재벌의 총수가 되었고 수많은 회사도 세웠다.

정회장에게 황금기를 누리게 했던 火 기운은 67세에 끝나고 67세부터 경진(庚辰)대운이 시작된다. 庚辰대운에서 辰土는 水가 많은 土이므로 별로 좋지 않은 대운이다. 그러므로 하는 일이 예전처럼 성공하지 못한다. 76세에 들어와서 북한과 금강산 개발을 했지만 뜻대로 성공하지 못하였다.

그러나 77세[己卯대운]에는 희신인 木의 운이 들어오고 또 亥卯(未) 木局의 반합도 형성되었으므로 木의 힘이 매우 강해졌다. 그러나 78세에 대통령 선거에서 참패를 하였다. 그 이유는 78세의 세운이 매우 나빴을 가능성이 있다. 77세부터 다시 좋은 운이 계속되다가 86세에 별세했다.

정회장 사주의 특징을 대운 위주로 살펴보았다. 대략 잘 맞는다는 것을 알 수 있다. 더 자세한 것을 알려면 대운뿐만 아니라 세운까지 조사해야 알 수 있다.

정회장의 사주를 보면서 느낀 점은 사주에서 가리키는 대로 살면 어땠을까 하는 생각이다. 정회장은 67세 정도에 은퇴하여 말년을 봉사나 교육, 자선단체나 연구재단을 왕성하게 운영하면서 노년을 보냈으면 더 유용하고 편안하게 살 수 있었을 텐데 안타깝다는 감회가 든다.

7 인생곡선의 중요성

정주영 회장뿐만 아니라 모든 사람들의 인생곡선을 작성해 보면, 각 사람들의 특징을 잘 알 수 있다. 어느 때 잘 살았으며 못살았는지를 알 수 있고, 잘살고 못사는 이유를 알 수 있다. 다시 말해 사람들의 장점과 단점을 알 수 있다는 것이다. 즉, 잘살기 위해서는 어떻게 살아야 하는지를 쉽고 확실하게 알 수 있다.

인생곡선과 현실의 실제 생활을 비교해 보면 인생곡선이 대략 잘 맞는다는 사실을 알 수 있다. 그러므로 인생곡선을 실제의 생활에 활용하는 방법들은 무수히 많다.

예를 들면 박대통령과 정회장처럼 火(용신)가 강해지면 건강하고 성공적인 삶을 살 수 있고, 水(기신)와 金이 강해지면 고생한다는 사실을 알 수 있다.

그러므로 인생을 살면서 용신의 기운을 보강하고 기신의 기운을 약하게 하면 보다 건강하고 효율적으로 더 잘살 수 있다. 또 일을 열심히 할 때와 물러날 때를 알아서 무리하지 않고 순조로운 삶을 살 수 있다. 만약 젊은 사람이 본인의 인생곡선을 미리 알아서 인생의 계획을 세운다면 얼마나 좋겠는가!

만약 박 대통령과 정회장이 이런 사실을 미리 알았으면 흉한 일이나 실패하는 일 없이 원만하고 더욱 행복하게 잘 살았을 것이다.

③ 고(故) 추일호 선생의 인생곡선

추일호 선생은 유명한 사주가이며 저술가이다. 『명리비전(Ⅰ,Ⅱ)』을 비롯하여 『명리대요(上·中·下)』 『용신비결』 등 많은 저서를 남겼다. 사주 하나하나마다 솔직하고 자세히 설명하며 해설하는 방법에 필자는 큰 감명을 받았다. 필자도 추선생의 책을 정독하고 명리학의 눈을 떴다. 필자에게는 매우 고마운 분이다.

	천간	지지
年	戊土	戌土
月	甲木	子水
日	癸水	酉金
時	丙火	辰土

〈추일호 선생의 사주팔자〉
『명리대요(下)』,추일호 저, 601쪽

① 천간과 지지의 계산

① 팔자의 강도와 분포

추일호 선생 사주팔자를 계산하는 표

천간				지지					
		통근 + 생조	합		지장간	육신	12운성	강도(힘)	
年	戊土	辰 : +8×0.6×0.2≒1 戌 : −1×0.8×1≒−1	−2	戊土	辛, 丁, 戊	정관	쇠	−1	−1
					辰戌沖(10%) : 무시(원격)				
月	甲木	子 : +60×1.7×0.9×1 ≒ +92 辰 : +8×0.4×0.5≒2	−94	子水	壬, 癸	비견	건록	+60	+102
					(申)子辰 水局(70% 合) : 60×1.7≒+102				
日	癸水	辰 : +8×0.1×0.8≒1 酉 : +14×0.8×1≒11 戌 : 1×0.2×0.5≒0 子 : +102×1.0×0.8≒+82	+94	酉金	庚, 辛	편인	목욕	+14	+14
					辰酉金(40% 合) : 不成立한다 辰土만 30% 生				
時	丙火	戌 : 1×0.1×0.2≒0 辰 : +8×0.3×1≒−2	−2	辰土	乙, 癸, 戊	정관	양	+6	+8
					辰酉金(40% 合) : 不成立하지만 辰土만 30% 生하므로 +6×1.3≒+8 (申)子辰 水局(70% 合)하기 때문 辰戌沖(10%) : 무시(원격)				
强弱	+119	太旺	身旺	조후	丙火				
				억부	丙火				

② 추일호 선생 사주의 지지에 형성된 합(合)과 충(沖)

❶ 연지 戊土와 시지 辰土 사이에 형성된 辰戌沖은 원격이므로 沖의 작용을 거의 못한다(10% 정도 沖). 그러므로 辰戌沖은 무시한다.

❷ 월지 子水와 시지 辰土 사이에는 (申)子辰 水局의 반합(半合)이 형

성되어 70% 정도 合을 하여 水로 변한다. 시지 辰土가 일지 酉金과 辰酉金의 40% 정도 合을 한다.

❸ 辰土는 (申)子辰 水局의 반합(半合)과 辰酉金의 육합(六合)을 동시에 하려고 하지만, (申)子辰 水局의 合이 30% 더 강하다. 결국 辰土의 힘이 30% 더 강해질 것으로 생각된다. 그러므로 월지 子水의 힘은 60×1.3=78이 되고, 시지 辰土는 6×1.3≒8이 된다.

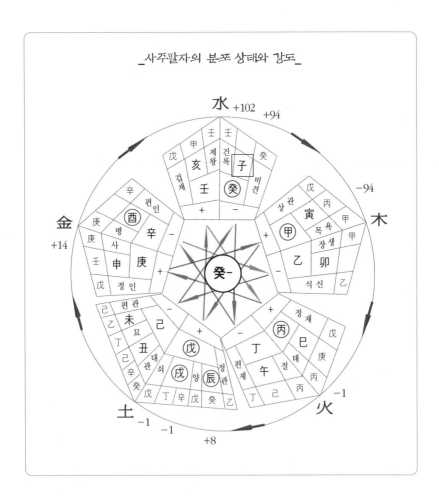

사주팔자의 분포 상태와 강도

앞의 그림을 육신과 십신으로 표시하면 다음 그림처럼 된다.

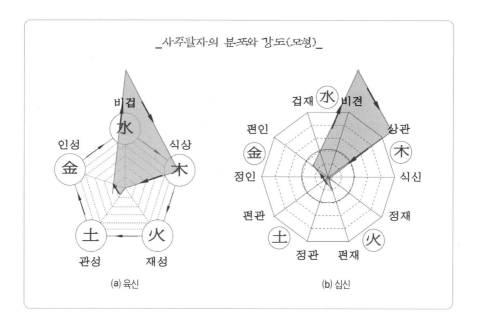

사주팔자의 분포와 강도(모형)

(a) 육신

(b) 십신

② 추일호 선생 사주의 2가지 특징

❶ 신강사주(억부법)

일간 癸水는 일지의 子水에 통근하여 엄청나게 강해졌다. 또 인성 酉金도 강한 에너지(기운)를 생조하고 있으므로 일간 癸水의 힘은 더욱 강해졌다. 이렇게 막강한 일간 癸水(陰)의 힘이 월간에 있는 甲木(陽)으로 대량으로 설기되어 유통되고 있다.

지금까지는 육신으로 생각한 경우이고 십신으로 다시 검토해 보자.

비견 癸水는 陰(−)이고 상관 甲木은 陽(+)이므로 癸水의 막강한 에너지(기운)가 상관인 甲木(陽)으로 수월하게 대량으로 설기된다.

甲木의 힘이 매우 강해졌으므로 상관의 작용도 매우 잘했을 것으로 생각된다. 즉, 추일호 선생은 상관이 강하게 발달하였으므로 "창의력과 아이디어가 풍부하고 자신의 재능을 외부에 알리기를 탁월하게 잘했을 것"으로 생각된다.

그러나 甲木의 힘이 水의 힘에 비하면 많이 부족하여 水의 모든 힘을 받아내지 못하고 나머지 水의 힘은 丙火를 극(剋)하는데 사용된다. 丙火는 힘이 원래부터 거의 없으므로 막강한 水의 기운에 의하여 꼼짝 못하고 억제 당하고 있을 뿐이다. 즉, 많은 책을 팔아서 수입도 많았겠지만 많은 친척, 동료 등에 의하여 훼손되어 저축하고 있는 돈은 없을 것으로 생각된다.

관성 戊土는 연간에 있으므로 힘이 약한데, 매우 약한 辰土와 戌土에 통근하고 있으므로 거의 힘을 얻을 수 없다. 그러므로 戊土도 매우 약한 상태에 있으므로 강한 水의 힘을 土剋水로 제대로 억제하지 못하고 있다. 일간 癸水는 부호가 陰(-)이고 戊土의 부호는 陽(+)이므로 戊土가 막강한 癸水를 억제(土剋水)하지 못했을 것이다. 직장이나 권력기관과는 별 관계를 갖지 못했을 것이다.

水의 힘이 전체를 압도하므로 종격일 가능성도 있다. 그러나 火와 土의 힘이 약하지만 그래도 존재하므로 종격은 아니다. 다시 말하면 火와 土는 원국에 존재하므로 운(運)에서 도와주면 강하게 될 수 있다. 이와 같이 오행이 모두 구비되어 있으므로 종격은 아니고 일반격인 '건록격'이라고 생각된다.

이런 구조의 사주에서 어떤 기운이 강해져야 가장 좋겠는가?

즉, 용신을 정해 보자. 편인인 酉金의 생조를 받고 또 월지 子水에 뿌리를 내린 癸水의 기운이 매우 강해진다. 이렇게 강한 癸水의 힘이 甲木으로 설기되어 유통되고, 甲木의 기운이 丙火로 설기된다.

이 사주에서 가장 큰 일을 하는 십신[육신]은 甲木이다. 癸水의 막강한 에너지[기운]를 효과적으로 강하게 설기하기 때문이다. 원국에서도 甲木의 기운이 강하므로 용신으로서의 자격이 충분하다. 그러므로 억부법으로 감정해 보면 甲木이 용신이라고 생각된다.

❷ 조후법

이 사주의 또 하나 특징은 바로 '추운 사주'라는 점이다. 즉, 일간 癸水가 子月[겨울]에 태어나고 또 일지 酉金이 차가운 바람을 강하게 불고 있으므로 매우 추운 사주이다. 일간 癸水는 부호가 陰이므로 丁火보다는 丙火가 효과적일 것이다. 마침 丙火가 시간에 가까이 붙어 있으므로 추운 일간[癸水]를 덮혀줄 수 있을 것이다. 그러므로 시간에 있는 丙火도 조후용신이다. 그러나 丙火는 원국에서 힘이 약하므로 용신의 역할을 충분하지 못할 것으로 생각된다.

❸ 용신

이 사주는 신강사주[억부법]이면서 또한 '차가운 사주[조후법]'이다. 이런 경우에는 조후법이 우선 적용되어야 한다.

그러나 이 사주는 다른 신강사주보다 훨씬 강한 신강사주이다. 이런 사주를 '극왕(極旺)한 사주'라고 부른다. 이처럼 이 사주는 사주의 강약도 심하게 차이가 나고, 원국에서 甲木과 丙火의 강도[힘]의 차이가 심하지만 조후법보다는 억부법이 조금이라도 우선해야 할 것으로 생각될 수도 있다.

그러나 용신은 시간인 재성 丙火이다. 월지 丙火는 통근하는 火도 없을 뿐만 아니라 부호가 陽火(+)이므로 甲木(陽, +)의 기운이 대량으로 설기되지 않는다. 그러므로 丙火의 힘은 대단히 약하다.

甲木은 용신인 丙火를 木生火로 생조하므로 甲木도 희신이 된다. 이 사주처럼 억부용신과 조후용신이 다를 경우에는 조후용신이 우선하므로 이 사주의 용신은 운(運)에 엄청나게 발전한다. 비겁인 水가 기신이다.

③ 원국의 평가

추일호 선생 사주의 원국 평가

	점수			점수		점수	종합
原局 (40점 만점)	10	팔자의 분포	上	10	10	20/40 =0.50
			中	6		
			下	2		
	10	합과 충	上	10	10	
			中	5		
			下	0		
	10	신강-신약	上	10		50점
			中	5		
			下	0	0	
	10	용신	上	10		
			中	5		
			下	0	0	

① 팔자가 오행에 골고루 분포되어 있으므로 '上(10점)'

팔자가 오행에 다 있으면 상부-상조를 잘하므로 기운이 순조롭게 순환할 수 있다. 그러므로 사주 전체가 매우 길(吉)하게 된다.

② 연지 辰土와 시지 戌土는 3칸 떨어져 있으므로 작용력이 미약하다. 충(冲)의 작용을 거의 못하므로 무시한다. 그 외의 합(合)에 대해서도 앞에서 설명하였으므로 지금은 생략한다. '上(10점)'

③ 태왕(太旺)한 사주이므로 '下(0점)'

④ 용신 丙火는 원국의 천간에 존재하지만 너무 약하므로 '下(0점)'

모두 합하면 40점 만점에 「20점」, 100점 만점으로 환산하면 50점 정도이다. 그러므로 추일호의 선천적인 운명(원국)은 'E' 학점이므로 별로 좋은 운명이 아니라고 생각된다.

④ 대운의 평가

대운의 흐름을 조사하여 인생 전체의 큰 줄거리(흐름)를 파악한 다음 각 대운의 운명을 감정해야 한다. 먼저 추일호 인생의 큰 줄거리부터 조사해 보자.

추일호 선생 사주의 대운 평가

나이	5	15	25	35	45	55
천간	乙	丙	丁	戊	己	庚
지지	丑	寅	卯	辰	巳	午
대운	濕土	木	木	濕土	火	火
합·충	(巳)酉丑	寅(午)戌	卯酉沖	辰酉金 辰戌沖	巳酉(丑)	(寅)午戌 子午沖
점수	20	65	50	0	50	60
원국 (20점)+대운	40	85	70	20	70	80

대운표의 마지막 칸에 지지의 오행을 표시하였다. 나이가 많아짐에 따라 지지의 오행이 변하는 현상을 조사하면 인생 전체의 큰 줄거리[흐름]를 알 수 있다.

이 사주는 지지가 (水)→丑土→木→木→濕土→(火)→(火)로 흐르므로 대운이 기신[水, 濕土]→용신[木]→濕土[기신]→용신[火]으로 흐른다. 그러므로 15세 이전은 水[甲子]의 운으로 매우 좋지 않았으나, 15세부터 희신인 木의 운이 20~30년 진행되다가 노년에 길신인 火의 운이 들어오므로 대운의 '큰 흐름'이 매우 좋다.

그러나 추일호 선생은 용신인 木의 운이 거의 끝나는 44세[濕土, 戊辰대운]에 명을 달리했다. 인생의 황금기[木]가 거의 끝나고, 다음 대운[己巳대운]이 시작되기 직전에 인생이 끝났으므로 크게 성공하지 못한 인생이다.

35세부터 들어오는 戊辰도 별로 좋지 않은 운이었을 것으로 생각된다.

이 대운의 濕土[戊辰]는 수분을 많이 가지고 있는 土이므로 거의 기신(忌神)에 가까운 운이다. 그래도 木의 기운이 완전히 없어지지는 않은 환절기의 징검다리 운이므로 그런대로 버틸 수는 있었을 것이다. 그러나 辰土와 酉金이 합[辰酉金]을 하여 기신인 金으로 변하고 또 辰戌沖으로 정관인 己土가 상처를 받으므로 이 대운에 무척 힘들게 지냈을 것이다.

사주에서 하나의 대운이 끝나고 다음 대운이 들어오는 시기가 위험하다고 한다. 추일호 선생도 戊辰대운의 마지막 해인 44세를 넘기지 못하고 인생이 끝나고 말았다. 44세만 무난히 넘기면 火의 대운이 시작되므로 엄청나게 돈을 벌었을 터인데……!

매우 아깝고 안타까운 일이다. 이렇게 짧은 세월〔대략 20~30년〕을 살면서도 『명리 대요』, 『명리비전』, 『용신비법』, 『운정특비』, 『합충의 특비』 등 여러 권의 명리학 책을 저술하였다. 많은 후학들의 길잡이가 되는 훌륭한 명저라고 생각한다. 뿐만 아니라 명리학을 엄청나게 사랑했고 명리학의 발전을 간절히 기원했다.

⑤ 추일호 선생의 인생곡선

추일호 선생 사주의 각 대운의 지지와 원국의 지지 사이에서 생성되는 합(合)과 충(沖)의 관계도 조사하여 수록하였다. 대운과 합, 충의 영향을 고려하여 인생 점수를 부여했다. 각 대운에 따라 들어오는 인생 점수〔원국+대운〕를 그래프로 그리면 그림과 같이 된다.

추일호 선생의 인생곡선

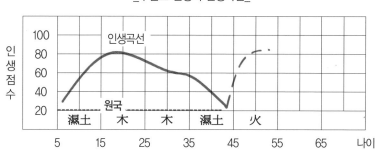

15~24세의 丙寅대운에서 지지 寅木은 木이므로 희신이다. 그러므로 대운의 점수는 60점이다. 또 寅木과 원국의 연지 戌土는 寅(午)戌

의 약한 합을 하여 용신인 火가 조금 형성되었으므로 점수를 좀 더 주어야 한다(5점). 그러므로 丙寅대운 점수는 원국 25점+대운 60점 +合의 점수 5점=90점 정도이다.

　이외의 대운의 점수도 이와 같은 방법으로 계산하여 그림처럼 인생 곡선을 작성하였다.

　추일호 선생의 사주를 감정한 결과와 실제의 생활이 일치하고 있 으므로 인생곡선도 믿을 만하다는 것을 다시 한 번 더 확인할 수 있 다(『명리대요』(下) 599쪽 참조).

④ 고(故) 류일한 박사의 인생곡선(360쪽 참조)

　먼저 원국을 분석하여 사주팔자의 선천적인 운명을 조사하였다. 표는 팔자의 강도와 합, 충도 고려하여 작성한 표이다. 자세한 설명 은 이미 많이 하였으므로 생략한다.

① 원국의 분석
◆ 합과 충의 설명
- **亥(卯)未 木局__** 중심 오행(卯)이 없는 반합이며, 한 칸 떨어져 있으므로 10점 정도로 매우 약하다. 생략하였다.
- **寅亥木__** 근접하여 있고, 寅木이 월지에 있고, 乙木이 천간에 투출 되어 있다(대략 50% 정도 합).
- **午未火__** 20% 합할 것으로 생각할 수 있지만, 3칸 떨어져 있으므 로 결합력이 매우 약해졌다. 그러므로 생략하였음.

- **亥水**는 50% 정도는 **寅亥木**의 합을 하여 +3 정도는 **木**으로 변했고, 나머지 −3 정도가 **亥水**로 작용한다. **寅亥木**만 50% 정도 합을 하므로 **寅木**이 30×1.5=45로 강해졌다.

류일한 박사 사주팔자의 강약

천간				지지					
		통근 + 생조	합		지장간	육신	12운성	강도(힘)	
年	乙木	寅 : +45×0.5×0.8≒+18 未 : +4×0.1×1≒0 亥 : +3×0.7×0.5≒+1	+19	未土	丁, 乙, 己	식신	관대	+5	+5
					亥(卯)未 木局(10% 合)				
					午未火(20% 合) : 생략				
月	戊土	寅 : +45×0.4×1≒+18 未 : +5×0.7×0.8≒+3 亥 : +3×0.2×0.8≒0 午 : +14×0.9×0.5≒+6	−27	寅木	戊, 丙, 甲	편인	장생	+30	+45
					寅亥木(50% 合) : +30×1.5≒+45				
日	丁火	寅 : +45×0.7×0.8≒+25 未 : +4×0.4×0.5≒+1 亥 : +3×0.1×1≒0 午 : +14×1.0×0.8≒+11	+37	亥水	戊, 甲, 壬	정관	태	−6	−3
					亥(卯)未 木局(10% 合)				
					寅亥木(50% 合) : 水:−3, 木:+3				
時	丙火	寅 : +45×0.7×0.5≒+18 未 : +4×0.4×0.2≒0 亥 : +3×0.1×0.8≒0 午 : +14×1.0×1≒+14	+32	午火	丙, 己, 丁	비견	건록	+14	+14
					午未火(20% 合) : 생략				
强弱		**+115**　**極旺**		조후	甲木			원국 26/40점	
				억부	戊土, 金, 水				

합과 충의 영향으로 천간과 지지의 값이 이처럼 변했다.

합하여 변한 천간과 지지의 값을 다음의 그림에 표현하였다. 그리고 그림을 육신과 십신으로 모형화해서 표현하였다.

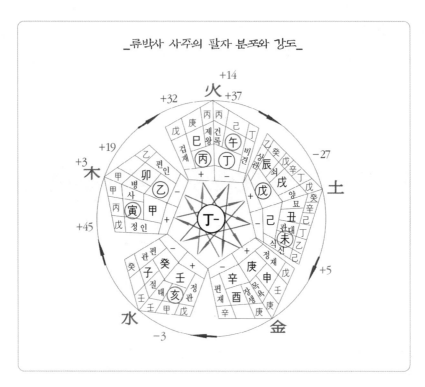

류박사 사주의 팔자 분포와 강도

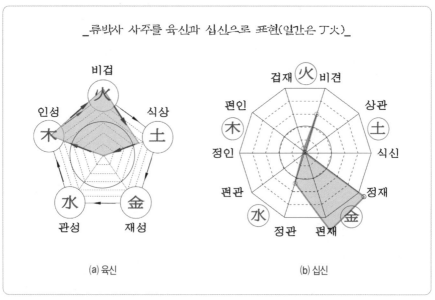

(a) 육신

(b) 십신

류박사 사주를 육신과 십신으로 표현(일간은 丁火)

그림들을 보면 류일한 박사의 사주는 매우 신강한 사주이며, 火의 기운을 설기하는 戊土가 용신이 되고, 木이 기신이다.

② 원국의 평가

류일한 사주의 원국 평가표

	점수				점수	종합
原局 (40점 만점)	10	팔자의 분포	上	10		21/40 =0.53
			中	6	6	
			下	2		
	10	합과 충	上	10		
			中	5	5	
			下	0		53점
	10	신강-신약	上	10		
			中	5		
			下	0	0	
	10	용신	上	10	10	
			中	7		
			下	0		

① 류박사 사주의 팔자는 金 오행이 없고 나머지 4행에만 분포되어 있다. 그러므로 '中', 6점 정도이다.

② 월지 寅木과 일지 亥水가 寅亥木의 합을 하여 木의 기운이 새로 생겼다. 木의 기운은 신왕한 일간의 기운을 더욱 강하게 할 뿐만 아니라 용신인 戊土를 木剋土로 억제하려고 하므로 좋지 않다. 그러므로 '中' 정도로 생각하여 5점을 부여하였다.

③ 이 사주는 매우 태왕한 사주이므로 '下', 0점 정도이다.

④ 류박사의 사주는 비겁(火)과 인성(木)이 매우 강하므로 신강(身强)

한 사주이다. 십신으로 분석해 보면, 비겁(火)는 비견 丁火와 겁재 丙火로 이루어져 있고, 丁火와 丙火는 시지 午火에 통근하고 있으므로 매우 강하다. 또한 월지 寅木의 생조도 받고 있으므로 비겁이 더욱 강해졌다. 겁재(丙火, 陽)보다는 비견(丁火, 陰)의 기운이 조금 더 강하다.

⑤ 이 사주에서 매우 시급한 일은 막강한 비견(丁火)과 겁재(丙火)의 힘을 설기하여 기운을 유통하는 일이다. 류박사는 공부(인성)를 많이 했고, 친구와 동료가 너무 많아서 자존심과 독립심이 지나치게 많은 점(비겁)이 장점이면서 단점이다. 이렇게 강한 인성+비겁의 기운을 정관인 亥水로 억제하기에는 亥水의 힘이 너무 약하다.

마침 상관인 戊土가 월간에 가까이 있고, 寅木과 午火, 未土의 생조를 받아서 강하므로 용신으로 정하기 적당하다. 상관인 戊土가 막강한 비겁의 기운(에너지)을 설기해야 기운이 원활하게 유통된다. 운만 좋으면 상관 戊土의 분야인 문화, 예술, 사업, 교육 등의 일을 하여 크게 성공할 가능성이 많다. 그러므로 용신의 점수는 '上', 10점이다.

이와 같이 류일한 박사 사주의 원국은 40점 만점에 「21점(100점 만점으로 환산하면 53점 정도)」 정도이다. 그러므로 류박사의 선천적인 운명(원국)은 평범하였다고 생각한다.

③ 대운의 분석

류일한 박사의 용신은 월간에 있는 戊土이고, 기신은 연간에 있는 乙木이다.

류박사 대운의 흐름

나이	3	13	23	33	43	53	63	73
천간	戊	丁	丙	乙	甲	癸	壬	辛
지지	寅	丑	子	亥	戌	酉	申	未
대운	木	濕土	水	水	乾土	金	金	乾土
합·충	寅亥木	丑未沖	子午沖	寅亥木	寅午戌 火局		寅申戌	午未火 亥(卯)未
점수	0	55	50	50	30	55	50	10
원국 (37점)+대운	36	91	76	76	46	81	76	36

3~12세 : 기신인 木이 강한 시기이다. 류박사는 9세 때 미국 선교사를 따라 미국에 간 후, 공부하느라고 고생을 많이 한 시기였을 것으로 생각된다.

13~22세 : 습토(濕土)인 丑土의 시기이므로 水의 기운이 강해졌다. 관성인 水의 힘이 강해지므로 출세를 하기는 하겠으나, 丑未沖이 생겼으므로 능력을 인정받느라 고생도 많이 했을 것으로 생각된다. 용신인 戊土의 뿌리가 되는 未土가 충을 해서 용신인 戊土(식신)의 기운이 약해졌다. 의식주에 문제가 생겨서 고생했을 것이다.

23~32세, 33~42세 : 관성인 水의 힘이 강해지므로 회사를 창업해서 성공했을 것이다. 水 힘의 일부는 편인 乙木을 생조하므로 문서(학

위)를 잡는 데도 도움이 되었을 것이다. 乙木은 기신도 되므로 고생하면서 학위를 땄을 것으로 생각된다. 실제로 고학으로 미시간 대학, 캐리포니아 대학교에서 상학 석사를 받은 후 스탠포드 대학에서 법학을 전공하였다. 졸업 후 28세에 라초이 식품 회사를 설립하여 31세까지 50만 달러의 많은 돈을 벌었다.

이러한 水의 기간에는 강한 비겁[火]의 기운을 억누르는 水의 기간이므로 좋은 일도 많았겠지만, 丑未沖과 子午沖이 생겼으므로 고생도 많이 한 시기였을 것으로 생각된다.

32세에 한국으로 귀국하여 유한양행을 설립하여 한국에서 가장 큰 기업으로 성장하였다.

43~52세 : 44세에 사업상 미국에 갔다가 태평양 전쟁의 발발로 귀국하지 못하고 미국에 머물렀다가 50세 8.15 광복을 맞이하여 귀국한 후 유한양행을 재정비하였다. 이 시기에는 乾土에 寅午戌 火局까지 형성되어 매우 어려운 시기였다.

53~62세, 63~71세 : 金의 기운이 강해졌으므로 유한양행은 우수한 약품 생산 업체로 성장하여 많은 돈을 벌었다. 류박사의 전성기는 이 시기 후반부에 끝나가고 있었을 것으로 생각된다.

71세 별세할 때까지 : 乾土에 火局까지 형성되므로 기신인 火의 기운이 매우 강해졌다. 인생이 끝날 때가 도래하였다. 사장직도 남에게 물려주고 전 재산을 사회에 환원하며 타계하였다.

④ 류일한 박사의 인생곡선

류박사의 삶을 다음의 인생곡선으로 표현하였다. 실제의 삶이 사주에서 구한 곡선과 잘 일치함을 알 수 있다.

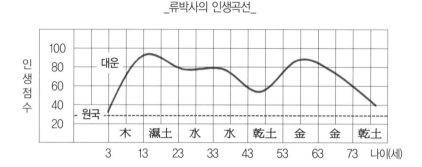

류박사의 인생곡선

⑤ 고(故) 김활란 총장의 인생곡선(364쪽 참조)

원국을 분석하여 사주팔자의 선천적인 운명을 조사하였다. 표는 팔자의 강도와 합, 충도 고려하여 작성한 표이다.

① 원국의 분석

○ 합과 충의 설명

• **寅亥木__** 월지와 일지에 있는 寅木과 시지의 亥水가 합을 하지만, 투합(鬪合)이므로 힘이 성립되지 않는다. 또 寅木이 寅申沖도 하므로 서로 상쇄되어 합이 성립하지 않는다.

• **寅申沖__** 2개의 寅木과 申金이 충(沖)을 매우 약하게 할 것으로 생각된다.

김총장의 사주는 월지와 일지에 있는 편인 寅木이 비견 丙火를 강하게 생조하기 때문에 신왕한 사주가 되었다. 즉, 비견 丙火가 매우 강한 신왕(身旺)사주이다. 김총장은 공부를 많이 하고 친구와 동료가 많이 도와준 사람이다. 자존심과 독립심이 매우 강하고, 매사에 적극적이고 열성적으로 에너지가 넘친다. 이 강한 힘[에너지]을 문화, 예술, 언론, 교육[己土, 상관]에 집중적으로 쏟아 부었다.

이렇게 강한 비견 丙火[陽, +]을 약하게 하려면 상관 己土[陰, -]로 설기하는 것이 가장 좋다. 丙火와 己土는 음양 부호가 다르므로 丙火의 강한 기운이 己土로 수월하게 설기된다.

천간과 지지의 계산

천간		통근 + 생조	합	지지		지장간	육신	12운성	강도(힘)	
年	己土	寅 : +24×0.4×0.8≒-8 　　+8×0.4×0.5≒-2 申 : -10×0.2×0.2≒0 亥 : +8×0.2×1≒-2	-12	亥水		戊, 甲, 壬	편관	절	-3	-3
						寅亥木(不成立)				
月	丙火	寅 : +24×0.7×1≒+17 　　+8×0.7×0.8≒+5 亥 : -3×0.2×0.8≒0	+22	寅木		戊, 丙, 甲	편인	장생	+24	+24
						寅亥木(不成立) 寅申沖(30%) : 불성립				
日	丙火	寅 : +24×0.7×0.8≒+13 　　+8×0.7×1≒+6 亥 : -3×0.2×0.5≒0	+19	寅木		戊, 丙, 甲	편인	장생	+8	+8
						寅亥木(不成立) 寅申沖(30%) : 불성립				
時	丙火	寅 : +24×0.7×0.5≒+8 　　+8×0.7×0.8≒+4 亥 : -3×0.2×0.2≒0	+12	申金		戊, 壬, 庚	편재	병	-14	-14
						寅申沖(30%) : 불성립				
强弱	+56	身旺		조후					30/40점	
				억부		己土				

또 亥水〔관성〕로 火剋金하면서 丙火를 억누르는 것도 가능하지만, 亥水가 지지이므로 큰 힘을 낼 수가 없다. 그러나 水가 강해지는 운이면 더욱 효과적으로 丙火의 강한 기운을 억누를 수 있을 것이다. 또한 申金〔재성〕도 지지이지만, 운이 강해지면 매우 강한 丙火의 기운을 소모할 수 있을 것이다.

다시 정리하면 억부용신은 己土가 가장 좋고, 水〔관성〕와 金〔재성〕이 강해는 것도 좋다. 木은 용신인 己土를 극하므로 기신이 된다.

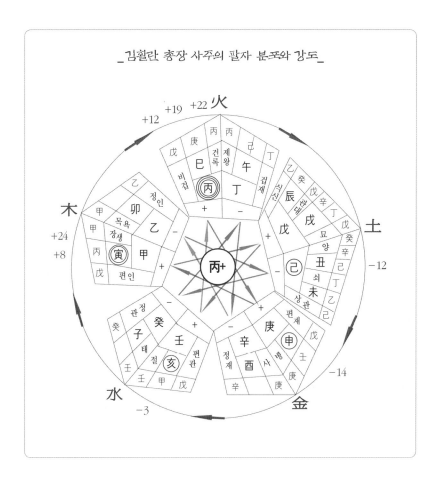

김활란 총장 사주의 팔자 분포와 강도

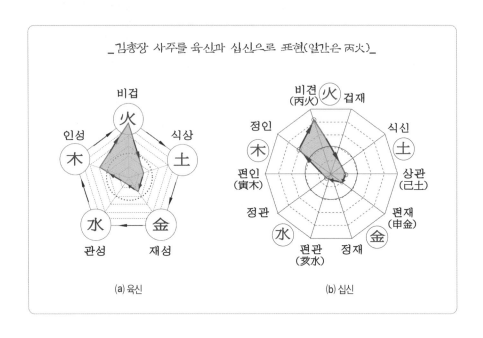

김총장 사주를 육신과 십신으로 표현(일간은 丙火)

(a) 육신

(b) 십신

② 원국의 평가

김활란 총장 사주의 원국 평가표

	점수				점수	종합
原局 (40점 만점)	10	팔자의 분포	上	10	10	30/40 ≒0.75
			中	6		
			下	2		
	10	합과 충	上	10	10	
			中	5		
			下	0		
	10	신강–신약	上	10		80점
			中	5	5	
			下	0		
	10	용신	上	10		
			中	5	5	
			下	0		

① 김총장의 팔자가 오행에 골고루 분포되어 있기 때문에 '上', 10점
이다.

② 연지 亥水와 월지와 시지에 있는 寅木이 寅亥木의 합을 하였다. 그
러나 투합이므로 성립하지 않는다. 월지와 일지에 있는 寅申沖을
했으나 투충이므로 성립하지 않을 것이다. 이와 같이 합과 충을 하
지 않으므로 '上'이다.

합(合)과 충(沖)이 상쇄되어 없어지더라도 길흉(吉凶)에는 영향을
미친다고 한다. 이 주장에 따라 寅亥木과 寅申沖을 설명해 보자.

이 사주에서 寅亥木의 합(合)을 하여 木이 생겼다. 木은 기신이므
로 좋지 않는 작용을 했을 것이다. 아마 공직에 근무하느라고 연구
나 공부를 잘하지 못했을 가능성이 있다.

寅申沖도 마찬가지이다. 공부[연구]를 하느라고 금전적으로 많은
돈이 없어졌을 것이다.

③ 이 사주는 매우 신왕(身旺)하므로 '中', 5점 정도이다.

④ 월간과 일간, 시간이 모두 丙火이므로 비견의 힘이 매우 강하다.
이 힘을 연간에 있는 己土로 설기하여야 한다. 그러므로 己土[상
관]가 용신이다. 己土가 연간에 있으므로 일간 丙火와 가까이 붙
어 있지 않고 멀리 떨어져 있다. 또 어느 정도의 힘도 가지고 있기
는 하지만 막강한 丙火의 기운을 모두 설기하기에는 부족하다고
생각된다. 그러므로 용신의 힘은 '中', 5점 정도이다. 여자가 상관
이 용신이면 말을 잘하고 용모가 뛰어나다.

각 항목의 값을 모두 더하면 30/40, 100점 만점으로 환산하면 80점

정도이다. 그러므로 김활란 총장의 선천적인 운명인 원국은 '上'이라고 생각된다. 선천적인 운명도 잘 타고 났다.

③ 대운의 분석

김총장의 대운 평가표

나이	3	13	23	33	43	53	63
천간	乙	甲	癸	壬	辛	庚	己
지지	丑	子	亥	戌	酉	申	未
대운	濕土	水	水	乾土	金	金	乾土
합·충		申子(辰)水局	寅亥木	寅(午)戌火局		寅申沖	亥(卯)未
점수	60	65	55	45	60	50	25
원국(37점)+대운	90	95	85	75	90	80	55

김총장의 인생곡선

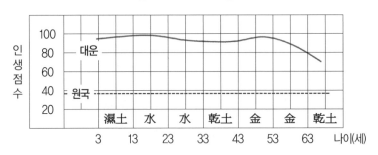

3~12세 : 濕土인 丑土가 강해지는 시기이므로 丙火의 기운을 억누르면서 설기하므로 좋은 일이다. 그래서 대운의 점수가 60점 정도일 것

으로 생각된다. 원국[30점] + 대운[60점] = 90점. 이 시기에 인생점수는 90점 정도의 좋은 상태였으리라 생각된다. 뛰어난 미모로 태어났다.

13~22세 : 水의 대운에서 申子(辰)의 合을 하여 水가 또 생겼다. 水의 힘이 더욱 강해졌으므로 강한 丙火를 더 강하게 억눌러서 己土로 설기하도록 하였으므로 매우 좋다. 이 시기에 이화대학교 학생 퀸으로 선발되었으며 20세에 대학을 졸업하고 모교에서 교편을 잡았다. 더욱이 이 시기에 YMCA를 창설하였다.

23~32세 : 水의 대운으로 24세에 미국 유학을 떠났고, 25세에 문학사 학위를 받은 후 공부에 전념하였다. 寅亥木의 合이 형성되어 木의 기운이 생겼으므로 공부하느라고 고생도 했을 것으로 생각된다. 33세에 우리나라 최초로 철학박사 학위를 받은 후 귀국하여 나라의 발전에 많은 공헌을 하였다.

33~42세 : 戌土[乾土]가 강해지는 시기이고 또 火의 기운이 조금 더 강해지는 시기이므로 이화여대에 봉직하면서 국내외에 많은 활약을 하느라고 고생했을 것으로 생각된다.

43~52세, 53~62세 : 金의 기운이 강해지는 시기이다. 60세에 이화 봉직 40주년식에서 2미터 동상이 제막되었다고 한다.

63~71세 : 未土[乾土]의 시기이므로 기신인 火의 기운이 강해지는 시기이다. 63세에 막사이상을 받았다. 그 후 김활란 총장의 마지막을 향하여 달리고 있다. 71세에 신병으로 세상을 떠났다.

6 고(故) 이 모 여인의 인생곡선(371쪽 참조)

1 원국의 분석

사주팔자의 강도 계산

천간				지지				
		통근 + 생조	합		지장간	육신	12운성	강도(힘)
年	壬水	戌 : 1×0.2×1 ≒ 0 午 : 0.0 丑 : 20×0.4×0.5 ≒ 4	4	戌土	辛, 丁, 戊	정관	쇠	−1
					(寅)午戌 火局 : 불성립			
月	丙火	戌 : 1×0.1×0.8 ≒ 0 午 : 48×1×1 ≒ 48 12×1×0.5 ≒ 6 丑 : 0	54	午火	丙, 己, 丁	편재	절	−48
					(寅)午戌 火局 : 불성립			
日	癸水	戌 : 1×0.2×0.5 ≒ 0 午 : 0.0 丑 : 20×0.4×1 ≒ 8	+8	丑土	癸, 辛, 己	편관	관대	+20
時	戊土	戌 : 1×0.8×0.2 ≒ 0 午 : 48×0.9×0.5 ≒ 22 12×0.9×1 ≒ 11	−29	午火	丙, 己, 丁	편재	절	−12
					(寅)午戌 火局 : 불성립			
强弱	−131	太弱		조후	庚金			
				통관	金(편인 辛金, 정인 庚金)			

○ 합과 충의 설명

- (寅)午戌의 반합(半合)이 있으나 투합이므로 불성립.
- 癸水 일간이며 金과 木이 없다.
- 水 오행과 (火+土) 오행의 두 힘이 싸우고 있는 모습을 하고 있다.
  그러므로 이 사주는 '통관사주'이다.

• 식상〔木〕과 인성〔金〕 오행 중에서 어느 오행을 용신으로 사용하면 좋겠는가? 이 사주는 매우 신약한 사주이므로 金 오행이 생조하면 좋으므로 金 오행이 통관용신이다. 木 오행이 통관용신이 되면 약한 일간 癸水의 힘이 더욱 약해진다.

다시 말하면 이 사주는 인성인 金이 강해지면 부동산이나 학문 등을 공부하여 약한 일간 癸水가 보강된다. 그러나 식상인 木 오행이 강하면 문화, 예술, 언론 분야의 일을 하게 되므로 약한 일간이 더욱 힘이 없어져서 고생한다. 또 자식을 출산해도 자식을 기르는 데 고생을 많이 하게 된다. 그러므로 金이 용신이 되어야 전체 기운이 원활하게 유통된다.

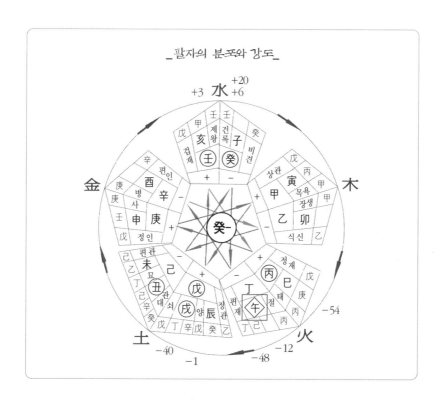

팔자의 분포와 강도

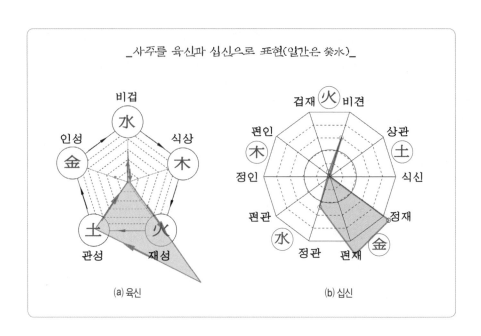

사주를 육신과 십신으로 表現(일간은 癸水)

(a) 육신

(b) 십신

2 원국의 평가

이 모 여인의 원국 평가표

	점수				점수	종합
原局 (40점 만점)	10	팔자의 분포	上	10	10	20/40 ≒0.60 ≒50/100 20점
			中	6		
			下	2		
	10	합과 충	上	10	10	
			中	5		
			下	0		
	10	신강−신약	上	10		
			中	5		
			下	0	0	
	10	용신	上	10		
			中	5		
			下	0	0	

① 오행에 金과 木 오행이 없고 3종류의 오행만 있으므로 '상(上)'이다. 통관사주일 때는 오행이 이 사주처럼 구성된 것이 당연하다.

② 합과 충은 없으므로 '上', 신강−신약은 매우 신약하므로 '下'이다.

③ 용신인 金이 원국에 없으므로 '下'이나, 운에서 金을 생조하는 辰土(濕土)가 들어올 때는 조금 좋아진다.

원국의 점수는 20/40점, 100점 만점으로 환산하면 50점 정도이다. 선천적인 운명이 보통이다.

③ 대운과 인생 점수

이 모 여인의 대운 평가표

나이	3	13	23	33	43	53	63	73	83
천간	乙	甲	癸	壬	辛	庚	己	戊	丁
지지	巳	辰	卯	寅	丑	子	亥	戌	酉
대운	火	濕土	木	木	濕土	水	水	乾土	金
합·충	巳午(酉)	辰戌沖	卯戌火	寅午戌		子午沖 子丑土		(寅)午戌	巳(酉)丑
점수	0	30	0	0	50	30	40	10	60
원국 (20점)+대운	20	50	20	20	70	50	60	30	80

• 용신은 金이며, 기신은 金의 기운을 억제하는 火이다.

대운이 火→濕土→木→木→濕土→水→水→乾土→金→ …으로 흐른다. 이 대운의 초·중반에 용신(金)의 운은 없고 83세 이후에나 들어온다. 그러므로 평생 고생이 많은 삶을 살았을 것으로 생각된다. 실제로 병명도 잘 모르고, 치료 방법도 없는 이상한 병으로 고생을 많이 하였다.

40대 후반부터 조금 좋아졌다. 水 오행이 약한 일간 癸水의 힘을 강하게 하였기 때문이라고 생각된다. 그러므로 신약한 상태의 통관사주에서 일간의 힘을 강하게 하면 용신은 아니더라도 길신(吉神) 정도의 작용을 한다는 사실을 알았다.

73세의 戊戌대운은 火가 강해지는 시기이므로 용신인 金을 공격한다. 즉, 기신(忌神)의 시기이므로 좋지 않았다. 특히 戊戌대운이 거의 끝나고 다음 대운인 丁酉대운이 시작하는 초기에 넘겨져서 고관절이 부러졌다. 그 후 상태가 호전되지 못하고 고생하다가 돌아가셨다(86세). 역시 두 대운이 교차되는 시기에는 불길(不吉)해지는 모양이다.

이와 같이 일생의 큰 흐름을 말로 설명하는 것보다는 간단히 그래프로 나타내 보자.

故 이 모 여인의 인생곡선

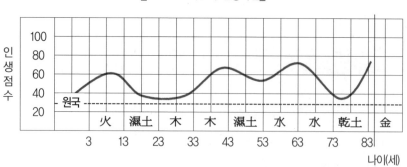

⑦ 종격(從格)사주의 인생곡선

종격사주에 대해서는 379쪽 종격용신에서 설명한 적이 있으니 참고하기 바란다. 지금부터는 종격사주의 〈인생곡선〉을 작성하는 데에 초점을 맞추어서 설명하겠다. 380쪽에서 다루었던 故 정 모씨의 사주의 인생곡선을 그려보자.

① 고(故) 정 모씨의 사주(380쪽 참조)_『명리비전 II』, 추일호 저, 26쪽

① 천간과 지지의 강도 계산

천간과 지지의 강도 계산

천간				지지					
		통근 + 생조	합		지장간	육신	12운성	강도(힘)	
年	戊土	寅 : +8×0.4×0.5≒+2 +6×0.4×0.2≒0 辰 : 0×0.6×1≒0	2	辰土	乙, 癸, 戊	편재	쇠	+3	0
					寅卯辰 木局(방합) : 100% 성립하였으므로 辰土의 힘은 zero이고 모두 木으로 변했다. ∴木=+4				
月	乙木	寅 : +8×0.4×0.8≒+3 +6×0.4×0.5≒+1 卯 : +120×1×1≒120	124	卯木	甲, 乙	겁재	제왕	+60	+120
					寅卯辰 木局(방합) : 100% 성립하였으므로 60×2≒120				
日	甲木	寅 : +8×0.4×1≒+3 +6×0.4×0.8≒+2 卯 : +120×1×0.8≒96	+101	寅木	戊, 丙, 甲	비견	건록	+4	+8
					寅卯辰 木局(방합) : 100% 성립하였으므로 4×2≒8				
時	丙火	寅 : +8×0.7×0.8≒+4 +6×0.7×1≒+4 卯 : +120×0.8×0.5≒48	−56	寅木	戊, 丙, 甲	비견	건록	+3	+6
					寅卯辰 木局(방합) : 100% 성립하였으므로 3×2≒6				
强弱	+300	極旺	종왕격 (從旺格)	조후				30/40점	
				종격	水, 木, 火				

● 합과 충의 설명

- 寅卯辰 木局의 방합이 성립되었다. 寅卯辰 방합의 중심 오행인 卯木이 월지에 있고, 천간에도 甲木과 乙木이 투출되었고 모두 인접해 있으므로 방합이 거의 성립되었다. 그러므로 월지 卯木의 강도는 +60×2＝+120 정도 된다고 생각한다. 寅木도 마찬가지로 2배 정도 강해졌다.

- 연지 辰土는 寅卯辰 방합을 하면서 자기가 가지고 있던 힘이 모두 木으로 변하였고, 辰土의 본래의 값은 거의 없어졌다.

강도 계산의 표 내용이 너무 복잡하므로 오각형과 모형으로 표현하면 다음 그림과 같다.

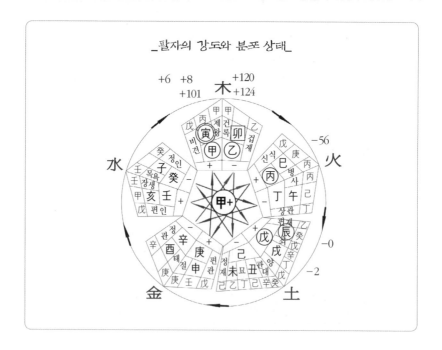

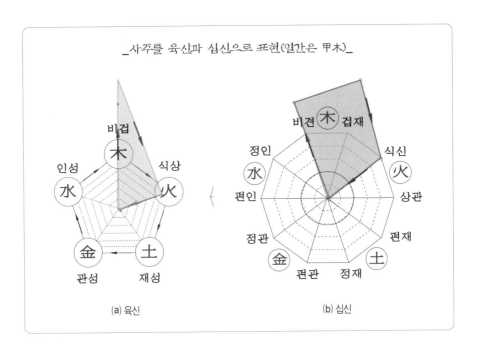

사주를 육신과 십신으로 표현(일간은 甲木)

(a) 육신

(b) 십신

② 원국의 평가

故 정 모씨의 원국 평가표

	점수				점수	종합
原局 (40점 만점)	10	팔자의 분포	上	10	10	35/40 35점
			中	6		
			下	0		
	10	합과 충	上	10	10	
			中	5		
			下	0		
	10	신강-신약	上	10		
			中	5	5	
			下	0		
	10	용신	上	10	10	
			中	5		
			下	0		

이 사주는 종격사주이므로 원국의 평가 기준이 일반격과는 달라야 한다. 즉, 팔자의 분포와 신강-신약은 편중될수록 좋고 다른 것들은 일반격과 같다. 이 기준에 맞추어 평가한 결과 40점 만점에 35점이고, 100점 만점으로 환산하면 대략 90점 정도이다. 선천적인 운명이 좋은 사람이다.

이 사주의 원국을 육신과 십신을 비교하면서 좀 더 세밀하게 살펴보자. 육신의 오각형을 보면 비겁〔木〕이 매우 강하므로 오각형의 범위를 벗어나서 위로 뾰쪽하게 그려졌다〔그림 (a) 육신〕.

그러나 비겁〔木〕을 십신으로 다시 보면, 비견보다는 겁재〔乙木, 陰〕의 힘이 더 강하다. 겁재〔乙木〕는 비견〔甲木〕보다 경쟁적이고 투쟁적인 성질을 가지고 있다. 木〔비겁〕이 강하면 새로운 일을 설계하고 추진하는 힘이 강한 사람이지만, 그중에서 겁재〔乙木〕가 강하므로 인정사정보지 않고 저돌적이고 공격적으로 일을 추진하려고 한다.

이처럼 막강한 木을 〈왕신(旺神)〉이라고 한다. 이 사주에서 木 왕신은 다른 육신과 비교가 안 될 정도로 엄청나게 강하다. 그러므로 木 왕신은 절대적인 지배자이고 독재자가 되었다. 이렇게 전체가 강한 오행 중심으로 구성되어 있으므로 이 사주는 〈종격(從格)사주〉이다.

이런 종격사주에서 육신으로 용신을 찾아보자.

왕신인 비겁〔木〕과 왕신인 비겁의 힘을 설기하는 식상〔火〕이 가장 좋다, 왕신의 힘을 강하게 생조하는 인성〔水〕도 좋다. 그러므로 비겁〔木〕과 식상〔火〕이 용신이고, 인성〔水〕도 길신(吉神)이다.

그러나 십신으로 보면 乙木 겁재〔陰, -〕가 특히 강하므로 乙木의 기운을 설기해야 좋아진다. 乙木 겁재는 부호가 陰이므로 陽 부호인

丙火로 설기해야 한다. 막강한 월간 乙木(陰)의 기운을 효율적으로 다량으로 설기할 수 있기 때문이다.

마침 丙火(식신)가 시간에 있으므로 丙火가 용신이다. 사주에서는 木(왕신)과 木의 기운을 설기하는 火, 또 木을 생조하는 水가 모두 용신인 셈이다. 그러나 왕신인 木이 전폭적으로 지원 받고 있는 丙火가 맹렬하게 활동하므로 丙火(식상)가 가장 중요한 용신이 된다.

이 말을 알기 쉽게 통변해 보자.

이 사주의 주인공(甲木)은 독립심과 자존심이 매우 강하고 힘이 장사인 사람이다. 이 힘(에너지)을 문화, 예술, 언론, 기술 분야(식신)에 쏟아 부으려고 한다. 즉, 어느 한 가지 일에 몰두하여 집중적이고 투쟁적으로 열심히 일을 한다.

그러나 이 이외의 土(재성)와 金(관성)은 사용할 힘(에너지)이 없으므로 바보처럼 일을 제대로 하지 못한다. 土와 金은 기신과 구신의 역할을 하게 되지만, 기신과 구신의 개념보다 더 강한 '적(敵)'으로 취급 받는다. 특히 金(관성)이 강해지면 왕신인 木을 공격(金剋木)하므로 왕신이 크게 화가 나서 즉시 응징한다.

③ 대운과 인생 점수

故 정 모씨의 대운 설명은 385쪽에서 이미 다루었으므로 참조하기 바란다. 여기에서는 각 대운에서 일어나는 합과 충도 고려하면서 인생 점수를 매겨 보자.

故 정 모씨의 대운

나이	7	17	27	37	47	57
천간	丙	丁	戊	己	庚	辛
지지	辰	巳	午	未	申	酉
대운	濕土	火	火	乾土	金	金
합·충	(巳)酉丑	寅卯辰 木局의 삼합	寅午戌 火局		辰申沖	卯酉沖
점수	60	60	60	50	10	0
원국 (35점)+대운	95	95	100	85	45	35

● 이 사주는 木과 火가 용신이고 水가 길신이며, 金과 土가 기신이다.

원국은 35점이다. 원국의 평가표에 따라 각 대운과 합과 충의 영향을 계산하여 표의 맨 아래 칸에 적어 놓았다. 이 점수로 다음과 같은 인생곡선을 그렸다.

故 정 모씨의 인생곡선

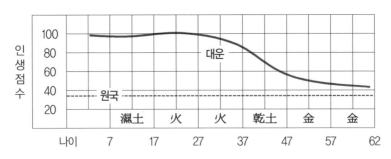

그림의 인생곡선과 실제의 삶이 일치하였다〔명리비전 II, 26쪽 참조〕.

이처럼 종격사주는 불행한 사주가 아니며, 운(運)에 따라 행복과 불행이 정해진다. 이 사주의 주인공은 초·중년에는 천재라는 소리를 들으면서 살았을 것으로 추측된다.

8 가종격(假從格)사주의 인생곡선(395쪽 참조)

전체적인 모양은 종격사주와 비슷하지만 종격사주의 조건을 충족하지 않는 어정쩡한 사주이다. 예를 들어 다음과 같은 경우이다.

	천간	지지
年	甲木	申金
月	癸水	酉金
日	丙火	戌土
時	丁火	酉金

왼쪽에 있는 표는 보일의 사주이다. 이 사주는 395쪽에서 설명한 적이 있으므로 참조하기 바란다. 앞에서는 합과 충을 생략하고 지지의 강도를 계산하였으나 지금은 합까지 고려하여 계산해 보자.

1 지지의 강도(합과 충을 포함)

지지합과 충의 강도 계산

	천 간		지 지		
년주	甲木		申金	5(병)	5×1.9=10
월주	癸水		酉金 申酉戌 金局	42(사)	42×1.9=80
일주	丙火	丁癸沖	戌土	4(卯)	4×1.9=8
시주	丁火		酉金	11(사)	11×1.9=21

이 사주의 지지는 모두 金이다. 뿐만 아니라 **申酉戌**〔방합〕 **金局**을

형성하였다. 申酉戌〔방합〕의 중심 오행인 酉金이 월지에 있고 시지에도 있으므로 대단히 강한 방합이다. 酉金이 월지에 있고 또 시지에 酉金이 하나 더 있으므로 투합(鬪合)이 되어 완전한 방합이 형성되지 않는다고 할 수도 있다. 그러나 지지가 모두 金이므로 金의 세력이 막강하다. 이처럼 지지가 金의 힘으로만 구성되어 있으므로 투합(鬪合)이지만 방합이 형성될 수밖에 없다. 단지 천간에 金 오행이 없으므로 100% 방합의 작용은 하지 못하고 대략 90% 정도의 합을 하였을 것으로 생각된다. 그러므로 원래의 지지의 값에 합한 비율〔90%〕을 곱하였다. 즉, 1.9로 곱하였다.

일지 戌土는 申酉戌 金局의 합을 할 때 약 90% 정도의 기운이 金으로 변하였고, 나머지 10% 정도의 기운만 작용할 것이다. 너무 적기 때문에 생략하였다. 일간 丙火와 시간 丁火는 지지에 통근하지 못하였으므로 강도〔기운〕가 거의 '0'이다.

이와 같이 지지는 모두 金일 뿐만 아니라, 강한 金이 생기는 합까지 하였으므로 지지는 金의 힘이 매우 막강해졌다.

② 천간의 강도 계산

- 연간 甲木은 연지 申金에 매우 약간 통근하였고, 나머지 지지에도 모두 통근하지 못하였으므로 甲木의 힘은 거의 '0'이다.
- 월간 癸水는 연지 申金과 월지와 시지의 酉金의 생조를 받아서 힘이 매우 강해졌을 뿐만 아니라 방합의 영향으로 더욱 강해졌다.
- 丙火와 丁火는 통근도 생조도 하지 못했으므로 강도는 거의 '0'이다. 또 연지에 있는 甲木도 힘이 거의 없으므로 丙火를 생조하지도

못한다. 그러므로 丙火와 丁火의 힘은 거의 없다.

이렇게 약한 丁火는 힘이 강해진 월간 癸水와 沖〔丁癸沖〕을 하지 못했을 것이다. 그러므로 충의 작용도 거의 하지 못했다고 생각한다.

이처럼 월간 癸水 이외의 모든 천간들은 모두 힘이 극히 약하지만, 존재하고 있다. 다시 말하면 이 사주는 오행을 모두 갖추고 있으므로 일반격〔내격〕 사주로 생각할 수도 있다. 그러므로 일반격〔내격〕 사주인지 아니면 특수한 사주〔종격〕인지 혼동이 생겼다. 좀 더 알아보자.

천간과 지지의 강도 계산

천간				지지				
		통근 + 생조	합		지장간	육신	12운성	강도(힘)
年	甲木	申 : 10×0.2×1≒2 酉 : 0.0 戌 : ≒0	+2	申金	戊, 壬, 庚	편재	병	−5 | −10
					申酉戌(90% 合) : +5×1.9≒10			
月	癸水	申 : 10×0.7×0.8≒6 酉 : 80×0.7×1≒56 21×0.7×0.5≒7 戌 : ≒0	−69	酉金	庚, 辛	정재	사	42 | −80
					申酉戌 方合 申酉戌(90% 合) : +42×1.9≒80			
日	丙火	申 : ≒0 酉 : ≒0.0 戌 : ≒0	0	戌土	戊, 甲, 壬	비견	건록	+4 | −8
					申酉戌(90% 合) : → 金 +4×1.9≒+8			
時	丙火	申 : ≒0 酉 : ≒0 戌 : ≒0	0	酉金	丙, 己, 丁	정재	태	−11 | −21
					申酉戌(90% 合) : −11×1.9≒21			
强弱	−186	極弱	가종격	조후				
				종격용신	癸水, 金			

천간과 지지의 강도를 계산〔앞의 표 참조〕한 다음, 팔자의 분포 상태를 다음 그림에 함께 나타내었다. 첫 번째 그림을 보면 오행이 모두 있으므로 일반격 사주지만, 두 번째 그림을 보면 이 사주는 전형적인 종격사주의 모양을 갖추고 있다.

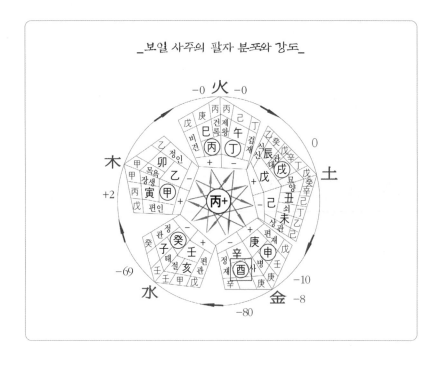

보일 사주의 팔자 분포와 강도

위 그림은 사주팔자의 강도와 분포 상태를 잘 나타내고 있지만 너무 복잡하다. 그래서 다음의 그림과 같이 간단하게 모형화하였다. 이 그림에서 보아도 木+火+土의 힘은 거의 없으나 金과 水의 힘이 엄청나게 강하여 대부분의 힘이 金과 水로만 이루어져 있다. 그러므로 종격의 모양을 하고 있다. 종격사주이면 용신은 왕신인 金과 水 오행이다.

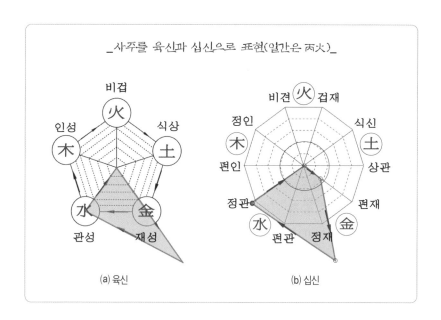

사주를 육신과 십신으로 표현(일간은 丙火)

(a) 육신

(b) 십신

3 원국 평가

원국을 평가하는 표

	점수				점수	종합
原局 (40점 만점)	10	팔자의 분포	上	10		20/40 ≒50/100 50점
			中	6		
			下	0	0	
	10	합과 충	上	10	10	
			中	5		
			下	0		
	10	신강-신약	上	10		
			中	5		
			下	0	0	
	10	용신	上	10	10	
			中	5		
			下	0		

앞의 표는 일반격 사주의 원국을 평가하는 기준이다. 이 기준에 맞추어서 종격사주의 원국을 평가할 수는 없으므로 종격사주에 맞게 수정해야 한다.

다시 말하면 일반 사주인 경우 사주팔자가 오행에 골고루 분포되어 있으면 가장 좋다고 했다. 그러나 종격사주인 경우에 팔자가 오행에 골고루 분포되어 있으면 왕신과 용신을 극(剋)하는 오행이 있을 수밖에 없으므로 좋지 않다. 그러므로 종격사주인 경우에는 3행에 팔자가 편중되어 있는 경우가 가장 좋다.

① 보일의 사주는 팔자가 오행에 모두 있지만, 木과 火 오행은 힘이 없으므로 거의 zero이다. 실제로는 없는 것과 마찬가지이다. 그래도 외형은 5행에 모두 있으므로 '下(0)'라고 생각된다.

② 지지에 申酉戌 金局의 삼합이 형성되어서 金의 힘을 매우 강하게 하였으므로 '上(10점)'이다.

③ 보일의 사주는 '극약(極弱)'의 상태이다.

④ 이처럼 보일의 사주는 가종격사주이므로 왕신[金]의 힘이 매우 강해져 있다. 시급히 왕신의 기운을 설기하여야 한다. 그러므로 설기하는 기운도 왕신만큼 중요한 역할을 한다. 그래서 월간에 있는 정관 癸水가 원국에 있으므로 용신이 있는 것처럼 매우 좋다고 생각한다. 그러므로 '上(10점)'이다.

이와 같이 보일 사주의 원국을 평가해 보면 20/40점 정도이다. 100점 만점으로 환산하면 50점 정도라고 생각된다.

보일의 사주는 억부법으로 보면 극약(極弱)한 상태에 있으므로 거의 종격인 사주이다. 지지는 金의 기운이 막강하고 이 힘이 월간 癸水로 흘러간다〔설기〕. 일간과 시간인 丙火와 丙火의 힘은 거의 없지만, 언제든지 기회만 있으면 火의 힘이 강해질 가능성이 있다.

지지의 막강한 힘은 월간의 癸水로 흘러가서〔설기되어〕, 癸水의 힘도 매우 강해졌다. 대부분의 천간과 지지는 金과 水의 차가운 기운이지만, 일간은 힘이 없는 丙火이다. 이처럼 사주는 '차가운 사주'이지만 일간 丙火는 金으로 변하지 않고 버티려고 한다. 그러므로 완전히 차가운 사주라고 하기에는 미흡한 점이 있다. 그래서 완전한 조후법도 아닌 어정쩡한 '차가운 사주'이다.

이와 같이 보일의 사주는 확실한 종격도 아닌 가종격 사주이고, 또 완전히 '차가운 사주'도 아닌 어정쩡한 차가운 사주이다. 이런 경우 용신은 무엇일까? 매우 어려운 문제이다.

억부법과 조후법이 모두 가능할 경우에는 조후법이 우선한다고 한다. 그러나 종격사주일 경우에도 조후법이 우선일까? 또 보일의 사주처럼 '가종격 사주'일 경우에는 어떻게 될까? 용신을 확실히 정하지 못하여 고민이 많았다.

④ 대운 설명

용신을 확실히 정하지 못할 경우에는 지나간 과거를 보면 알 수 있다. 과거 사실이 그 해답을 알려줄 것이다. 지금부터 지난 과거를 회상해 보자. 종격〔가종격〕과 조후법 중 어느 방법이 실제의 인생을 잘 설명하는지 비교해 보면 알 수 있을 것이다.

다음 표에 종격[가종격]과 조후법의 인생살이를 비교하였다. 다시 말해 나이가 많아짐에 따라 각각의 대운에서 살았던 인생살이를 점수로 나타내었다.

16~25세의 乙亥대운 10년 동안은 水 기운이 강해지는 시기이다. 이 기간 동안 가종격[용신은 水]으로 살았으면 용신의 기간에 살았으므로 60점 만점에 60점으로 매우 잘 살았다고 말할 수 있다. 인생 점수[원국+대운]로는 80점의 인생을 살았다.

그러나 조후법[용신은 火]으로 살았으면 기신의 기간에 살았으므로 거의 최악의 삶이다. 그러므로 5점의 인생을 살았다고 말할 수 있고, 인생 점수[원국+대운]는 25점이다.

대운과 합과 충

	나이	6	16	26	36	46	56	66	76	86
대운표	천간	甲	乙	丙	丁	戊	己	庚	辛	壬
	지지	戌	亥	子	丑	寅	卯	辰	巳	午
	대운	乾土	水	水	濕土	木	木	濕土	火	火
	합·충	寅(午)戌 火局			(巳)酉丑 金局		卯酉沖		巳酉(丑) 金局	(寅)午戌 火局
가종격 조후법	점수	0	60	60	60	10	10	10	10	0
	인생점수	20	80	80	80	30	30	30	30	20
	점수	50	5	10	40	55	40	20	30	60
	인생점수	70	25	30	60	75	60	40	50	0

> 억부법인 경우에는 木과 水가 용신이고,
> 조후법인 경우에는 木과 火가 용신이다.
> 원국의 점수는 40점 만점에 20점이다.

이와 같은 방법으로 모든 대운에 산 인생 점수를 그래프로 나타내면 인생곡선을 그릴 수 있는데 다음과 같다. 파란 곡선은 가종격의 경우이고, 빨간 곡선은 조후법의 경우이다. 점선은 원국의 점수이다.

두 곡선 중에 실제의 삶을 잘 표현한 것은 조후법 곡선으로 거의 80~90% 정도는 맞추었다고 생각된다. 그러므로 보일의 사주는 조후용신으로 감정해야 한다는 사실을 확실히 알 수 있다.

보일의 인생곡선

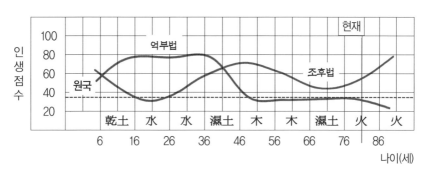

天地人 四柱學

천지인 사주학

제8부
개운법(開運法)

天地人 四柱學

천지인 사주학

섭생(攝生)

섭생(攝生)은 국어사전에 "몸과 마음을 건강하게 해서 오래 살기를 꾀함"이라고 적혀 있다. 사주학에서 사람들의 사주는 모두 다르며 불완전하다. 이렇게 불완전한 사주 때문에 고생을 하기도 하고 병에 걸리기도 한다.

불완전한 사주를 좀 더 완전한 상태로 만드는 방법은 없을까?
사주에서 아픈 사람을 고치는 방법은 없을까?
의사가 병을 고치듯이 사주를 수정할 수는 없을까?

태어난 연월일시(年月日時)로 정해진 선천적인 운명(원국)은 변경할 수 없다. 후천적인 운명도 태어날 때 이미 거의 정해져 있다. 그렇다고 불완전한 사주를 그대로 가지고 평생 고생하며 병들면서 살아가야 할까? 부족한 부분을 수정하거나 보완할 수는 없을까?

사주를 감정해 보면 부족한 부분을 알 수 있다. 그 부족한 부분을 찾아서 다른 것으로 보충하면 된다. 다시 말해 필요한 부분을 약이나 음식으로 보충하거나 그 외에도 자연에서 일어나는 현상들을 활용하여 보충할 수 있다. 이처럼 부족한 성질을 보충하는 과정을 '섭생'이라고 한다.

섭생이라는 말이 생소하므로 다른 말로 표현하면 '사주를 수정하여 고생하는 삶을 치료하는 행위'라고 해도 괜찮을 듯하다. 사주를 모르면 주어진 사주대로 살 수밖에 없다. 그러나 사주를 알면 사주를 수정하여 보다 행복하고 편안하게 살 수 있다.

먼저 섭생하는 원리부터 찾아보자.

① 섭생하는 원리

동양철학, 한의학, 사주학에서의 섭생하는 원리와 방법은 현대인들에게는 이해할 수 없다. 그래서 사용하기를 꺼리거나 무시하는 경향이 있다. 섭생하는 원리는 사주학의 근본 원리이므로 많은 부분에서 활용되고 있다. 이런 원리를 모르면 섭생하는 원리도 알 수 없다.

지금부터 설명하는 내용은 사주에서 병을 치료하는 방법 중 하나라고 생각하면 쉽게 이해할 수 있으리라 생각한다. 원리는 다음 그림 또는 표와 같다.

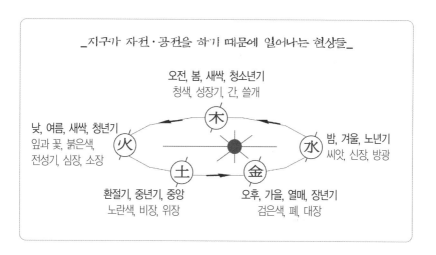

지구가 자전·공전을 하기 때문에 일어나는 현상들

오전, 봄, 새싹, 청소년기
청색, 성장기, 간, 쓸개

木

낮, 여름, 새싹, 청년기
잎과 꽃, 붉은색,
전성기, 심장, 소장

火

밤, 겨울, 노년기
씨앗, 신장, 방광

水

土

金

환절기, 중년기, 중앙
노란색, 비장, 위장

오후, 가을, 열매, 장년기
검은색, 폐, 대장

이 세상의 모든 변화는 지구가 자전하면서 태양을 공전하기 때문에 생긴다. 그러므로 섭생하는 원리도 지구의 자전과 공전하는 현상에서 찾을 수 있다.

위의 그림에서 일어나는 일들을 생각해 보자.

하루 중 아침[오전]에 밝아지는 현상은 일년 중에 봄의 현상[木]과 같고, 낮[정오]에 해가 가장 밝은 현상[火]은 일년 중에 여름과 같다. 모두 에너지가 퍼져 나가는 과정[陽]이다. 이 陽의 과정 절정기에 陰의 수렴하는 과정으로 넘어가는 중간에 두 과정을 이어주는 징검다리 역할을 하는 환절기[土]가 있다.

하루 중에 어두워지다가 자정에 컴컴한 밤이 되는 현상도 가을과 겨울의 현상과 비슷하다. 모두 에너지가 수렴[金], 저장[水]하는 과정[陰]이다. 이처럼 모두 음양-오행 작용이다.

이와 같은 음양-오행의 개념을 확대해 보면, 식물이 일년 동안 사는 모습과 인간이 일생 동안 사는 모습도 똑같다. 모두 木→火→土→

金→水의 오행이 순환하는 현상들이다.

이외에도 사람의 몸에서 장부들이 하는 작용 등 우리들의 주위에서 일어나는 모든 현상은 오행의 순환운동이다. 이와 같은 현상들을 다음 표처럼 정리할 수 있다. 표를 검토해 보면 나타나는 현상은 다르지만 근본 원리는 모두 같다.

음양-오행이 하는 일들

	木	火	土	金	水
일반적인 현상	기운이 퍼지는 현상	기운이 최고로 퍼지면서 일어나는 일	퍼지는 기운을 조절하여	수렴하고	저장한다
하루	새벽	오전	낮(정오)	오후	밤
계절	봄	여름	환절기	가을	겨울
방위	동쪽	남쪽	중앙	서쪽	북쪽
식물	새싹	잎과 꽃		열매	씨앗
인생	소년기	청년기	중년기	장년기	노년기
색	청색	붉은색	노란색	흰색	검은색
맛	신맛	쓴맛	단맛	매운맛	짠맛
가축	양(羊)	말	소	닭, 개	돼지
곡식	보리	기장	조	벼	콩
인체					
오상(五常)	사랑(仁)	예의(禮)	믿음(信)	올바름(義)	지혜(智)
감정	성내는 감정	웃는 감정	생각	슬픔	두려움
오장	간	심장	비장	폐	신장(콩팥)
오부	담(쓸개)	소장	위장	대장	방광
나타나는 부위	눈	눈빛(시력), 혓바닥	입술, 뺨	코, 인후	귀, 요도, 항문, 생식기

앞의 표에는 같은 오행 작용을 하는 현상들이 여러 개 있다. 표의 윗부분은 '일반적인 현상'과 아랫부분은 '인체'로 나누어서 설명하였다. 일반적인 현상부터 설명하겠다.

표에서 '木'의 항에 있는 것들은 모두 기운이 퍼져 나가는 현상들이다. 즉, 새벽·봄·동쪽·새싹·소년기들은 이름만 다를 뿐 모두 에너지(氣)가 퍼져 나가는 현상들이다. 신맛·보리 등도 마찬가지이다. 일을 시작할 때도 먼저 사랑하는 마음이 있어야 하며, 인체에서도 이런 작용을 하는 장부는 간과 쓸개(담)이다.

이런 것들의 공통점은 모두 에너지가 퍼져 나가는 과정(木)에서 일어나는 현상들이란 점이다. 만약 간이나 쓸개가 약하여 병에 걸리게 되면 木에 해당하는 다른 것들을 이용하여 부족한 木의 기운을 보충하면 된다,

'火'의 항에 있는 것들도 마찬가지이다. 즉, 태양이나 불꽃과 같은 붉은색은 빛과 열을 가장 강하게 발산하는 색이다. 오전·여름·남쪽·청년기·나무의 무성한 나뭇잎과 꽃도 모두 에너지(氣)가 활발하게 퍼져 나가면서 최고로 강하게 활동하는 현상이다.

사람의 인체에서 이런 작용을 하는 장부는 심장과 소장이다. 소장에서도 많은 피가 몰려서 음식물들을 매우 작게 분해하여 숙성시키면서 흡수하기 좋게 만든다. 어느 것이나 에너지가 가장 활발하고 강력하게 작용하고 있는 상태이다.

이처럼 표에는 이 세상에서 일어나는 모든 현상들, 즉 木·火·土·金·水의 현상들을 소개하였다. 木의 칸에는 木의 힘을 강하게 하는 것들, 火의 칸에는 火의 힘을 강하게 하는 것들……. 이처럼 표에는

같은 오행의 작용을 하는 것들을 열거하였다. 표를 이용하여 실제 생활에 활용하는 방법들을 설명해 보자.

② 활용

모든 사람들의 사주는 불완전하므로 부족한 부분이 있다. 이 부족한 부분을 보충해서 완전한 사주에 가까워지면 조금 더 편안하고 행복해진다. 예를 들면 木이 부족한 사람은 木을 보충해야 하고, 火가 부족한 사람은 火를 보충해야 한다. 부족한 부분을 운(運)에서 보충해주면 좋지만, 운에서도 보충하지 못할 경우에는 사람들이 스스로 보충해야 한다. 병이 생기면 무조건 병원과 약만 찾을 것이 아니라 표를 활용하는 것도 좋은 방법이다.

木이 부족한 사람은 표에서 木에 해당하는 것들을 갖추거나 먹어서 木을 보충하면 된다. 예를 들면 木이 부족한 사람은 새벽에 일찍 일어나서 동쪽을 향하여 일을 해야 한다. 새싹으로 만든 음식이나 신맛이 나는 음식이 좋고, 청색의 옷이나 청색의 넥타이를 입고 청색의 자동차를 타고 다녀야지 흰색 계통의 자동차는 좋지 않다.

무엇보다도 사랑〔仁〕하는 마음으로 하루를 시작하는 것이 좋고 화를 자주 내면 좋지 않다. 이처럼 木이 부족한 사람들은 표에서 木에 해당하는 것들을 행하면 木이 강해져서 보충하게 된다.

또 표를 보고서 木을 억누르는 일, 즉 金에 해당하는 일〔金剋木〕을 하면 안 된다. 흰색의 옷이나 흰색의 액세서리는 좋지 않고, 책상이나 침대의 머리 부분이 서쪽을 향하고 있으면 좋지 않다.

火가 부족한 사람은 남쪽을 향하는 책상이나 일터에서 일을 하고, 붉은색의 옷이나 액세서리를 하고 커피처럼 쓴맛이 나는 것들을 즐겨 먹는 것이 좋다. 밝고 환한 집안 분위기가 나는 태양이나 햇빛을 주제로 한 그림이나 집안 가구를 장만하는 것이 좋으며, 잎과 꽃잎으로 만든 차(〔음료수〕)를 마시는 것이 좋다. 항상 명랑하고 긍정적인 마음으로 예의를 중요시하고, 모든 일을 명백하게 밝히는 것이 좋다.

火를 억누르는 水와 관련된 일은 좋지 않다. 어둡고 검은색은 좋지 않고, 정적인 운동보다는 활발하게 많이 움직이는 운동을 해야 한다. 짠맛이 나는 음식을 즐겨 먹으면 좋지 않다.

지금까지 木과 火가 부족한 사람의 경우를 나열해 보았다. 나머지 土, 金, 水가 부족한 사람들도 같은 방법으로 활용하면 된다.

표에는 우리 주위에서 잘 알 수 있는 간단한 것들을 수록하였지만 실제는 무수히 많다. 이 모든 것들을 이용하여 사주의 부족한 부분을 보충하여 행복하고 안전하게 잘 살 수 있다. 의학도 이런 섭생을 활용하는 분야이므로 한의학도 마찬가지이다. 건강이 좋아지면 운명도 좋아지고 운명이 좋아지면 건강도 좋아지므로 건강과 운명은 하나인 셈이다.

이와 같은 방법으로 표를 이용하는 것이며, 이 표를 활용하면 꼭 약을 먹지 않아도 치료하는 방법이 많이 있다. 요즈음 유행하는 대체의학이니 맞춤형 치료니 하는 방법들도 모두 이 원리를 주로 이용하는 것들이다.

2
사주와 건강

지금까지 설명한 〈섭생〉은 사주학에서 병을 치료할 수 있는 방법이다. 이 방법이 사주에서 의학 분야인 〈사주 의학〉이다. 아직까지 사주학에서 병을 치료하는 의학에 대한 공식적인 이름이 없다. 저자마다 임의로 정한 이름이 있을 뿐이다.

예를 들면 변만리 선생이 주장하는 〈만리 의학〉, 정경대 박사의 〈의명학(醫命學)〉, 김광일 선생의 〈천의도(天醫道)〉 등이 있다. 이외에도 백승헌 선생의 『사주를 알면 건강이 보인다』 등 이 분야에 대한 문헌들도 다수 있다. 아직까지 널리 알려져 있지는 않지만 매우 유망한 분야이다. 필자는 이 분야를 〈사주 의학〉이라고 부르고 싶다.

사주로 병을 고칠 수 있다고 하면 말도 안 되는 소리라고 할지도 모른다. 사주도 병을 고치는 데 도움이 될 수 있다고 해도 믿으려고 하는 사람은 거의 없다. 서양 의사들은 말할 것도 없지만, 한의사들도 냉담하기는 마찬가지이다. 병은 의사들이나 치료하는 것이지 점이나 치는 사주가 어떻게 질병을 고친다는 말인가? 하는 이유로 사회적인 공감을 얻지 못하고 지금까지 무시되고 있다.

① 서양의학의 눈으로 보지 말고 사주학의 눈으로 보아야 한다

우리나라 사람들은 지금까지 서양식 사고 방법과 의학 지식을 배워왔기 때문에 서양식 의학 지식으로 사주학을 이해하려고 한다. 하지만 서양의학과 사주학의 근본적인 차이가 매우 심해서 사주학을 제대로 이해할 수 없다. 더구나 서양의학과 사주학이 서로 소통하고 협력하는 일은 생각조차 할 수 없다. 사주에서 설명하는 의료 방법을 알려면 서양의 눈으로 보지 말고 사주학의 눈으로 보아야 한다.

그러므로 서양의학에는 없고 사주 의학에만 있는 기본 원리에 대해서 설명하겠다. 서양의학과 사주의학의 가장 큰 차이는 무엇일까?

② 서양의학과 동양의학(사주학)의 차이

세상의 모든 일은 그림 (a)처럼 天地人으로 이루어진다. 천지인에서 서양의학과 동양의학(사주학)의 차이를 생각해 보자.

천지인 삼태극의 활용

(a) 근본 원리   (b) 사주학   (c) 인체

天地人 삼태극 (ⓐ)의 원리는 사주학에서는 천간-지지-土가 되고, 우리 몸에서는 마음〔心〕-정신〔氣〕-몸〔身〕의 삼태극(ⓒ)으로 변한다. 이 중에서 삼태극(ⓒ)에 대해서 알아보자.

① 마음→기운→물질(心氣神)의 관계

자동차를 운전해야 할 '마음'이 생기면 시동을 걸어서 '기운〔힘〕'을 발생한 다음, 이 기운〔힘〕이 '자동차'를 움직인다. 또 컴퓨터로 일을 할 '마음'이 생기면 '전기'를 통하게 한 다음, '컴퓨터'로 일을 한다. 회사를 경영하고 싶은 '마음'이 생기면 '돈'을 출자하여 '회사'를 움직인다.

이와 같은 예에서 알 수 있듯이 모든 일들을 시작하려면 먼저 '눈에 보이지 않는 마음'에서 시작하여 '기운〔氣, 에너지〕'을 움직여야 한다. 이 기운의 힘으로 눈에 보이는 '물질〔일〕'이 생성된다〔움직인다〕. 다시 말하면 모든 일들은 心→氣→身(神)의 순서로 일을 한다. 이 순서 중에서 氣〔힘, 에너지〕를 생략하고 心〔마음〕이 직접 일〔身〕을 하는 일은 없으며, 마음 없이 기〔힘, 에너지〕도 직접 일을 하지 않는다.

우리 몸에서도 이와 똑같은 일이 일어난다. 즉, 마음이 기운〔힘, 에너지〕을 움직여 피〔血〕를 움직이기 때문에 각 장부가 활동한다. 사람이 살고 있는 것이다. 이런 일련의 현상을 〈心→氣→身(神)의 법칙〉이라고 한다. 心→氣→身(神) 법칙은 몸에서만 일어나는 현상이 아니고 이 세상의 모든 일을 할 때 항상 일어나는 근본적인 법칙이다.

이 세상의 모든 일은 앞에 설명한 그림의 천지인 사상으로 일어나지만 그림처럼 꼭 1/3씩 나누어서 일을 하는 것은 아니다. 일〔사람〕의 종류에 따라 천지인의 비율이 변할 수도 있다. 어떤 일은 마음[心]을 위주로 일을 하기도 하고, 또 어떤 일은 기[氣]를 중심으로 일을 하기도 한다. 또 어떤 일은 눈에 보이는 물질[身]을 주로 다루기도 한다. 이처럼 천지인의 비율은 변한다.

② 서양의학→한의학→전통의학의 관계

서양의학은 눈에 보이는 '물질[身, 피, 장부]'을 중심으로 하고, 사주의학[한의학]은 눈에 보이지 않는 '기[기운, 에너지]'를 위주로 진단하고 치료하는 학문이다. 우리나라도 전통의학이 있으며, 마음을 통하여 병을 치료하는 '마음의 의학'이다.

서양의학은 물질인 〈몸(신체)〉을 중심으로 하고, 한의학은 〈기(氣)〉를 중심으로 하며, 전통의학에서는 〈마음〉을 중심으로 치료하는 의학이다. 삼태극 (C)처럼 天−地−人이 모여서 '하나'이듯이 서양의학−한의학−전통의학도 '하나'이다. 그러므로 서로 연결되어서 한 몸처럼 움직여야 한다. 사람들의 몸은 마음과 기운과 신체가 하나이기 때문이다.

그러나 현재 우리나라 대부분의 사람들은 이 세 종류의 의학이 서로 아무 관계가 없는 별개의 의학이라고 생각한다. 뿐만 아니라 지금까지 서양식 사고 방식과 문화 속에서 살아왔기 때문에 서양의학만이 의학인 것으로 생각하고 있다.

정말 그런 것일까?

한의학과 전통의학의 기초 원리에 대해서 살펴보자.

③ 동양의학(사주의학)의 특징

앞에서도 설명했듯이 동양의학[사주의학]에서는 눈에 보이지 않는 〈기(氣,에너지)〉 중심으로 몸을 치료한다. 이런 사실은 지금까지 서양의 교육만 받고 살아왔던 사람들에게는 상상도 해보지 못했던 새로운 세계이다. 즉, 세상에는 눈에 보이는 물질만 존재한다고 생각하고 있었는데, 눈에 보이지 않고 형체도 없는 것도 존재한다는 것이다. 뿐만 아니라 이처럼 무형의 것[氣,에너지]도 몸을 치료할 수 있다. 이렇게 말하면 사람들은 동양의학에서는 물질[몸]을 무시하고 기(氣)로만 병을 고치려 한다고 오해할 수도 있다. 천지인 삼태극에서 설명했듯이 사람의 몸은 마음-기[정신]-몸이 함께 어울려서 움직이므로 마음-기[정신]-몸을 함께 치료해야 한다는 것이다. 현대 사람들에게는 이러한 점이 이해되지 않는다.

먼저 기(氣)의 작용에 대해 좀 더 자세히 설명해 보자.

① 기(氣)란 무엇인가?

보이지는 않지만 확실히 존재하는 것을 동양에서는 옛날부터 氣[기운]라고 부르며, 서양에는 이와 비슷한 말로 '에너지'가 사용되고 있다. 사람 눈에는 물질과 에너지는 전혀 다른 것으로 보인다. 그러나 '물질과 氣[에너지]가 같다'는 사실은 서구식 교육을 받은 사람들에게도 잘 이해되지 않는 말이다. 그러나 서양에서는 물질과 에너지가 같다는 사실을 아인슈타인이란 천재가 에너지 방정식[$E=mc^2$]으로 증명하였다. 그럼에도 불구하고 지금까지 대부분의 사람들은 좀처럼 이해되지 않는 부분이다.

아직도 우리들은 물질만이 믿을 수 있고 과학적으로 신뢰할 수 있는 유일한 것이라고 믿고 있다. 또 에너지가 세상에 존재한다고 하면 긍정하지만, 에너지와 기(氣)가 같은 내용의 다른 말이라고 하면 고개를 갸우뚱하면서 쉽게 믿으려 하지 않는다. 머리 속 깊숙이 기(氣)는 유령과 같은 것이라고 생각하며 미신이라고 생각하기 때문이다. 한의학에서 침이나 뜸으로 병이 고쳐지는 현상을 보고도 기(氣)가 병을 고친다는 것은 믿으려 하지 않는다.

지금 우리들은 옛날에는 상상도 하지 못했던 일들을 경험하고 있다. 핸드폰이나 TV, 네비게이션 등의 물건들은 벌써 지나간 얘기이고, 자율주행이니 로봇트, 사물 자동화 등 낯설은 단어들이 현실로 나타나고 있다. 바둑에서도 인공 지능으로 움직이는 '알파고'와의 시합은 이미 지난 이야기이고, 지금은 알파고가 바둑 세계의 큰 스승으로 대접받으면서 바둑계를 지배하며 가르치고 있다.

이 모든 것들은 '전자'라고 하는 〈물질도 아니고 물질이 아닌 것도 아닌 것〉의 요술이다. 전자는 눈에 보이지도 않고 만질 수도 없는 유령같은 氣이지만 확실히 존재한다. 지금은 도깨비 같은 氣〔전자〕가 세상을 지배하는 세상이다.

앞으로 氣〔전자〕가 펼치는 미지의 세계를 알 수도 없고, 만화 같은 세계가 현실이 되고 있을 것이라고 생각할 뿐이다. 현재 세계에서 돈 잘 버는 부자들은 물질〔공산품〕을 팔아서 부자가 되는 것이 아니라 전자라는 요술 방망이를 잘 휘두르는 사람들이다. 확실히 전자라는 氣가 세상을 지배하고 있다.

옛날에는 없던 전자가 지금 갑자기 나타나서 세상을 휘젓는 것은 아니다. 전자라고 하는 것은 동양에서는 옛날부터 기(氣)라고 불리지만, 이런 氣의 개념은 불교에서는 〈공(空)〉, 동양에서는 〈허(虛)〉 등으로 불리고 있었다. 우리나라에서도 이미 7천 년 전부터 〈훈〉이라는 말로 사용되고 있었다. 이런 개념이 일상생활 뿐만 아니라 건강을 다루는 의학 분야에서도 큰 활약을 하고 있었다.

지금부터 기(氣)가 주축이 되어서 모든 병이나 건강을 지배한다고 해도 조금도 이상한 일이 아니다. 기(氣)의 작용을 설명하지 않고는 〈사주의학(한의학)〉에서 말하는 건강과 질병에 대해서 도저히 알 수 없기 때문이다.

② 물질의 세계에서 氣의 세계로 중심이 바뀌고 있다

지금까지 서양식 사고 방식으로 동양의 세계를 이해하려고 했으므로 동양의 세계가 조금도 이해되지 않았던 것이다. 서양과 동양 사회의 가장 큰 차이는 서양 사람들은 이 세상에는 '눈에 보이고 만질 수 있는 물질'만 존재한다고 생각하지만, 동양 사람들에게는 '눈에 보이지 않는 공기와 같은 氣[에너지, 기운]의 세계'도 존재한다고 생각한다. 다시 말하면 서양 사람들에게는 물질만이 대단히 중요하다고 생각하지만, 동양 사람들에게는 氣로 모든 것을 설명하려고 하므로 서로 이해될 수가 없었다.

그러므로 동양의 세계관으로 세상을 볼 줄 알아야 동양의 세계가 보이기 시작한다. 氣의 세계를 모르면 동양의 모든 세계를 알 수 없다. 그러므로 기(氣)의 세계에 대해서 먼저 알아보자. 모든 기(氣)의 세계가 아니라 범위를 줄여서 〈사주의학〉과 한의학의 세계에 대해서 요점만 정리하여 알아보자.

③ 이 세상은 기(氣)의 세계이다

대부분의 사람들은 피부를 경계로 나와 남〔외부〕을 구별한다. 나는 숨을 쉬고 음식물을 섭취하고 배설하는 일을 할 때만 외부와 연결되어 있고, 그 외에는 확실하게 나와 남으로 분리되어 있다고 생각한다. 다시 말하면 눈에 보이는 내 몸이 바로 '나'이고 내 몸 밖은 '내'가 아니라고 생각하며 살고 있다. 사람과 사람뿐만 아니라 사람과 자연을 분리해서 따로따로 생각하면서 살고 있다.

그러나 사주학에서는 나와 내 주위는 공기로 가득 채워져 있는 것처럼 나와 내 주위는 氣로 채워져 있다. 다시 말하면 물질은 氣〔에너지〕가 뭉치고 굳어져서 된 것이므로 氣〔천간〕와 물질〔지지〕은 원래 하나이다. 예를 들면 물은 증발해서 수증기가 되어 날아간다. 물과 수증기는 원래 하나이지만 모양만 다를 뿐이다.

이와 같이 나를 둘러싸고 있는 산이나 강, 나무 등과 같은 물질들의 원료는 모두 기〔氣, 에너지〕이다. 이런 물질과 물질 주위에 있는 氣〔공기〕를 합해서 〈자연환경〉이라고 한다. 사람들은 자연환경과 끊임없이 호흡하고 있으며 직접·간접으로 긴밀하게 연결되어 있다. 그러므로 나도 〈자연환경〉과 하나이다.

자연환경에서 오는 기운을 동양의 세계에서는 하늘과 땅 사이에 있는 기운이라는 의미로 〈천지기운(天地氣運)〉이라고 한다. 사람은 주위의 〈자연환경(천지기운)〉과 하나로 연결되어 있으므로 〈천지기운(자연환경)〉의 영향을 계속 받으면서 살고 있다. 나와 천지기운이 따로따로 존재하는 것이 아니라 하나로 연결되어 있다. 즉, 내가 천지기운이고 천지기운이 나이다. 이 말은 간단하지만, 동양의 세계에서는 매우 중요한 사실이므로 반드시 이해하고 있어야 한다.

예를 들어 보자. 사람은 밤에 어두워지면 잠을 자야 하고, 아침에 밝아지면 일어나서 일을 해야 한다. 맑은 공기와 따뜻한 햇볕도 그리워진다. 여름에 더우면 내 몸이 뜨거워져서 식혀야 하고 겨울에 추워지면 따뜻하게 덥혀주어야 한다. 이처럼 사람에게는 〈주위 환경(천지기운)〉의 영향이 매우 크다. 마치 물고기가 물속에서 살듯이 기(氣)라고 하는 〈자연환경(천지기운)〉 속에서 살고 있다.

그러나 사람들은 이런 사실들을 잘 알면서도 사람과 〈천지기운〉이 하나라는 사실을 절실하게 느끼고 있지 않고, 나와 〈주위 환경(천지기운)〉은 별개라고 생각한다. 아무것도 아닌 것 같은 이런 현상이 당연하게 생각되지만, 사주의 세계에서 자연환경은 사람의 운명과 건강〔질병〕에 큰 작용을 한다.

다음 그림은 겨울의 성탄절에 길거리에서 많이 볼 수 있는 눈사람 모형이다. 이 눈사람의 표면은 구멍이 숭숭 뚫어져 있는 얇은 망사 같은 천으로 둘러싸여 있었다. 바람이 불면 바람이 표면에 있는 구멍들을 통해서 들락날락하고, 비가 오면 빗물이 눈사람 속으로 들어가고, 햇빛이 나면 이 눈사람도 밝아진다.

눈사람 모형과 〈주위 환경〉과는 망사 같은 천으로 구별될 뿐 실제는 서로 연결되어 하나가 되어 있다. 사람들도 이 눈사람 모형처럼 〈주위 환경(천지기운)〉과 긴밀하게 소통하면서 하나처럼 연결되어 있다.

내 몸은 눈사람 같다

이처럼 〈천지기운〉이 사람들의 일상생활에서 일어나는 모든 일에 깊게 관련되어 있다. 〈천지기운〉이 하는 몇 가지 작용을 생각해 보자.

4 각 장부는 천지기운이 움직인다

동양철학〔사주학〕을 공부하다 보면 깜짝 놀랄 일들이 많다. 도저히 믿겨지지 않는 일들이 존재하고 있다는 사실이다. 우리 몸 속에 있는 각 장부들이 〈천지기운〉과 연결되어 있다는 것도 그중에 하나이다.

우리 몸의 장부들은 〈천지기운〉의 영향을 크게 받고 있다. 일년 중에 봄은 기운이 막 솟아나는 때이므로 木의 기운이라고 한다. 우리 몸에서도 木의 기운이 활발하게 작용하는 장부, 즉 간〔쓸개〕이 있다. 간과 쓸개는 봄〔木〕처럼 에너지〔氣〕가 솟아나서 다른 장부로 활발하게 퍼진다.

오후와 가을[金]에는 기운이 수그러들면서 수렴하기 때문에 간과 쓸개[木]의 작용도 약해진다. 대신에 수렴하는 기운이 강해지므로 金에 해당하는 장부인 폐[대장]가 왕성해진다. 여름과 낮[火]에는 심장[소장, 火]이 활발하게 작용하고, 밤과 겨울[水]에는 콩팥[방광, 水]이 주인이다.

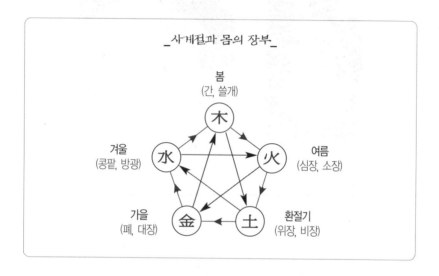

사계절과 몸의 장부

봄
(간, 쓸개)
木

겨울
(콩팥, 방광)
水

여름
(심장, 소장)
火

가을
(폐, 대장)
金

환절기
(위장, 비장)
土

우리 몸 속의 각 장부도 4계절[5계절]과 같은 작용을 한다. 이런 현상들은 지구가 공전하면서 생기는 것으로 내 장기들도 태양의 움직임과 관계가 깊다.

우리 몸은 4계절에 맞추어 움직이고 있다. 여름에는 덥다고 땀을 흘리기도 하고 겨울에는 춥다고 몸을 움츠린다. 이런 일들은 각 계절마다 각기 다른 기운이 우리 몸 속으로 들어왔다는 사실을 알 수 있다. 그러므로 계절은 몸 속의 각 장부들 활발하고 강하게 작용하기도 하고 약하게 하기도 한다. 다시 말하면 여름에는 다른 장기보다 심장이 활발하게 움직이고 겨울에는 콩팥이 활발하게 움직인다. 그래서 사람들 중에는 계절에 따라 컨디션이 나빠지거나 아픈 사람들도 있을 뿐만 아니라 병이 생기기도 하고 저절로 낫기도 한다.

이와 같이 주위 환경과 우리 몸은 긴밀하게 연결되어 영향을 받고 있다. 481쪽 그림과 482쪽 표에서 보여주듯이 천지자연과 내 몸의 각 장부들은 같은 원리로 생겼으므로 천지자연과 내 몸이 움직이는 원리는 모두 같다. 그러므로 천지자연을 대우주(大宇宙), 우리 몸을 소우주(小宇宙)라고 부른다. 우리 몸(소우주)의 어느 장부의 기운이 부족하여 망가지면 천지자연(대우주)에서 필요한 기운을 보충하여 치료하면 된다.

다시 말하면 나에게 꼭 필요한 〈천지기운〉이 내 몸 속으로 들어오면 건강과 운명이 좋아지지만, 필요하지 않은 〈천지기운〉이 들어오면 병이 생긴다. 이처럼 〈천지기운〉과 몸은 하나이다.

이렇게 중요한 천지기운이 내 몸 속으로 어떻게 들어오나?

우리 몸의 각 장부를 천지기운이 움직이고 있다는 사실이 믿겨지지 않지만 사실이다. 우리들은 지금까지 심장이나 폐 같은 각 장부들은 자율신경(스스로 움직이는 신경)에 의해서 움직인다고 배웠다. 심장은 1분에 평균 75회 뛰고 폐는 1분에 18번 숨을 쉰다. 그 외의 다른 장부들도 자율신경에 의해서 움직인다고 배웠다. 무엇이 자율신경을 움직이는지는 가르쳐주지 않고 각 장부는 무조건 자율신경이 움직여서 스스로 작용한다고 배웠다.

동양의 세계에서는 무엇이 자율신경을 움직이는지 소상하게 설명하고 있다. 현대인들에게는 이 사실이 쉽게 이해되지 않으므로 좀 더 자세히 설명하겠다.

5 천지기운이 경혈을 통하여 몸 속으로 들어온다

천지기운[공기]은 호흡할 때 또는 피부 호흡할 때 몸 속으로 들어온다고 배웠지만 한의학[사주의학]에서 말하는 방법과는 조금 다르다. 천지기운이 사람 몸 속으로 들어와서 움직이는 현상은 매우 이상하고 흥미롭다. 대부분 사람들에게는 처음 듣는 말이므로 쉽게 이해되지 않겠지만, 한의학에서는 널리 알려진 내용이다.

〈천지기운〉이 몸 속으로 들어오는 과정은 매우 까다롭다. 천지기운은 호흡하는 것처럼 항상 자유롭게 몸 속으로 들어올 수 있는 것은 아니다. 몸의 피부에 365개의 〈경혈(經穴)〉이라는 문(門)이 있어서 이 문(門)을 통하여 천지기운이 들어온다. 그런데 이 문(門)을 통과하기가 쉽지 않다.

6 모든 일은 '마음'이 결정한다

천지기운이 몸 속으로 들어오는 일은 〈마음〉이 결정한다. 다시 말하면 사람의 몸 피부에 있는 365개의 경혈을 통해서 천지기운이 들어오는데, 아무 기운이나 다 들어오는 것이 아니라 선별해서 들어온다. 선별하는 작업은 〈마음〉이 결정한다.

즉, 사랑·관대·포용 등의 '긍정적인 마음'이 생기면 경혈의 문이 열려서 천지기운이 몸 속으로 들어온다. 그러나 불안·초조·미움·격정·지나친 욕심 등의 '부정적인 마음'이 생기면 경혈의 문이 닫혀서 천지기운이 잘 들어올 수 없다.

이처럼 천지기운의 출입은 〈마음〉 먹기에 달려 있다. 천지기운이 몸 속에 들어와서 모든 장기들을 원활하게 움직이도록 하면 건강하고 일도 잘 된다. 그러나 천지기운이 들어오지 못하면 '氣가 막혀서' 건강도 좋지 못하고 되는 일도 없다.

그러므로 천지기운이 내 몸 속으로 충분히 들어와서 내 몸의 모든 것을 순조롭게 움직이도록 해야 한다. 항상 사랑·관대·포용하는 '긍정적인 마음'이 있어야 경혈의 문이 열려서 천지기운이 들어올 수 있다. '부정적인 마음'은 불안하고 초조하다. 미움·욕심과 같은 마음을 가지고 있으면 천지기운이 우리 몸 속으로 잘 들어올 수 없다. 그러므로 건강하려면 올바른 마음을 갖도록 항상 수양해야 한다.

7 삼초(三焦)가 재분배한다

우리 몸 속으로 들어온 천지기운은 몸 속으로 들어와서 아무렇게나 마구 돌아다니지 않고 삼초(三焦)라고 하는 곳에서 재분배한다. 즉, 삼초는 상초·중초·하초로 나뉘어서 상초는 심장 위, 중초는 위장 속, 하초는 방광 위에 있어서 각 음식의 소화·흡수·배설을 맡는다.

삼초는 실제로 존재하지는 않지만 작용하는 기능은 잘 알고 있다고 한다. 삼초는 한의학에서 사용하는 중요 장부 중의 하나이며, 천지기운을 매개로 하여 마음과 몸을 이어 주는 가교(架橋) 역할을 한다. 즉, 삼초에 의해서 재분배된 천지기운은 일정한 길을 따라 이동한다. 천지기운이 이동 하는 길을 경맥(經脈)이라고 하며, 우리 몸에는 12개의 주요 경맥이 있다. 마치 고속도로〔경맥〕가 전국을 연결한 것처럼 경맥도 온 몸을 하나로 연결한다.

이 고속도로에 주요 도시들이 연결되어 있듯이 경맥에 주요 장부들이 연결되어 있다. 그러므로 경맥을 통하여 들어오는 천지기운이 각 장부들과 공명, 공진하면서 심장을 뛰게 하고 숨을 쉬는 등 주요 장부들을 움직인다. 다시 말하면 우리 몸의 주요 장부는 자율신경이라고 부르는 천지기운에 의해서 움직인다.

천지기운이 12개의 경락으로 흐르므로 자율신경이 정상적으로 움직이게 된다. 자율신경(自律神經)이란 우주 만물이 스스로 지켜야 할 자연의 질서이며, 신경(神經)이라는 단어도 신(神)이 다니는 길〔도로, 經〕이라는 뜻이다. 그러므로 자율신경이란 신(神)이 이 길〔도로〕로 다니면서 우주 만물의 질서에 맞추어 각 장부를 움직이도록 한다는 의미이다.

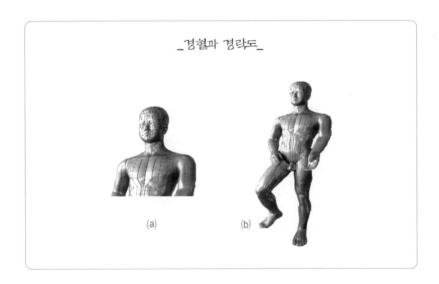

경혈과 경락도

(a)　　　(b)

다시 말하면 마음에 의해 경혈이 열리면 神이 우리 몸 속으로 들어오셔서 오장 육부의 장기들이 자연 법칙에 따라 움직이도록 한다. 그러므로 우리 몸은 우주와 같은 원리로 움직이므로 우리 몸을 〈소우주〉라고 부른다.

8 기(氣)가 피를 움직인다

피와 氣는 서로 아무 관계도 없이 따로따로 도는 것이 아니라 깊은 관계가 있다. 여기서 피〔血〕라고 하는 것은 단순히 피〔血〕만 말하는 것이 아니라 우리 몸 속에 있는 모든 액체를 말한다.

자동차에서도 각 부품이 스스로 작동하여 자동차가 움직이는 것으로 생각되지만 각 부품을 움직이는 것은 에너지이다. 엔진에서 발생한 에너지〔氣〕가 각 부품들을 움직여서 자동차가 굴러가는 것이다. 각 부품들이 움직인다는 것은 에너지가 활동하고 있다는 증거이다. 에너지가 없어지면 부품들은 움직이지 않고 멈춰버린다. 각 부속품이 움직인다는 것은 에너지가 활동하고 있다는 말이다. 이처럼 피가 움직인다는 것은 氣〔에너지, 기운〕가 움직이고 있는 것이다.

이처럼 氣〔에너지〕가 피〔血, 물질〕를 움직인다. 온 몸을 돌고 있는 피는 스스로 도는 것이 아니라 심장에서 발생한 氣〔에너지, 기운〕가 피를 돌게 하는 것이다. 피가 돌면 장부〔물질〕들이 작용을 한다.

이런 일련의 현상을 〈心→氣→身(神)의 법칙〉 또는 〈心→氣→血→精〉의 법칙이라고 한다.

④ 사주의학의 세계

① 각 장부는 사계절의 원리에 따라 움직인다

사람들의 각 장부는 천지기운이 움직이고 있다고 배웠다. 천지기운은 봄-여름-가을-겨울의 사계절에 따라 변한다. 봄-여름-가을-겨울의 천지기운이 사람의 몸 속으로 들어와서 ⟨心→氣→身(神)의 법칙⟩ 대로 작용하여 다음의 표와 같은 각 장부가 생겼다. 그 결과 각 장부는 표처럼 4계절과 같은 작용을 한다.

오행과 인체의 장부

오행	마음(心)	기운(氣, 에너지)	나타나는 현상(身)	
			식물의 경우	장부
木 (봄)	사랑(仁)	에너지(피)가 퍼지기시작한다	싹이 나서 자란다	간장
火 (여름)	禮(질서)	에너지(피)가 사방으로 퍼져서 질서정연하게 일을 한다	잎이 무성하고 꽃이 핀다	심장
土 (장하)	信(조절)	조정작용을 한다	꽃이 수정작용을 하면서 열매가 생긴다	비장
金 (가을)	義	에너지를 수렴한다	열매가 영글어 간다	폐장
水 (겨울)	智	에너지를 딱딱하게 압축한다	씨앗이 된다	신장

다시 말하면 사계절과 각 장부는 같은 원리에 의해 생겼으므로 각 장부는 천지기운과 같은 성질(마음)을 가지고 있다.

봄(木)… 일을 하려는 마음, 즉, 일을 사랑하는 마음이 생기면 일을 하려고 기운[에너지]이 퍼지기 시작한다. 다음 단계는 기운이 눈에 보이는 물질로 변해서 나타난다. 즉, 식물의 경우를 비유하여 설명하면 싹이 나서 자라는 현상이다. 우리 몸에서는 간장[쓸개]이 이런 작용을 한다.

여름(火)… 에너지가 왕성하므로 사방으로 무질서하게 막 퍼져 나가려고 한다. 이렇게 되면 서로 엉키고 부딪쳐서 질서 정연한 신체를 만들 수 없게 된다. 그러므로 질서[예의]를 지키려는 마음이 있어야 한다. 그래야 일정한 법칙에 따라 에너지가 왕성하게 퍼져 나가서 각 장부가 질서 있고 규칙적으로 작용한다. 우리 몸에서는 심장과 소장이 이런 일을 한다.

장하(土)… 지금까지는 에너지가 퍼지려고만 하는 기운[陽]이 작용하였다. 이 기운을 수렴[陰]해야 순환운동을 할 수 있다. 양과 음의 두 기운이 원만하게 조정하여 전체의 기운이 순환 운동하도록 해야 한다. 다시 말하면 봄-여름에서 퍼져 나가려고 하는 기운이 가을-겨울로 수렴하기 위해서는 중간에서 두 기운을 조절하는 기운이 필요하다. 이런 기운은 말복에서 가을로 넘어갈 때 형성된다.
이런 일을 할 때 가장 필요한 마음이 믿음[信]이다. 다시 말하면 두 기운을 가운데서 조정하려면 두 기운의 신용을 얻어야 한다. 이렇게 해야 두 기운이 믿고 맡길 수 있어서 공평하게 조절할 수 있기 때문이다. 이런 작용은 몸에서 위장과 비장이 한다.

가을(金)… 서늘한〔슬픈〕 마음이 있어야 기운이 수렴된다. 아무 기운이나 다 수렴하여 모으는 것이 아니라 앞으로 보전할 가치가 있는 기운은 수렴하고 보전할 가치가 없는 기운은 버려야 한다. 이런 일을 하려면 정의를 기준으로 알곡과 쭉정이를 골라서 쭉정이는 과감하게 버려야 한다. 모든 일은 올바른〔義〕 마음으로 하여야 한다. 폐와 대장에서 이런 일을 한다.

겨울(水)… 기운이 압축되어 영글려면 마음이 깜짝 놀라거나 공포감에 억눌려야 한다. '놀라서 간이 콩알만 해졌다.'는 말이 있는 것처럼 놀라서 신장이 콩알만큼 쪼그라들었다는 의미이다. 즉, 압축해야 한다. 이처럼 겨울은 가을에 수축하여 만든 열매를 더욱 압축하여 씨앗으로 만들어야 한다. 또 겨울에 이 씨앗을 더 강하게 응축하여 봄에 싹이 나오게 된다.

지금까지 봄-여름-가을을 지나면서 경험하고 배운 것들을 농축하고 압축하여 씨앗을 만들어야 한다. 지혜와 정보〔DNA〕가 많이 저장되어 있는 단단한 씨앗이 형성되며, 이런 씨앗이 되어야 봄이 되면 싹이 터서 새로운 삶을 시작한다.

싹이 트려면 씨앗을 압축해야 하며 압축하려면 깜짝 놀랄 때처럼 신장의 크기가 쪼그라들어서 작아져야 한다. 아기를 출산할 때도 자궁을 압축해야 아기가 태어날 수 있는 것과 마찬가지이다. 이처럼 새로운 것이 탄생하기 위해서는 진통이 필요하다. 신장과 방광이 이런 일을 한다.

이와 같이 지구에 사〔오〕계절이 생기듯이 우리 몸에도 오행의 장부가 생겨서 마음〔心〕→氣→身〔장부〕의 작용을 하며 살게 된다. 다시 말하면 천지기운이 사계절에 따라 각 장부를 만들었으므로 각 장부〔오장육부〕는 천지기운과 같은 마음〔감정〕을 가지고 있다는 점이다.

그러므로 오장육부는 스스로 움직이는 것이 아니라 사계절의 천지기운이 움직인다. 사람들이 자기 마음대로 할 수 있는 일은 팔과 다리를 움직이는 일밖에 없다. 우리 몸은 사계절에 매우 민감하게 반응하므로 병이 생기거나 치유되는 일도 사계절〔오행〕과 관계가 깊다.

2 각 장부들은 모두 마음을 가지고 있다

장부들도 마음〔감정〕을 가지고 있으므로 사람들의 성격은 장부의 강약에 따라 정해진다. 509쪽의 표에 각 장부들이 정상적으로 작용할 때와 비정상적〔병약한 상태〕으로 작용할 때의 마음을 나타내었다.

현대인들은 각각의 장부는 자율신경에 의해서 주어진 일을 할 뿐 각 장부들이 각각의 마음을 가지고 일을 한다는 점은 이해할 수 없을 것이다. 그러나 옛날부터 걱정스러운 일이 생기거나 화가 나면 '속이 상한다'는 말이 있다. 위나 장의 벽이 허물어진다는 말이다. 또 대담한 일을 하면 '간이 큰 놈이다'라고 하는 등 장부와 마음〔감정〕의 관계를 설명한 말들이 많다. 이처럼 각 장부가 마음〔감정〕을 가지고 있다는 말이다.

다시 말하면 사람들이 기뻐하고 슬퍼하며 사랑하고 놀라는 것 같은 감정은 머리에서 나오는 것이 아니라 각 장부에서 나온다는 것이다. 각 장부가 마음〔감정〕을 가지고 있기 때문에 이 마음〔감정〕이 움직여서 각 장부가 일을 하는 것이다.

한마디로 정리하면, 우리 몸은 천지기운에 의해서 움직이며, 천지기운은 천지의 마음에 의해서 움직인다. 이 내용도 현대인들에게는 이해되지 않는 부분이다.

⑤ 병이 생기는 원인

사주를 보면 각 장부의 상태를 알 수 있으므로 강한 장부와 약한 장부를 쉽게 찾을 수 있다. 강한 장부와 약한 장부가 운(運)에서 더욱 강해지거나 약해질 때 병이 생길 가능성이 많아진다.

이처럼 사주를 보면 병이 생기기 쉬운 장부를 미리 알 수 있으므로 병을 예방할 수 있다. 뿐만 아니라 병이 생기기 쉬운 시기와 원인도 알 수 있으므로 치료도 할 수 있다. 서양의학이나 한의학에서는 도저히 상상도 할 수 없는 일이다.

병이 생기는 과정과 원인을 생각해 보자.

① 사람마다 체질이 다르다

사람들은 태어날 때부터 계절의 영향을 심하게 받는다. 예를 들면 봄에 태어난 사람은 502쪽의 표처럼 봄의 특징을 크게 받게 된다. 봄에는 에너지가 퍼지기 시작하므로 간에서 이런 일을 한다. 즉, 여러 장부들 중 간에서 에너지〔피〕를 온 몸에 공급하는 일을 한다.

서양의학에서는 사람들의 간〔쓸개〕의 크기는 엇비슷하므로 모든 사람들의 간의 작용은 엇비슷하다고 한다. 간뿐만 아니라 모든 장부들도 마찬가지이다. 현재 우리나라 사람들도 대부분 그렇게 생각하고 있다. 그러나 사주의학에서는 봄에 태어난 사람은 다른 장부보다 유독 간〔쓸개〕의 '기능'이 활발하게 작용한다고 생각한다. 이 현상은 사주학에서 매우 중요한 개념이지만 서양의학에서는 없다. 그러므로 자세히 설명할 필요가 있다.

이런 현상이 어떻게 일어날 수 있는가? 간〔木〕이 활발하고 강하게 작용하려면 水에서 에너지가 강하게 들어와야 한다〔생조, 水生木〕. 이 에너지가 간에서 왕성하게 작용한다. 간이 왕성하게 활동할 수 있도록 다른 장부들도 도와주어야 한다. 어떻게 도와주는지 알아보자.

火(심장)의 장부는 약하게 설기하여야 한다〔木生火〕. 火〔심장〕가 강하게 작용하면 木〔간〕의 에너지가 감소하여 木〔간〕의 힘이 약해지기 때문이다.

土(위장)는 火〔심장〕와 같이 약한 상태로 있어야 한다〔木剋土〕. 土가 활발해지면 木〔간〕이 위〔木〕들을 억누르느라고〔木剋土〕 힘이 소비되기 때문이다.

金(폐)도 간을 억누르지〔金剋木〕 말아야 한다. 金〔폐〕이 木〔간〕을 심하게 억제〔剋〕하면 간이 왕성하게 작용할 수 없기 때문이다. 그러므로 봄에는 폐〔金〕의 힘이 매우 약해진다.

木〔간〕이 봄에 왕성하게 활동하려면 이처럼 다른 장부들도 합심해서 동시에 木〔간〕을 도와주어야 한다. 이런 상태가 되었을 때 비로소 봄에 간〔木〕이 다른 장부보다 강하고 활발하게 활동할 수 있다.

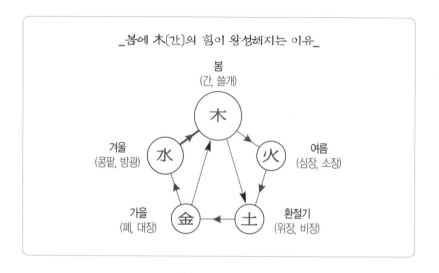

지금까지 설명한 것처럼 사람들〔일간〕은 태어날 때부터 각 장부의 기능이 다르게 태어나므로 사람의 성격과 모습이 모두 다르다. 이런 현상을 사람의 〈체질〉이라고 한다. 사람들〔일간〕은 봄−여름−가을−겨울의 4계절 중 어느 한 계절에 태어나므로 〈체질〉이 다를 수밖에 없다. 다시 말해 사람들의 각 장부는 크기는 비슷해도 실제로 활동하고 있는 '기능'은 차이가 심하다. 즉, 사람마다 〈체질〉이 모두 다르다.

일상생활이나 병을 치료할 때 사람마다 체질을 고려해야 효율적으로 살 수 있다. 이처럼 모든 사람들에게 체질이 다름에도 불구하고 똑같다고 생각하는 것은 잘못이다. 그러므로 체질을 고려하지 않고 생활하거나 치료하는 것은 정말로 어리석은 일이라고 생각된다.

봄에 간〔木〕이 왕성해지는 이유는 다른 장부도 똑같이 설명할 수 있으므로 생략한다. 이와 같은 현상은 12운성으로도 확인할 수 있다. 12운성표에서 왕성한 장부는 〈건록·제왕〉이고 가장 약하게 작용하는 장부는 〈절·태〉이다. 생조하는 오행은 〈장생+사+목욕+병〉으로 표기되어 있다.

다음 표에 12운성과 각 장부의 체질별 강약을 색으로 나타내었다. 그 외의 각 장부들의 상태도 알 수 있다. 일간이 壬水인 사람의 예를 들어보자. 이 사람은 겨울에 왕성하게 활동〔건록·제왕〕하고, 여름에는 기운이 없어서〔절·태〕 축 늘어진다. 이처럼 사주를 보고 일간만 알면 그 사람이 왕성하게 활동하는 계절을 알 수 있다. 모든 사람이 각 계절에 공평하게 일을 잘할 수 없고, 일이 잘 되는 계절이 있다. 확실한 것은 사주 전체를 보아야 한다.

계절	일간	木 甲	木 乙	火 丙	火 丁	土 戊	土 己	金 庚	金 辛	水 壬	水 癸
봄	寅	건록	제왕	장생	사	장생	사	절	태	병	목욕
봄	卯	제왕	건록	목욕	병	목욕	병	태	절	사	장생
봄	辰	쇠	관대	관대	쇠	관대	쇠	양	묘	묘	양
여름	巳	병	목욕	건록	제왕	건록	제왕	장생	사	절	태
여름	午	사	장생	제왕	건록	제왕	건록	목욕	병	태	절
여름	未	묘	양	쇠	관대	쇠	관대	관대	쇠	양	묘
가을	申	절	태	병	목욕	병	목욕	건록	제왕	장생	사
가을	酉	태	절	사	장생	사	장생	제왕	건록	목욕	병
가을	戌	양	묘	묘	양	묘	양	쇠	관대	관대	쇠
겨울	亥	장생	사	절	태	절	태	병	목욕	건록	제왕
겨울	子	목욕	병	태	절	태	절	사	장생	제왕	건록
겨울	丑	관대	쇠	양	묘	양	묘	묘	양	쇠	관대

◐ 일간의 각 장부의 상태를 12운성표에 표기하였다

2 각 장부는 계절의 영향을 강하게 받는다

12운성표에서 알 수 있듯이 사람들은 태어날 때부터 각 장부의 활동량[기능]이 다르게 태어났다. 즉, 〈체질〉이 모두 다르다.

각 계절에는 어떻게 될까? 계절에 따라 각 장부의 활동량 또한 다를 수밖에 없다. 봄에 태어난 사람들은 간의 활동량이 더욱 많고 폐의 활동량은 적다. 이런 사람들이 봄이 되어 세상의 기운이 팽창하기 시작하면 봄의 기운을 받아서 간이 맹렬하게 활동한다. 그리고 金의 기운은 더욱 더 수렴하려고 한다. 이처럼 봄 체질의 사람이 봄이 되면 간의 활동량은 매우 강해지고 폐의 활동량은 매우 적어진다.

이와 같은 현상은 다른 장부에서도 동일하게 일어난다. 그러므로 우리 몸의 모든 장부의 활동량은 모두 계절에 따라 다르게 된다.

지금까지의 내용을 간단히 정리해 보자.

사람들은 태어날 때부터 체질이 모두 다르게 태어난다.

또 각 계절에 따라 각 장부의 활동량도 수시로 변한다.

이처럼 장부는 사람들의 「체질」에 따라 또 「계절(밤과 낮)」에 따라 영향을 크게 받으면서 산다. 그러므로 사람마다 성격과 행동도 다르고 개성도 모두 다르다. 이렇게 사는 것이 효율적이고 정상적이다.

3 강한 장부와 약한 장부에 병이 생기는 이유

① 강한 장부

봄에 태어나서 선천적으로 木[간]의 기운이 강한 사람의 경우를 생각해 보자. 이런 사람에게 대운이나 세운에서 또 木의 기운이 강하게 들어오면 어떻게 될까? 간이 더욱 활발하게 작용하게 된다. 다시 말해 태어날 때부터 간의 크기는 엇비슷하므로 간이 무리하게 활동하게 된다. 계속 무리하게 활동하면 간에 스트레스가 누적되어 간이 피곤해지기 시작한다. 즉, 간에 생기는 스트레스가 오랫동안 쌓이기 때문에 문제가 생긴다. 이것이 병의 원인이다.

스트레스가 쌓이면 간이 점점 피곤해져서 정상적으로 활동할 수 없게 된다. 비정상적으로 계속 활동하면 간의 기능이 점점 더 감소해서 간이 약해진다. 이렇게 간이 약해지면 병원균을 방어하는 힘도 점점 없어져서 마침내 간에 병이 생기게 된다. 또 이런 현상이 계속되면 정상적인 세포들이 미쳐서 돌연변이가 생긴다. 돌연변이들이 점점 더 크게 성장하여 '암'이 된다고 한다.

이런 현상은 간 이외의 모든 장부에서도 동일하게 일어난다. 그래서 스트레스가 모든 병의 원인이라고 하는 것이다. 이런 이유 때문에 선천적으로 '강한 장부'에도 병이 생길 가능성이 많아진다.

② 약한 장부

태어날 때부터 약한 장부는 강한 장부가 심하게 억제[剋]하면 기능이 더욱 약해져서 병의 원인이 된다. 예를 들어보자.

가을[金]에 태어난 사람은 선천적으로 金이 강하고 木이 약하다. 이런 사람은 평소에도 강한 金이 약한 木[간, 쓸개]을 공격[金剋木]한다. 즉, 간[쓸개]이 약한 사람이다. 이런 사람이 가을이 되면 金의 힘이 더욱 강해진다. 즉, 운(運)에서 金의 운이 강하게 오면 金剋木으로 약한 木[간]을 더욱 더 강하게 공격한다. 또 약해진 木[간, 쓸개]을 충

(沖)으로 공격하면 木은 더 이상 버틸 힘이 없어져 병이 생길 가능성이 점점 더 많아진다. 이와 같은 이유로 약한 장부에 병이 생길 가능성이 많아진다.

지금까지 강한 장부와 약한 장부에 병이 생기는 과정을 설명하였다. 한마디로 〈비정상적인 상태〉가 계속되면 병이 생길 가능성은 점점 더 많아진다.

다음 표에는 정상적으로 살 때와 병약〔비정상〕해졌을 때의 각 장부의 마음 상태를 나타내었다. 예를 들면 木〔간장, 쓸개〕의 경우 정상적일 때는 인자하고 의욕이 왕성할 뿐만 아니라 행동력이 강하고 대담한 행동을 하면서 살게 된다.

그러나 병이 생길 정도로 약해지면 항상 피곤하고 자신감이 없고 의욕이 없게 된다. 또 木이 지나치게 강하면 화를 자주 내면서 욕도 하게 된다. 그리고 일을 빨리빨리 추진하려고 한다. 이런 현상들은 모두 木〔간장, 쓸개〕이 비정상적으로 작용할 때 일어난다. 평소와 다른 이상한 행동을 하면 성격이 변한 것뿐만 아니라 간〔쓸개〕이 약해지고 있고 있다는 증거이다. 이런 상태가 계속되면 병이 생길 가능성은 점점 더 많아진다.

火〔심장, 소장〕의 경우도 마찬가지이다. 평소에는 예의가 바르고 명랑하고 용감했던 사람이 어느 순간부터 버릇이 없어지고 성질이 급해지며 흥얼흥얼 콧노래를 부른다. 이런 경우 성격이 변한 것이 아니라 火〔심장, 소장〕에 병이 생겼다는 증거이다.

오행	건강한 마음(心)	병약한 경우
木 간장 ·쓸개	인자하고 의욕이 왕성하고 용감하다. 행동력이 강하고 담력이 세다. 항상 설계하고 새로운 것을 하려 한다.	항상 피곤하고 자신감이 없고 의욕이 없다. 화를 잘 내며 욕을 잘한다. 변화를 싫어한다.
火 심장 ·소장	열성이 강하고 화려하며 예의가 바르다. 신속하고 빠르며 용감하다. 평소에 명랑하고 잘 웃는다.	성질이 급해지고 마무리가 약하다. 불안하며 공격적이고 버릇이 없다. 너무 좋아서 노래를 흥얼거린다.
土 위장 ·췌장	생각이 바르고 신앙심이 강하다. 종합적으로 처리를 잘하고 신용이 좋다. 중심을 잘 잡고 포용력이 있다.	생각이 너무 많고 망상에 빠지기 쉽다. 게으르고 남을 의심하기를 잘한다. 신용이 없고 믿음도 약하다.
金 폐 ·대장	냉정하고 판단을 잘 내리고 의리를 중하게 생각한다. 과단성 있게 처리하며 신중하다. 예감이 발달하고 승부욕이 강하다.	슬픔을 잘 느끼고 비관하기를 잘한다. 결실이 분명하지 않고 흐지부지하기 쉽다. 변비가 심하거나 설사를 잘한다.
水 신장 ·방광	생각이 깊고 냉철하며 기억력이 뛰어나다. 지혜가 많고 관찰력과 끈기가 있다. 침착하고 지구력이 세다.	변화를 싫어하고 소극적이고 융통성이 부족하다. 공포를 잘 느끼고 반대를 잘한다. 안전하고 이익만 챙기려고 한다.
삼초	적응력이 뛰어나고 능수능란하다. 반응이 민감하고 순발력이 발달되어 있다. 전체적인 조화와 조절을 잘한다. 판단력이 뛰어나다.	불안하고 초조감을 잘 느끼고 우울하고 신경이 예민하다. 부끄러움이 많아지고 수줍어 하고 적응력이 떨어진다.

다른 경우도 마찬가지이다. 평소에 하던 행동이 아니라 유별나게 눈에 띄는 이상한 행동을 하면 성격이 변한 것이 아니라 그 장부가 스트레스가 심해져 피곤해지고 있다는 증거이다. 이런 상태가 오랜 시간 지속되면 병이 진행되고 있다는 것을 의심해야 한다.

⑥ 마음으로 병을 고친다

앞의 표에서 각 장부가 정상적일 때와 병들었을 때의 마음 상태를 설명하였다. 표를 반대로 이용하면 병이 생겼을 때 병을 고치거나 병약한 장부를 평소에 예방하는 방법으로 활용할 수도 있다.

간[쓸개]에 병이 생긴 사람을 고치려면 약해진 간의 마음을 강하게 해주면 된다. 예를 들면 화창한 봄 날씨를 생각하면서 밝고 환하게 새로운 것들을 구상하고 설계하는 일을 생각하면 좋아진다. 또 폐[대장]에 병이 생긴 사람은 의리를 중하게 여기고 정의를 위하여 과단성 있게 처신하면 병이 다소 치료되는 효과가 생긴다. 즉, 마음이 병을 고치는 것이다.

쉽지 않은 일이지만 병을 고친다는 굳은 마음으로 열심히 행하면 어느 정도 도움을 받을 수 있을 것이다. 물론 다른 약도 먹지 말고 치료도 하지 말라는 것은 아니다. 마음으로 모든 병이 다 치료되지는 않겠지만 많은 도움이 될 것이다.

⑦ 비정상적인 상생과 상극

선천적으로 각 장부의 상태는 사주를 보아야 알 수 있다. 특히 사주팔자의 강도를 숫자로 나타내어서 오행도를 작성하기만 하면 각 장부의 상태를 아는 것은 대단히 쉬운 일이다. 다른 의학에서 각 장부의 선천적인 기능이나 상태 등은 알 수가 없다. 오직 사주의학에서만 가능하므로 사주를 보고 병을 예방하거나 미리 치료할 수 있다. 이런 점들이 사주의학의 장점이다.

서양의학에서 첨단 장비를 사용해 각 장부의 상태를 알 수는 있지만, 눈에 보일 정도로 병이 많이 진행되었을 때의 상태를 알 뿐이다. 그러므로 치료 시기를 놓쳐서 병이 점점 더 악화되기 쉽다. 그러나 사주의학에서는 병이 생기기 이전의 상태, 즉 장부의 힘이 강하거나 약한 상태부터 알 수 있으므로 시기를 놓치는 일은 없다.

병은 주로 비정상적으로 작용하는 장부에서 생기기 쉽다. 그러므로 정상적인 경우와 비정상적인 경우를 비교해 보고, 비정상적인 경우를 사주학적으로 알아보자.

1 정상적인 생활

사주를 구성하고 있는 각 오행들의 힘이 거의 똑같은 사주의 경우는 드물고 대부분 각 오행들의 힘의 차이가 있는 사주들이다. 예를 들면 다음 그림처럼 힘이 강한 오행들과 약한 오행들이 모여서 하나의 사주를 구성하고 있다.

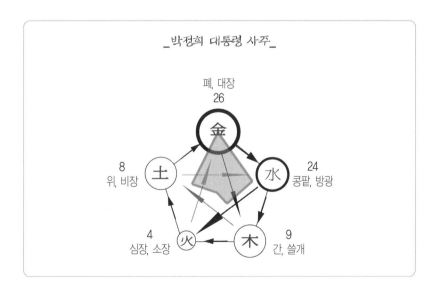

박정희 대통령 사주

폐, 대장
26
金

위, 비장
8
土

水
24
콩팥, 방광

심장, 소장
4
火

木
9
간, 쓸개

이처럼 우리의 몸도 작용이 다른 여러 장부들이 모여서 하나의 공동체를 이루고 있다. 즉, 자기의 체질대로 살고 있다. 이렇게 사는 것이 '정상적인' 생활이다.

그러나 대운과 세운 같은 운에서 어떤 운이 오느냐에 따라 오행의 강도가 변한다. 즉, 사주에 강한 오행을 가지고 있는 사람이 운에서 강한 운이 또 들어오면 더욱 강해지기도 하고, 반대로 약한 오행이 더욱 약해지기도 한다. 이 차이가 너무 커져서 비정상적이 되면 지금까지 배웠던 장부의 작용과는 다른 작용을 하기 때문에 병이 생긴다.

② 비정상적인 생활

'비정상적'인 상태로 활동하는 사주에 대해서 생각해 보자.

비정상적으로 작용하면 지금까지 배웠던 것과 같은 상생-상극작용이 일어나지 않으므로 사람의 몸에는 병이 생기고 인생은 고생하게 된다. 비정상적인 상태는 주로 운(運)의 영향이 크다.

비정상 상태가 되면 어떤 작용을 하는지 알아보자.

③ 비정상적인 상생작용

木生火의 비정상적인 상생은 그림처럼 (a) (b) 두 종류가 있다.

(a)... 木은 火를 생조하여 火를 강하게 해야 하나, (a)처럼 木의 기운이 허약하고 火가 막강한 경우를 생각해 보자. 다시 말해 선천적으로 (a)처럼 木이 허약한데 매우 강한 火를 생조해야 한다면 어떻게 되겠는가? 이런 경우, 木이 火를 생조하느라 힘이 너무 빠져서 木이 점점 약해지며 병이 생긴다. 예를 들면 어머니[木]가 힘[능력]이 없는데 여러

자식[火]들이 지나치게 빨아대면 어머니[木]가 더욱 약해져서 병이 생기는 현상과 같다.

이런 때는 木[간과 쓸개]을 직접 강하게 하지 말고 먼저 水[콩팥, 방광]를 강하게 하여 水生木으로 木을 보강해야 한다. 木이 어느 정도 강해지면 그다음에 木[간과 쓸개]을 직접 강하게 해야 한다.

(b)... 그림 (b)는 (a)와 반대이다. 木이 매우 강한데 火가 심하게 약한 경우이다. 이런 경우에도 木이 火를 생조하면 火는 자기의 능력[용량]에 넘치게 에너지를 받게 된다. 그러나 火는 용량이 부족해서 그 에너지를 모두 감당하지 못하고 점점 약해진다. 예를 들면 심약한 자식[火]에게 어머니[木]가 너무 강하고 심하게 잔소리하며 간섭해도 자식[火]은 강해지지 않고 오히려 약해지는 현상과 같다,

이런 경우에는 火를 여러 가지 다른 방법으로 강하게 해야 한다.

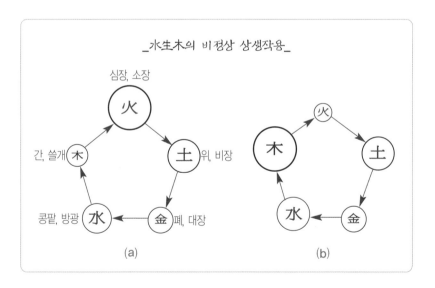

水生木의 비정상 상생작용

(a)와 (b)는 木生火의 상생작용이 모두 비정상적으로 일어나서 병이

생기고 고생하는 경우이다. 이와 같은 현상은 木과 火에서만 일어나는 것이 아니라 모든 오행(장부)에서 일어난다. 그러므로 자세한 설명은 생략한다.

- 火生土의 비정상적인 상생작용
- 土生金의 비정상적인 상생작용
- 金生水의 비정상적인 상생작용
- 水生木의 비정상적인 상생작용

④ 비정상적인 상극작용

● 木剋土의 비정상적인 현상

정상적인 상태에서는 木이 土를 木剋土의 작용으로 土를 억제한다. 그러나 木이 심하게 허약하고 土가 지나치게 강하면 木이 土를 억제하지 못하고 반대로 土가 木을 억누르는(剋하는) 현상이 일어난다.

또 정상적인 경우에도 金剋木의 현상이 일어난 것이 원칙이다. 그러나 金에 비하여 木이 엄청나게 강하면 木이 金을 극하는 현상도 일어난다. 다시 말하면 도끼(金)가 나무(木)를 자르는 것이 원칙이지만, 나무가 통나무(木)이고 金이 면도칼인 경우에는 통나무(木)가 면도칼(金)을 부러뜨리는 현상이 일어난다. 金剋木의 비정상적인 상극작용이다.

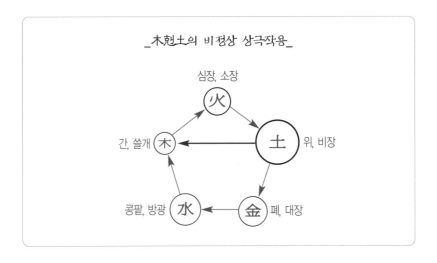

木剋土의 비정상 상극작용

심장, 소장

火

간, 쓸개 木 ← 土 위, 비장

콩팥, 방광 水 ← 金 폐, 대장

이와 같은 현상은 木과 土 사이 또는 金과 木 사이에서만 일어나는 것이 아니라 모든 장부〔오행〕에서 일어난다. 그러므로 자세한 설명은 생략한다.

- 土剋水의 비정상적인 상극작용
- 水剋火의 비정상적인 상극작용
- 火剋金의 비정상적인 상극작용
- 金剋木의 비정상적인 상극작용

5 비정상적인 예

지금까지 극단적인 경우의 비정상적인 상생－상극 작용에 대하여 알아보았다. 다음 그림과 같은 경우를 생각해 보자. 오행의 강도를 원의 크기로 나타내었다.

木의 힘이 지나치게 강하고 火가 매우 약한 경우이다. 이처럼 木의 힘이 지나치게 강해지면 火는 이 힘을 다 받아내기가 어렵다. 그러면 나머지 木의 강한 힘은 土로 흐르게 되며, 木과 土의 관계는 木剋土의 관계이므로 상극이 일어난다. 즉, 강한 木이 土를 극(剋)하므로 土가 강해질 수 없다. 土가 약해지면 金으로 생조하는 힘도 약해지고 또 水의 힘도 약해진다. 이와 같이 土 하나의 힘이 지나치게 강해지면 전체가 허약해지는 현상도 일어난다.

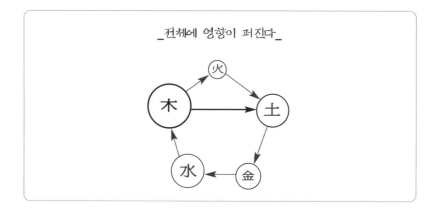

전체에 영향이 퍼진다

나무의 경우를 생각해 보자. 봄이 너무 따뜻하고 오랫동안 지속되면 싹이 터서 위로 성장하려고 하는 힘이 오랫동안 강하게 된다. 나무는 위로 키만 계속 커진다. 봄이 지나치게 길게 되면 여름(火)은 짧아진다. 火가 약하므로 火의 단계에서 꽃도 피고 잎들이 무성하게 우거지지 못하고 키만 커진다. 土→金의 단계에서 열매로 수렴하는 힘도 약해져서 결국 열매가 딱딱하게 여물지도 않게 된다. 씨앗(水)도 빈 쭉정이가 생겨서 다음 해 봄에 나무가 성장하는데 큰 나쁜 영향을 주게 된다. 이와 같이 하나의 오행이 비정상적으로 작용하면 그 영향이 전체에 미치게 된다.

사람의 몸도 마찬가지이다. 간(木)이 너무 강하게 되어 비정상적으로 작용하면 약해진 장부(金, 폐)에 병이 생긴다. 그 외의 장부들도 비정상적으로 작용하므로 약해진다. 즉, 아프게 된다. 다시 말해 원래 강했던 오행이 운에서 다시 그 오행이 오면 그 오행은 너무 지나치게 강해진다. 이렇게 강해진 오행은 그 자체도 문제지만 또 약한 오행을 극하여 병이 생긴다.

하나의 오행이 지나치게 강해지면 그 영향이 전체에 미친다. 이 예처럼 오행의 강도만 중요한 것이 아니라 오행 사이의 관계도 중요하다. 다시 말해 오행 하나의 뜻만 설명하려고 하지 말고, 오행 사이에서 힘이 변하는 현상도 눈여겨 보아야 한다. 전체를 보면서 감정해야 한다는 말이다. 각 장부들은 따로 따로 작용하지 않고 서로 긴밀하게 연결되어 있다. 그래서 하나의 몸처럼 움직인다.

사주를 감정하는 일은 매우 복잡하고 어렵다. 심사숙고하여 감정해야 한다.

图 사주의학에서 병을 치료하고 예방하는 방법

① 사주와 한의학의 뿌리는 같다

225쪽에서 사주와 한의학을 구성하고 있는 뼈대와 작동하는 원리는 같다고 말한 적이 있다. 앞에서는 '육신과 인체의 장부'에 대해서 설명하였으므로 지금부터는 육신뿐만 아니라 '십신'으로 건강에 대해 설명하겠다. 사주학과 한의학에서 사용하는 음양오행과 오장육부는 다음 표와 같다.

오행	木		火		土		金		水	
음양	陽	陰	陽	陰	陽	陰	陽	陰	陽	陰
천간	甲	乙	丙	丁	戊	己	庚	辛	壬	癸
지지	寅	卯	巳	午	辰 戌	丑 未	申	酉	亥	子
장부	담	간장	소장	심장	위장	비장	대장	폐	방광	신장

　육신에서는 오행이 같으면 천간과 지지에 해당하는 장부도 같다. 예를 들면 木 오행의 장부는 甲木과 乙木이 모두 간과 쓸개〔담〕이다. 그러나 십신에서는 木을 陰과 陽의 2종류로 나누며, 陽木은 담〔쓸개〕이고 陰木은 간이다. 木 오행뿐만 아니라 다른 오행의 장부도 마찬가지이다.

　이처럼 2종류의 장부가 있는 이유는 陽의 장부는 음식물을 소화, 흡수, 배출하는 작용을 하므로 '속이 비어' 있고, 陰의 장부는 소화 흡수한 음식물을 '저장'하였다가 다른 장부로 배송하는 역할을 하기 때문이다. 간단히 말하면 양의 장부는 속이 비어 있고, 음의 장부는 항상 꽉 차 있다는 점이 다르다.

　陽의 장부는 먹은 음식물을 영양분으로 만들고, 陰의 장부는 이 영양분을 저장·배분하는 역할을 한다. 각 오행들은 혼자 다 하기 어려우므로 음양으로 나누어서 협업을 잘하고 있다.

　각 오행의 장부들이 하는 작용을 사주와 비교해 보자.

　예를 들어 일간이 木인 경우를 생각해 보자.

　몸의 중요한 장부를 다음 그림처럼 木火土金水의 오행으로 분류하고, 그 사이에서 일어나는 상생-상극 작용들도 모두 표시하였다. 이 그림에서 알 수 있는 것처럼 사람들의 장부와 사주의 육신들은 오행으로 분류하는 것도 똑같고, 오행들 사이에서 나타나는 상생과 상극하는 원리도 같다. 즉, 사주와 한의학의 기본 구성과 작동 원리가 동일하므로 사주학과 한의학의 뿌리는 같고, 모두 음양오행의 작용이다. 그러므로 사주학에서도 한의학처럼 몸에 대해서 말할 수 있다.

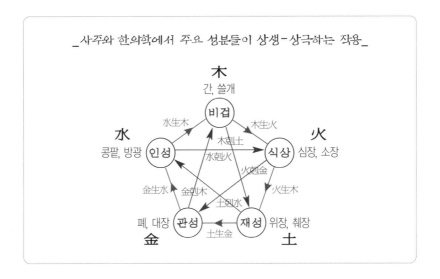

사주와 한의학에서 주요 성분들이 상생-상극하는 작용

2 사주학에서 병을 예방하거나 치료하는 방법

사람들은 태어난 연월일시가 다르기 때문에 〈체질〉이 모두 다르다. 그러므로 가장 먼저 해야 할 일은 자기 몸의 〈체질〉을 아는 일이다. 체질을 알면 강한 장부와 약한 장부를 알 수 있으므로 각 체질에 따라 적절한 치료를 할 수 있다. 체질은 보통 육신으로 정하지만, 십신으로 정하면 더욱 정교하고 효율적으로 치료할 수 있다.

사주의학에서 병을 예방하거나 치료하는 방법은 크게 3가지 정도가 있다.

첫째는 섭생(攝生)이고, 둘째가 음식과 약초〔차〕이며, 셋째가 마음〔513쪽 표 참조〕, 넷째가 기(氣) 수련이다. 섭생은 480쪽에서 이미 설명했고, 기(氣) 수련은 사주 분야가 아니므로 생략한다. 셋째 마음은 513쪽 표를 보고 '건강했을 때의 마음 상태'로 유지하려고 노력하면 된다. 마지막 방법은 기도와 수양이다.

두 번째의 음식과 차에 대하여 알아보자.

⑨ 각 장부에 좋은 음식과 차

사주를 보고 체질을 안 다음, 체질에 알맞은 음식과 약초〔한약〕를 선정하여 사용하는 방법이다. 사주에서는 음식과 약초의 구별이 애매한 경우가 많다. 음식과 약초는 모두 부족한 기운을 보충하는 재료인 점은 같다. 그러나 음식은 약효가 비교적 약하고 평범한 것이고, 한두 가지 성격이 특히 강한 것을 약초라고 한다.

체질에 맞는 음식과 약초는 이미 많은 선각자들이 조사해 분류하였다. 이 중에서 두 종류를 소개한다. 이외에도 '체질에 따라 약이 되는 음식'〔김달래 저, 중앙생활사, 364~391쪽〕 등 많이 있으니 참고하기 바란다.

① 木의 장부(간과 쓸개)
❶ 간장과 담낭이 좋아지는 음식들
- 곡식 : 보리, 강낭콩, 완두콩, 밀, 귀리
- 과일류 : 모과, 사과, 유자, 앵두, 매실, 포도, 딸기
- 야채류 : 배추, 깻잎, 깍두기, 쑥, 무, 미나리, 신동치미
- 밑반찬 : 김치, 깍두기, 무장아찌, 들깨, 식초, 참기름, 들기름

- 육류와 생선류 : 등 푸른 생선, 청어, 명태, 삼치, 고등어, 참치, 동물의 간과 쓸개
- 식물의 뿌리와 열매 : 들깨씨, 참깨씨, 잣
- 차와 음료수 : 유자차, 사이다, 작설차, 오렌지주스, 쑥차, 오미자차, 들깨차

❷ **간, 담에 좋은 한약차와 식품** [醫命學, 112쪽]
- **찬성질** : 결명자(쓴맛과 단맛), 작약(쓴맛과 신맛), 차전차(단맛), 용담(쓴맛), 구기자(단맛과 신맛)
- **따뜻한성질** : 산수유(신맛), 솔순식초(신맛과 단맛)(신맛과 단맛), 새담(평의한 성질, 단맛과 매운맛), 천마(평의한 성질, 매운맛), 오갈피(쓴맛과 매운맛), 모과(신맛)
- **식품** : 보리, 녹두, 부추, 닭고기, 깨, 땅콩, 신김, 감자, 완두콩, 강낭콩, 오렌지, 모과, 동물의 간

[2] **火의 장부(심장과 소장)**
❶ **심장과 소장이 좋아지는 음식들** [사주를 보면 건강이 보인다, 202~204쪽]
- 곡식 : 수수, 팥
- 과일류 : 해바라기씨, 자몽, 앵두, 냉이
- 야채류 : 상추, 풋고추, 쑥갓, 씀바귀, 부추, 우엉, 고들빼기
- 밑반찬 : 자장, 고추장, 고추장아찌
- 육류와 생선류 : 염소, 칠면조, 메뚜기, 홍합, 농어, 동물의 심장과 선지
- 식물의 뿌리와 열매 : 부자, 대추, 계피, 더덕
- 차와 음료수 : 커피, 코코아, 홍차, 영지차, 초콜릿

❷ 심장에 좋은 한약차와 식품 〔醫命學, 148쪽〕

- • 찬성질 : 복령(평의함, 단맛), 옥수수(평의함, 단맛), 제비꽃(쓴맛과 매운맛), 치자(쓴맛), 둥글레(평의함, 약간 차다), 패랭이(쓴맛)

- • 따뜻한성질 : 창포(쓴맛과 매운맛), 맥문동(쓴맛과 단맛), 생지황 (약간 따뜻함), 원지(쓴맛과 매운맛), 영지(평이하고 약간 따뜻함, 쓴맛과 단맛), 참당귀(쓴맛과 단맛), 인삼(쓴맛과 단맛)

- • 식품 : 팥, 술, 고사리, 냉이, 씀바귀, 취나물, 익모초, 두릅, 솔잎, 커피, 쑥, 해바라기씨, 도토리, 오리, 개고기, 양고기, 동물의 염통

3 土의 장부(비장과 위장)

❶ 비장과 위장이 좋아지는 음식들 〔사주를 보면 건강이 보인다, 202~204쪽〕

- • 곡식 : 기장쌀, 피쌀

- • 과일류 : 참외, 멜론, 감, 뽕나무

- • 야채류 : 고구마 줄기, 시금치

- • 밑반찬 : 단무지, 꿀, 설탕, 잼, 엿, 호박잎, 호박무침

- • 육류와 생선류 : 양고기, 쇠고기, 양곱창, 뱅어, 붕어, 메기, 조기, 대구, 쏘가리, 황어, 동물의 위장과 비장

- • 식물의 뿌리와 열매 : 땅콩, 고구마, 호박, 연근, 칡뿌리

- • 차와 음료수 : 칡차, 식혜, 꿀차, 구기자차, 두충차

❷ 비장에 좋은 한약차와 식품 〔醫命學, 183쪽〕

- • 찬성질 : 으름덩굴(쓴맛), 탱자(매우 찬 성질, 쓴맛과 신맛), 호장근 (평의함, 쓴맛), 감초(평의함), 두릅나무(평의함, 매운맛)

- • 따뜻한성질 : 삽주(쓴맛과 단맛), 배초향(쓴맛과 매운맛), 후박(쓴 맛과 매운맛), 이질풀(쓴맛과 매운맛)

- 식품 : 좁쌀, 피쌀, 보리쌀, 찹쌀, 꿀, 엿, 노랑콩, 두부, 된장, 호박, 고구마 줄기, 시금치, 단감, 연시, 양배추, 황설탕, 토끼고기, 쇠고기, 수어, 아욱국, 붕어, 굴피

④ 金의 장부(폐와 대장)

❶ 폐와 대장이 좋아지는 음식들〔사주를 보면 건강이 보인다, 202~204쪽〕

- 곡식 : 현미, 찹쌀, 메밀, 율무. 호도, 밤, 야자수
- 과일류 : 복숭아, 호도, 밤, 야자수
- 밑반찬 : 마늘무침, 멸치, 박하, 후추, 생강, 겨자, 배추, 샐러드, 달래무침, 파무침
- 육류와 생선류 : 개고기, 닭고기, 전복, 멸치, 오징어, 놀래미, 감성돔, 가물치, 자라. 동물의 허파와 대장
- 식물의 뿌리와 열매 : 생강, 도라지, 계피
- 차와 음료수 : 생강차, 율무차, 수정과, 인삼차

❷ 폐에 좋은 한약차와 식품〔醫命學, 215쪽〕

- 찬성질 : 천문동(매우 찬 성질, 쓴맛과 단맛), 더덕(쓴맛과 단맛), 도라지(평의함, 쓴맛과 매운맛), 뽕나무(신맛과 단맛)
- 따뜻한성질 : 오미자(신맛), 머루(평의함, 단맛), 연꽃(평의함, 쓴맛과 단맛), 자귀나무(평의함, 단맛), 자란(평의함, 쓴맛), 잔대(쓴맛과 단맛), 갈대(단맛)
- 식품 : 현미, 율무, 기장쌀, 마늘, 매운 고추, 파, 양파, 생강, 수정과, 표고버섯, 복숭아, 배, 박하, 후추, 겨자, 와사비, 어패류, 상황버섯, 더덕, 도라지, 달래, 수정과, 계란 흰자위, 우유, 말고기, 각종 동물의 뼈와 허파

- 대장에 좋은 한약차와 식품 : 아랫배를 자주 만져주는 것이 좋으며, 대황, 도화, 참기름, 파뿌리, 배추, 우유가 도움이 된다.

5 水의 장부(신장과 방광)

❶ 신장과 방광이 좋아지는 음식들
- 곡식 : 검은쌀, 검은콩, 좁쌀, 쥐눈이콩
- 과일류 : 수박, 산딸기, 어름
- 야채류 : 미역, 가지, 김, 파래, 다시마, 콩떡잎
- 밑반찬 : 소금, 간장, 미역무침, 두부, 다시마 가루, 콩잎장아찌
- 육류와 생선류 : 돼지고기, 해삼, 굴, 새우, 미꾸라지, 도다리, 우럭, 광어, 젓갈류, 동물의 생식기와 신장, 방광
- 식물의 뿌리와 열매 : 마, 버찌, 머루, 검은팥
- 차와 음료수 : 두유, 베지밀, 쌍화차, 검은깨차

❷ 신장에 좋은 한약차와 식품 [醫命學, 248쪽]
- 찬성질 : 백자인(평의함, 단맛), 겨우살이(평의함, 쓴맛), 광나무(평의함, 쓴맛과 단맛), 삼지구엽초(쓴맛, 매운맛), 황경피나무(쓴맛)
- 따뜻한성질 : 속단(쓴맛), 하수오(쓴맛과 단맛) 외에 간과 폐를 보익하는 약초 중에 많이 있다.
- 식품 : 검은깨, 검은 쌀, 검은 콩, 김, 된장, 간장, 파래, 부추, 수박, 대추, 메밀, 가지, 해삼, 개구리, 지렁이, 누에, 젓갈류

6 삼초에 영양을 공급하는 음식
- 곡식 : 옥수수, 녹두, 조
- 과일류 : 토마토, 바나나, 오이, 다래, 키위

- 야채류 : 우엉, 송이버섯, 고사리, 감자
- 밑반찬 : 된장, 송이버섯무침, 고사리무침, 도토리묵, 마요네즈, 감자튀김, 토마토 케찹.
- 육류와 생선류 : 오리고기, 뱀, 오리알, 꿩고기, 번데기, 웅어, 날치
- 식물의 뿌리와 열매류 : 도토리, 토란, 죽순, 당근
- 차와 음료수 : 로열제리, 넝쿨차, 알로에, 콜라, 포카리스웨트, 요구르트, 요플레

7 오행 건강 약차〔정경대 지음, 이너북 출판사〕

- 木의 茶 – 간·담에 좋은 차 – 신맛이 나는 음식이나 차
  구기자차, 모과차, 오갈피차, 결명자, 작약차, 직경이차, 산수유차, 새삼차, 용담차, 천마차, 솔순식초차
- 火의 茶 – 심장·소장에 좋은 차 – 쓴맛이 나는 음식이나 차
  석창포차, 맥문동차, 지황차, 원지차, 복령차, 옥수수차, 제비꽃차, 치자차, 영지차, 참당귀차, 둥굴레차, 패랭이차, 쑥차, 인삼, 커피
- 土의 茶 – 비·위에 좋은 차 – 단맛이 나는 음식이나 차
  삽주차, 배초향차, 으름덩굴차, 후박차, 이질풀차, 탱자차, 해당화차, 호장근차, 감초차, 두릅나무차
- 金의 茶 – 폐·대장에 좋은 차 – 매운맛이 나는 음식이나 차
  오미자차, 천문동차, 더덕차, 도라지차, 생백피차, 머루차, 연꽃차, 자귀나무차, 자란차, 갈대차
- 水의 茶 – 신장·방광에 좋은 차 – 짠맛이 나는 음식이나 차
  복분자차, 백자인, 겨우살이차, 광나무차, 삼지구엽초차, 속단차,

하수오차, 황경피차

※ 『사주를 보면 건강이 보인다(백승현 지음)』와 『醫命學(정경대 지음)』을 참고하였다.
주로 식품(음식)과 茶에 대해서만 수록하였고, 한약재는 직접 책을 참조하기를 바란다.
『사주를 보면 건강이 보인다』 202~204쪽 참조.

10 사주를 건강에 활용하는 예

병을 치료하거나 예방하려면 각 장부의 상태를 알아야 한다. 한의
학은 맥이나 얼굴의 찰색 등으로 장부의 상태를 알 수 있다고 하지만
서양의학에 비해 부정확하다. 그러므로 서양의학에서 사용하는 각종
의료 장비를 사용하여 각 장부의 상태를 알 수밖에 없다.

서양의학도 첨단 장비로 각 장부의 상태를 알 수 있지만 병이 어느
정도 진행되어 측정할 수 있을 정도로 심해졌을 때이다. 그러나 〈사
주의학〉을 활용하면 한의학과 서양의학의 이런 결점을 모두 해결할
수 있다. 그리고 병의 원인과 상태뿐만 아니라 다른 병과의 상관관계
도 알 수 있다.

얼마나 정확한지가 문제이지만 많은 연구를 통하여 해결할 수 있을
것이다. 그러나 가장 큰 문제는 우리 사회가 사주를 믿지 않으려고
하기 때문에 연구도 체계적으로 할 수 없다. 매우 가슴 아픈 일이다!

사주로 병을 고쳤다고 하는 사례들을 소개한다. 병의 원인과 진단
이나 치료와 예방에 도움이 될 수 있을 것이다. 木, 火, 土, 金, 水 오행
에 가장 약해졌을 때의 사주를 조사하여 병이 생기는 실제의 사례들
을 찾아보고, 아울러 치료하는 방법들도 연구해 보자.

① 木이 허약해진 경우

○ 간암으로 세상을 떠난 남자〔醫命學, 165쪽〕

	천간	지지
年	乙木	酉金
月	乙木	酉金
日	甲木	辰土
時	癸水	酉金

〈사주팔자〉

팔자의 강도 계산

천간		통근 + 생조	합	지지		지장간	육신	12운성	강도(힘)
年	乙木	辰 : +12×0.4×0.5 ≒ +2	+2	酉金		庚, 辛	정관	태	-4
						辰酉金 : 不成立			
月	乙木	辰 : +12×0.4×0.8 ≒ +4	+4	酉金		庚, 辛	정관	태	-42
						辰酉金 : 不成立			
日	甲木	辰 : +12×0.4×1 ≒ +5	+5	辰土		乙, 癸, 戊	편재	쇠	+12
						辰酉金 : 不成立			
時	癸水	辰 : +11×0.1×0.8 ≒ +1 酉 : +4×0.8×0.2 ≒ +1 +42×0.8×0.8 ≒ +27 +11×0.8×1 ≒ +9	+38	酉金		庚, 辛	정관	태	-11
						辰酉金 : 不成立			
强弱	-4	中和		조후	火				
				억부	火, 木				

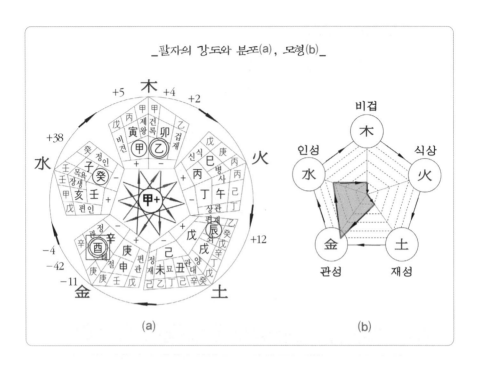

팔자의 강도와 분포(a) , 모형(b)

(a)

(b)

위의 사주를 먼저 이론적으로 설명하겠다. 그다음 이론에 근거하여
실제 일어날 수 있는 말로 간암으로 죽는 과정과 이유를 설명하겠다.

...첫 번째__ 이론적으로 설명

① 원국 설명

팔자의 강도 계산 표와 _팔자의 강도와 분포, 모형_을 참고하여 요점을
정리하면 다음과 같다.

• 辰土와 酉金이 辰酉金의 합(合)을 할 것으로 생각된다. 그러나 일지
의 辰土는 하나지만 酉金은 3개나 되므로 쟁합(爭合)이 성립되어 합을
하지 않는다.

●일간이 甲木일 경우에 甲木과 乙木은 통근하거나 생조하는 오행이 없다. 그러므로 甲木+乙木의 힘이 매우 약할 것으로 생각된다. 그러나 辰土[지장간은 乙, 癸, 戊]는 濕土이므로 水의 힘이 강하다. 그러므로 木[甲木, 乙木]을 생조하는 힘이 조금 있을 것이다. 그래서 木[甲木, 乙木]이 어느 정도의 힘[대략 10 정도]을 갖는다.

●일지 辰土는 濕土이므로 甲木과 乙木의 힘을 생조하는 土이다. 그러므로 편재(-)이지만 부호가 양(+)이 되었다.

●이 사주의 지지에 3개의 酉金이 있으므로 酉金의 힘이 -57 정도로 막강하다. 이 힘이 癸水로 설기되므로 癸水의 힘[+38]도 매우 강해졌다. 이 癸水가 甲木과 乙木을 생조한다.

●癸水의 용량이 38 정도밖에 되지 못하므로 酉金의 막강한 기운[57]을 모두 수용하지 못한다. 나머지 57-38=19 정도의 酉金의 힘이 甲木+乙木을 극(剋)한다. 이처럼 선천적으로 酉金이 木[甲木, 乙木]을 극(剋)하므로 木에 해당하는 간과 쓸개[담낭]가 약한 사람이다. 酉金의 부호가 음(陰, -)이므로 같은 부호인 간[陰, -]이 특히 공격을 심하게 받아서 더욱 약할 것으로 생각된다. 다시 말해 주인공은 선천적으로 간이 약한 사람이다.

이 사주의 용신을 찾아보자. 용신을 찾기 위해 사주의 구조[신강-신약]를 계산해 보자.

●水+木+辰土의 기운이 金의 기운과 거의 비슷하므로 사주 전체의 강약이 zero[-4]에 가깝다. 이런 경우를 중화(中和))가 되었다고 하며, 일간의 힘이 신강하지도 신약하지도 않고 균형을 이루고 있다.

- 이처럼 일간이 신강-신약하지도 않을 때에는 이미 조화를 이루고 있기 때문에 용신 잡기가 매우 곤란하다. 이런 경우에는 사주의 기운의 흐름을 조사해서 기운의 흐름을 가장 좋게 하는 오행이 용신이 된다.

이 사주에서 기운의 흐름을 생각해 보자〔모형 (b)〕.
- 이 사주에서 3개의 酉金의 힘이 매우 강하다. 이 강한 힘이 설기되어 시간 癸水를 생조하므로 癸水의 힘이 매우 강해졌다. 이 강한 癸水의 힘이 甲木+乙木을 생조하면서 일간 甲木을 비롯하여 겁재 乙木의 힘이 강해졌다. 다시 말해 매우 강한 酉金의 힘이 癸水로 흐르고, 이런 癸水의 힘이 木〔甲木, 乙木〕으로 흐른다.
- 이런 과정을 거쳐서 강해진 木의 기운은 火로 흘러야 자연스럽게 기운이 순환할 수 있다. 그러므로 火가 꼭 필요한 오행〔용신〕이다. 그러나 火가 원국에도 없고 지장간에도 없으므로 용신이 될 火가 없는 사주이다. 기운이 잘 흐르다가 火에서 주춤할 수밖에 없다. 그러므로 선천적으로 불길(不吉)하다는 것을 알 수 있다. 그러나 운(運)에서 火의 운이 오면 대단히 좋아지는 것은 물론이다. 즉, 火가 용신이고 火를 극하는 水가 기신이다.

원국은 사주의 선천적인 바탕이다. 이런 바탕을 가지고 있는 사주 주인공은 43세에 간암으로 죽었다고 한다. 이 주인공이 간암에 걸리는 원인〔과정〕을 생각해 보자.

실제로 사주 주인공은 43세 辛巳대운〔38~47세〕 기간에 간암으로 죽었다고 한다. 직접 만나보지 못했으므로 확실한 것은 알 수 없지만, 사주에서 알려주는 정보들을 근거로 간암이 생기는 과정과 원인을 유추해 보자. 통변하기 위한 자료들을 _팔자의 강도와 분포, 모형(b)_ 에 대입하면 다음 그림과 같이 된다.

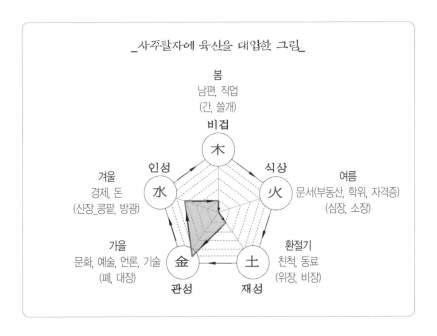

사주팔자에 육신을 대입한 그림

① 사주 원국을 보고 알 수 있는 것들

● 사주 주인공의 일주는 甲辰이므로 주인공의 성격을 알 수 있다. 일주론(日柱論)에서 조사해 보면 다음과 같다.

"독립심이 강하고 강직하며 인정이 많고 착하다. 자존심이 세고 호탕한 기질이 있으며 풍류가의 면모를 지니고 있다. 앞으로 나아갈 줄만 알고 뒤로 물러설 줄을 모르는 추진력을 가지고 있다. 용감무쌍한 행동력과 현실적인 사고와 넘치는 재치로 야망을 실현해 나가는 사람이다. 그러나 서두르는 경향이 있고 독선적인 태도를 보이기도 하며 자신의 이익을 챙기려는 집념이 강하다."〔『사주대백과』, 서준원 지음, 동학사〕에서 인용

● 532, 535쪽 그림들에서 연두색 모양을 보면 선천적인 특징을 알 수 있다. 酉金〔관성〕이 가장 강한 사람이므로 권력〔공무원, 정치가, 군인, 경찰 등〕을 가지려는 욕구가 매우 강한 사람이다.

● 531쪽 표와 532, 535쪽 그림을 보면 인성 癸水는 강한 酉金의 생조를 받아서 강해졌으므로 권력〔법관 등〕을 갖기 위하여 사법고시 공부를 대단히 많이 한 것으로 보인다.

● 주위의 많은 친척, 친구들과 어울리기를 잘하면서 권력을 가지려고 많은 노력을 하는 사람이다.

● 535쪽 그림의 연두색 모양을 보면 선천적으로 폐와 대장〔金〕은 매우 강하지만, 火에 해당하는 심장과 소장은 매우 약하고 또 木에 해당하는 간과 쓸개도 허약한 사람이라는 사실을 알 수 있다.

② 대운 설명

대운표

나이	8	18	28	38	48
천간	甲	癸	壬	辛	庚
지지	申	未	午	巳	辰
대운	金	乾土	火	火	濕土

● 대운표에서 대운의 흐름을 보면 金→乾土→火→火→濕土로 흐른다. 이 대운의 기간 중에 18세에서 28세→38세까지는 火의 기운, 즉 용신의 기운이 들어오기 때문에 매우 좋았다. 37세〔壬午대운〕까지 火의 대운이므로 능력을 인정받아서 출세하였고 자기가 하고 싶은 일들을 마음껏 펼쳤을 것이다.

● 그러나 이 사주의 주인공은 능력을 인정받아 출세하고 있는 도중에 43세 辛巳대운〔38~47세〕의 기간에 간암으로 죽었다고 한다. 辛巳대운은 용신인 火가 강해지는 기간이므로 출세를 하고 있어야 한다. 그런데 이 시기에 간암으로 죽었다. 그 이유를 생각해 보자.

● 辛巳대운에서 천간 辛金은 12운성으로 '사'의 상태에 있다. 이처럼 辛金은 거의 힘이 없으므로 대부분 巳火의 힘이다. 그러므로 용신이 강하게 작용하고 있는 시기이다.

● 辛巳대운〔38~47〕의 큰 흐름은 火의 운이지만, 도중에 사고〔장애물〕가 발생하였다. 즉, 辛巳대운의 지지 巳火와 이 사주의 지지 酉金 사이에 巳酉(丑) 金局의 반합(半合)이 성립하므로 이 대운은 火의 기운보다는 金의 기운이 강해졌다. 金은 구신이므로 기신〔水〕에 버금가는 흉신이다. 한창 잘 나가던 시기에 金의 기운이 강해지면서 많은 일들이 어긋나며 마음대로 실행되지 않았을 것이다.

● 이처럼 金의 기운이 강하게 되면 기대하고 있던 많은 일들이 잘 안 풀리고 꼬여가기 시작한다. 독립심과 자존심이 강하고 추진력 또한 강해 야망이 컸던 사주 주인공이 이런 불운한 상태에 처하게 되었으므로 견디기 어려울 정도로 스트레스가 엄청 심하게 몰려왔을 것이다. 이렇게 되면 화가 많이 날 것이고, 화가 나면 간은 더욱 빨리 병들게 된다.

- 이렇게 막강한 金의 기운이 木〔간장〕을 공격하므로〔金剋木〕 辛巳대운이 시작하는 38세부터 간〔木〕이 죽을 맛이다.
- 이런 상태가 몇 년 동안 계속되면 간은 더 이상 버티지 못하고 돌연 변이〔암〕가 생기게 된다. 다시 말해 이 주인공은 辛巳대운이 시작되는 38세부터 간에 스트레스를 받기 시작하여 43세에 간암으로 진행되어 죽은 것으로 생각된다. 실제로는 어쨌는지 알 수 없지만, 사주적으로 유추해 보면 이런 상태였을 것으로 추측할 수 있다.

...세 번째__ **예방과 치료**

간〔木〕뿐만 아니라 어느 장부를 치료하고 예방하던지 공통점은 다음과 같다.

① 먼저 사주를 보고 자기 몸의 특징〔체질〕을 알아야 한다.
② 482쪽에 있는 _음양−오행이 하는 일들_ 표를 활용하여 체질에 맞게 섭생을 하여야 한다.
③ 木과 火에 좋은 음식과 차〔524~530쪽 참조〕를 먹고 마신다.
④ 건강한 마음 상태로 유지하도록 노력하여야 한다.

이 사주의 주인공은 선천적으로 木과 火가 약한 사람이다. 그러므로 평소에 木과 火를 보강하는 섭생을 하면서 살아야 한다. 특히 火가 용신이므로 火를 특별히 보강하여야 한다.

② 火(심장·소장)가 허약해진 경우

❍ 심장이 허약해서 손발이 차고 저린 남자〔醫命學, 181쪽〕

	천간	지지
年	壬	戌
月	己	酉
日	丁	未
時	壬	寅

〈사주팔자〉

팔자의 강도 계산

천간				지지				
		통근 + 생조	합		지장간	육신	12운성	강도(힘)
年	壬水	戌 : 2×0.2×1≒0 酉 : 48×0.8×0.8≒31	− 31	戌土	辛, 丁, 戊	상관	양	+2
					寅(午)戌 : 원격 : 무시			
月	己土	戌 : 2×0.8×0.8≒1 未 : 20×0.8×0.8≒13 寅 : 8×0.4×0.5≒2	− 16	酉金	庚,　辛	편재	장생	−48
日	丁火	戌 : 2×0.1×0.5≒0 未 : 20×0.4×1≒8 寅 : 8×0.7×0.8≒4	+ 12	未土	丁, 乙, 己	식신	관대	+20
時	壬水	戌 : 2×0.2×0.2≒0 酉 : 48×0.8×0.5≒19	− 19	寅木	戊,庚,丙	정인	사	+8
					寅(午)戌 : 원격 : 무시			
强弱		−71	身弱	조후				
				억부	火, 木			

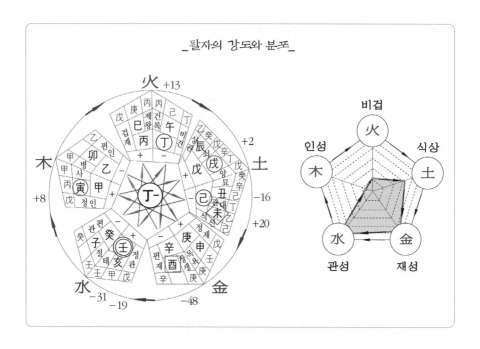

팔자의 강도와 분포

① 원국 설명 ; 선천적인 운명

●팔자가 모든 오행에 골고루 분포되어 있으므로 기운이 순조롭게 흐르면서 순환한다. 운명과 건강이 모두 원만하게 살 가능성이 많다.

●壬水〔신장, 방광〕 정관이 월지 酉金의 생조를 받아서 가장 강하고 활발하게 활동한다.

●일간 丁火〔심장, 소장〕는 직접 통근하지는 못했지만 건토(乾土)인 未土와 戌土에 통근하였다. 또 寅木〔간, 쓸개〕의 생조를 받아서 조금 강해졌다.

●전체적으로 신약한 사주이므로 용신은 火이고 木이 희신이다. 水가 용신인 火를 극(剋)하므로 기신이고, 金이 구신이다.

●선천적으로 약한 火〔심장, 소장〕가 강한 水〔신장, 방광〕의 극을 받아

서 매우 약한 상태이다.

② 대운 설명 ; 후천적 운명

대운표

나이	6	16	26	36	46
천간	庚	辛	壬	癸	甲
지지	戌	亥	子	丑	寅
대운	乾土	水	水	濕土	木

전체적인 대운의 기운이 乾土→水→水→濕土 … 로 흐른다.

• 6~15세 : 戌土는 건토(乾土)이므로 火의 기운을 소유한 건조한 土이
다. 신약한 일간 丁火[심장]를 강하게 도움을 주므로 좋은 상태이
다.

• 16~25세, 26~35세 : 水의 기운이 강하게 형성되는 시기이다. 水
는 기신이므로 일간 丁火를 강하게 극(剋)한다. 심장[심혈관]이 점점
나빠지는 시기이다. 원래 선천적으로 심장[심혈관]이 좋지 않은 상태
인데, 운에서 水의 기운이 강하게 들어오면 火가 더욱 약하게 공격
받기 때문이다.

• 36~45세 : 습토(濕土)인 丑土[陰]가 강해지므로 丁火[陰, 심장, 심
혈관]는 더욱 나빠진다. 다시 말하면 丑土는 水가 강한 陰土이므로
陰火인 丁火를 강하게 극해서 피를 순환시키는 기운[氣]이 약해지므
로 혈액순환이 잘 안 된다. 그러므로 손발이 차고 저린 증세가 나타

나는 것이다.

•46~55세 : 木의 기운이 강해지는 시기이다. 木[간]이 강해지면 木
生火의 생조 작용을 하며 火가 매우 강해진다. 운명과 건강이 대단히
좋아진다.

③ 치료와 예방

木의 경우에서 말하였듯이 다음과 같다.

① 먼저 사주를 보고 자기 몸의 특징[체질]을 알아야 한다.
　　火에 해당하는 장기인 심장[심혈관], 소장이 선천적으로 약하다
　　는 것을 알 수 있다.
② 482쪽에 있는 _음양-오행이 하는 일들_ 표를 활용하여 체질에 맞게
　　섭생을 하여야 한다.
③ 木과 火에 좋은 음식과 차[524~530쪽 참조]를 먹고 마신다.
④ 건강한 마음 상태로 유지하도록 노력하여야 한다.

이렇게 ①마음 ②섭생 ③음식[차]으로도 火의 병을 예방하고 치료
할 수 있다. 火[심장, 소장]가 지나치게 약할 경우에는 火를 직접 강하
게 하지 말고, 먼저 木을 강하게 해야 한다. 木이 생조하여 火를 어느
정도 강하게 한 다음, 본격적으로 火를 치료해야 한다.

③ 土(비·위)가 허약해진 경우

● 비장이 허약한 위암 남자〔醫命學, 201쪽〕

	천간	지지
年	乙	酉
月	癸	未
日	己	卯
時	壬	申

〈사주팔자〉

팔자의 강도 계산

천간			지지					
	통근 + 생조	합		지장간	육신	12운성	강도(힘)	
年 乙木	未 : 48×0.1×0.8 ≒ 4 卯 : 16×1.0×0.5 ≒ 8 申 : 6×0.2×0.2 ≒ 0	−12	酉金	庚, 辛 卯酉沖(50/50) :	식신	장생	−4	
月 癸水	酉 : 4×0.8×0.8 ≒ 3 申 : 6×0.7×0.5 ≒ 2	−5	未土	丁, 乙, 己 (亥)卯未 木局(50% 合) : 불성립	비견	관대	+48	+48
日 己土	未 : 48×0.8×0.8 ≒ 31 申 : 6×0.2×0.8 ≒ 1	+32	卯木	甲, 乙 (亥)卯未 木局(50% 合) : 卯酉沖(50/50) :	편관	병	−16	−16
時 壬水	酉 : 4×0.8×0.2 ≒ 1 申 : 6×0.7×1 ≒ 4	−5	申金	戊, 壬, 庚	상관	목욕	−6	−6
强弱	+32	身旺	조후					
			억부					

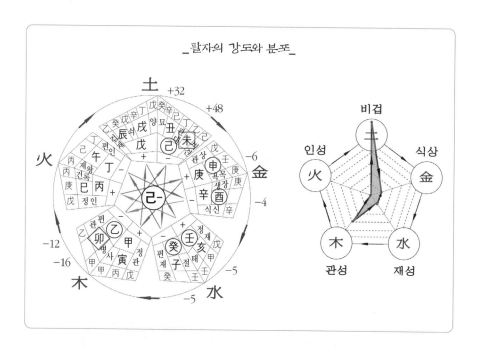

팔자의 강도와 분포

① 원국 설명

• 卯酉沖은 매우 강력한 충(沖)이지만 한 칸 멀리 떨어져 있고, 또 약한 연지와 매우 강한 일지와의 충이므로 충하는 힘이 매우 약할 것으로 생각된다.

• (酉)卯未 木局은 卯木이 월지에 있지 않으므로 중간(半) 정도의 합을 할 것으로 생각한다.

• 결국 이 사주는 卯木에 합과 충이 동시에 작용하므로 상쇄되어 소멸하였다. 이 사주에서 가장 강한 己土는 金에 천간이 없으므로 金으로 설기되지 않고 직접 水를 공격한다. 친척, 친구들 때문에 재산이 크게 손실될 것 같다.

• 오행이 (火+土)에 2개이고, (金+水+木)에 6개 있으므로 신약사주인

것처럼 보인다. 그러나 강도를 조사해 보면 (火+土)가 (金+水+木)보다 더 강하므로 신강사주이다. 오행의 개수보다는 강도가 중요하다는 사실을 알 수 있다. 용신은 연간 乙木이고 희신은 壬水와 癸水이다. 기신은 土이고 火도 좋지 않다.

② 대운 설명

대운표

나이	0	10	20	30	40	50
천간	壬	辛	庚	己	戊	丁
지지	午	巳	辰	卯	寅	丑
대운	火	火	濕土	木	木	濕土

대운이 火→濕土(辰)→木→濕土(丑)로 흐른다. 초년부터 기신인 火의 운이 들어오므로 불길(不吉)하다. 20세 이후에는 木의 운이 들어오므로 강한 일간을 억제하므로 좋았다. 그러므로 초년에는 고생하지만 20세부터 좋아진다.

● 0~9세, 10~19세 : 火의 힘이 강해지는 시기이므로 불길하다.
● 20~29세 : 庚辰대운은 辰土의 힘이 강해지는 시기이다. 辰土는 습토(濕土)이므로 수분(水)을 많이 가지고 있다. 水의 힘이 강해졌다. 水의 힘이 강해졌으므로 용신인 乙木도 강해졌다. 매우 좋은 시기였을 것이다.

• 30~39세 : 己卯대운의 지지 卯木이 연지의 酉金을 충(沖)하지만 충하는 강도는 매우 약할 것이다. 그러나 원국에도 약한 卯酉沖을 하고 대운에서도 또 卯酉沖을 하므로 卯酉沖의 강도가 매우 강해졌다. 다시 말하면 卯酉沖을 했기 때문에 편관 卯木과 식신 酉金이 심하게 손상되었다. 그러므로 약해진 乙木의 힘이 더욱 약해졌고 일간 己土를 억제하는 힘도 감소하였다. 대운의 지지인 卯木과 월지 未土가 반합((亥)卯未)을 하므로 木의 힘이 더욱 강해졌다.

• 40~49세 : 戊寅대운이므로 寅木이 강해지는 시기이다. 이 사주에서 木이 강해지면 乙木이 활발하게 활동한다. 乙木은 음(陰)이므로 같은 부호인 己土(陰)의 힘을 강하게 억제한다. 그러므로 己土에 해당하는 장기인 비장이 약해지고 있다.

• 50~59세 : 丁丑대운의 시기에는 丑土의 힘이 강해지는 시기이다. 丑土는 습토이므로 수분을 많이 함유하고 있는 土이다. 丑土가 월지 未土를 충(丑未沖)하므로 월지 未土(陰, 비장)가 심하게 약해졌다. 그러므로 사주학적으로 따지면 비장(陰)에 병이 생기는 것이 맞다.

그러나 실제는 이 시기에 위암(陽)이 발생하였다고 한다. 그 이유를 생각해 보자.

이 사주에서 土의 힘이 가장 강하다. 그러나 비장(土)의 힘이 약해져서 위암이 생겼다고 한다. 다시 말하면 약한 장부를 극(剋)하면 암이 발생하는 것은 이해되지만 매우 강한 장부(土)도 극(剋)하면 암이 발생한다는 것은 이해하기 쉽지 않다. 그 이유를 설명해 보자.

앞에서도 설명했듯이 해부학적으로 사람들 장부의 크기는 엇비슷하다고 한다. 그러나 다른 장부보다 강하게 작용해 일을 지나치게 많이 하기 위해서는 이 장부가 최대로 활동해야 한다. 즉, 이 장부의 능력보다 과잉으로 일을 해야 하므로 실제로 이 장부는 피곤해지고, 오랜 시일 동안 계속되면 약해질 수밖에 없다.

이렇게 약해진 장부를 극(剋)하면 더욱 피곤해지고 약해진다. 이런 상태가 몇 년 동안 지속되면 이 장부도 더 이상 견디지 못하고 병이 생기게 된다. 그러므로 강하게 작용하고 있는 장부에도 암이 발생할 수 있다. 이런 이유로 위장에 암이 발생하였다고 생각된다.

③ 치료와 예방

사람마다 사주가 모두 다르므로 자기 사주의 특징을 잘 알고 있어야 한다. 즉, 각 장부의 허(虛)와 실(實)에 대하여 잘 알고 있어야 평소 생활할 때 각 장부에 적절한 처리를 할 수 있다.

① 먼저 사주를 보고 자기 몸의 특징[체질]을 알아야 한다.

② 482쪽에 있는 _음양-오행이 하는 일들_ 표를 활용하여 체질에 맞게 섭생을 하여야 한다.

③ 火와 土에 좋은 음식과 차[524~530쪽 참조]를 먹고 마신다.

④ 건강한 마음 상태로 유지하도록 노력하여야 한다.

4 金(폐·대장)이 허약해진 경우

◉ 폐·대장이 냉습한 대장암〔여자, 『醫命學』, 219쪽〕

	천간	지지
年	庚	戌
月	庚	辰
日	乙	酉
時	癸	未

〈사주팔자〉

팔자의 강도 계산

천간				지지				
		통근 + 생조	합		지장간	육신	12운성	강도(힘)
年	庚金	戌 : 4×0.8×1≒3 辰 : 48×0.5×0.8≒19 酉 : 16×0.9×0.5≒7 未 : 6×0.5×0.2≒1	−30	戌土	辛, 丁, 戊	정재	묘	−4	−4
					辰戌沖			
月	庚金	戌 : 4×0.8×0.8≒3 辰 : 48×0.5×1≒24 酉 : 16×0.9×0.8≒12 未 : 6×0.5×0.5≒2	−41	辰土	乙, 癸, 戊	정재	관대	+48	+48
					辰酉金(50% 合) : 상쇄 辰戌沖			
日	乙木	辰 : 48×0.4×0.8≒15 未 : 6×0.1×0.5≒0	+15	酉金	庚, 辛	편관	절	−16	−16
					辰酉金(50% 合) : 상쇄			
時	癸水	戌 : 4×0.2×0.2≒0 辰 : 48×0.1×0.5≒2 酉 : 16×0.8×0.8≒10	+12	未土	丁, 乙, 己	편재	양	−6	−6
强弱	−22	身弱		조후	癸水			
				억부	火, 木, 乾土			

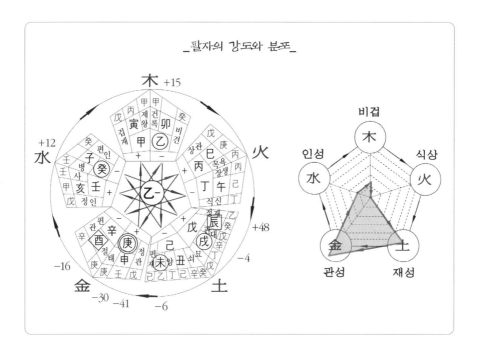

팔자의 강도와 분포

① 원국 설명

● 八字가 火 오행에 없다.

● 지지로만 구성된 강한 土의 기운이 庚金으로 설기되고 있다.

● 또 월지 辰土와 일지 酉金 사이에 형성된 辰酉合 金의 합(合)은 대략 60% 합이 성립되었다. 辰戌沖의 강도도 40剋/60生 정도이므로 辰酉 合 金의 결합력이 辰戌沖보다 조금 더 강하다. 그러나 월지 辰土가 비슷한 힘으로 합도 하고 沖도 하므로 辰土는 합과 충의 효과가 상쇄되었을 것으로 생각된다.

● 이 사주에서 가장 강한 기운은 金이다. 庚金은 酉金에 통근하였고, 辰土, 戌土, 未土가 생조하므로 매우 강하다. 강한 金의 기운이 癸水를 통하여 일간 乙木으로 흐르므로 乙木의 기운이 강해진다. 癸水는

庚金의 강한 기운을 일간 乙木으로 흐르게 하는 징검다리 역할을 한다. 또 이 乙木(陰)인 경우, 월지 辰土는 습토(濕土)이므로 乙木을 강하게 생조한다. 그러므로 乙木의 기운이 강해졌다.

● 그래도 水+木의 기운보다는 金+土의 기운이 더 강하므로 이 사주는 신약사주이다. 이 사주에서 癸水가 용신이고 木은 길신(吉神)이고, 庚金도 희신이다.

② 대운 설명

대운표

나이	10	20	30	40	50
천간	己	戊	丁	丙	乙
지지	卯	寅	丑	子	亥
지지	卯酉沖	寅(午)戌	(巳)酉丑 丑未沖	(申)子辰	亥(卯)未
대운	木	木	濕土	水	水

대운이 木→木→濕土→水→水→ …로 흐르고 있다. 억부용신이 癸水이므로 대운의 흐름이 매우 좋다. 다시 말해 신약사주에서 오행의 기운이 용신→희신으로 흐른다는 말이다.

세부적으로 조사해 보자.

● 10~19세 : 己卯대운은 卯木이 지배하는 기간이므로 좋아야 하지만, 卯木이 酉金과 卯酉沖을 하므로 卯木의 기운이 없어졌다. 별로 좋

지 않은 기간이었을 것이다.

● 20~29세 : 戊寅대운은 길신(吉神)인 寅木의 힘이 강해지는 기간이
므로 건강과 운명이 좋다.

● 30~39세 : 丁丑대운은 濕土인 丑土가 지배하는 시기이므로 차가운
水의 힘이 강해졌다. 뿐만 아니라 (巳)酉丑 金局의 반합(半合)이 형성되
어 金의 기운이 강해졌으므로 용신인 癸水의 힘도 더욱 강해졌다.

그러나 丑未沖이 발생하여 사주가 불안정해졌다. 30세부터 잔병으로
고생하기 시작하다가, 2004년 甲申年에 차가운 金의 기운이 더욱 강해
지므로 대장[金]에 암이 생겼다. 金의 기운이 강해지는 해에 대장[金]
에 암이 생겼다.

가장 힘이 강한 오행인 金에서 병[암]이 발생하였다. 이상하다고 생
각되는 사람은 '강한 장부에 병이 생기는 이유[510쪽]'를 참고하기 바
란다.

● 40세 이후 : 용신인 水의 기운이 강해지므로 병이 완쾌되어 행복하
게 잘 살았을 것이다.

③ 치료와 예방

용신인 火와 희신인 木을 강하게 하는 음식과 차를 복용하여 몸을
따뜻하게 해주어야 한다. 그리고 523쪽에 있는 ②사주학에서 병을 예
방하거나 치료하는 방법을 참조하면 되겠다.

5 水(신장·방광)가 허약해진 경우

◐ 신장이 허약한 정자 부족〔남자,『醫命學』, 254쪽〕

	천간	지지
年	癸	卯
月	戊	午
日	癸	卯
時	癸	丑

〈사주팔자〉

팔자의 강도 계산

		천간				지지				
		통근 + 생조	합			지장간	육신	12운성	강도(힘)	
年	癸水	丑：15×0.4×0.2≒1	+1		卯木	甲, 乙	식신	장생	−4	−4
月	戊土	午：48×0.9×1≒43 丑：15×0.6×0.5≒5	−48		午火	丙, 己, 丁	편재	절	−48	−48
日	癸水	丑：15×0.4×0.8≒5	+5		卯木	甲, 乙	식신	장생	−14	−14
時	癸水	丑：15×0.4×1≒6	+6		丑土	癸, 辛, 己	편관	관대	+15	+15
强弱	−87	太弱			조후					
					억부	癸水, 金				

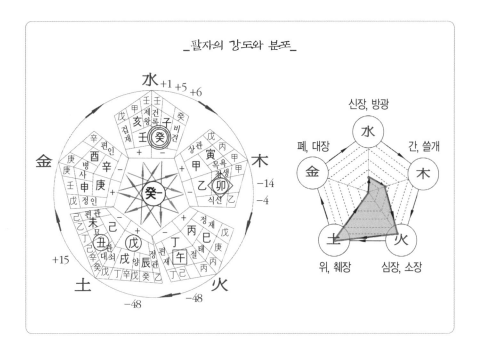

팔자의 강도와 분포

① 원국 설명

왼쪽의 _팔자의 강도 계산_ 표와 위의 그림을 보면서 조사해 보자.

- 金 오행에 팔자가 없다.

- 연간, 일간, 시간 3개의 천간이 모두 癸水이므로 癸水의 힘이 강할 것 같지만, 직접 통근하지 못했고 또 생조하는 오행도 없다. 오로지 시지 丑土의 지장간에 가까스로 뿌리를 내리고 있다. 그러므로 3개 癸水의 힘을 합하더라도 그 힘은 약하다.

- 그러나 木+火+土의 힘은 매우 막강하므로 이 사주는 신약사주이다. 癸水가 용신이고, 癸水의 힘을 약하게 하는 土(乾土)와 火, 木이 모두 불길(不吉)하다. 운에서 金과 水, 濕土가 와서 허약한 癸水를 보

강하면 좋겠지만, 47세 癸丑대운 이후에나 水의 운이 오므로 늦은 감이 있다. 그 후에는 운명과 건강이 좋아진다.

● 이 사주는 선천적으로 金의 장부인 폐·대장과 水의 장부인 신장·방광이 허약하다. 신장·폐는 정액을 만들어내는 주요 장부라고 한다〔의명학 254쪽〕. 임신시켜야 할 인생의 중반부까지 정자가 부족해서 아이를 가질 수 없을 가능성이 많다. 용신은 癸水, 기신은 土이다〔土剋水〕.

② 대운 설명

대운표

나이	7	17	27	37	47	57
천간	丁	丙	乙	甲	癸	壬
지지	巳	辰	卯	寅	丑	子
대운	火	濕土	木	木	濕土	水

● 대운의 흐름이 火→木→水→ …로 흐르고 있다. 초반과 중반까지는 일간의 힘이 약해지는 火와 木의 기운이 강해지므로 좋지 않다.

● 47세부터 습토(濕土)와 水의 기운이 강해지므로 좋아진다. 水가 강해지면 신장과 방광, 그리고 생식기의 힘이 강해지므로 이 기간에 임신할 가능성이 많다.

③ 치료와 예방

金과 水를 강하게 하는 식품과 차〔524~530쪽 참조〕를 꾸준히 섭취하고, 482쪽에 있는 _음양-오행이 하는 일들_ 표를 활용하여 체질에 맞는 섭생을 열심히 하면 임신할 수 있을 것이다. 그리고 523쪽에 있는 **2 사주학에서 병을 예방하거나 치료하는 방법**을 참조하면 되겠다.

11 새로운 세계가 열린다

지금까지 木, 火, 土, 金, 水의 오행에 병이 생긴 경우에 대해서 설명하였다. 사주에서도 병의 진단은 물론 원인과 치료까지 할 수 있을 뿐만 아니라 병이 생기는 시기까지도 알 수 있다. 믿겨지지 않을 정도로 놀랍다.

앞으로 사주를 활용하여 건강하게 사는 방법을 연구할 필요가 있다는 것을 깨닫고 의학의 발전에 크게 기여할 수 있다고 생각한다. 필자는 이런 새로운 세계(사주의학)가 도래할 것을 의심하지 않는다. 반드시 올 것이다.

개운법(開運法)

　개운법(開運法)은 '운(運)의 문을 여는 방법'이라는 뜻이다. 운(運)의 대문을 활짝 열어서 잘 살 수 있는 운(運)이 왕창 들어오게 하는 방법을 말한다. 만약 이렇게만 할 수 있다면 얼마나 좋겠는가!

　옛날부터 많은 사람들이 개운법에 대해 많은 관심을 가지고 연구도 많이 하였다, 앞에서 설명한 '섭생'과 '사주와 건강'도 개운법 중의 하나이다. 이 방법들은 모두 사주 원국에서 부족한 부분을 보충하여 완전한 사주가 되는 방법들이다.

　이보다 더 중요한 개운법이 또 있는데, 궁극적으로 사람의 근본을 바꾸는 획기적인 방법이다. 그러나 이 방법은 매우 어렵다. 지금까지 배운 기초 이론들을 다시 생각하면서 하나하나 새로운 사실들을 깨우쳐야 한다.

　무엇보다도 〈깨우침〉이 중요한 개운법이다.

지금까지 공부한 사주의 내용들을 곰곰이 다시 생각하며 나름대로 운(運)을 정리해 보았다. 그러므로 필자가 지금부터 말하는 내용은 필자의 개인적인 의견이다.

① 운(運)은 무엇인가?

운의 문을 열려면 '운(運)이 무엇인가?'부터 알아야 한다. 많은 사주책에서 운에 관련된 부분을 찾아보면 다음과 같다.

첫째, 운은 외부의 자연환경에서 생기는 '(천지)기운'이다.
둘째, 운은 오행과 60갑자의 순서로 들어온다.
셋째, 운은 월지에서 구한다.

이 세 가지를 중심으로 운의 정체를 밝혀 보자.

① 운은 외부의 자연환경에서 생기는 천지기운이다

운(運)은 외부의 자연환경에서 들어오는 '기운'이라고 하였으므로 운(運)은 '기운[氣, 에너지]'인 것은 확실하다.

자연(自然)은 스스로 자(自)와 그럴 연(然)이 합쳐진 글자이다. '스스로 존재하거나 저절로 이루어진 것'이라는 뜻이다. 그러나 '자연환경에서 오는 기운[氣]'이 무엇인지 구체적으로 명확하게 이해되지 않았다.

지금까지 배운 것들을 다시 생각해 보면서 운(運)을 찾아보자.

② 이 세상은 천지인(天地人)으로 되어 있다

이 세상의 모든 것은 천지인으로 되어 있다고 하였으므로, 천지인 삼태극에서 운(運)의 실마리를 찾아보자.

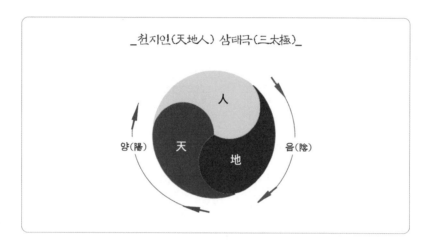

천지인(天地人) 삼태극(三太極)

天은 천간이므로 하늘의 기운이고, 地는 땅의 기운(地支)이다, 운 (運)은 '기운(氣, 에너지)'이라고 하였으므로 천간인 '하늘의 기운'이 다. 사주학에서 지(地)는 2~3종류의 천간(하늘의 기운)이 모이고 굳 어진 상태이다. 그러므로 천간과 지(地)는 따로따로 존재하는 것이 아니라 모두 천간(하늘의 기운)이다. 마치 현대 과학(양자학)에서 "물질은 에너지이다"라고 하는 말과 같다.

동서양의 생각이 엇비슷하다. 즉, 이 세상 모든 물질들의 원료는 동양은 기(氣)라 하였고, 서양은 에너지라고 하였다. 우리나라에서도 아주 먼 옛날(7000~9000년 전)부터 〈훈〉이라고 하였다. 삼태극에서 天과 地가 '하나'로 합쳐졌으므로 나머지 하나인 '人'은 무엇인가?

人은 사람의 기운이라고 해야 하는데, 사람의 기운이 무엇인지 이

해가 되지 않는다. 사주학에서 人은 土와 기능이 같으므로 人=土라고 생각할 수 있다.

지금까지 생각해 본 것처럼 天地人에서 天과 地는 같은 원료이지만 다르게 작용하고, 또 天과 人〔土〕도 원료는 같지만 다르게 작용한다. 그러므로 天地人의 원료는 모두 '하나'라는 뜻이다. 이처럼 天地人은 '하나'이면서 세 가지로 나누어서 작용한다. 『천부경(天符經)』에서 말하는 "하나가 셋으로 나뉘어서 행동한다_一析三極(일석삼극)"는 말과 같다. 다시 말해 이 세상 모든 것은 〈하나〉이다.

앞에서 土는 마음이고 생명이라고 하였다. 그러므로 天地人에서의 人은 사주학에서는 土〔생명〕의 작용을 한다. 그렇기 때문에 天地人은 人의 작용 때문에 살아 있는 생명, 즉 '생명체'가 된다. 다시 말해 이 세상의 모든 것은 天地人으로 구성되어 있으므로 이 세상 모든 것은 살아서 움직이는 '생명체'이다.

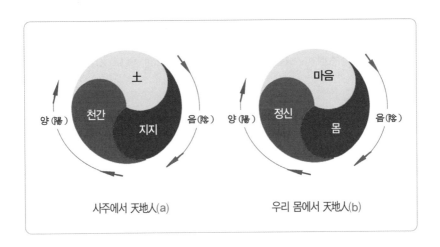

사주에서 天地人(a)   우리 몸에서 天地人(b)

사주에서 모든 것은 天地人으로 되어 있다고 하였으므로 우리 몸도 천지인으로 되어 있다. 그러므로 앞의 그림 (b)처럼 우리 몸은 눈에 보이는 몸뿐만 아니라 눈에 보이지 않는 마음과 정신도 함께 있다. 몸에 생긴 병을 치료하려면 마음과 정신도 함께 치료해야 하며 따로따로 분리해서 치료하면 안 된다. 몸과 마음과 정신은 항상 하나이기 때문이다.

③ 운은 오행과 60갑자의 순서로 들어온다

현대인들에게 이해하기 쉽게 표현하자면, 이 세상의 〈모든 것은 에너지[氣]로 이루어져 있으며 살아 있는 생명체이다〉라는 말이다. 이런 에너지[氣]를 동양에서는 '천지기운'이라고 하였다. 그러므로 〈천지기운은 살아 있는 생명체〉라는 말이다. 그러나 서양의 에너지에는 이런 개념이 없다.

사주에서 이런 천지기운이 가만히 정지되어 있지 않고 60갑자의 순서로 들어온다. 60갑자는 천간과 지지로 구성되어 있지만, 오행의 순서대로 움직인다. 즉, 木→火→土→金→水의 순서로 움직인다. 60갑자는 월주뿐만 아니라 연주·일주·시주에 모두 사용하고 있으므로 사주는 온통 60갑자로 이루어져 있다.

운(運) 또는 천지기운을 바다라고 하면 바다는 60갑자[오행]의 파도를 일으키면서 출렁인다. 사람의 운명[사주]은 천지기운의 파도에 실려서 움직이며 천지기운이 경맥을 통하여 내 몸 속으로 들어온다. 내 사주의 부족한 기운을 보충해 주면 행복해지고, 강한 기운을 더욱 강하게 하면 불행해진다.

이처럼 내 인생의 행복과 불행은 천지기운과의 조화에 따라 정해진다. 다시 말해 내가 천지기운의 흐름[파도]에 잘 맞으면 행복해지고 천지기운의 흐름[파도]에 맞지 않으면 소멸된다. 그러므로 자연의 흐름에 맞추어 사는 것이 가장 잘 사는 방법이다. 이처럼 운이 사람의 행복과 불행 등 모든 것을 결정한다.

다음 그림처럼 원국[사주]은 운의 파도가 진행하는 방향이 같으면 힘들이지 않고 수월하게 이동한다. 그러나 파도가 움직이는 방향과 맞지 않으면 일도 잘 안 되고 고생만 하게 된다.

60갑자는 천간 한 글자와 지지 한 글자가 한쌍으로 구성되어 있다. 모두 운이라는 큰 흐름 속의 작은 물결들이 되어서 운 속의 사주팔자와 함께 움직인다. 다시 말해서 사람[원국]은 운의 물결과 함께 움직이며 수많은 변화 속에서 살고 있다. 매우 어렵고 복잡한 인생의 삶이다.

제2부 156쪽에서 60갑자 표를 다룬 적이 있는데, 복습 삼아 다시
한 번 소개하니 참고하기 바란다.

_60갑자_

	1순		2순		3순		4순		5순		6순
1	甲子	11	甲戌	21	甲申	31	甲午	41	甲辰	51	甲寅
2	乙丑	12	乙亥	22	乙酉	32	乙未	42	乙巳	52	乙辰
3	丙寅	13	丙子	23	丙戌	33	丙申	43	丙午	53	丙寅
4	丁卯	14	丁丑	24	丁亥	34	丁酉	44	丁未	54	丁巳
5	戊辰	15	戊寅	25	戊子	35	戊戌	45	戊申	55	戊午
6	己巳	16	己卯	26	己丑	36	己亥	46	己酉	56	己未
7	庚午	17	庚辰	27	庚寅	37	庚子	47	庚戌	57	庚申
8	辛未	18	辛巳	28	辛卯	38	辛丑	48	辛亥	58	辛酉
9	壬申	19	壬午	29	壬辰	39	壬寅	49	壬子	59	壬戌
10	癸酉	20	癸未	30	癸巳	40	癸卯	50	癸丑	60	癸亥
공망	戌亥		申酉		午未		辰巳		寅卯		子丑

지금까지 설명한 운(運)을 정리하면 다음과 같다.

첫째, 운은 외부의 자연 환경에서 생기는 (천지)기운이다.
둘째, 운은 오행과 60갑자의 순서로 들어온다. 즉, 오행 운동을 한다.
셋째, 운은 태양의 빛과 햇볕과 같은 작용을 하므로 운(運)은 태양에
서 발산하는 햇살(햇빛과 햇볕)이다.

4 운(運)은 〈훈님〉인가?

사람들은 운이 좋을 때는 모든 일이 잘 되지만, 운이 나쁠 때는 되는 일이 없다. 이처럼 사람들의 길흉화복(吉凶禍福)은 운이 좌우한다. 성공한 사람들은 운이 좋아서 성공한 것이 아니라, 자기의 머리가 총명하고 노력을 많이 해서 성공한 것이라고 자랑한다.

그러나 인생을 많이 살아 본 사람들은 성공하려면 운이 밑받침되어야 한다는 것을 스스로 깨우친다. 그러므로 사주에서 운의 흐름을 보면 성공할 사람인가 아닌가를 알 수 있다. 뿐만 아니라 살면서 생기는 병과 길흉화복도 알 수 있다.

이처럼 운은 사람들에게 일어나는 행복과 불행 등 모든 것을 관리하고 control한다.

운은 살아 있는 천지기운이라고 하였다. 이 살아 있는 운[기운, 에너지]이 우리 몸 속으로 들어와서 병을 생기게 하기도 하고 또 치료하기도 한다. 사주에서는 이 운도 오행이나 육십갑자의 순서대로 규칙적으로 작용하므로 살아 있다는 증거이다. 즉, 〈운은 살아 움직이는 생명체〉이다. 다시 말해 운은 눈에 보이지도 않고 만질 수도 없는 천간[기체]이지만 막강한 힘을 가지고 있다. 이 운에 따라 병이 생기기도 하고 치료되기도 한다.

이처럼 사람들을 관리하고 경영하는 살아 있는 생명체를 무엇이라고 해야 하나? 이 살아 있는 생명체를 우리는 먼 옛날부터 『훈님』, 『하느님』이라고 불렀다. 그러므로 운은 『훈님』이다.

⑤ 『훈님』은 햇살이다

사주에서는 운의 흐름을 월주에서 구한다. 월주는 태양의 움직임을 나타내므로 『훈님』은 태양과 연관되어 있다. 『천부경』에서 "本心本太陽昻明"의 뜻은 여러 가지로 해석할 수 있지만 "참마음(本心)의 근본은 태양처럼 높고 밝음에 있다"는 뜻으로 해석하고 싶다[『천부경의 수수께끼, 332쪽, 박용숙의 해석』, 윤해석 지음, 창해].

'높고 밝음'을 다른 말로 바꾸면 '광명(光明)'이라고 할 수 있고 또 순수한 우리 말로 '햇볕 또는 햇살'이라고 할 수도 있을 것이다. 모두 태양에서 발산되는 〈빛과 열〉을 가리키는 말이다. 사주학에서는 丙火를 햇빛, 丁火를 열(熱)이라고 부르기도 하므로 광명보다는 '햇살'이 더 타당하다고 생각된다. 햇살은 인간에게 빛과 열을 주고 또 인간을 사랑으로 포용하고 포근하게 감싸안는 느낌도 있으므로 『훈님』은 햇살이라고 생각한다.

햇살은 인간 세상의 모든 곳을 골고루 비추고 따뜻하게 덥혀준다. 햇살이 비추는 곳은 양(陽)이고 햇살이 비추지 않는 곳은 음(陰)이며, 눈에 보이지 않는 氣(기운, 에너지, 천간)이기도 하다. 이처럼 사주에서는 햇살이라는 말이 『훈님』이 하시는 일을 함축(含蓄)하고 있다.

『천지인 사주』를 공부하다 보면 여러 곳에서 『훈님』의 손길을 느낄 수 있다. 그러므로 『천지인 사주』 속에서 또는 생활 속에서 『훈님』이 계셔서 인간을 사랑으로 관리, 통솔, 경영하고 계신다는 생각을 가지게 된다.

6 인간은 모두 『흔님』의 뜻대로 살아야 한다

사람들은 햇살을 받으며 살고 있으므로 『흔님』과 함께 사는 것이다. 이처럼 사람들은 『흔님』과 함께 살고 있으므로 『흔님』과 '하나'가 되어서 항상 존경하고 고마워하면서 함께 살아야 한다.

그러나 사람들은 이런 사실을 모르고 사람과 『흔님』을 분리하여 자기들만 잘 살려고 한다. 이는 끊임 없이 솟구치는 욕심이 문제이다. 『흔님』으로 이루어진 모든 물질을 자기 것으로 하여 자기의 몸[물질]과 권력과 돈을 독차지하고 싶어한다. 자꾸 『흔님』과 멀어져서 『흔님』의 마음이 아니라 자기의 마음대로 잘 살려고 한다.

이처럼 대자연의 흐름을 무시하며 살려 하므로 점점 더 대자연의 흐름에서 멀어지게 된다. 이렇게 살면 점점 소멸되어 없어지고 있다는 사실을 뼈저리게 느껴야 한다.

2 기도하고 수양해야 한다

다음은 필자가 필자에게 말하는 삶의 목표이다. 이렇게 살려고 노력해야 한다고 굳게 결심한다.

1 사주는 철학이고 종교이다

개운(開運)하여 복을 많이 받으려면 운의 대문을 활짝 열어야 한다. 하나님[천지기운]이 내 몸 속에 충만하여 『흔님』의 뜻대로 살아야 복을 많이 받을 수 있기 때문이다.

그러나 문제는 대문의 문지기인 내 마음의 작용에 따라 천지기운[하나님]의 출입이 정해진다는 점이다. 내 마음이 남을 위하는 마음이 되면 경혈이 활짝 열려서 천지기운[하나님]이 다량으로 들어온다. 내가 곧 하나님이 된다. 그러면 하나님이 내 몸에 충만하시어 하나님이 내 몸과 인생을 관리, 경영하시므로 건강하고 행복할 수밖에 없다. 사람들이 하나님의 뜻에 따라 살면 건강하고 행복해지지만, 반대로 하나님의 뜻에 거역하여 살면 고생하고 불행해진다.

앞에서도 설명했듯이 행복과 건강은 내 마음이 결정한다. 남을 위하여 살려고 하면 내 몸은 하나님이 충만하게 되어 많은 복을 받을 수 있지만, 내 몸을 위하여 살려고 하면 고생과 괴로움이 많게 된다. 그러므로 나는 항상 긍정적인 마음으로 모든 것을 포용하며 사랑해야 한다. 즉, 항상 남을 위하여 사는 〈홍익인간(弘益人間)〉이 되어야 한다. 나보다는 내 주위의 공동체를 위하여 살면 일시적으로는 손해를 보더라도 궁극적으로는 나의 이익이 된다는 사실을 알아야 한다.

사주가 마침내 철학이 되고 종교가 되는 것이다.

2 기도하고 수양해야 한다

인간들은 하나님이라는 운(運) 속에서 살고 있다. 하나님의 호흡과 나의 호흡이 잘 맞으면 나의 모든 결점이 없어져서 잘 살 수 있다. 그러나 나에게 필요한 기운과 운[하나님]의 기운이 호흡이 잘 맞지 않으면 일이 잘 되지 않아서 불행해진다. 내 욕심만 채우려 하고, 하나님의 뜻에 어긋나게 살면 살수록 나는 고생이 심해지고 병도 들게 된다. 그러므로 내가 할 일은 오로지 하나님의 뜻에 맞게 사는 일이다.

그러나 이렇게 사는 일이 얼마나 어려운 일인가! 나만 잘 사는 것이 아니라 내 주위에 있는 모든 생물이 편안하게 잘 사는 것이 진정한

나의 행복이라는 사실을 명심해야 한다.

남을 도와주고 남을 위해 사는 것이 내가 잘 사는 길이다. 이런 사실을 머리로 외우지 말고 온 몸으로 깨우쳐야 한다. 공부를 열심히 하여 진리를 깊게 깨우치고, 이렇게 살도록 기도하고 열심히 수양해야 한다.

기도(祈禱)란 기(祈)는 시(示 볼 시)와 근(斤 도끼 근)이 합쳐진 것으로 '도끼를 본다'는 뜻이다. 도(禱)자도 시(示 보일 시)와 수(壽 목숨 수)가 합쳐진 글자이다. 이렇게 기도(祈禱)란 도끼날 옆에서 목숨을 내건 채 결사적으로 바라본다는 말이다. 그러므로 기도한다는 말은 하나님을 향해 목숨을 내걸고 죽기살기로 애걸한다는 뜻이다. 정성을 다하고 최선을 다해야 한다는 말이다. 그래야 내 몸 속의 하나님이 감동하여 소원을 들어주실 것이다.

③ 복 많이 받으려면 마음의 문부터 열어야 한다

마음의 문부터 열어야 한다는 말은 하기 쉬워도 실행하기는 매우 어렵다. 내용이 이해하기 어려워서 실행하기가 어려운 점도 있지만, 현대를 사는 대부분의 사람들에게는 매우 어렵다. 무엇보다도 먼저 사주학〔동양철학〕 자체를 이해하려고 하지 않기 때문이다. 무조건 과학적으로 증명되지 않았으므로 엉터리라는 것이다. 이론적으로 설명하려 해도 들으려고도 하지 않는다. 이처럼 무조건 마음의 문을 꼭 닫고 있는 사람들에게 어떻게 설명해야 할지 방법을 모를 정도이다.

개운을 하여 복(福)을 받으려면 사주학〔동양철학〕에서 말하는 내용을 진지하게 논의하고 깨우쳐야 한다. 철학적으로 깨우치라는 말뿐만이 아니라 사주학에도 진리가 있다는 사실을 깨우쳐야 한다. 사주를 배워서 일상생활에 활용하면서 살아야겠다.

『흔님』과 하나가 되어서 『흔님』의 품속에서 잘 살아보자.

4 사주 감정하는 순서

지금까지 주로 기초 이론을 공부하였다. 이 이론들을 활용하여 실제로 감정하는 순서를 생각해 보자. 박정희 대통령의 사주를 예를 들어서 설명하였다. 감정할 때 필요한 형식들은 〈부록 Ⅲ〉에 정리해 두었으므로 이 순서대로 감정하면 될 것으로 생각된다.

① 원국의 작성 −선천적인 운명을 감정−

① 지지의 강도 계산

〈부록 Ⅲ〉에서 일간의 종류에 따라 감정하는 형식을 찾아서 컴퓨터로 복사한다. 박정희 대통령의 사주는 일간이 庚金이므로, 庚金의 형식은 다음과 같다.

① 다음 표에 감정할 사람의 이름과 성별, 태어난 날짜, 음력·양력의 구분, 감정한 날짜를 기입한다.

박정희	남자	1917년 9월 30일 寅時	양력	2023년 7월 5일 작성

② 박정희 대통령의 생년월일시를 컴퓨터나 핸드폰의 앱을 사용하여 사주로 바꾼다.

박 대통령의 사주를 표에 기입하면 다음과 같다. 가로로 쓰는 전통적인 방법보다 세로로 정리하면 팔자의 강도를 계산할 때 편리하다.

팔자의 강도 계산

		천간			지지					
		통근 + 생조	합		지장간	육신	12운성	강도(힘)	
年	丁火	寅：−9×0.5×0.2≒−1 巳：−1×0.4×1≒0 亥：−24×0.1×0.8≒−2	−3	巳火	戊, 庚, 丙	편관	장생	−1	**−1**
					巳申水(10% 合)：생략				
月	申金	寅：−9×0.1×0.5≒0 巳：−1×0.3×0.8≒0 申：+10×0.6×0.8≒+5 亥：−24×0.1×1≒+2	+7	亥水	戊, 甲, 壬	식신	병	−24	**−24**
					寅亥木(10% 이하)：생략				
日	庚金	寅：−9×0.1×0.8≒+1 巳：−1×0.3×0.5≒0 申：+10×0.6×1≒+6 亥：−24×0.1×0.8≒+2	+9	申金	戊, 壬, 庚	비견	건록	+10	**+10**
					巳申水(10% 合)：생략 寅申沖(20/80)：생략				
時	戊土	寅：−9×0.4×1≒−4 巳：−1×0.7×0.2≒0 申：+10×0.2×0.8≒+2 亥：−24×0.1×0.5≒+2	+8	寅木	戊, 丙, 甲	편재	절	−9	**−9**
					寅亥木(10% 이하)：생략 寅申沖(20/80)：생략				
强弱		−2　　中和 사주		조후					
				억부					

지지란에 지지의 지장간과 육신, 12운성을 기입한다〔부록 I에 수록되어 있다〕.

③ 부록 I에서 일간이 庚金일 때 각 지지가 연지·월지·일지·시지에 있을 때의 강도를 찾아서 기입한다.

④ 각 지지가 합(合)과 충(沖)을 하면 강도가 변한다.

합은 _지지합의 크기를 정하는 기준_〔5부 296쪽〕, 충은 _지지충의 결과(강도)_〔5부 305쪽〕를 기준으로 강도의 변화를 계산한다. 그 결과를 표의 마지막 칸에 적어 넣는다.

❶ 합과 충의 강도가 10% 이하일 경우에는 생략하였다.

부록에 있는 강도의 값들은 모두 '어림값'이므로 너무 세밀하게 따지지 않기 바란다. 이 '어림값'들은 대략적인 현상이나 변하는 경향 등을 파악할 때 요긴하게 사용되지만, 강도를 계산할 때는 너무 작은 숫자까지 집착하지 않아야 할 것으로 생각된다. 세상의 모든 일들은 숫자처럼 딱딱 떨어지질 정도로 정교하게 일어나지 않기 때문이다. 그러므로 합과 충하는 강도가 10 이하일 경우에는 참조만 하기 바란다.

❷ 합과 충이 동시에 생겼을 경우에는 합과 충의 강도를 비교하여 적절하게 처리하여야 한다.

예를 들면 충과 삼합(방합)의 강도를 비교하여 너무 큰 차이가 날 경우에는 약하게 충이나 합은 일어나지 않는다.

❸ 박 대통령의 지지에서 생긴 합이나 충은 강하지 않으므로 모두 생략하였으나, 영향이 전부 소멸된 것은 아니다.

강도를 계산할 때는 거의 무시하였으나 실제로 감정할 때는 합과 충의 현상이 나타날 수도 있다고 한다.

② 천간의 강도 계산

　지지의 강도를 알았으므로 이 지지의 강도를 사용하여 천간의 강도를 계산한다. 즉, 〈부록 ②〉 천간이 지지에 통근(생조)하는 비율을 이용하여 천간의 강도를 산출한다. 천간과 지지의 강도를 모두 계산하였으므로 다음 표와 같이 정리하면 편리하다.

천간과 지지의 강도

	천간		지지	
年	丁	−5	巳	−1
月	辛	+12	亥	−24
日	庚	+12	申	+10
時	戊	+7	寅	−9

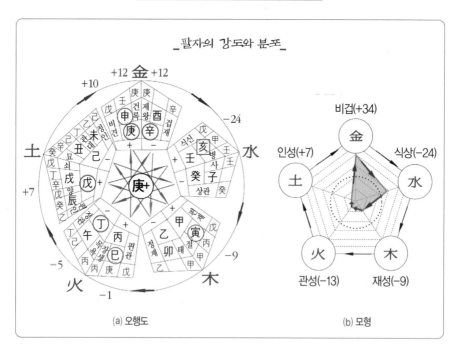

팔자의 강도와 분포

(a) 오행도

(b) 모형

표〔천간과 지지의 강도〕의 내용을 오행도에 나타낸 것이 그림 (a)이다. 그림 (a)가 너무 복잡하므로 그림 (b)처럼 간단히 요점만 나타내었다. 그림 (a)에서 지지의 값〔강도〕을 오행별로 합한 다음 그림 (b)에 나타내었다. 이 값〔강도〕들을 선으로 연결하면 연두색의 면적이 된다. 이 연두색의 면적이 박정희 대통령의 사주이다.

이렇게 해서 박정희 대통령의 사주 원국(原局)을 그림〔팔자의 강도와 분포〕에 모두 나타내었다. 그림을 보고 알 수 있는 점들을 생각해 보자〔7부 422쪽 박정희 대통령의 인생곡선 참조〕.

① 사주의 구조를 알 수 있다

그림 (a)에 팔자의 분포와 각 팔자의 강도를 표시하였으므로 사주의 전체적인 윤곽을 쉽게 알 수 있다(b). 즉, 가장 강한 오행과 가장 약한 오행뿐만 아니라 육신도 알 수 있고, (a)와 (b)에서 사주의 기운이 흐르는 모양을 알 수 있다.

비겁+인성과 식상+재성+관성의 강도를 비교하여 표〔천간과 지지의 강도〕의 강약(强弱)난에 표시하였다. 박 대통령 경우에는 강약이 '+3'이므로 중화(中和)사주에 해당한다. 이처럼 '사주의 구조〔신강-중화-신약사주〕'를 알 수 있다.

② 사주의 구조를 알면 억부용신(희신)과 조후용신 및 기신(구신)을 찾아야 한다〔6부 332쪽 용신 참조〕

박 대통령의 용신은 火이고 木이 희신이며, 또 水가 기신이고 金이 구신(仇神)이다〔7부 422쪽 박정희 대통령의 인생 곡선 참조〕.

③ 일간의 종류와 강도를 조사해 보면 사주 주인공의 성격을 알 수 있다. 그리고 일간과 다른 육신과의 관계를 알 수 있다.

④ 이 이외에도 육친과의 관계와 건강(체질) 등 선천적인 특징들을 알 수 있다.

③ 원국의 점수

사주 주인공의 선천적인 '그릇'을 알 수 있다. 즉, 7부 원국의 평가표(415쪽)와 같은 원국의 평가표를 사용하여 '선천적'으로 사주팔자를 얼마나 잘 타고났나를 알 수 있다.

이 책에서는 원국과 운의 비율을 40 : 60으로 정하고 있으므로 원국은 40점이 만점이고 운은 60점을 만점으로 정하였다. 박 대통령의 원국의 평가는 다음 표와 같이 40점 만점에 35점이다. 100점 만점으로 환산하면 88점 정도이다. 선천적인 운명은 잘 타고났다는 사실을 알 수 있다.

박 대통령의 원국 평가표

	점수				점수	종합
原局 (40점 만점)	10	팔자의 분포	上	10	10	35/40
			中	6		
			下	2		
	10	합과 충	上	10	10	35점≒ (88점/100)
			中	5		
			下	0		
	10	신강-신약	上	10	10	
			中	5		
			下	0		
	10	용신	上	10		
			中	5	5	
			下	0		

박 대통령의 일간은 *庚金*이다. 부록 Ⅲ에서 일간 *庚金*인 부분을 찾아보면 대운표의 밑그림을 수록해 놓았다. 이 밑그림에 박 대통령의 나이에 따른 지지의 변화를 조사하여 기입하면 다음 표와 같다. 대운의 흐름은 만세력이나 컴퓨터, 핸드폰의 앱을 이용하면 쉽게 알 수 있다. 각 대운에서 생기는 합과 충, 원국의 점수도 함께 수록하였다.

박 대통령의 대운의 평가표

나이	2~11	12~21	22~31	32~41	42~51	52~61	62~
천간	庚	己	戊	丁	丙	乙	甲
지지	戌	酉	申	未	午	巳	辰
대운	乾土	金	金	乾土	火	火	濕土
합·충	寅(午)戌 火局	巳酉(丑) 金局	巳申水 寅申沖	亥(卯)未 木局	寅午(戌) 火局	巳申水 巳亥沖	申(子)辰 水局
점수	40	0	0	70	70	60	0
원국 (35점)+대운	75	35	35	105	105	95	35

대운표에서 '점수' 란의 숫자는 지지의 점수+합충한 점수이다.

예를 들면 2~11세의 *庚戌*대운에서 *戌土*는 火에 가까운 土이고 또 *寅(午)戌*의 약한 합을 하였다. 그러므로 *戌土*는 60점 만점에서 40점 정도라고 생각된다. 또 12~21세의 *己酉*대운의 지지 *酉金*은 金이므로 구신이고, *巳酉(丑) 金局*의 반합을 하였다. 그러므로 *己酉*대운은 매우 불길한 대운이었을 것으로 생각되어서 점수가 '0' 점이 되었다. 이런 방식으로 지지의 점수를 매기었다.

'원국(35점)+대운' 란은 사주의 원국과 지지의 점수를 합한 값이다. 박 대통령이 庚戌대운(2~11세)의 기간에는 어떤 삶을 살았는지 점수를 매겨보자.

박 대통령 사주의 원국은 40점 만점에 35점이고, 대운은 60점 만점에 40점이므로 원국+대운의 점수는 35+40=75점이다. 즉, 박 대통령의 어린 시절 생활 형편은 좋았을 것으로 생각된다. 그러나 이 시기 이후 20년 동안은 金의 시절(구신)이었으므로 매우 심하게 고생하였을 것으로 생각된다. 그 이후의 삶은 박정희 대통령의 인생 곡선(7부 422쪽)을 참고하기 바란다.

③ 인생곡선을 작성한다

박 대통령의 대운 평가표를 보면, 나이를 먹어감에 따라 인생을 어떻게 살았는가를 알 수 있다. 이 현상을 다음처럼 그래프로 표현하면 이해하기 훨씬 더 쉬울 것이다. 그래프의 밑그림도 부록 Ⅲ에 있으므로 대운 평가표의 내용을 그래프에 다시 나타내면 인생 곡선을 그릴 수 있다. 박정희 대통령의 인생 곡선은 다음과 같다(7부 422쪽 참조).

박 대통령의 인생곡선

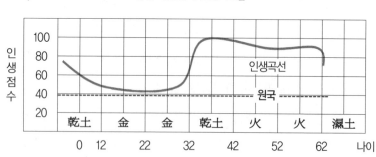

④ 주의할 점들

지금까지 사주를 감정하는 방법〔순서〕을 설명하였다. 사주를 감정할 때 반드시 해야 할 일들을 생각해 보았다.

① 사주는 얼마나 잘 맞추느냐, 즉 적중률이 가장 중요하다

많은 사주 감정사들이 거의 100% 맞추는 것처럼 떠들어 대고 있지만 과장된 말이다. 필자의 경험으로는 사주에 따라 차이가 많이 있지만 가장 적중률이 높다고 하는 대운 풀이는 80~90% 정도이고, 나머지도 평균해서 60~70% 정도이다. 필자는 이 정도로도 만족하며 감사하게 생각한다. 사주를 보고 지나치게 많은 것들을 알려고 하는 것도 욕심이라고 생각한다.

② 사주를 감정하는 일도 길고 복잡하므로 매우 귀찮고 번거로운 일이다

그래서 많은 사람들이 사주를 간단히 쉽게 감정하는 방법들에 대해서 떠들어 대고 있다. 어떤 사람들은 사주를 보자마자 도사들처럼 감정 내용들이 술술 나온다. 자기는 사주를 하도 많이 보아서 '척하면 삼천리'라고 하면서 자기의 사주 실력을 자랑한다.

그러나 감정하는 일은 한 사람의 인생을 평가하는 일이다. 그러므로 신중하게 감정하여야 한다. 내용에 대해서 상담자와 수시로 긴 시간 동안 많은 이야기를 하면서 감정하여야 한다. 필자는 상담자의 과거 사례들을 회상해 보면서 감정한 내용이 얼마나 실제와 일치하였는가를 〈확인〉한다. 만약 잘 맞지 않으면 감정을 잘못한 것이므로 즉시 중단하여야 한다. 상담을 시작하자마자 감정 결과를 말하는 것은 무리이고 빨라야 하루나 이틀 정도의 시간이 필요하다.

③ 사주는 지구가 자전하면서 공전하는 현상, 즉 음양오행론에 근거하여 설명하는 분야이다

이 세상의 모든 일들은 자전과 공전하는 현상에서 벗어날 수 없다. 그러므로 사주가 생각하는 기준이 확실히 옳지만, 필자는 공부가 부족하고 머리가 잘 돌지 않아서 판단 기준이 흐려지는 것이 문제이다. 특히 『천지인 사주』가 보통의 사주보다 월등하다고 생각하지만 아직 모르는 점이 너무 많다. 더욱 더 사주 공부를 많이 하여 『천지인 사주』 본연의 가치를 되찾을 수 있었으면 좋겠다.

『천지인 사주』의 훌륭한 점을 연구하고 발달해서 개인뿐만 아니라 사회에도 크게 공헌하고 싶다.

제**9**부

부록

I
지지의 강약

II
천간이 지지에 통근(생조)하는 비율

III
원국과 오행도·대운표·인생곡선

▶부록 I II III은 사주 감정할 때마다 꼭 필요합니다. 그러므로 복사해서 사용하여야 하나, 매우 번거롭습니다.

부록 I II III을 복사하지 않고 컴퓨터에서 바로 사용하고자 하는 독자분들은 메일(seungpyung123@naver.com)을 보내주시면 한글 프로그램에서 사용할 수 있는 부록 I II III 한글 파일(흔글)을 보내드리겠습니다.

일간이 甲木인 경우

		봄			여름			가을			겨울		
甲木	지지	寅	卯	辰	巳	午	未	申	酉	戌	亥	子	丑
		1월	2월	3월	4월	5월	6월	7월	8월	9월	10월	11월	12월
	지장간	戊 7 丙 7 甲16	甲10 乙20	乙 9 癸 3 戊18	戊 7 庚 7 丙16	丙10 己 9 丁11	丁 9 乙 9 己18	戊 7 壬 7 庚16	庚10 辛20	辛 9 丁 3 戊18	戊 7 甲 7 壬16	壬10 癸20	癸 9 辛 3 己18
	六神	비견	겁재	편재	식신	상관	정재	편관	정관	편재	편인	정인	정재
	12운성	건록	제왕	쇠	병	사	묘	절	태	양	장생	목욕	관대
		旺	囚	休		囚		死		囚	相		囚
	強弱	+20	+100	+60	−70	−70	−120	−60	−70	−40	+30	+80	+90
	年支	+1	+5	+3	−4	−4	−6	−3	−4	−2	+2	+4	+5
	月支	+12	+60	+36	−42	−42	−72	−36	−42	−24	+18	+48	+54
	日支	+4	+20	+12	−14	−14	−23	−12	−14	−8	+6	+16	+18
	時支	+3	+15	+9	−11	−11	−18	−9	−11	−6	+5	+12	+14

일간이 乙木인 경우

		봄			여름			가을			겨울		
乙木	지지	寅	卯	辰	巳	午	未	申	酉	戌	亥	子	丑
		1월	2월	3월	4월	5월	6월	7월	8월	9월	10월	11월	12월
	지장간	戊 7 丙 7 甲16	甲10 乙20	乙 9 癸 3 戊18	戊 7 庚 7 丙16	丙10 己 9 丁11	丁 9 乙 9 己18	戊 7 壬 7 庚16	庚10 辛20	辛 9 丁 3 戊18	戊 7 甲 7 壬16	壬10 癸20	癸 9 辛 3 己18
	六神	겁재	건록	관대	목욕	장생	양	태	절	묘	사	병	쇠
	12운성	제왕	비견	정재	상관	식신	편재	정관	편관	정재	인수	편인	편재
		旺	囚	休		囚		死		囚	相		囚
	強弱	+20	+100	+80	−80	−70	−40	−20	−80	−80	+60	+70	+40
	年支	+1	+5	+4	−4	−4	−2	−3	−4	−4	+3	+4	+2
	月支	+12	+60	+48	−48	−42	−24	−12	−48	−48	+36	+42	+24
	日支	+4	+20	+16	−16	−14	−8	−4	−16	−16	+12	+14	+8
	時支	+3	+15	+12	−12	−11	−6	−3	−12	−12	+9	+11	+6

지지의 강약

일간이 丙火인 경우

丙火		봄			여름			가을			겨울		
	지지	寅	卯	辰	巳	午	未	申	酉	戌	亥	子	丑
		1월	2월	3월	4월	5월	6월	7월	8월	9월	10월	11월	12월
	지장간	戊 7 丙 7 甲16	甲10 乙20	乙 9 癸 3 戊18	戊 7 庚 7 丙16	丙10 庚 7 丁11	丁 9 乙 9 己18	戊 7 壬 7 庚16	庚10 辛20	辛 9 丁 3 戊18	戊 7 甲 7 壬16	壬10 癸20	癸 9 辛 3 己18
	六神	장생	목욕	관대	건록	제왕	쇠	병	사	묘	절	태	양
	12운성	편인	정인	식신	비견	겁재	상관	편재	정재	식신	편관	정관	상관
		相		休	旺		休	囚		休	死		休
	强弱	+40	+80	−10	+20	+100	+120	−90	−70	+20	−50	−70	−80
	年支	+2	+4	−1	+1	+5	+6	−5	−4	+1	−3	−4	−4
	月支	+24	+48	−6	+12	+60	+72	−54	−42	+12	−30	−42	−48
	日支	+8	+16	−2	+4	+20	+24	−18	−14	+4	−10	−14	−16
	時支	+6	+12	−2	+3	+15	+18	−14	−11	+3	−8	−11	−12

일간이 丁火인 경우

丁火		봄			여름			가을			겨울		
	지지	寅	卯	辰	巳	午	未	申	酉	戌	亥	子	丑
		1월	2월	3월	4월	5월	6월	7월	8월	9월	10월	11월	12월
	지장간	戊 7 丙 7 甲16	甲10 乙20	乙 9 癸 3 戊18	戊 7 庚 7 丙16	丙10 庚 7 丁11	丁 9 乙 9 己18	戊 7 壬 7 庚16	庚10 辛20	辛 9 丁 3 戊18	戊 7 甲 7 壬16	壬10 癸20	癸 9 辛 3 己18
	六神	정인	편인	상관	겁재	비견	식신	정재	편재	상관	정관	편관	식신
	12운성	사	병	쇠	제왕	건록	관대	목욕	장생	양	태	절	묘
		相		休	旺		休	囚		休	死		休
	强弱	+50	+70	−40	+20	+90	+100	−60	−80	+30	−30	−80	−70
	年支	+3	+4	−2	+1	+5	+5	−3	−4	+2	−2	−4	−4
	月支	+30	+42	−24	+12	+54	+60	−36	−48	+18	−18	−48	−42
	日支	+10	+14	−8	+4	+18	+20	−12	−14	+6	−6	−16	−14
	時支	+8	+11	−6	+3	+14	+15	−9	−12	+5	−5	−12	−11

지지의 강약

일간이 戊土인 경우

		봄			여름			가을			겨울		
	지지	寅	卯	辰	巳	午	未	申	酉	戌	亥	子	丑
		1월	2월	3월	4월	5월	6월	7월	8월	9월	10월	11월	12월
戊土	지장간	戊 7 丙 7 甲16	甲10 乙20	乙 9 癸 3 戊18	戊 7 庚 7 丙16	丙10 己 9 丁11	丁 9 乙 9 己18	戊 7 壬 7 庚16	庚10 辛20	辛 9 丁 3 戊18	戊 7 甲 7 壬16	壬10 癸20	癸 9 辛 3 己18
	六神	편관	정관	비견	편인	정인	겁재	식신	상관	비견	편재	정재	겁재
	12운성	장생	목욕	관대	건록	제왕	쇠	병	사	묘	절	태	양
		死		旺	相		旺	休		旺	囚		旺
	强弱	-20	-70	+30	+40	+80	+100	-30	-80	+30	-50	-70	+40
	年支	-1	-4	+2	+2	+4	+5	-2	-4	+2	-3	-4	+2
	月支	-12	-42	+18	+24	+48	+60	-18	-48	+18	-30	-42	+24
	日支	-4	-14	+6	+8	+16	+20	-6	-16	+6	-10	-14	+8
	時支	-3	-11	+5	+6	+12	+15	-5	-12	+5	-8	-11	+6

일간이 己土인 경우

		봄			여름			가을			겨울		
	지지	寅	卯	辰	巳	午	未	申	酉	戌	亥	子	丑
		1월	2월	3월	4월	5월	6월	7월	8월	9월	10월	11월	12월
己土	지장간	戊 7 丙 7 甲16	甲10 乙20	乙 9 癸 3 戊18	戊 7 庚 7 丙16	丙10 己 9 丁11	丁 9 乙 9 己18	戊 7 壬 7 庚16	庚10 辛20	辛 9 丁 3 戊18	戊 7 甲 7 壬16	壬10 癸20	癸 9 辛 3 己18
	六神	정관	편관	겁재	정인	편인	비견	상관	식신	겁재	정재	편재	비견
	12운성	사	병	쇠	제왕	건록	관대	목욕	장생	양	태	절	묘
		死		旺	相		旺	休		旺	囚		旺
	强弱	-20	-80	+20	+50	+80	+80	-40	-70	+40	-20	-80	+30
	年支	-1	-4	+1	+3	+4	+4	-2	-4	+2	-1	-4	+2
	月支	-12	-48	+12	+30	+48	+48	-24	-42	+24	-12	-48	+18
	日支	-4	-16	+4	+18	+16	+16	-8	-14	+8	-4	-16	+6
	時支	-3	-12	+3	+8	+12	+12	-6	-11	+6	-3	-12	+5

일간이 庚金인 경우

		봄			여름			가을			겨울		
	지지	寅	卯	辰	巳	午	未	申	酉	戌	亥	子	丑
		1월	2월	3월	4월	5월	6월	7월	8월	9월	10월	11월	12월
庚金	지장간	戊 7 丙 7 甲16	甲10 乙20	乙 9 癸 3 戊18	戊 7 庚 7 丙16	丙10 己 9 丁11	丁 9 乙 9 己18	戊 7 壬 7 庚16	庚10 辛20	辛 9 丁 3 戊18	戊 7 甲 7 壬16	壬10 癸20	癸 9 辛 3 己18
	六神	편재	정재	편인	편관	정관	정인	비견	겁재	편인	식신	상관	정인
	12운성	절	태	양	장생	목욕	관대	건록	제왕	쇠	병	사	묘
		囚		相	死		相	旺		相	休		相
	强弱	-60	-70	+10	-20	-20	+40	+50	+100	+60	-40	-80	+40
	年支	-3	-4	+1	-1	-1	+2	+3	+5	+3	-2	-4	+2
	月支	-36	-42	+6	-12	-12	+24	+30	+60	+36	-24	-48	+24
	日支	-12	-14	+2	-4	-4	+8	+10	+20	+12	-8	-16	+8
	時支	-9	-11	+2	-3	-3	+6	+8	+15	+9	-6	-12	+6

일간이 辛金인 경우

		봄			여름			가을			겨울		
	지지	寅	卯	辰	巳	午	未	申	酉	戌	亥	子	丑
		1월	2월	3월	4월	5월	6월	7월	8월	9월	10월	11월	12월
辛金	지장간	戊 7 丙 7 甲16	甲10 乙20	乙 9 癸 3 戊18	戊 7 庚 7 丙16	丙10 己 9 丁11	丁 9 乙 9 己18	戊 7 壬 7 庚16	庚10 辛20	辛 9 丁 3 戊18	戊 7 甲 7 壬16	壬10 癸20	癸 9 辛 3 己18
	六神	정재	편재	정인	정관	편관	편인	겁재	비견	정인	상관	식신	편인
	12운성	태	절	묘	사	병	쇠	제왕	건록	관대	목욕	장생	양
		囚		相	死		相	旺		相	休		相
	强弱	-20	-80	-70	+20	-40	-10	+50	+100	+80	-40	-80	-40
	年支	-1	-4	-3	+1	-2	-1	+3	+5	+4	-2	-4	-2
	月支	-12	-48	-42	+12	-24	-6	+30	+60	+48	-24	-48	-24
	日支	-4	-16	-14	+4	-8	-2	+10	+20	+16	-8	-16	-8
	時支	-3	-12	-11	+3	-6	-2	+8	+15	+12	-6	-12	-6

일간이 壬水인 경우

		봄			여름			가을			겨울		
	지지	寅	卯	辰	巳	午	未	申	酉	戌	亥	子	丑
		1월	2월	3월	4월	5월	6월	7월	8월	9월	10월	11월	12월
	지장간	戊 7 丙 7 甲16	甲10 乙20	乙 9 癸 3 戊18	戊 7 庚 7 丙16	丙10 己 9 丁11	丁 9 乙 9 己18	戊 7 壬 7 庚16	庚10 辛20	辛 9 丁 3 戊18	戊 7 甲 7 壬16	壬10 癸20	癸 9 辛 3 己18
	六神	식신	상관	편관	편재	정재	정관	편인	정인	편관	비견	겁재	정관
壬水	12운성	병	사	묘	절	태	양	장생	목욕	관대	건록	제왕	쇠
			休		死	囚	死	相		死	旺		死
	强弱	−70	−80	+30	−60	−70	−80	+30	+80	−30	+20	+100	+100
	年支	−4	−4	+2	−3	−4	−4	+2	+4	−2	+1	+5	+5
	月支	−42	−48	+18	−36	−42	−48	+18	+48	−18	+12	+60	+60
	日支	−14	−16	+6	−12	−14	−16	+6	+16	−6	+4	+20	+20
	時支	−11	−12	+5	−19	−11	−12	+5	+12	−5	+3	+15	+15

일간이 癸水인 경우

		봄			여름			가을			겨울		
	지지	寅	卯	辰	巳	午	未	申	酉	戌	亥	子	丑
		1월	2월	3월	4월	5월	6월	7월	8월	9월	10월	11월	12월
	지장간	戊 7 丙 7 甲16	甲10 乙20	乙 9 癸 3 戊18	戊 7 庚 7 丙16	丙10 己 9 丁11	丁 9 乙 9 己18	戊 7 壬 7 庚16	庚10 辛20	辛 9 丁 3 戊18	戊 7 甲 7 壬16	壬10 癸20	癸 9 辛 3 己18
	六神	상관	식신	정관	정재	편재	편관	정인	편인	정관	겁재	비견	편관
癸水	12운성	목욕	장생	양	태	절	묘	사	병	쇠	제왕	건록	관대
			休		死	囚	死	相		死	旺		死
	强弱	−80	−70	+40	−20	−80	−110	+60	+70	−20	+20	+100	+100
	年支	−4	−4	+2	−1	−4	−6	+3	+4	−1	+1	+5	+5
	月支	−48	−42	+24	−12	−48	−66	+36	+42	−12	+12	+60	+60
	日支	−16	−14	+8	−4	−16	−22	+12	+14	−4	+4	+20	+20
	時支	−12	−11	+6	−3	−12	−17	+9	+11	−3	+3	+15	+15

Ⅱ
천간이 지지에 통근(생조)하는 비율

甲木 · 乙木

	지장간	通根	비율	生助	비율	合	12운성 丙	12운성 丁	결론
寅	戊 7 丙 7 甲16	甲16	16/30＝0.53			0.5	건록	제왕	0.5
卯	甲10 乙20	甲10 乙20	10/30＝0.33 20/30＝0.67			1.0	제왕	건록	1.0
辰	乙 7 癸 3 戊18	乙 9	9/30＝0.30	癸 3	3/30×0.8＝0.08	0.4	쇠	관대	0.4
巳	戊 7 庚 7 丙16						병	목욕	0
午	丙10 己 9 丁11						사	장생	0
未	丁 9 乙 3 己18	乙 3	3/30＝0.1			0.1	묘	양	0.1
申	戊 7 壬 7 庚16			壬 7	7/30×0.8＝0.23	0.2	절	태	0.2
酉	庚10 辛20						태	절	0
戌	辛 9 丁 3 戊18						양	묘	0
亥	戊 7 甲 7 壬16	甲 7	7/30≒0.23	壬16	16/30×0.8＝0.42	0.7	장생	사	0.7
子	壬10 癸20			壬10 癸20	10/30×0.8＝0.33 20/30×0.8＝0.54	0.9	목욕	병	0.9
丑	癸 9 辛 3 己18			癸 9	9/30×0.8＝0.24	0.2	관대	쇠	0.2

丙火 · 丁火

	지장간	通根	비율	生助	비율	合	12운성 丙	12운성 丁	결론
寅	戊7 丙7 甲16	丙7	7/30=0.23	甲16	16/30×0.8≒0.42	0.7	장생	사	0.7
卯	甲10 乙20			甲10 乙20	10/30×0.8=0.26 20/30×0.8=0.54	0.8	목욕	병	0.8
辰	乙7 癸3 戊18			乙9	9/30×0.8=0.24	0.2	관대	쇠	0.3
巳	戊7 庚7 丙16	丙16	16/30=0.53			0.5	건록	제왕	0.5
午	丙10 己9 丁11	丙10 丁11	10/30=0.33 11/30=0.37			1.0	제왕	건록	1.0
未	丁9 乙3 己18	丁9	9/30=0.3	乙3	3/30×0.8=0.08	0.4	쇠	관대	0.4
申	戊7 壬7 庚16						병	목욕	0
酉	庚10 辛20						사	장생	0
戌	辛9 丁3 戊18	丁3	3/30=0.1			0.1	묘	양	0.1
亥	戊7 甲7 壬16			甲7	7/30×0.8=0.18	0.2	절	태	0.2
子	壬10 癸20						절		0
丑	癸9 辛3 己18						묘		0

戊土·己土

	지장간	通根	비율	生助	비율	合	12운성 丙	12운성 丁	결론
寅	戊7 丙7 甲16	戊7	7/30=0.23	丙7	7/30×0.8≒0.18	0.4	장생	사	0.4
卯	甲10 乙20						목욕	병	0
辰	乙7 癸3 戊18	戊18	18/30=0.6			0.6	관대	쇠	0.6
巳	戊7 庚7 丙16	戊7	7/30=0.23	丙16	16/30×0.8=0.42	0.7	건록	제왕	0.7
午	丙10 己9 丁11	己9	9/30=0.30	丙10 丁11	10/30×0.8=0.26 11/30×0.8=0.3	0.9	제왕	건록	0.9
未	丁9 乙3 己18	己18	18/30=0.6	丁9	9/30×0.8=0.24	0.8	쇠	관대	0.8
申	戊7 壬7 庚16	戊7	7/30=0.23				병	목욕	0.2
酉	庚10 辛20						사	장생	0
戌	辛9 丁3 戊18	戊18	18/30=0.6	丁3	3/30×0.8=0.08	0.1	묘	양	0.8
亥	戊7 甲7 壬16	戊7	7/30=0.23			0.2	절	태	0.2
子	壬10 癸20						태	절	0
丑	癸9 辛3 己18	己18	18/30=0.6			0.6	양	묘	0.6

庚金 · 辛金

	지장간	通根	비율	生助	비율	合	12운성 丙	12운성 丁	결론
寅	戊7 丙7 甲16			戊7	7/30×0.8≒0.18	0.2	절	태	0.2
卯	甲10 乙20						태	절	0
辰	乙7 癸3 戊18			戊18	18/30×0.8=0.48	0.5	양	묘	0.5
巳	戊7 庚7 丙16	庚7	7/30=0.23	戊7	7/30×0.8=0.18	0.4	장생	사	0.4
午	丙10 己9 丁11			己9	9/30×0.8=0.24	0.9	목욕	병	0.2
未	丁9 乙3 己18			己18	18/30×0.8=0.48	0.5	관대	쇠	0.5
申	戊7 壬7 庚16	庚16	16/30=0.53	戊7	7/30×0.8=0.18	0.7	건록	제왕	0.7
酉	庚10 辛20	庚10 辛20	10/30=0.33 20/30=0.53			0.9	제왕	건록	0.9
戌	辛9 丁3 戊18	辛9	9/30=0.3	戊18	18/30×0.8=0.48	0.8	쇠	관대	0.8
亥	戊7 甲7 壬16			戊7	7/30×0.8=0.18	0.2	병	목욕	0.2
子	壬10 癸20						사	장생	0
丑	癸9 辛3 己18	辛3	3/30=0.1	己18	18/30×0.8=0.48	0.6	묘	양	0.6

壬水 · 癸水

	지장간	通根	비율	生助	비율	合	12운성		결론
							丙	丁	
寅	戊7 丙7 甲16						병	목욕	0
卯	甲10 乙20						사	장생	0
辰	乙7 癸3 戊18	癸3	3/30=0.1			0.1	묘	양	0.1
巳	戊7 庚7 丙16			庚7	7/30×0.8=0.18	0.2	절	태	0.2
午	丙10 己9 丁11						태	절	0
未	丁9 乙3 己18						양	묘	0
申	戊7 壬7 庚16	壬7	7/30=0.23	庚16	16/30×0.8=0.43	0.7	장생	사	0.7
酉	庚10 辛20			庚10 辛20	10/30×0.8=0.26 20/30×0.8=0.54	0.8	목욕	병	0.8
戌	辛9 丁3 戊18			辛9	9/30×0.8=0.24	0.2	관대	쇠	0.2
亥	戊7 甲7 壬16	壬16	16/30=0.53			0.5	건록	제왕	0.5
子	壬10 癸20	壬10 癸20	10/30=0.3 20/30=0.67				제왕	건록	1.0
丑	癸9 辛3 己18	癸9	9/30=0.3	辛3	3/30×0.8=0.08	0.4	쇠	관대	0.4

- 通根할 때는 음양을 구별하지 않았다
- 生助할 때는 ×0.8을 하였다

	천간		지지			
	통근 + 생조	합	지장간	육신	12운성	강도(힘)
年						
月						
日 甲木						
時						
强弱		조후 억부				

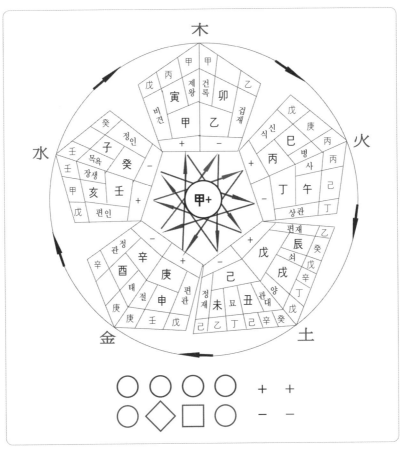

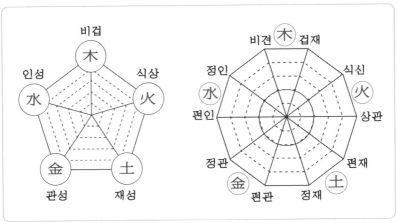

- 대운표 -

나이								
천간								
지지								
大運								
합·충								
점수								
원국 점수 + 대운								

- 인생곡선 -

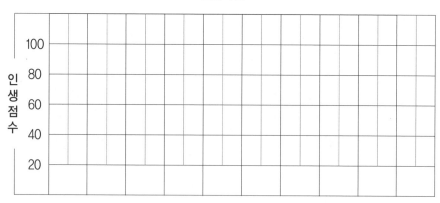

	천간		지지			
	통근 + 생조	합	지장간	육신	12운성	강도(힘)
年						
月						
日 乙木						
時						
强弱			조후			
			억부			

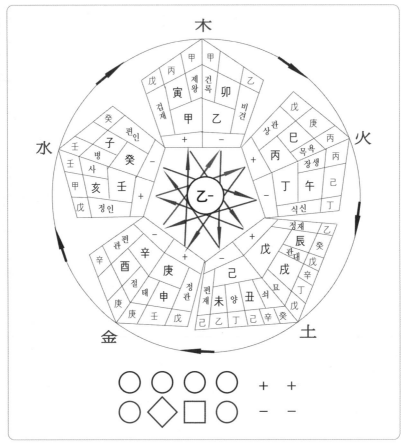

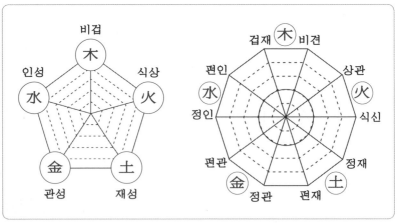

− 대운표 −

나이								
천간								
지지								
大運								
합·충								
점수								
원국점수+대운								

− 인생곡선 −

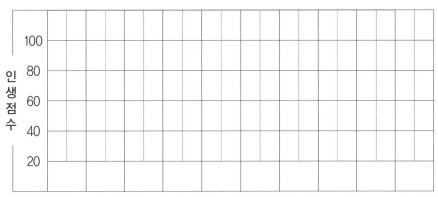

	천간			지지			
		통근 + 생조	합	지장간	육신	12운성	강도(힘)
年							
月							
日	丙火						
時							
강약			조후				
			억부				

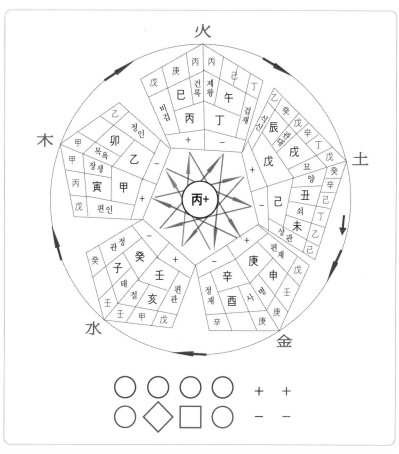

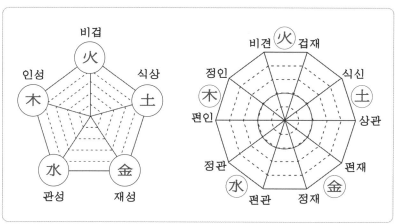

– 대운표 –

나이									
천간									
지지									
大運									
합·충									
점수									
원국 점수 + 대운									

– 인생곡선 –

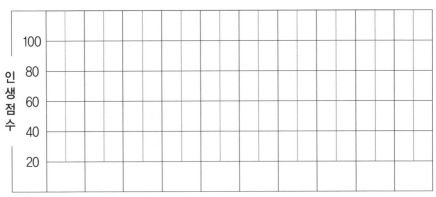

인생점수

100
80
60
40
20

나이(세)

	천간		지지			
	통근 + 생조	합	지장간	육신	12운성	강도(힘)
年						
月						
日 丁火						
時						
強弱	조후					
	억부					

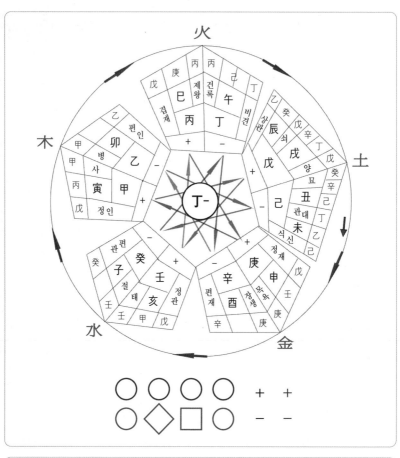

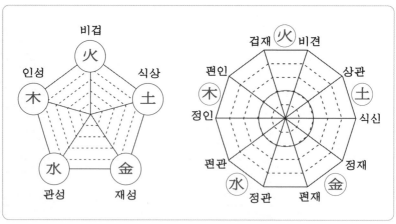

– 대운표 –

나이								
천간								
지지								
大運								
합 · 충								
점수								
원국 점수 + 대운								

– 인생곡선 –

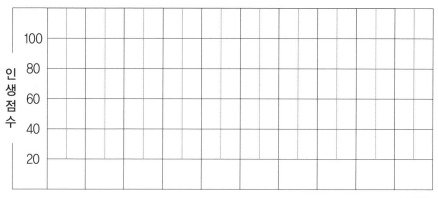

	천간		지지			
	통근 + 생조	합	지장간	육신	12운성	강도(힘)
年						
月						
日 戊土						
時						
強弱					조후	
					여파	

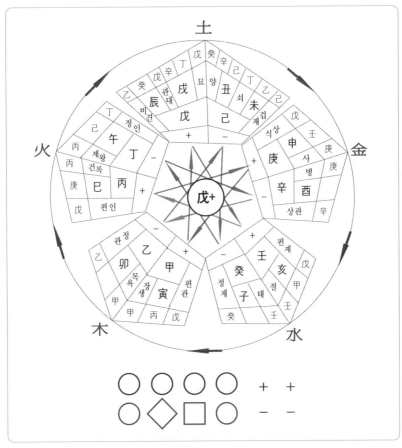

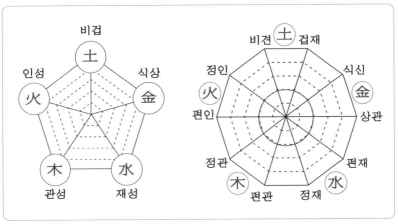

– 대운표 –

나이								
천간								
지지								
大運								
합·충								
점수								
원국점수+대운								

– 인생곡선 –

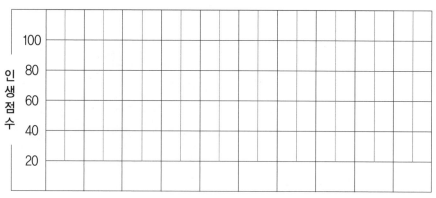

인생점수

100
80
60
40
20

나이(세)

	천간		지지			
	통근 + 생조	합	지장간	육신	12운성	강도(힘)
年						
月						
日 己士						
時						
強弱	조후					
	억부					

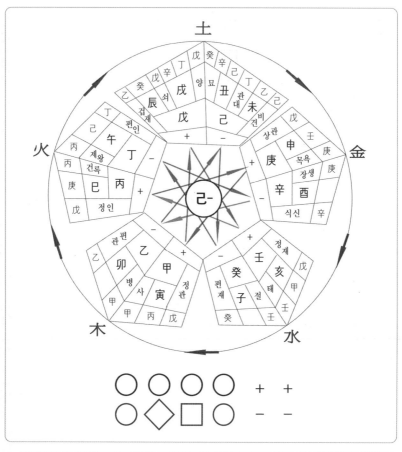

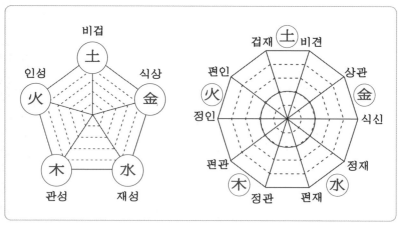

– 대운표 –

나이								
천간								
지지								
大運								
합·충								
점수								
원국점수+대운								

– 인생곡선 –

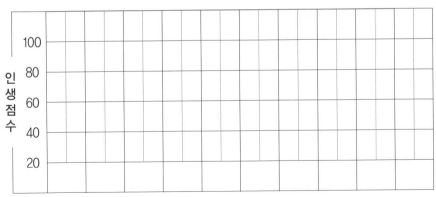

	천간			지지			
	통근 + 생조	함		지장간	육신	12운성	강도(힘)
年							
月							
日	庚金						
時							
强弱			조후 억부				

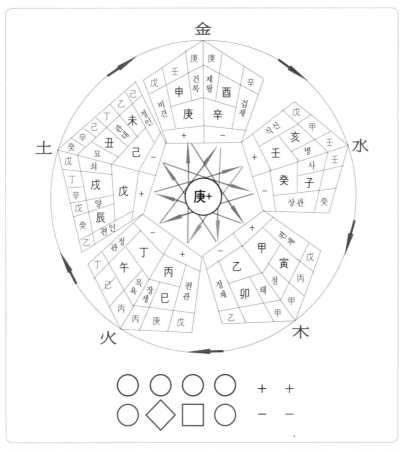

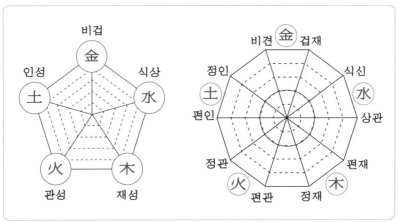

– 대운표 –

나이								
천간								
지지								
大運								
합·충								
점수								
원국 점수 + 대운								

– 인생곡선 –

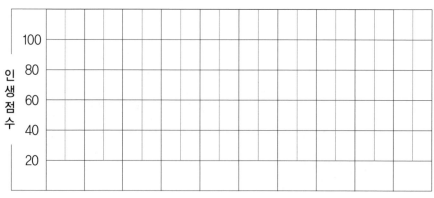

	천간		지지			
	통근 + 생조	합	지장간	육신	12운성	강도(힘)
年						
月						
日 辛金						
時						
強弱			조후			
			억부			

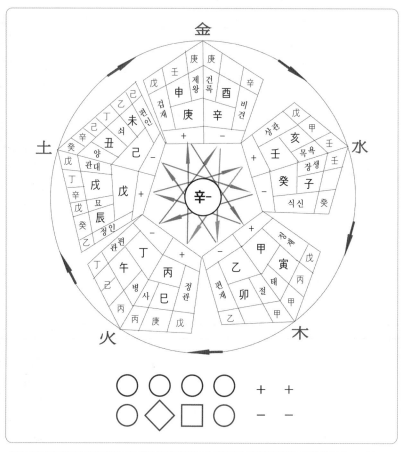

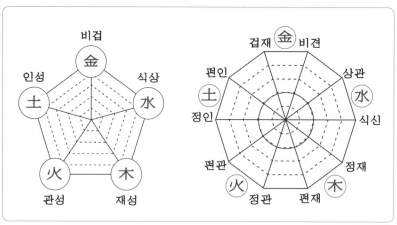

– 대운표 –

나이									
천간									
지지									
大運									
합·충									
점수									
원국 점수 + 대운									

– 인생곡선 –

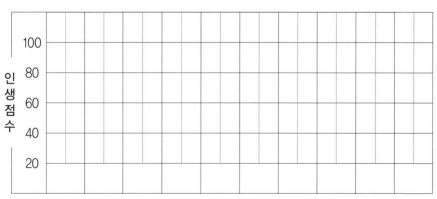

	천간		지지			
	통근 + 생조	합	지장간	육신	12운성	강도(힘)
年						
月						
日 王水						
時						
强弱		조후 / 억부				

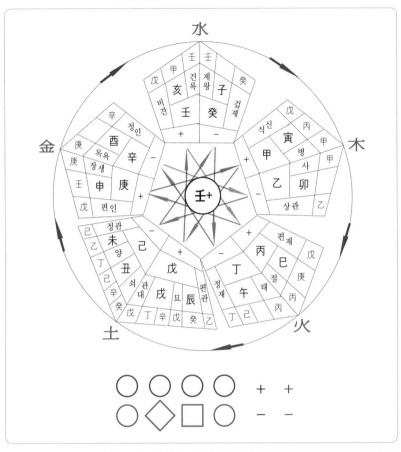

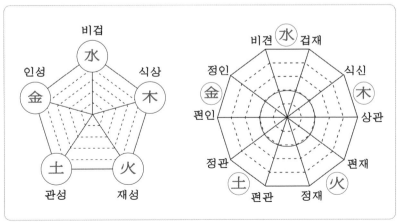

- 대운표 -

나이									
천간									
지지									
大運									
합·충									
점수									
원국 점수 + 대운									

- 인생곡선 -

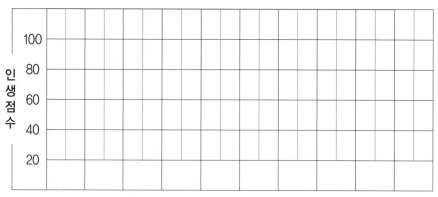

천간			지지			
	통근 + 생조	합	지장간	육신	12운성	강도(합)
年						
月						
日 癸水						
時						
強弱		조후 약부				

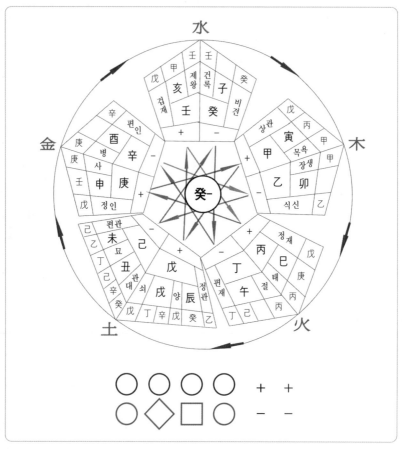

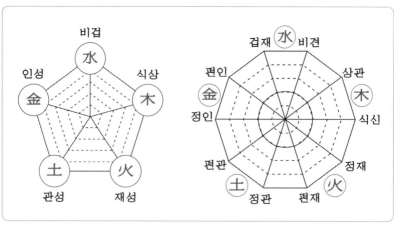

– 대운표 –

나이								
천간								
지지								
大運								
합·충								
점수								
원국점수+대운								

– 인생곡선 –

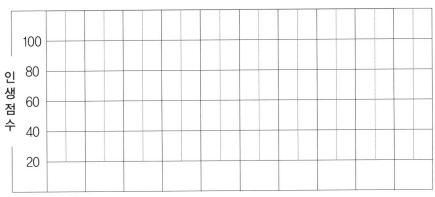

끝마치며

여기까지 오시느라 고생 많이 하셨습니다. 앞으로 여러분들은 신비롭고 놀라운 사주의 세계에서 편안하고 보람 있게 인생을 즐기실 수 있을 것입니다. 지금 살고 있는 세계와 전혀 다른 세계가 보이면서 생활에 많은 변화가 생기기를 바랍니다. 여러분들의 사주 실력은 이제 중(中) 정도는 되었으리라고 생각됩니다. 앞으로 많은 연습문제를 풀고 또 다양한 현장 실습으로 실력이 상(上)이 되도록 본인이 노력해야 합니다.

필자는 변만리님의 『만리천명』과 서민욱님의 『사주공부』를 보면서 사주 공부를 시작했습니다. 그 후에 추일호님의 『명리비전』을 비롯하여 『운정특비』와 『명리대요』 같은 여러 종류의 책을 보면서 사주의 눈이 떠졌습니다. 지금도 그분들에게 감사를 드리고 있습니다. 그리고 이 분야에서 많은 명리학자들이 추천하는 박재만님의 『명리실관』, 이석영님의 『사주첩경』은 우리나라의 고전 명작들입니다. 또한 유튜브의 사주 강의 중에서 이재운님의 『재운명리』와 김민철님의 『사주강의』도 자주 듣고 있습니다.

사주 공부할 때 필요한 필수 과목이지만, 이 책에서 다루지 못한 부분이 있습니다. 이 분야에 관련된 많은 책이 있으므로 꼭 참고하면 좋습니다.

첫째, 일주론(日柱論)입니다.

본인의 성격과 배우자와의 관계 등을 알 수 있습니다.

둘째, 궁통보감(窮通寶鑑)입니다.

일간과 각 계절(12달)의 관계를 주로 조후법의 관점에서 설명한 책입니다.

셋째, 각종 신살(神殺)입니다.

생활에 좋은 작용과 나쁜 작용을 하는 지지를 말합니다. 종류가 무척 많으나 대부분은 사용하지 않습니다, 적중률이 좋다고 하는 10여 종류 정도만 알고 있으면 됩니다.

현재 사주의 세계는 어둡습니다만, 점점 밝아지고 있습니다. 사주의 응용 분야는 매우 많습니다. 앞으로 사주가 사람들의 일상 생활의 중심에서 큰 역할을 할 것으로 기대합니다. 그 중심에서 여러분들의 눈부신 활약을 부탁드립니다.

필자가 살아서 이 책을 출판하게 되었습니다. 『흔님』께 진심으로 감사 드립니다. 어려운 고비 때마다 가르쳐 주시고 올바른 방향으로 이끌어 주시어 한 번 더 고맙습니다. 책을 쓰면서 많은 것을 배우고 깨우쳤습니다. 앞으로 필자가 생활하는 데 있어 지침이 될 것입니다. 가르쳐 주신대로 열심히 살겠습니다. 감사, 감사 드립니다. 또한 바쁘신 가운데에도 이 책을 감수해 주신 반재원 교수님께 감사 드립니다.

사주의 무궁무진한 발전을 기대하면서 ……

2024. 1. **이승평**

天地人 四柱學

천지인 사주학

천지인 사주학

1판 1쇄 인쇄 | 2024년 04월 09일
1판 1쇄 발행 | 2024년 04월 19일

지은이 | 이승평
펴낸이 | 문해성
펴낸곳 | 상원문화사
주소 | 서울시 은평구 증산로 15길 36(신사동) (03448)
전화 | 02)354-8646 · **팩시밀리** | 02)384-8644
이메일 | mjs1044@naver.com
출판등록 | 1996년 7월 2일 제8-190호

책임편집 | 김영철
표지 및 본문 디자인 | 개미집

ISBN 979-11-85179-39-1 (03180)